国家级一流本科专业建设点“金融学”专业系列教材
湖南省“十三五”专业综合改革试点项目系列教材

Corporate Finance

公司金融学

丁琪琳◎主　编
陈银娥　刘祚祥◎副主编

（第二版）

中国经济出版社
CHINA ECONOMIC PUBLISHING HOUSE
北　京

图书在版编目(CIP)数据

公司金融学 / 丁琪琳主编．--2 版．--北京：中国经济出版社，2020.8

国家级一流本科专业建设点“金融学”专业系列教材

湖南省“十三五”专业综合改革试点项目系列教材

ISBN 978-7-5136-6261-1

Ⅰ．①公…　Ⅱ．①丁…　Ⅲ．①公司-金融学-高等学校-教材　Ⅳ．①F276.6

中国版本图书馆 CIP 数据核字(2020)第 144679 号

责任编辑　焦晓云

责任印制　马小宾

封面设计　任燕飞

出版发行　中国经济出版社

印 刷 者　北京富泰印刷有限责任公司

经 销 者　各地新华书店

开　　本　787mm×1092mm　1/16

印　　张　18.75

字　　数　433 千字

版　　次　2020 年 8 月第 2 版

印　　次　2020 年 8 月第 1 次

定　　价　58.00 元

广告经营许可证　京西工商广字第 8179 号

中国经济出版社　**网址** www.economyph.com　**社址** 北京市东城区安定门外大街 58 号　**邮编** 100011

本版图书如存在印装质量问题，请与本社销售中心联系调换（联系电话：010-57512564）

前言

PREFACE

“公司金融学”是2018年新修订的《普通高等学校本科专业类教学质量国家标准》规定的金融学专业五门必修课程之一，研究公司制企业稀缺资本的有效配置，即将公司作为一种“商品”，研究其在资本市场的价值及其变动，以及影响其价值的内部治理结构、投融资决策行为，并对投融资决策结果进行分析与评价，目的是实现公司价值最大化。

1956年，Franco Modigliani和Merton H. Miller发表论文《资本成本、公司财务和投资理论》，提出了著名的资本结构理论，即MM理论。MM理论引入无套利分析方法，深入、系统地分析了公司价值、资本成本、现金流量、风险等重要概念及其相互关系，从而奠定了现代公司金融学理论的基石。公司金融从此由以经验分析、定性分析为主导转向阿罗-德布鲁完备合约范式下的理论研究和量化研究，资本结构无关论、股利无关论是这种规范分析框架下的代表性成果，在公司金融理论的发展过程中，发挥了核心作用。

MM理论假设的无摩擦力的市场在现实中并不存在，资本结构无关论、股利无关论和现实世界相去甚远。非完全竞争、不完备合约、信息不对称均是客观存在的事实，投资者与经营管理者之间因信息不对称导致的逆向选择、道德风险等充斥整个市场，管理层的有限理性引致的过度乐观和过度自信提高了公司股东和债权人的代理成本。20世纪70年代，几篇有影响力的论文的发表，尤其是Jensen和Meckling(1976)的《企业理论、管理行为、代理成本和所有权结构》、Myers(1977)的《企业借债的决定因素》、Rose(1977)的《财务结构的决定因素：激励信号方法》，将20世纪80年代以来公司金融的主要研究方向转向公司治理层面，包括管理层激励、外部投资者对内部人的监督和干涉、控制权的分配及潜在兼并者对控制权的竞争、不同证券持有者的偏好、公司金融活动对宏观经济活动的影响等问题。1985年，Werner F. M.、De Bondt和Richard Thaler发表论文《股市反应过度吗?》，论证了市场的非有效性，标志着行为金融学得到了主流经济学的认同。自此，MM理论诸多假设中最后一个未被学者们放弃的假设，即“市场是有效的”也被后续的研究者放弃，损失厌恶和禀赋效应(Tversky和Kahneman，1990)、羊群行为(Banerjee，1992)、处置效应(Odean，1998)、过度自信(Daniel，Hirshleifer，Subrahmanyam，1998)等概念或理论相继出现在研究公司投资、融资行为的相关文献中。这些研究构成了当今公司金融活动的理论基础，解释了公司金融实践中公司治理、过度投资、投资不足、股权融资偏好、债权融资偏好等问题。Jean Tirole 在其《公司金融理论》的绪论中将微观角度的公司金融文献分为五大类：①企业内部人激励，即在选择债务融资方式时，如何规避或缓解因信息不对称导致的代理成本、逆向选择和道德风险。②外部人的激励问题。外部人可以通过董事会、选举 CEO 等干预、监督内部人的行为，但这种干预也需要有合适的激励——与外部人持有的索取权相对应的收益，因而必然导致对证券设计的研究，以及控制权对公司金融行为的影响。③不同证券持有者所偏好的不同的状态依存收益。④公司金融对宏观经济政策的影响。⑤其他影响公司金融行为的问题：税收、泡沫、行为金融、国际金融、金融创新与金融体系等。

本教材遵循公司金融领域半个多世纪以来的发展规律，以公司价值最大化为目标，以公司治理机制为内部资本运作的制度环境，在阐述公司治理理论、资本结构理论、行为公司金融理论的基础上，重点讨论公司金融实践领域的估值、投资决策（资本预算和并购，为避免重复，省略了证券市场投资）、融资决策和收益分配决策（股利决策）问题，并对公司财务报告中披露的公司治理状况、经营策略、财务状况、经营成果和发展前景进行分析，以期为使用者解读公司治理机制、探索公司资本运作、解密公司价值起源提供必要的理论指导和实践借鉴。

按照三分法，公司金融的主要内容包括投资决策、融资决策、股利决策。投资是公司价值创造活动。投资决策是指公司在恰当的时机，将所融资金以恰当的方式和规模投资于恰当的地区和产业，以取得最大投资回报率或取得不低于最低可接受收益率的报酬率。融资决策是公司通过不同的渠道、采用不同的方式筹集其生产经营所需要的资金的活动。由于来源与筹集方式的不同，融资条件、资本成本和融资风险也不同。公司融资决策的目标就是寻找、比较和选择对公司最有利、资金成本最低和风险最小的资金来源。股利决策实质上是融资决策的一部分，它不仅影响资本成本、资本结构，还影响股票市值、潜在投资者的共同预期等。公司发展的不同时期，不同内部条件和市场条件下，股利政策不同。股利决策的目的是稳定股价和投资者的信心，同时保证公司运转所需的现金流。三大决策所需分析的因素巨量，涉及宏观层面的经济环境和产业政策，中观层面的行业竞争态势及寿命周期，微观层面的公司经营策略、核心竞争力、财务状况和发展潜力，所参照的理论知识、学科门类很多，如金融市场学、会计学、经济学、管理学、项目管理等。学科交叉的现象在“公司金融学”课程中表现得非常突出，对学生实践能力的要求也很高，因而在教材编写过程中，我们非常注意对案例的选择与分析，同时关注法律法规对公司金融行为的约束，强调依法治理公司。

第二版教材与第一版相比，更新了适用的法律制度及因应变化的中国上市公司治理、公开市场融资、各章节的案例等内容，增加了行为公司金融理论、金融契约理论，更适合本科生、研究生使用。

本教材由丁琪琳担任主编，负责设计框架结构、拟定编写细纲、提供案例和参考资料，编写第四章和第八章，统纂各章内容和全书的修订调整；陈银娥、刘祚祥担任副主编，参与编写第一章、第二章第一节和第十章，参与内容的组织和全书的校订；尹筑嘉参与编写第二章和第三章；文瑶玲参与编写第五章和第九章；黄权国参与编写第六章和第七章。本教材系编者根据多年来为各种培训班、金融学专业研究生及本科生讲授“资本运营”“公司金融专题”“公司金融学”“财务报表解读”“信息披露与证券估价”等课程或专题的讲稿，并参考前人的研究而编写的，做到了理论与实践的有机结合。

本教材的出版得到国家级一流本科专业建设项目和湖南省“十三五”专业综合改革试点项目的资助，在此表示感谢。

丁琪琳

2020 年 5 月

《公司金融学》教材配套学习资源

MOOC平台教学配套资源

提示： 扫码本书封底二维码下载客户端，查找“公司金融学”课程，获得教学配套资源

中国交建（601800）与其同业对比分析表格

教材提示： 结合教材第 84～85 页“（二）财务分析方法”使用。

某路桥公司杜邦分析案例

教材提示： 结合教材第 91 页“4. 杜邦分析法”使用。

华银电力自由现金流量的详细计算过程（方法3）

教材提示： 结合教材第 108～110 页【例 4–2】使用。

“上市公司再融资虚拟仿真实验项目”说明与实验报告示范

教材提示： 结合教材第 201～202 页相关内容使用。

操作提示： 访问“国家虚拟仿真实验教学项目共享平台”（网址：http://www.ilab–x.com/），在平台“学科分类”栏目下选择“经济管理类”，然后搜索关键词“上市公司再融资”（项目名称）或“陈银娥”（负责人姓名）。

并购尽职调查要点

教材提示： 结合教材第 243～244 页“（二）尽职调查阶段”使用。

其他教学相关及阅读资源

微信扫码

只需三步，获取相关教学资源：

1. 微信扫描左侧二维码；
2. 关注微信公众号；
3. 获取相关教学资源。

◎由于版本更新及具体情况变化，部分文字和界面可能有调整，敬请谅解。

目录

CONTENTS

第一章　公司金融导论

公司是金融市场的重要参与者，其投融资活动对金融市场有着直接而重要的影响。公司金融是指公司制企业的资本跨时期、跨地域配置，与资产定价、行为金融并列为微观金融的三大内容。公司金融的目标是公司价值最大化，分析的起点是公司和公司治理，分析的依据是金融契约，分析的重点是公司投资行为、公司资本结构及融资行为、索取权性质及收益分配、公司投融资过程中涉及的各种估值技术，分析的目的是解读公司权利分配、探索公司资本运作、解密公司价值起源。学习公司金融或在公司从事金融活动，必须具备宏观经济知识、资本市场知识和产业组织知识，熟悉公司战略、商业模式和主营产品的特征。

第一节　公司金融的含义

一、对“金融”的不同理解

何谓金融？20 世纪 60 年代的试用本及 1979 年首次公开发行的《辞海》对金融的解释为：“货币资金的融通。一般指与货币流通和银行信用有关的一切活动，主要通过银行的各种业务来实现。货币的发行、流通和回笼，存款的吸收和提取，贷款的发放及收回，国内外汇兑的往来，以及资本主义制度下贴现市场和证券市场活动等，均属于金融的范畴。”我国传统的金融被界定为研究货币与金融体系的运行机制，以及货币运行与经济运行之间关系的一门经济科学，从宏观角度研究货币资金的流通，侧重于研究如何供应和调节经济活动中的货币量、构筑金融体系、建立金融制度等，以促进储蓄资金向投资资金转化。

这种局面在 20 世纪 90 年代发生了巨大变化。随着中国经济市场化的推进，中国经济货币化、金融化的水平不断提高，仅从宏观角度研究金融已经不能满足现实经济运行对金融学的需求。于是，人们开始关注金融学的界定及金融学科的推进。国外对“金融”一词的解释也有许多差异，比较常见的解释有三种：

（1）*Webster Dictionary* 和 2005 年版《牛津词典》对“金融”一词的四种解释：①政府、企业、团体和个人的货币或其他可变现的资源，做此解时常用复数形式；②一个包括货币循环、授信、投资和银行业务的系统；③管理资金的科学；④筹集资金或资本。

（2）《新帕尔格雷夫经济学大词典》将“金融”解释为资本市场的运行、资本资产的供给与定价。

（3）兹维·博迪、罗伯特·C. 莫顿在 2000 年版《金融学》一书中，将“金融”定义为“研究人们在不确定的环境中如何进行资源的跨时期配置的科学”。

这些解释引起了理论界的不少争论和探讨。

在国外，金融被称为“Finance”，包括以下两部分内容：第一部分，公司金融（Corporate Finance）。在国内，“Corporate Finance”被称为“公司财务”，人们会把它跟会计联系在一起，似乎只是做做表格。本教材之所以将“Corporate Finance”译成“公司金融”而不是“公司财务”，是因为它的实际内容远远超出了财务的范畴——它不仅包括公司投融资，还包括投融资的主要影响因素，如公司治理、金融契约等。第二部分，资产定价（Asset Pricing），即不确定条件下金融工具及其衍生产品的定价，包括均衡定价、套利定价。

二、从生产要素市场的基本构件理解“金融”及金融学体系

究其实质，上述解释并不冲突，它们分别从不同的角度解释了“金融”，即与货币资本这一生产要素相关的一切活动。作为微观经济理论中四大生产要素之一的资本包括两个重要组成部分——资本品（capital goods）和货币资本（money capital）。每一种生产要素都有自己的市场，货币资本也不例外。

任何一个市场都有四个基本构件：交易品种、交易双方、交易价格和交易制度（含中介制度）。对货币资本市场来说，交易对象是货币资本，它可以各种形式的载体出现，如信贷协议、票据、股票、债券、基金、金融衍生品等，这些载体都可以视为金融资产。购买金融资产的交易者就是资本的供方，即投资者。他们为了在将来获得更多的报酬而放弃了目前的消费，暂时将货币的使用权让渡给缺少货币的人。而发行金融资产的交易者就是资本需求方，即融资者。他们接受投资者让渡的货币使用权，提前消费或提前使用资本，并支付相应的报酬给投资者。不管是提前还是延后使用资本，行为主体都必定要充分考虑各种不确定性因素，并且将这种不确定性因素添加在放弃即期使用权的补偿上，决定货币资本的定价并承担风险，这便是兹维·博迪所言的“人们在不确定的环境中进行资源的跨时期配置”。“人们”可以是个体、集体、企业、社团等社会组织或经济组织。买卖双方达成交易必须遵循一定的交易制度或游戏规则，价格机制是其中最重要的一种制度。因此，资本资产定价、风险管理等是金融学的重要组成部分。货币的市场化程度会受到一国经济和金融环境的稳定性和抗压性的影响。资本市场的交易制度远比价格机制复杂，它是分层次的。从整个经济环境的角度来考虑制定货币总量及其运行制度等，属于第一个层次；不同货币载体的设计、交易规则，如与股票、债券、基金及其他金融衍生产品相关的交易制度，属于第二个层次，有公约和合约两种不同的模式，前者以法律条文的形式出现，后者则以交易双方约定的形式出现，即金融契约。为了节约交易成本，市场中介应运而生。

货币资本交易市场的基本构件及资本的流转过程如图 1-1 所示。

金融学的内容可分为三个层次：

第一层次：探讨资本市场外生变量的相关问题及其对资本市场的影响，如国内、国外经济环境与金融的关系，金融机制的运行，金融市场的监督管理，以及货币政策的制定与实施等。

第二层次：研究货币资本市场内生变量的相关问题，主要是货币资本的交易问题，包括货币资本价格（利率）的决定、货币资本载体即金融资产的定价、风险的管理、交易双方

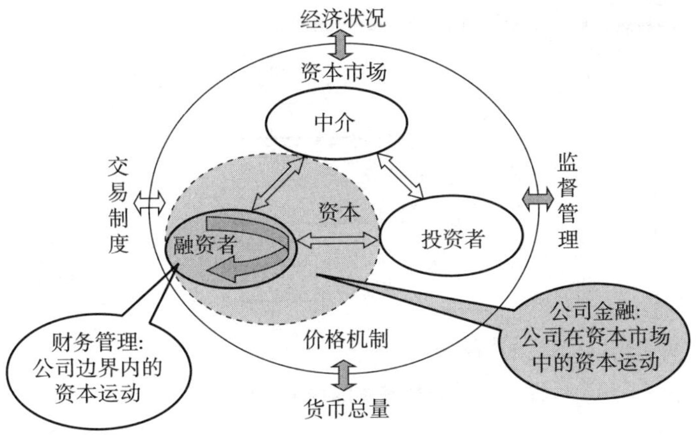

图 1-1　货币资本交易市场的基本构件及资本的流转过程

及交易中介的资格与行为规范、投资者和融资者的群体性行为特征、交易制度的制定与执行等。从市场本质上讲，货币资本的价格应由市场供需内生决定，但基于风险考虑，不排除市场外的干预，如政府管制。

第三层次：研究资本市场交易双方的个体行为问题，即从政府行为、资本市场条件和投资者心理特征等方面来分析个体的投融资决策等。

按照新古典经济学的分析范式，研究单个市场或单个主体行为的理论属于微观范畴，而研究整体行为的理论属于宏观范畴，所以钱颖一等学者将上述第一层次的内容归类为宏观金融，通常包括货币银行学和国际金融，而将第二、第三层次归类为微观金融，包括公司金融和资产定价。

公司金融学属于第三层次，主要研究公司制企业跨时期、跨空间、跨行业配置资本的问题，包括投资、融资、收益分配及相关问题，如公司治理机制、金融契约等。

正确理解公司金融需把握两点：①“公司”这一主体是公司金融研究的重要内容之一，其契约特性、产权性质及利益相关者的索取权结构是其他组织形式的企业所不具备的；②“公司”这一主体本身的价值创造活动及其与投资者、资本市场的关系。

第二节　公司金融与财务管理的区别

一、公司资本的两个循环

资本是公司运作的血液。公司资本在流动过程中形成了两个循环，如图 1-2 所示：虚线表示资本的内循环，相当于人体血液的静脉循环，来自客户的资金流以销售收入形式进入公司，然后以成本形式支付给供应商及劳动者等；实线表示资本的外循环，相当于人体血液的动脉循环，来自资本市场投资者的资金以股权资本或债权资本形式进入公司(产生资本成本)，在向投资者分配利润或偿付债务本金、利息时流出企业。

借助目前国内外上市公司的现金流量表，我们知道，所有公司的经济活动都可以划分为三类，即经营活动(operation)、投资活动(investment)和融资活动(finance)。经营活动对

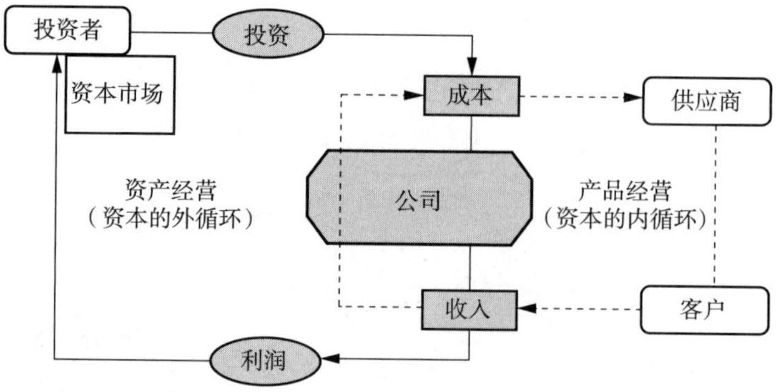

图 1-2　公司资本的内循环和外循环

应资本的内循环，或者说产品经营，即产品的选择、开发、生产、销售、升级换代等，牵涉储备资金、生产资金和流通资金的循环周转与增值。投资活动和融资活动对应资本的外循环，即资产经营，牵涉资金的大额投放及回收，资金的筹集与偿付（包括支付投资者报酬）。资本的内循环由企业财务会计部门主管，是财务管理的主要内容，其决策层包括公司所有中层管理人员，甚至员工。资本的外循环涉及资产经营，即公司的投资活动和融资活动，由公司财务总监主管，是公司金融的主要内容，其决策层一般只局限于股东大会、董事会、总经理和财务总监。产品经营决定着公司的优劣，而资产经营决定着公司的存亡。

二、教材内容的比较

“公司金融”与“公司财务”都是“Corporate Finance”或“Business Finance”的中文翻译。从大量命名为“公司金融”和“公司理财”的教材所编排的内容来看，两者的主要内容大体相同：武汉大学出版社于 2005 年 9 月出版的王晋忠主编的“21 世纪金融学系列教材”之一的《公司理财》，将该课程的内容划分为投资管理、融资管理、营运资本管理；中国金融出版社于 2003 年 6 月出版的陈琪伟主编的《公司金融》（第二版）中则没有营运资本管理的内容；机械工业出版社引进的美国的斯蒂芬·A. 罗斯和杰弗利·F. 杰富合著的 *Corporate Finance*（*5th Edition*），目前被许多高校的财务管理专业和金融专业教师推崇，其主体内容包括价值与资本预算、资本结构与股利政策、长期融资、财务规划与短期融资，其中，财务规划与短期融资涉及现金、应收账款等营运资本或流动资产的管理。如此看来，公司金融与公司理财似乎没有区别。但是，细心的读者会发现，在被命名为“公司理财”或“Finance Management”的教材中，营运资本（流动资产）管理是主体内容之一，还可能涉及税收筹划，如中国人民大学出版社出版的荆新主编的教育部推荐教材《财务管理学》、清华大学引进的世界工商管理名典系列之一 *Foundation of Finance——The Logic and Practice of Financial Management*（*2nd edition*）①和上文提到的王晋忠主编的《公司理财》、中国注册会计师考试教材《财务成本管理》；而在被命名为“公司金融”或“Corporate

① 由 Arthur J. Keon，J. William Petty 等合著，其中第 4 章、第 14 章、第 15 章分别讲述“Financial Forecasting, Planning and Budgeting”“Introduction to Working-capital Management”“Liquid Asset Management”。

Finance”的教材或专著中，营运资本管理要么被忽略了，要么是作为短期融资决策的内容出现。在 Jean Tirole 看来，公司金融研究的出发点是公司治理，不同的公司治理将产生不同的融资行为和投资行为①。这说明公司金融与公司理财是有区别的。

我们认为，两者的区别如下：

(1)理论研究视角不同。公司金融是从公司角度向外看，把自己看成是公司外部资本市场的一个参与者，研究自身价值在资本市场上的体现，以及如何低成本地从外部资本市场筹集到自己所需要的资金，并根据外部资本市场的变化进行投资决策。而财务管理是以生产线为核心的内向型视角，资本市场只是财务管理的外部环境。

(2)风险管理及价值创造的手段不同。公司金融以资产经营为重点，以整体资产和能力为基础，利用各种金融工具进行风险管理和价值创造。而财务管理以产品经营为重点，以产品为基础，利用产品的市场势力和多样性进行风险管理和价值创造。

(3)对“公司”的研究态度不同。公司金融注重“公司”的本质，公司股权的利用，公司内部权利的分配、代理与监督，以及证券(金融契约)的多样性对公司权利分配的影响；而财务管理并不注重公司这种组织形式的优势与公司股权的利用。

(4)研究内容有重复也有差异，共有内容的侧重点有差异。这两门课程的重点内容都是投资决策、融资决策和收益分配，如图 1-3所示。

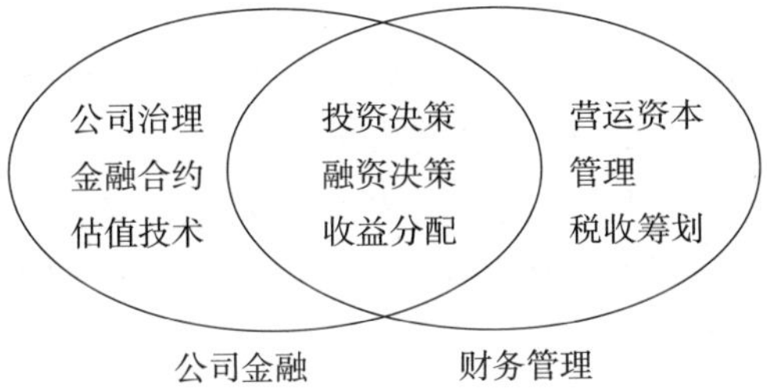

图 1-3 公司金融和财务管理的主要内容

虽然两门课程均有投资决策、融资决策和收益分配的内容，但是这些内容的侧重点还是有区别的，见表 1-1。

表 1-1 公司金融与财务管理的侧重点比较

主要内容	公司金融的侧重点	财务管理的侧重点
投资决策	资本市场投资、控制权市场投资、产品市场投资	产品市场投资、闲置资金在资本市场的投放
融资决策	战略性的、兼顾治理效率的融资	视产品生产过程需要融资
收益分配	公司治理与激励	回报投资者

① Jean Tirole. 公司金融理论[M]. 北京：中国人民大学出版社，2007.

三、公司金融学的主要内容

从现代公司金融理论和实践的相关文献来看，公司金融学包括以下内容：

1. 公司治理

公司治理主要研究公司权、利在不同利益相关者之间的分配。Jean Tirole 认为，在信息不对称的非阿罗-德布鲁环境下，公司治理环境是公司金融活动分析的基础。公司治理涉及公司出资人确保获取投资回报的方式。一些学者从代理理论出发，认为适当的资本结构安排有助于完善公司治理。Jesen 和 Meckling(1976)证明了最优融资结构存在着股权代理成本和债权代理成本之间的权衡。适当的债务融资可以限制管理层滥用公司的自由现金流(Jensen，1986)。Grossman 和 Hart(1986)认为，股权结构分散会使单一股东缺乏积极参与公司治理和驱动公司价值增长的激励，导致公司治理系统失效，产生管理层内部人控制问题，形成公司管理层强、外部股东弱的格局。要调和公司管理层与外部股东之间的利益偏差，降低代理成本，可通过恰当的薪酬结构设计，使双方的利益趋于一致。在现实中，许多公司已开始在经理薪酬中加入一定比例的公司股份或期权。公司的并购重组也受公司治理结构的影响。因此，与公司融资结构密切联系的控制权市场有助于增强现有管理层的危机感，从而控制其危害股东利益的行为(Jensen，1993)。

2. 公司的融资决策

公司的融资决策主要包括融资方式、融资成本的介绍，以及公司何时、以何种方式或方式组合、以多大的成本融资到目标资金的决策依据和过程等。该部分的核心内容是资本结构，以 1956 年 Modigliani 与 Miller 合作发表的开创性论文《资本成本、公司融资与投资理论》(两人合作创造的理论简称“MM 理论”)为起点，阐述现代及后现代资本结构理论的发展及最优资本结构的决策实践。

3. 公司的投资决策

公司是逐利的经济实体，投资活动是其逐利的主要途径。公司的投资领域有证券投资、实业投资和控制权投资。公司的投资决策主要包括：①分析公司投资的方向和规模，即公司在何地、采用何种性质、以何种规模、用何种资金流向何种对象进行投资；②固定资产、无形资产等长期性资产的投资决策，即资本预算；③公司控制权投资，即公司并购；④证券市场投资，即公司购买金融资产的行为。

4. 与公司融资、投资及估价相关的技术问题

与公司融资、投资及估价相关的技术问题主要包括金融资产定价、融资工具创新、风险管理等。Megginson(1997)总结了现代公司金融理论的基本框架：从 20 世纪 30 年代 Irving Fisher 的贴现现金流量方法开始，经历了 Harry Markowitz 提出的投资组合理论、以 MM 理论开端的资本结构理论、股利政策、资本资产定价模型、有效资本市场理论、期权定价理论、代理理论、信号理论、现代公司控制理论、金融中介理论、市场微观结构理论等里程碑。资本资产定价模型、期权定价模型等金融估价理论与技术的发展，对公司金融学的发展起到了巨大的推动作用。一些以企业融资与风险管理为目的所创新的金融工具，如混合证券设计，正是建立在这些重要的原理与技术基础之上。

与标准的金融理论假设不同，近年兴起的融合心理学的行为公司金融研究方法开始受到理论界的重视。学者们运用行为方法进行的 IPO(首次公开募股)、增发股票、股票回购和公司分立方面的研究，得出了与传统研究方法不同的结论，进一步丰富了公司金融理论。理论界对各个专题性研究所进行的卓有成效的研究工作，使得 Jean Tirole(2006)在激励理论和契约理论的基础上对公司金融学进行了一次综合。尽管其成果仍然需要时间来检验，但这种尝试说明公司金融学科已进入成熟期。

本教材吸取了目前公司金融理论方面的研究成果，结合金融学专业课程及学生在学习本课程之前的知识体系，构建了图 1-4 的内容体系。其中，公司金融投资决策的重要内容“证券投资”，由于在金融学专业主干课程“证券投资学”中有专门的阐述，本教材中没有专论。

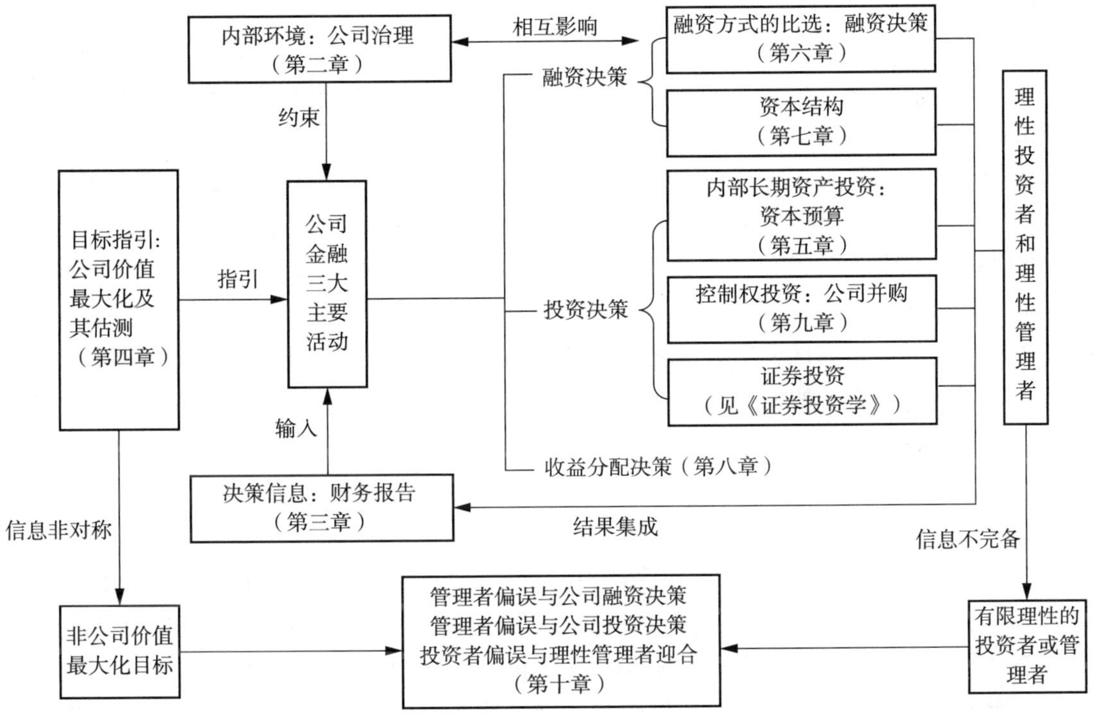

图 1-4 本教材的内容体系

四、公司金融的重要概念

1. 资本成本

资本成本是金融学理论的核心，也是公司金融学、投资学、宏观金融学以及资本市场等领域的交汇点。投资者向公司投资，期望有一定的投资回报，这便是公司的资本成本。公司价值就是用资本成本折现公司存续期间所赚得的现金流，因而资本成本直接影响公司价值。以公司价值最大化为目标，公司金融决策就是关于如何投资(项目价值决策)、如何融通资金(资本结构决策)、为投资人提供多少回报(股利政策决策)的问题。Modigliani 和

Miller(1958)在完美市场的假设下指出，公司价值与公司融资政策(资本结构和股利政策)无关。后人不断对MM理论的假设进行修正，形成了早期具有代表性的有关公司破产成本、交易成本或信号的理论，以及随后重视公司制度安排和行为研究的代理理论。这个以资本成本为基础的研究体系完整地反映在公司金融学的教学内容中。

在理论模型上，公司的估值、证券的估值本质上等同于对资本成本的估算，因而资本成本的估算既是公司金融学研究的基础、资产定价的基础，也是宏观金融学研究的基础，目的是使公司和投资者之间的资源配置有序化、资本成本最小化。可惜的是，目前学术界尚未构建起成熟的资本成本估算的理论框架，实践中也缺乏相应的估算模型。常用的资产定价模型(Capital Asset Pricing Model，CAPM)、MM理论基础上的加权平均资本成本(Weighted Average Capital Cost，WACC)估算模型都有不可避免的缺陷。

2. 净现值(Net Present Value，NPV)

净现值是某项资产或资产组合(项目或公司)未来所赚取的现金净收入(净现金流量)的现值之和。这个概念是基于资本的时间价值和资产的较长使用寿命而提出来的。金融专业或财务管理专业的学生在选修本课程之前，已经掌握了资本的时间价值概念。资本市场是以未来现金流的所有权为交易标的的场所，如果公司经营者能替股东以比资本市场上更便宜的价格买入现金流，就会增加股东投资的价值。这就是NPV的基本原理。计算一个项目的NPV，要先确定该项目是否比它的投入成本更“值钱”。估计项目价值，即计算其现金流所有权在资本市场上单独交易时能卖个什么价钱。这就是为什么在计算NPV时采用资本的机会成本作为现金流的折现率，即以和项目风险程度相当的资产的预期收益率作为折现率。在一个有效的资本市场上，风险程度相当的资产的价格隐含着相同的预期收益率。净现值的计算公式的一般形态如下：

$$NPV = \sum_{t=1}^{n} \frac{NCF_t}{(1+k)^t} - C_0 = \sum_{t=0}^{n} \frac{NCF_t}{(1+k)^t} \tag{1-1}$$

式(1-1)中，n为资产或资产组合的持续时间，k为折现率，NCF_t为第t期的现金净收入或净现金流量，C_0为取得该项资产或资产组合而支付的现金投资总额。不同资产的使用寿命不同，未来各年所赚取的现金流也不同，所以式(1-1)有多种变换形式：对债券而言，NCF就是每年的利息；对项目而言，NCF就是每年的现金收入与现金支出的差额；对公司来说，NCF就是每年的自由现金流量。

此外，式(1-1)可以进行如下变换：

$$PV = NPV + C_0 = \sum_{t=1}^{n} \frac{NCF_t}{(1+k)^t} \tag{1-2}$$

上文已述，资本市场是以未来现金流的所有权为交易标的的场所，那么在资本市场上交易的资产的价值就是未来现金流折现的价值总和，即PV(现行价值)。式(1-2)就是资产价值的估算公式。我们将在本书第四章和第五章详细展示净现值计算公式在公司估值、项目估值(项目财务评价)中的应用。

式(1-2)还告诉我们一个非常重要的事实：金融学专业的各种原理都集中应用到净现值的计算中了。NCF是资产或资产组合未来的现金净流量，其多寡受产品的市场竞争力和成本水平的影响（经济学原理）；k 是公司的资本成本或预期投资报酬率，其高低取决于资本的时间价值、投资者可感知的风险及资本的机会成本（时间价值理论、风险管理理论、资本资产定价理论和资本结构理论）。

3. 有效市场假说（Efficient Markets Hypothesis，EMH）

Eugene Fama 在 1970 年提出有效市场假说，他将有效市场定义为：如果资产价格完全反映了可获得的信息，则市场有效。Jensen 也认为，有效市场是指投资者根据一组信息从事交易无法赚到超额回报的市场。“一组信息”可以是：①历史信息，如过去几年的股价变动情况、已经对外披露的财务报表；②可公开的信息，如已经公开的历史信息、报刊公开的与公司有关的其他信息；③所有可用的信息，如内幕消息。有效市场假说的核心观点是：投资者在买卖股票时会迅速有效地利用可能的信息，所有已知的影响资产价格的因素都已经反映在股票的价格中。根据此理论，资本市场的有效性有三个层次：①强式有效。现行价格反映了所有信息，包括内幕消息、从报表中加工的二次信息等，投资者对所有信息都有完美的反应能力，因此市场价格能及时、准确地调整，资产的市场价格与内在价值一致，不会出现错误定价的情况。②半强式有效。现行证券价格反映了所有可公开获得的信息，投资者分析已经公开的信息，进行基本面分析，也无法在交易中获得优势。③弱式有效。现行的资产价格只反映证券价格变动的历史信息，系列证券价格不能用于预测未来的价格，技术分析是徒劳的。

投资者可以消化的信息量和消化程度取决于他们愿意承担的信息搜寻成本的大小。他们不可能为了获取更多的信息全然不顾信息成本，因此不能指望市场是强式有效的。在不同有效程度的市场上，公司披露信息的市场反应不一样，投资者对信息的利用程度也不一样，因而投资者对公司的估价也不一样，从而会影响公司的投资或融资决策。

4. 资本结构理论（Capital Structure Theory）

资本结构是指公司资本总额中债务资本与股权资本的比重，通常以资产负债率来衡量。资本结构理论就是关于最优债务水平决策的理论，而最优债务水平就是能使公司价值最大化的水平，或者说能使公司综合资本成本最低的负债水平。资本结构理论的发展经历了三个阶段：①传统的描述性的资本结构理论阶段；②完全信息或完全竞争假设下的 MM 理论及 MM 理论的修正阶段；③信息不对称及公司治理角度的后现代理论阶段。

第三节 公司金融目标

一、公司金融目标的主要特征

公司金融目标是公司进行金融实践活动所期望达到的目的，是评价公司金融行为是否合理的标准。确定合理的公司金融目标，对公司金融活动乃至整个生产经营活动具有重要意义。公司金融目标应具备以下特征：

1. 准确、清晰

公司作为营利性的实体组织，其目标首先是生存，其次是发展，最终目的是长期盈利。公司金融目标必须服务并体现长期盈利的终极目标，与此相悖或联系不紧密的目标均可视为不准确或不清晰的目标。不准确的目标可能不具备可操作性，因而发挥不了引航的作用。不准确的目标一旦具备可操作性，则会把公司引入歧途。不清晰的目标犹如无目标。

西方国家公司金融目标经历了“融资数量最大化”“利润最大化”“股东财富最大化”“企业价值最大化”四个阶段。融资数量最大化和利润最大化目标就不具备准确、清晰的特征。融资数量多少才算最大？融资数量达到最大时能否保证投资效果也最大？利润最大是短期内最大还是长期最大？是多大投资额下的利润最大？是单纯的数额上的最大还是实际价值最大？此外，还有的公司把增加市场份额、增加利润或加快成长作为公司金融目标。虽然这些目标在日本的公司取得了成功，但它们具有两面性。许多成功地增加了市场份额的公司发现，较高的市场份额并不总是能带来较高的利润和定价权力。有些公司，尤其是政府所有的公司，将社会福利功能作为公司金融目标。例如，一家以就业最大化为目标的公司会相应调整人力资源的配备决策，即公司在其运作的所在地会尽可能地提供就业机会，但这个目标可能会给公司的长期稳定造成致命性的打击。

2. 简便、可行

简便是指公司金融目标的表述简洁，易于被理解，计量简单。可行一般有三个含义：①适应性，即公司金融目标能适应经济环境、金融环境、政策环境的变化，以及公司不同发展阶段的战略要求；②协调性，即所确定的公司金融目标能协调各种关系，如投资者与管理者、股东和债权人等利益相关者之间的关系，也能协调不同投资项目之间的关系；③有效性，即能迅速地评估成功与失败。

3. 稳定、系统

目标一旦确定，公司将依据目标对金融行为做出调整，制定各种行为准则和制度体系。目标稳定，制度则稳定。制度稳定，不确定性就少，风险也会降低。系统是指公司金融目标必须是主导目标约束下的多层次的多元目标体系。金融活动是现代公司经营管理活动中一个十分重要的子系统，是一个多元的筹谋策划系统及综合目标群。在这个综合目标群中，有一个目标是处于支配地位、起着指导作用的，称为主导目标；其他处于被支配地位、对主导目标的达成具有配合功能的目标，称为辅助目标。例如，公司金融活动在实现“价值最大化”这一主导目标的同时，还必须实现履行社会责任、加速公司成长、提高公司信誉等一系列辅助目标。这一系列辅助目标又可以划分为若干层次，比如融资活动就可以分为预测资本需要量、选择融资渠道、确定融资方式、决定最佳资本结构等部分。公司金融活动的这种层次性和细分化，使公司金融目标成为一个由整体目标、分部目标和具体目标构成的层次结构系统。整体目标是公司整个金融活动所要达到的目标；分部目标是指在整体目标的约束下，公司进行某一部分金融活动所要达到的目标；具体目标是在整体目标和分部目标的约束下，公司从事某项具体理财活动所要达到的目标。

二、经典的公司金融目标

现代公司普遍采用两种经典的公司金融目标，即股东财富最大化目标和公司价值最大化目标。

1. 股东财富最大化目标

股东财富最大化目标是指公司应为股权投资者创造或者获取尽可能多的财富。在上市公司，股东财富最大化可以用股票价格最高或股票市场价值最大来替代。在非上市公司或上市公司，股东财富是否最大化均可以通过公司股权内在价值的高低来衡量。有三条理由支持公司使用股东财富最大化目标。

(1) 股票价格是所有衡量指标中最具观察性的指标，可用于判断一家公开上市公司的表现。与不经常更新的收益和销售额不同，股票价格会不断更新，从而反映来自该公司的最新消息。因此，管理者可以从市场上的投资人那里获取对他们每一举措的即时反馈。

(2) 在一个理性的市场中，股票价格趋向于反映公司决策所带来的长期影响。会计的衡量指标，如收入或销售指标、市场份额，只着眼于公司决策对当前运作所产生的影响；而股票价格则是公司前景与长期状况的函数。就投资者而言，股票的价格趋向于反映它本身的价值。

(3) 该目标可以让决策者在以最好的方式选择项目并且进行融资时做出明确的说明。

2. 公司价值最大化目标

公司价值最大化目标综合考虑了股权投资者、债权投资者的投资期望，以及其他相关者的利益。该目标是指通过公司的合理经营，采用最优的理财策略，在考虑资本的时间价值和风险报酬的情况下，不断增加公司财富，使公司总价值不断趋向最大化。

将价值最大化作为现代公司的金融目标，兼顾了所有投资者的利益，也有利于克服管理上的片面性和“短视病”，对公司的生产经营和资产经营而言，可从更广阔的视野和更长远的考虑上发挥其统帅作用。

3. 两者的比较与现代公司的选择

在现代公司中，股东聘请管理者代替他们负责公司的日常运作，而这些管理者需要从银行或其他债权人那里筹措资金来支持公司的运转。然后，股东根据经营者反映的有关公司的信息做出反应，同时公司必须在一个较大的相互关联的社会环境中来运作并不断做出决策。股东、债权人、管理者及社会环境等在一个理想环境[①]下的组合模式如图 1-5 所示。

上述模型中，股东被假设为有权力约束和罢免那些不打算实现股东财富最大化的经营者。为了保证这项权力的运用，股东们设立了两个机构——股东大会和董事会。受股东大会的委托，董事会的职责就是确保经营者为股东尽心尽力。然而，在现实中，股东大会因股东不愿意参会而无法发挥实际控制作用。董事会约束管理者并使之为股东财富升值而努力的作用也因各种因素的制约而大打折扣。股东和债权人之间利益冲突的根源在于两者对

① 根据 Aswath Damodaran 的描述，理想环境是指公司管理者与股东利益一致，即追求股东财富最大化，债权人的利益会得到完全保护，而不会受到股东的盘剥，公司的经营者没有就公司未来的前途问题试图误导或欺骗金融市场，同时有足够的信息提供给市场，使市场能够根据公司长期的现金流量和价值，对公司的运作效果做出判断。此外，公司行为不产生社会成本，如环境污染等。

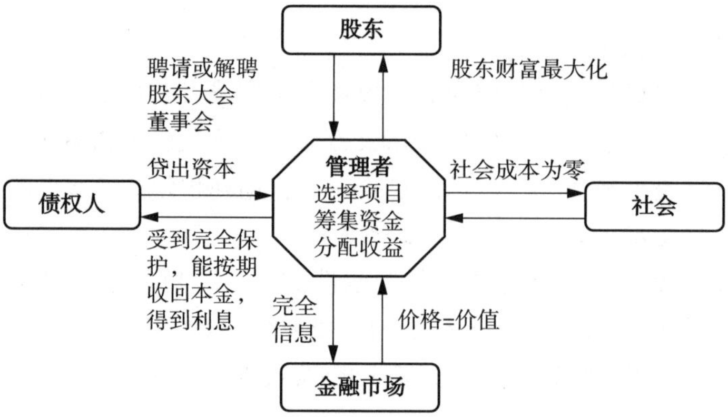

图 1-5　有效市场中公司与利益相关者的关系及公司金融目标

现金流量要求权的差异。债权人通常对公司现金流量具有第一位的求偿权，但在公司能获得足够的收入以履行偿还债务的义务时，他们只能收到固定的金额。股权投资者只对剩余现金流量有求偿权，但如果公司没有充足的现金流量以履行其在财务上的债务义务，股权投资者有权选择宣告破产。因此，债权人要以比股东更消极的眼光来看待项目选择和其他决策中存在的风险，因为如果项目成功了，债权人除了收回本金和利息外，不能参与分享项目所带来的收益，而一旦项目失败了，他们将承受巨大的损失。因此，股东和债权人可能在许多问题上产生分歧。

股票价格由金融市场决定。假定金融市场达到有效率的程度，并且所利用的信息能够用于对未来现金流量和风险做出可以衡量的并且是无偏差的估计，那么市场价格将反映真实的价值。在这样的市场中，无论是衡量者还是被衡量者，都会把市场价格作为判断公司成败最合适的标准，进而接受它。如果信息被封锁、耽搁或是具有误导性，那么市场价格将会背离真实价值，即使市场其他方面仍是有效的。不论在学术界还是在实践中，许多人都认为，即便信息的获取是畅通无阻的，市场仍不能达到有效率的状态。在这两种情况下，股票价格最大化的决策可能与公司长期价值的最大化不一致。而公司在追逐股东财富最大化的过程中，不可避免地会产生一些无法忽略的社会成本。所以，如果单纯强调股东财富最大化，公司金融将面临以下风险：①受雇替股东运作公司的经营者可能会有他们自己的利益诉求，而这种利益可能会背离股东财富最大化的目标。②股东能够通过剥夺公司贷款人和其他权益所有人的财产而增加自己的财富。③在金融市场中，股东要对信息做出反应，但有时信息本身就是错误的或杂乱的，而且股东所做出的反应也可能与信息本身不相符。④只强调股东财富最大化，可能引发高昂的成本，如代理成本、交易成本、资本市场资源配置功能弱化的不利影响等，这些成本很大一部分不会体现在股东的收益或财富中，也不会体现在公司的收入中。现实世界中，图 1-5 将转变成图 1-6 的形式。

当我们往公司里再引入雇员、客户等利益群体的时候，这些利益的冲突就会更加激化。首先，公司的雇员可能很少或者根本不关心股东财富的最大化，他们更加关注提高工资、福利待遇等。在某些情况下，他们的利益可能会与股东财富最大化发生直接的冲

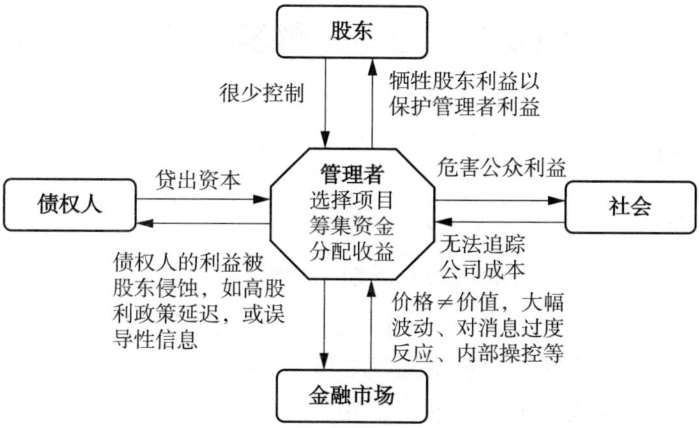

图 1-6　信息非对称环境下公司与利益相关者的关系

突。其次，公司客户可能希望他们想要购买的产品或服务能够以较低的价格出售，以最大限度地满足他们的需要，但这样可能又会与股东的期望发生冲突。因此，股东财富最大化在现实中无法有效指导公司的金融行为，有必要选择其他的目标来尽可能地协调股东与管理者的利益、股东与债权人的利益、公司与市场间的矛盾、公司与社会的冲突等。

目前，理论和现实都证明无法完全解决上述问题，但偏向于从股东财富最大化延伸到公司价值最大化，这样至少将股东和债权人的利益统一起来了，而且也适用于非上市公司，其他问题则通过金融契约、激励合约等制度来解决，即公司治理。本书以公司价值最大化作为公司金融活动的总体目标。

三、公司价值最大化目标主导下的目标体系

公司金融最有力的同时也是最脆弱的地方，就是它始终强调尚不完美的公司价值最大化目标，公司治理在一定程度上弥补了这一目标的缺陷。基于这种强调，公司金融保持了自身的一致性和连贯性，也发展了许多有效的模型和理论，主要与以“正确”的方式制定投资、融资和股利决策有关，形成了一个相对完整的公司金融活动体系，如图 1-7 所示。

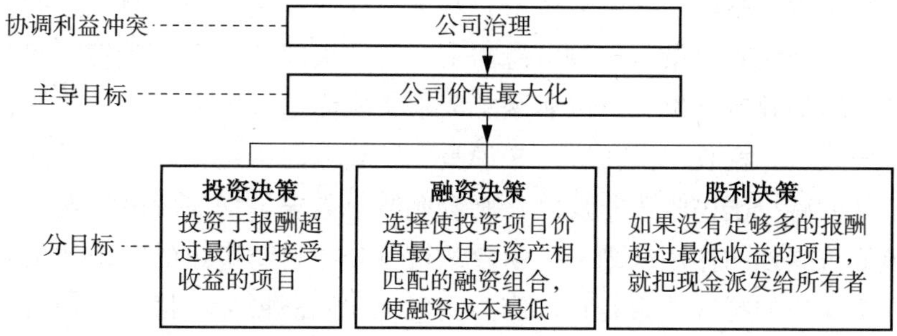

图 1-7　公司价值最大化目标主导下的相对完整的公司金融活动体系

第四节　公司金融基础知识

一、经济知识

（一）经济周期

经济周期(business cycle)，也称商业周期，是指经济运行中周期性出现的经济扩张与经济紧缩交替更迭、循环往复的现象，是国民总产出、总收入和总就业的波动，是国民收入或总体经济活动扩张与紧缩的交替或周期性波动。过去把它分为繁荣、衰退、萧条和复苏四个阶段，现在一般称为衰退、谷底、扩张和顶峰四个阶段，如图 1-8 所示。

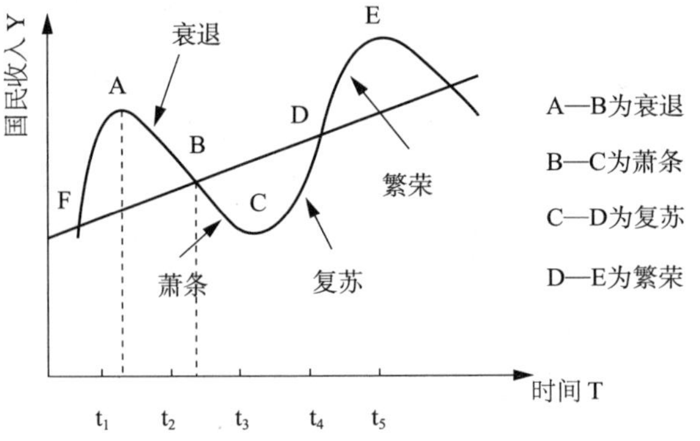

图 1-8　经济周期的四个阶段

在市场经济条件下，企业家们越来越多地关心经济形势，也就是“经济大气候”的变化。公司经营状况的好坏，既受到内部条件的影响，又受到外部宏观经济环境和市场环境的影响。因此，企业家必须了解和把握经济周期波动，并制定相应的对策来适应这种波动，否则将在波动中丧失生机。

（二）经济政策及其传导

1. 财政政策

财政政策是指国家根据一定时期政治、经济、社会发展的任务而规定的财政工作的指导原则。财政支出与税收政策可以调节总需求。总需求即 GDP，是消费、投资、政府购买和净出口之和。增加政府支出，可以刺激总需求，从而增加国民收入；反之，则会抑制总需求，减少国民收入。税收对国民收入来说是一种收缩性力量，因此，增加政府税收可以抑制总需求，从而减少国民收入；反之，则会刺激总需求，增加国民收入。

根据调节经济周期的作用来划分，财政政策可分为自动稳定的财政政策和相机抉择的财政政策。相机抉择的财政政策是指政府为实现宏观经济目标，根据一定时期的经济社会状况，主动灵活地选择不同类型的逆经济周期的财政政策工具，干预经济运行的各项措施。根据调节方向划分，财政政策又可分为紧缩性（或称谨慎性、适度从紧）财政政策、扩张性财政政策和中性财政政策。

财政政策的主要手段包括：①国家预算，主要通过预算收支规模及平衡状态的确定、收支结构的安排和调整来实现财政政策目标；②税收，主要通过税种、税率的设计来保障国家财政收入；③财政投资，通过国家预算拨款和引导预算外资金的流向、流量来调节产业结构；④财政补贴，通过财政转移的形式直接或间接地对农民、企业、职工和城镇居民实行财政补助；⑤财政信用，包括在国内发行公债和专项债券、在国外发行政府债券、向外国政府或国际金融组织借款及对预算内资金实行周转有偿使用等形式；⑥财政立法、执法和财政监察。

财政政策直接调节 GDP 中的四大项目，传导过程较短，但政策的实施会遭遇挤出效应和滞后效应。积极的财政政策如减税降费，将降低公司的运行成本，提高公司的盈利水平，从而促进投资。

2. 货币政策

货币政策是指通过政府对国家的货币、信贷及银行体制的管理来实施的、用以控制货币供给及调控利率的各项措施。货币政策有两种，即扩张性的货币政策和紧缩性的货币政策。扩张性的货币政策通过提高货币供应增长速度来刺激总需求。在扩张性的货币政策下，公司的融资活动更容易开展，融资成本会降低。紧缩性的货币政策通过削减货币供应的增长率来降低总需求水平。在紧缩性的货币政策下，公司融资较为困难，且融资成本会提高。

中央银行为调控货币政策中介目标而采取的政策手段叫作政策工具，一般分为数量工具和价格工具。价格工具集中体现在利率或汇率水平的调整上。数量工具则较为丰富，如公开市场业务的央行票据、准备金率调整等，聚焦货币供应量的调整。我国采用的政策工具一般有公开市场业务、调整法定准备金率、调整再贴现率三种。

货币政策传导进入经济体系并以 GDP 四个项目表现出来所需要的时间比较长，其传导路径如图 1-9 所示。

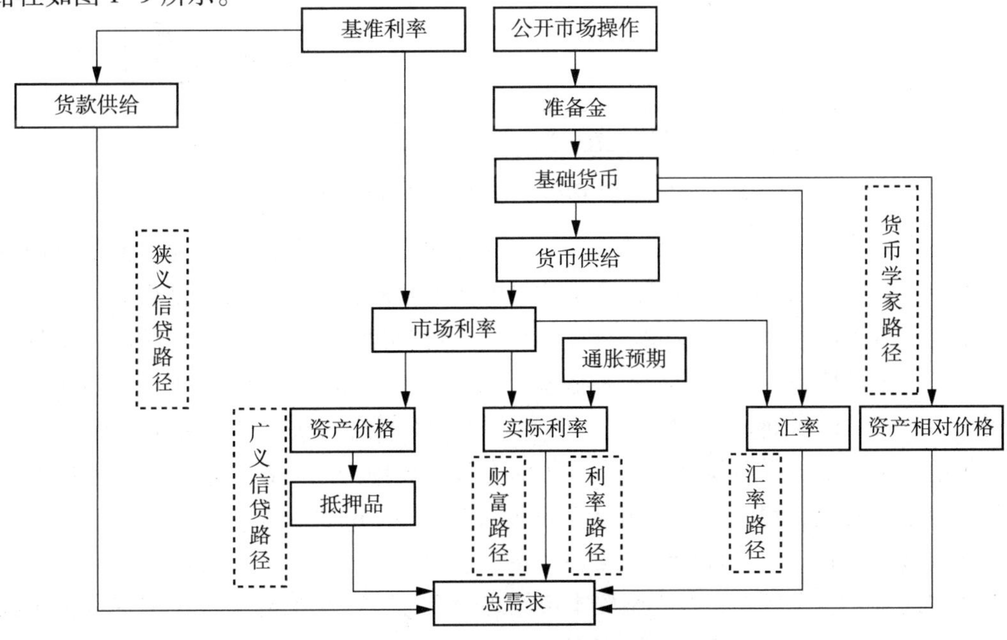

图 1-9 货币政策的传导路径

二、中观资本市场及产业环境

（一）资本市场的有效性

资本市场的基本功能是发现价格、配置资本及分散风险。资本市场的参与者也许希望有一个这样的市场：公司能根据这个市场做出生产投资决策，价格提供资源分配的准确信号，在证券价格随时充分反映所有相关信息的假定下，投资者能从代表公司所有权的股票中选择投资对象。如果证券价格充分反映了可得的信息，每一种证券价格都永远等于其投资价值，则该证券市场是有效的（Efficient Market Hypothesis，EMH）（Fama，1965）。

有效市场理论主要研究股票市场的外在效率，即股票市场的资金分配效率、市场上股票的价格对相关信息的反映程度和速度。外在效率反映了股票市场调节和分配资金的效率；而内在效率在某些方面是影响外在效率的直接原因。

如果有效市场假说成立，专业投资者的作用将非常有限，他们的全部产出是既定的，并且任何一个专业分析者的边际产出都接近于零；市场价格随机且公正合理，任何广告、股票分拆或送股、会计政策变动都不会影响公司普通股票的市场价值，股票价格是随机的；股票的需求曲线具有完全的弹性，即价格的任何变化都将产生无限大的需求。

有效市场股价对新信息的反应过程如图 1-10 所示。

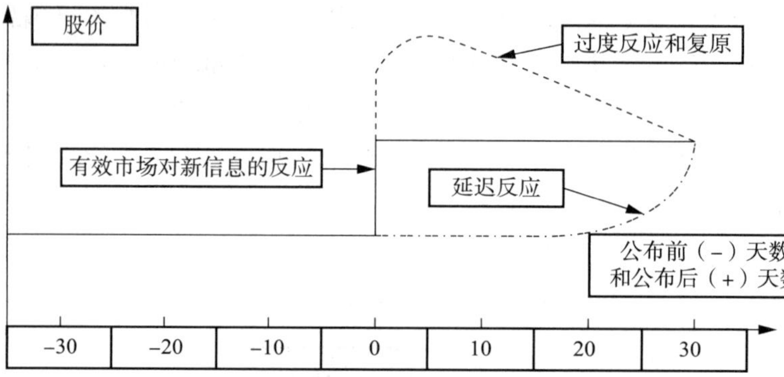

图 1-10　有效市场股价对新信息的反应过程

信息具有复杂性、混沌性、不确定性和非线性四个特点。信息不对称现象是市场中的常态，加上投资者的知识结构不同，收集信息的成本不同，掌握的信息量当然也不同，因而资本市场出现了超额利润及大量套利行为，还有诸如股票溢价、派发股利引起股价上涨、股价长期偏离股票内在价值、长期收益逆转、小公司效应、日历效应、弗里德曼-萨维奇困惑（Friedman-Savage Puzzle）等。围绕有效市场理论的缺陷及证券市场中存在的异象，行为金融学提出了很多新理论，展开了对有效市场理论的争论，比较有代表性的有噪声交易者模型、有限套利、投资者情绪、过度反应（over reaction）和反应不足（under reaction）、羊群效应等理论与实证研究结果。

企业家或者公司金融人员要熟悉资本市场理论及证券市场的异象，了解资本市场的有效性，区别噪声和信息，做理性的投资者，避免过度反应。

（二）收益和风险

1. 收益

投资的目的在于获得收益。所谓收益，是投资者投资于某种资产，在一定时期内所获得的总利得或损失。投资者的投资收益主要来源于三部分：一是投资者所得的现金收益，如股票的现金红利和债券的利息支付等；二是资本损益，即从资产价格上升中得到的利得或价格下降产生的损失；三是在投资期内所得到的现金收益进行再投资时所获得的再投资收益。

例如，投资者甲拥有数千股A公司股票，在年末全部卖出，该投资者的收益就包括：①作为公司财产的部分拥有者，如果公司盈利，一般会予以分红，即红利；②年末卖出股票时由于股票价格变动而产生的资本损益；③红利的再投资收益。该投资者的总收益可表示为

$$股票收益=红利+资本损益+红利再投资收益$$

收益与原始投资额之间的比率称为收益率。要比较不同投资额的项目之间的投资效率，必须采用收益率指标。

2. 风险

从本质上看，风险源自因信息缺乏而产生的对事物未来发展的不确定性。风险不是不确定性，因为“风险”意味着不确定事件发生的若干种可能，而每一种可能的发生概率是可预测的。从表现形式上看，风险是特定环境下某一事件产生的实际结果与预期结果之间的差异；从计量角度看，风险可表现为某一事件未来结果表征变量的标准差、方差或离差率。

企业所处的外部环境产生的风险，被称为系统性风险。常见的系统性风险包括市场风险、政治风险、社会风险、自然风险、战争风险等。系统性风险是投资者和公司无法回避也无法控制的，只能被动应对，力求减少损失。

公司内部产生的风险，被称为非系统性风险。常见的非系统性风险包括技术风险、管理风险、财务风险和经营风险等。非系统性风险是投资者和公司有可能主动预防和控制的。海起风浪属于系统风险，船出故障属于非系统风险；金融危机属于系统性风险，公司的财务危机、经营危机属于非系统性风险；能源价格上涨属于系统性风险，原材料成本失控属于非系统性风险。

从主观角度出发，投资风险又可以纵向分为三个层次：①认识风险，是指那些难以预见的风险，它考验的是公司的学习能力；②决策风险，是指那些难以预防的风险，它考验的是公司的管理能力；③控制风险，是指那些难以应对的风险，它考验的是公司的执行能力。未能识别“非典”病毒，属于认识风险；识别了不知道该怎么应对，属于决策风险；有了决策但不能控制疫情蔓延，属于控制风险。

从风险识别结果来看，风险可分为显性风险和潜在风险。显性风险是指那些已经被识别出来的常规风险。不同行业的常规风险不同：技术人员流失在高科技项目中属于常规风险，但在一般土建项目中就不属于常规风险；恶劣气候在土建工程中属于常规风险，但在科研开发项目中就未必属于常规风险。还有很多常规风险是所有行业都存在的，如产品质

量缺陷、生产成本超支、客户拖欠账款等。潜在风险指那些暂时没有形成威胁而需要特定条件才能诱发的风险。例如，公司技术档案不健全，只要技术人员在职，就不会出现较大问题；但是，一旦关键技术人才流失，危机就会立即爆发，整个项目也有可能陷入瘫痪。潜在风险犹如路上的地雷，是可以通过风险征兆主动避免的。

风险类别及强度见表 1-2。

表 1-2 风险类别及强度

外部	系统性风险	非系统性风险	内部
难以预见	难以预见的系统性风险	难以预见的非系统性风险	认识风险
难以预防	难以预防的系统性风险	难以预防的非系统性风险	决策风险
难以应对	难以应对的系统性风险	难以应对的非系统性风险	控制风险

3. 收益与风险的关系

不管是融资还是投资，都是风险与收益的博弈。公司金融决策实际上可以概括为两件事：计算收益、评估风险。在风险环境下，收益率包括了风险补偿，即

收益率 = 无风险收益率 + 风险补偿（或风险收益率）

无风险收益率是指将资金投资于某一不附有任何风险的投资对象而能得到的收益率，即资本的时间价值。投资者由于冒风险投资而获取的超过资本时间价值的额外收益叫作风险收益。风险与收益正相关，即高风险高收益。两者之间的关系如图 1-11 所示。

预期收益率 = 无风险收益率 + 风险收益系数 × 风险程度

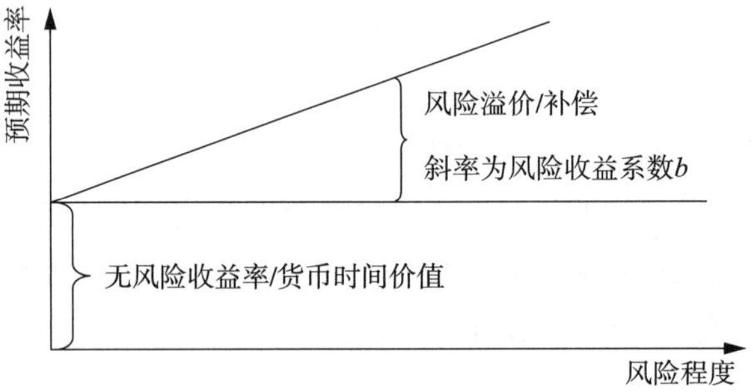

图 1-11 风险与收益的关系

（三）产业竞争格局、产业政策及其相互影响

产业竞争格局，即行业市场结构是完全垄断型、垄断竞争型、寡头垄断型还是完全竞争型。不同的市场结构中，企业之间的竞争程度不同，竞争策略及企业行为也不一样，因而利润水平也不同。

在完全竞争中，厂商是价格的被动接受者，无论是短期价格还是长期价格，都等于边际成本；在垄断竞争中，厂商分为两个部分，即具有垄断地位的厂商和众多价格接受者，在定价时，具有垄断地位的厂商不再是价格接受者，在定价行为上采用了剩余需求的方法；在寡占中，厂商的竞争局限在几个大厂商之间，其定价行为便是这几个大厂商博弈的

结果。在垄断产业中，垄断者独占了整个产业，厂商则根据平均成本定价，榨取消费者剩余。从经济效率上看，从最优效率到最低效率的市场结构依次是完全竞争型、垄断竞争型、寡头垄断型和完全垄断型。可竞争性理论、博弈论等均是分析市场竞争格局的重要手段。

当自发形成的市场竞争格局阻碍竞争或竞争过度等帕累托无效率行为，或与可持续发展等要求不相符时，就需要产业政策的规制和调整。

由于研究的角度不同，国际上对产业政策尚没有统一的定义，但业界基本认同“产业政策是一国中央或地方政府制定的、主动干预产业经济活动的各种政策”的观点。产业政策包括产业结构政策（如中国电信业改革、发电与供电的分离等）、产业组织政策（如房地产市场第二套房首付50%、出租车行业的经营许可证等）、产业布局政策（如金融中心、集装箱储运中心等）。

在市场经济运行中，产业政策具有导向作用。这种导向作用主要表现在以下三个方面：①可以调整商品供求结构，有助于实现市场上商品供求的平衡；②可以通过差别利率等信贷倾斜政策对资金市场进行调节，有助于资金的合理流动和优化配置；③可以打破地区封锁和市场分割，促进区域市场和国内统一市场的培育和形成。

公司金融人员要熟悉公司所在产业的竞争格局及本公司所处的市场地位，分析竞争对手已采取或可能采取的竞争行为，做到知己知彼。此外，还要熟悉产业政策，密切关注产业政策调整，充分估计可能引起的竞争格局的变化，有的放矢地实施相应措施。

三、微观公司层面的知识

微观公司层面的知识包括公司一定时期的发展目标、公司的能力、公司的资产质量、公司的主要产品及主营业务等。不管是投资活动还是融资活动，甚至是利润分配决策，公司都必须讲究决策机遇的分析。公司的资质决定了不同的投融资领域、投融资方案及利润分配情况。我们将在后面章节对微观公司层面的知识进行全面介绍。

四、公司金融人才的素质要求

公司金融具有动态性、综合性的特点，专业性和实践性均较强，与现代金融市场有着紧密的联系。公司中以财务总监为首的专家将随时面向金融市场做出融资、投资和收益分配决策，并在决策实施过程中充分发挥资本市场的作用，正确处理公司内部条件、外部环境与公司金融目标之间的动态平衡关系。这意味着对公司金融人员素质的要求会很高。从总体上讲，公司金融需要高智能、高创造力的人才。他们不仅应具备本书所述的专门知识，还应具备战略头脑、开阔的视野、高瞻远瞩的谋略，要不计较一时之得失，不拘泥局部之利害，善于从公司整体发展的战略高度来认识和处理问题。综合来说，公司金融人才应具备以下五种能力。

1. 语言表达能力

语言表达能力强的决策者能够清晰、明了地阐述事件、解释问题和表达思想。语言能力包括口头语言表达能力和书面表达能力。公司金融所涉及的公司治理、融资决策及投资决策问题都是复杂问题，影响因素众多，其中既有内生变量，也有外生变量，还有价值取向等常常会出现牵一发而动全身的情况。因此，在处理这类问题之前，为了避免出现管理混乱，必须先通过纸上作业排好序，然后按序列操作。

人们常用的书面语言有四种，即文字、表格、图像和函数。文字语言具有万能性，任何思想都可用文字来表达，问题却只可意会不可言传，不是语言表达不出来，而是问题本身的逻辑不清晰、所用的概念不够规范、界限模糊等导致无法用语言将其表达清楚。表格主要用于表达问题中数值信息方面的内容，能容纳各种信息，也能凸显事物各组成部分的明细内容，但不能概括出整体特性。图像语言又称几何语言，用来描述事物的静态依存、动态时变、分布、层次、网络、流程等关系，具有直观、整体性强的特性。函数语言又称代数语言，用来表征事物特性与一个或少数几个对其特性起作用的因素间的数量互动关系，能精确描述事物特性的运动过程，逻辑展开力强。

2. 信息处理和挖掘的能力

信息处理和挖掘能力是指查找、搜集、分析和交流信息的能力，包括信息感知、信息认知、信息整合、信息交合、信息评价的过程与一个信息的输入、处理、输出、反馈过程。数据挖掘(data mining)就是从大量的、不完全的、有噪声的、模糊的、随机的实际应用数据中，提取隐含的、人们事先不知道但又有用的信息和知识的过程。数据挖掘技术是一个正在迅速发展的新兴领域，受到社会各界的重视。在现今的应用中，数据挖掘技术主要用于商业、军事、工业等领域的决策。

3. 决策能力

决策能力包括预见能力、应变能力、冒险能力、心理承受能力、竞争能力和参与能力。

预见能力包括：①敏感能力；②综合能力；③分析能力；④推导能力；⑤自信能力。决策者对自己所做出的任何一项预测，必须有充分的自信力。预见能力来自广博的知识和深厚的理论基础。

应变能力包括：①监测能力，即在小范围内对决策进行试点，了解事态的发展及时势变化的能力；②反馈能力，即掌握决策实施后所带来的系列连锁反应及周边信息的能力；③反思能力，也就是对决策的实践检验能力，即能否对实践中出现的异常情况做到举一反三，并找到决策中的漏洞；④对策能力，即当环境及具体情况发生变化时，能做出准确而有力度的决策的能力。决策总是带有一定的风险性，事情都清楚了才去“决策”，算不上决策。

冒险能力包括：①探险能力，即挑战恶劣的客观环境、潜伏的各种利害因素及前人尚未涉猎的区域的能力；②料险能力，即对所掌握的风险材料或情况进行科学分析、预测，以了解更多的可测风险和可防风险，力争把决策范围内的风险降到最低程度的能力；③策险能力，即在进行了充分的科学论证的前提下制定能控制风险的决策的能力；④抗险能力，即风险决策的实施能力，也就是人们与客观环境的争斗，其结果取决于决策的实际抗险水平。

心理承受能力包括：①自强能力，即在受到外来因素的挑战或抑制时，不甘自弱，勇于进取；②自越能力，即不满足于现状，敢于向自己挑战，敢于自我否定，向更高层次、更高目标奋斗；③自若能力，即处变不惊、镇定、自然，不因外界的影响而动摇；④自调能力，即当决策环境及内容发生变化，或者决策方案与现实出现反差时，决策者能主动、冷静地反思自我，洞察决策的隐患，并及时进行调整；⑤自诊能力，即决策者在情绪低落或决策行为极度受挫时，能理智地进行自我诊断、自我控制。

竞争能力是指保证决策具有市场竞争力的能力，包括：①决策的制度保障能力，即由制度体系确定决策问题、时间及责任人；②确定决策目标的能力，即能根据公司的整体战略和阶段性目标明确界定公司所寻求的价值和实现价值的总体措施的能力；③机会论证能力，即根据所搜集、挖掘的信息，在公司所寻求的目标和所面对的实际之间找到稳定而必然的联系，进而寻找机遇、辨识机遇、选择机遇、抓住机遇的能力。

参与能力是指决策者能全程参与决策过程，并保证下属充分参与、听取不同意见的能力，以及保证理性决策而不独断的能力。

4. 计划组织能力

具备计划组织能力的决策者能够有目标、系统地、前瞻性地协调工作，为自己和别人拟定必要的工作步骤，有计划地运用材料和资源。具体包括：计算成本和利润（短期、中期及长期）；考察技术可行性、时间充足度和背景条件；将各种可能出现的危险和问题考虑在内（制定周密计划）；注意目前和将来的任何需要；使取得最佳成果与时间花费有机、高效地结合（设定高标准而现实的目标）；明确职责，以保证目标被充分理解；制定考察表、进度表（包括各阶段目标和完成的标准）并依照执行；更新进度表（考虑变化因素）；具备守时的经营管理技巧（遵循细致的进度表）。

5. 创新能力

一般来说，创新能力是指一个人提出新理论、新概念，发明新技术研发新产品、新流程的能力。从表现形式看，创新能力就是发明和发现的能力，是人们进行创造性操作的能力。从心理学的角度看，创新能力就是创新素质，包括创新意识、创新思维、创新技能和创新情感的培养和形成过程。创新意识的培养需要树立创新目标、发挥创新潜力、释放创新激情。创新思维的培养就是发明或发现一种新的方式，用以处理某种事情或事物的思维过程。创新思维具有很强的求异性，需要具备敏锐的观察力、创造性的想象、独特的知识结构和活跃的灵感。创新技能的培养就是提高创新主体行为技巧的过程，包括信息加工能力、动手操作能力、运用创新技法的能力、创新成果的表现能力及物化能力等。创新情感的培养就是激发创新的情感动力的过程，包括独特的创新目标、为提高人类美学价值而创新的高尚情操、为优化个体创新能力而掌握创新技巧的热情。

思考题

1. 结合要素市场理论，谈谈你对金融的理解。

2. 为什么说公司金融的目标是公司价值最大化，而非股东财富最大化或者利润最大化？

3. 结合金融学的基本原理和近期货币政策、财政政策，举例说明货币政策和财政政策影响公司投资的路径。

4. 你认为公司财务总监(CFO)的职责是什么？CFO需具备什么样的素质？

第二章 金融契约理论与公司治理

公司治理是现代公司理论的重要组成部分，也是现代企业制度建设中最重要的内容，是不确定环境下公司金融活动分析的起点。在经济全球化的影响下，公司治理越来越受到世界各国的重视，无论是发达国家还是发展中国家，都把完善公司治理看作改善投资环境、夯实经济基础的必要手段。按照 Jean Tirole 在《公司金融理论》一书中的观点，在信息不对称的情况下，公司金融理论文献三个分支中的第一个和第二个分别是内部人激励问题、内部人和外部人的同时激励问题。这是公司治理的核心内容。本章仅简要介绍金融契约理论、公司的契约性质、公司治理的内涵与机制、公司治理理论和主要模式。

第一节 金融契约理论

一、契约的含义与相关概念

1. 契约的含义

契约，也称合约、合同或协议。

《拿破仑法典》对契约的解释是：契约就是一种合意，依此合意，一人或少数人对于其他人或多数人负担给付、作为或不作为的债务。这里的"合意"有三层含义：①签约各方当事人意见一致；②签约各方机会均等；③内容公正合理。经济学领域的学者认为，"契约"比"合同""合约"更能突出"自愿协作与自由合意"的本质与精神。《牛津法律大辞典》对契约的解释是：契约是指两人或多人之间为相互设定合法义务而达成的具有法律强制力的协议，其基本要素包括当事人在签约当时的签约能力与缔约的合法权限、对缔约内容的全部条款达成协议或承诺、强制力、协议的无障碍执行性以及当事人的相应义务、终止规定与方法等。

现代经济学中的契约概念，比法律意义上的契约概念更广泛，不仅包括具有法律效力的契约(显性契约)，也包括一些默认契约(雇主与雇员之间各种心照不宣的复杂协议、超市入口"请保管好个人财物"的提示等)，甚至将所有市场交易都看成了契约关系。2020 年颁布的《中华人民共和国民法典》规定：当事人订立合同，可以采取要约、承诺和其他方式。

契约被认为是经济分析的基本要素，契约理论被应用于很多领域，并形成了很多适用于这些领域的理论，如社会契约理论、关系契约理论、金融契约理论、公司契约理论等。

2. 完全契约和不完全契约

完全契约，是指缔约各方都能完全预见契约期内可能发生的重要事件，愿意遵守各方签订的契约条款，当缔约方对契约条款有争议时，第三方如法院可以强制执行。不完全契约正好相反，即契约当事人或仲裁者无法证实或观察一切，造成契约条款的不完全，需要设计不同的机制来应对条款的不完全性、处理不确定事件引发的契约条款问题。

依据Grossman和Hart(1986)、Hart和Moore(1990)的观念，不完全契约存在的原因有三个：一是个体有限理性。Herbent Simon认为，人的理性是有限的，对外在环境的不确定性是无法完全预期的，不可能把所有可能发生的未来事件都写入合同条款，更不可能预先制定好处理未来事件的所有具体条款。二是交易成本的存在。在长期契约关系中，交易成本包括：①各方预期在保持契约关系的有效期内可能发生的各种不测事件所要支付的费用；②做出决定、达成有关协议、处理各类不测事件所要支付的费用；③用各种清晰的语言签订各种契约条款，使其得到明确的贯彻执行所要支付的费用；④贯彻实施契约条款所要支付的法定费用。因为这些交易成本的存在，不确定性导致的大量偶然性因素以及与了解、明确与此相关的所有可能反应的费用相当高，履约的量度费用也很高。三是第三者的验证很困难。这一点是契约是否完全的争论焦点。

3. 金融契约

金融契约是投资者与融资者之间的合意，是双方关于资本交易的契约。融资者通过信贷协议、发行股票等有价证券筹集资金，因而每一份信贷协议、每一种证券都被视为权利契约。公司发行特定形式的证券，目的在于解决内部权利纠纷引发的利益上的矛盾。传统的MM理论(1958)认为：公司的内在价值、资本成本与公司的资本机构无关，即便在此基础上修正了税收、财务拮据成本的影响，资本结构依然不影响企业投资项目的收益(息税前利润EBIT)。这意味着从投资角度看，公司与投资者之间的契约(如信贷协议、债券、股票等)均是外生的，契约的主要内容是公司现金流在契约当事人之间的分配，不影响公司经营决策权或控制权的分配。Grossman和Hart提出不完全契约之后，金融契约被认为是内生的，其主要内容不仅包括公司现金流的分配，还包括控制权的分配。

根据公司证券的性质，研究金融契约的理论可分为委托-代理理论、剩余控制权配置理论和债务契约理论，以及相应的外部投资者有成本的干预、外部要求权的多样化理论等。金融契约是公司治理结构设计的基础，也是其核心内容。

二、委托-代理理论

1. 信息不对称

委托代理问题源于信息不对称环境下的所有权与经营权分离。

所谓信息不对称，是指这样一种状态：缔约当事人一方知道而另一方不知道，甚至第三方无法验证，即使能够验证，也需要花费大量的物力、财力和精力，在经济上不合算。不对称信息有多种分类方法：①按照不对称的客观性，可分为外生不对称信息和内生不对称信息。前者是客观事物所具有的、不由当事人决定或不受当事人行为影响的信息；后者是契约签订后发生、某一方当事人采取的、其他人无法观察到的、事后也无法推测的信息。Kenneth J. Arrow把内生信息不对称分为两类，即隐藏行动与隐藏信息。②按发生的时间，可分为发生在签约前的事前的不对称和发生在签约后的事后的不对称。事前的信息不对称通常是因为信息在签约当事人之间分布不均衡，签约一方对其本人的知识(个人特征)

或影响契约的自然状况知道得很清楚，但其他人对此知之甚少，即隐藏信息或隐藏知识，导致信息弱势的签约当事人的逆向选择；事后的信息不对称，可能由于当事人的行动只有他自己知道，或只被契约中的所有签约人知道，局外人不能观察到，即隐藏行动或隐蔽行动，导致信息弱势的签约当事人的道德风险。

2. 委托-代理问题

委托-代理问题是现代公司治理和公司金融学术思考的逻辑起点，是美国经济学家 Berle 和 Means 于 20 世纪 30 年代在倡导所有权与经营权分离的基础上提出来的。Jensen 和 Meckling(1976)将委托-代理关系界定为“一种契约关系。在这种契约下，一个人或者更多的人(委托人)聘用另一个人(代理人)代表他们来履行某些服务，包括把若干决策权托付给代理人”。由于交易成本等因素，公司投资者委托经理层代理经营其投入公司的资本，但因为信息不对称与利益不一致，分散的股权将导致管理层滥用自由现金裁量权，从而产生代理成本。Jensen 和 Meckling 开创性地确立了两类代理冲突：①股东、债权人与经理之间的利益冲突，即经理层的道德风险问题。经理人是风险规避的，倾向于减少股利支付、增加自由支配的现金流量，导致“经理福利最大化”代替了“股东财富最大化”；经理人也可能发行优先权益证券，使原有债权价值稀释(dilution)。②债权人与股东之间的冲突，股东可能通过股利政策、高风险投资将负债融资用作股利分配或者损害债权人的利益。

3. 委托-代理理论角度的契约设计

从委托-代理角度看，契约关系是企业的本质，是一组个人契约关系的连接体。契约设计的核心问题，是如何缔结委托人与代理人之间的契约，解决阻碍契约顺利实施的两大问题——缔约前的逆向选择和缔约后的道德风险。

根据理论界的研究，信号传递和信息甄选是解决逆向问题的有效方法。代理人为了显示自己的类型，会选择某种信号，使自己的类型被委托人识别。委托人在观察到代理人的信号后，与代理人签订契约。例如，能力较强的人选择接受教育并取得高等级的证书，以便他人识别自己，这便是信号传递。委托人也可以主动提供多种契约供代理人选择，代理人根据自己的特点选择最适合自己的契约，并依此选择行动，这就是信息甄选。

事后道德风险的规避，是现代契约理论的重点。委托人必须设计一个激励契约，以诱使代理人从自己的利益出发，选择对委托人最有利的行动。当委托人是股东时，委托人与代理人之间存在着三种代理冲突：①股东单一的最大化投资回报目标与代理人的多样化目标冲突；②委托人风险偏好与代理人风险规避态度的冲突；③委托人希望通过股利获得自由现金流量，但代理人可能对自由现金流量进行过度投资，从而实现帝国扩张(empire-building)。由于代理人的努力程度不可观测，因而激励契约需兼顾参与约束和激励相容，给予代理人相应的剩余收益索取权(剩余收益是指公司的收入扣除所有固定的合同支付，如物料消耗、工人工资、管理人员工资等之后剩余的部分，可理解为净利润)，促使其愿意承担风险，按委托人的目的有效使用自由现金裁量权。

典型的激励契约中关于代理人收入补偿的条件如下：

假设：A 为代理人的行动集，如每天的工作时间；代理人某一特定行动 $\alpha \in A$；外生随机变量及其密度函数为 θ 及 $g(\theta)$；$x(\alpha, \theta)$ 是可观测变量，如公司的营业收入、净利润等；$\pi(\alpha,\theta)$ 是委托人真正想要的结果，如公司价值的增量，α 的边际收益大于零但递减；$s(x(\alpha,\theta))$ 为委托人和代理人签署的激励合同，代理人分享剩余收益的一定比例；$v(\cdot)$ 表示委托人的期望效用，则委托人的目标函数为

$$\max\int v(x(\alpha,\theta)-s(x(\alpha,\theta)))g(\theta)d\theta \tag{2-1}$$

由式(2-1)可知，如何决定代理人分享剩余收益的比例是问题的关键，既要保证代理人参与，还要有激励效应，最终的结果取决于委托人与代理人之间的博弈。

如果：$u(\cdot)$表示代理人的期望效用，那么 u_0 表示代理人不接受激励合约时的效用，如获得固定工资，假设保持不变；$C(\alpha)$表示代理人采取行动 α 时的成本，付出越多，成本越高，当然这是代理人不希望的，则参与约束需满足的条件为

$$\int u(s(x(\alpha,\theta)))g(\theta)d\theta-c(\alpha)\geqslant u_0 \tag{2-2}$$

激励相容需满足的条件为(假设 α'是代理人的 α 之外的任意其他行动)

$$\int u(s(x(\alpha,\theta)))g(\theta)d\theta-c(\alpha)\geqslant\int u(s(x(\alpha',\theta)))g(\theta)d\theta-c(\alpha'),\ \forall\alpha'\in A \tag{2-3}$$

给定代理人行动 α 的边际贡献及相应的行动成本，代理人分享剩余收益的比例或者分担风险的比重取决于行动 α 的边际贡献(正相关)，以及代理人对行动 α 的回避倾向、对风险的回避倾向和风险成本的高低(负相关)。如果代理人是风险偏好的，可以由其承担全部风险，委托人获得固定收入。

最早研究委托-代理动态模型的是 Radner(1981)和 Rubbinstein(1979)。他们使用重复博弈模型证明，如果委托人和代理人保持长期的关系，且双方有足够的信心，帕累托一阶最优风险分担和激励是可以实现的。因为在长期的关系中，委托人可以相对准确地从观测到的变量中推断代理人的努力水平，代理人不可能用偷懒的办法提高自己的福利，即便长期契约不具有法律意义上的可执行性，出于声誉效应(reputation effects)，缔约双方也会各尽义务，但要规避棘轮效应弱化契约的激励效应。

三、剩余控制权配置理论

1. 控制权与剩余控制权

控制权是指在公司形成以后，当某些情境发生时，契约一方或多方组成的集体影响公司行动路径的权利(Tirole，2007)。控制权是状态依存性的，即：如果契约 X 被违背，债权人将获得控制权；如果特定的金融性或非金融性标准得到满足，风险投资者如 PE 会将控制权让渡给企业家。与此同时，控制权可能引致其他控制权：对决策 A 的控制权可能隐含着对决策 B 的部分控制权——即使契约这一方并没有正式获得决策 B 的控制权。例如，当金融契约中包含诸如“没有本人同意，股权不能被稀释”“如果不能按时偿付，短期债券持有人能强迫债务人破产清算”等规定时，意味着赋予了相应股东、短期债券持有人某些“把关权”(gatekeeping power)，从而使他们得到了一些控制公司未来融资决策的权利，这些权利很多时候与显性控制权一样强势。

剩余控制权是契约中没有说明的事情的决策权(张维迎，1996)。不完全契约不能把各种条件下的所有权利和责任规定清楚和完备，没有明确规定的那部分权利就是剩余控制权。Tirole 认为，完全契约并不意味着初始契约就能完全界定未来行动的路径(否则控制权就没有意义)。首先，契约各方对各种行动的偏好在事前可能是未知的；其次，未来行动未必能在初始合约中进行分析。将控制权界定给契约一方，是引出这些信息的简单方式。完全契约仅仅是指在给定有关未来偏好以及未来可行行动集合的有限知识的情况下，各方签订的最优契约。从这个意义上讲，Tirole 定义的状态依存的控制权更偏向于剩余控制权。

2. 剩余控制权的分配

剩余控制权的分配常常与某种可观察的事件相互依存，而其转移依赖某种可验证的变量(如可测度的经营业绩)。其核心是：剩余控制权配置给外部人还是内部人？如果配置给外部人，则配置给哪些外部人？

Aghion 和 Bolton(1992)最早注意到公司金融理论中控制权的重要性，Hart(1995a)将这一研究推进。他们认为，将剩余控制权配置给投资者会增加可保证收入(pledgable income)，从而有助于融资。事实上，状态依存的控制权配置给管理层或公司的创建者(内部人)，会增加对内部人的激励，并提升可保证收入；但是，如果公司的融资能力受限，控制权的配置就不仅仅反映外部人与内部人谁更想获得剩余控制权，也并非必然配置给能产生更高联合效率的契约方，还需要考虑对可保证收入的影响，或者说影响外部投资者对内部人承诺可保证收入的程度。当遭遇严重融资问题时，管理层必然将部分剩余控制权让渡给投资者，哪怕会减少总收益。因此，在其他条件相同的情况下，资金实力强的公司(较高的初始股权、较强的担保、安全的现金流)可以从市场上获取融资，因而只需让渡小部分控制权；资金实力一般的公司在与银行的交易中会让渡更多的剩余控制权，签订的金融契约对内部人的行为更具约束性；资产实力较弱的公司，如很多高新技术公司，可能让渡大部分控制权给风险投资者。

内部人让渡剩余控制权给外部投资者时，又该配备给哪些外部人呢？投资者对证券的特征并不具有相同的偏好，他们可能面临不同的税率(如股息税、资本利得税、债券利息收入税)、利率或者不同的流动性需求(短期、中长期、永续)，加上公司运作需要多角度的监督，从而导致了证券的多样性，也即金融契约的多样性，最终导致公司索取权的多样性及收益结构的多样性。带有不同收益流的证券会引发不同证券持有者之间的利益冲突，因而剩余控制权的持有者通常不能代表全体投资者的利益。为解决冲突，在 Dewatripont 和 Tirole(1994)有关债权和股权并存分析，以及 Berglöf 和 Von Thadden(1994)有关短期和长期债券并存分析的基础上，Tirole 建立了“胡萝卜”加“大棒”机制，着眼于外部人之间的状态依存性控制权配置。详见下文“控制权配置角度的债务契约设计”。

四、债务契约理论

1. 债务契约的主要内容

债务契约是指公司经理人员代表股东与债权人签订的、用于明确债权人和债务人双方权利和义务的一种法律文书，包括各种贷款契约、债券发行契约等。其主要作用是限制经理人员的行为或要求他们按照一定原则、目的行事，以保护债权人的合法、正当权益。债权人通过正式的债务契约，对借款企业提出一些约束条件，如限制企业的股利支付、股票回购、举借新债务等行为，还可能要求债务人维持特定水平的营运资本、利息保障倍数、净资产总值等。当债务人不能按期足额还本付息时，债权人还可以通过破产保护来维护自己的利益。典型的债务契约包括：借款的数量、期限、利率、偿还计划；及时、可靠地将信息传递给债权人的机制；债务人保证书；强制债务人保护债权人利益的肯定式条款；限制债务人高风险行为的否定式条款；违约和赔偿条件等。

2. 债权人状态依存的控制权

债务契约约定的债权人所拥有的破产清算权最能体现公司控制权的状态依存特征（Aghion 和 Bolton，1992），股东是消极的"软弱的委托人"，但债权人是积极的"最强硬的委托人"（Dewatripont 和 Tirole，1994）。很多金融契约理论假定投资者拥有债务契约类权利。基于委托-代理理论的最优证券设计理论认为：为了更好地激励经理人员，应该给债权投资者一个优先的索取权，即优先于股东享有预先约定比例的收入，超过这一水平的利润全部归股东和经营者所有，股东和经营者也就是剩余索取者。这样的契约，将使企业经营者的剩余索取权对企业业绩更敏感。当企业业绩不好时，债权人能行使控制权，并可实施破产清算及各种形式的重组。此外，债务契约中"债权-股权转换"以及再谈判约定还可以有效约束债务人"粉饰业绩"的行为。

3. 控制权配置角度的债务契约设计

Tirole（2006）指出，证券设计就是"胡萝卜"加"大棒"机制，本质上是解决如何将控制权界定给拥有差异性利益目标的管理者、投资者及不同利益相关者的过程。债务契约的设计就是为了限制股东的过度风险行为。债权人无法从公司的上升趋势中获益，使得他们更为保守，更加趋向于得到债务人返还本金的承诺以及固定的利息，当这些承诺无法兑现时，他们倾向于清算资产、缩减规模、鼓励经理保守经营。如果契约中期阶段债务人的绩效较差，控制权将会界定给最严厉的投资者——债权人；如果中期业绩较好，控制权将会界定给友善的投资者——股东，他们能从公司的上升趋势中得益，在有限责任的保障下，也许更偏好风险。这样的债务契约可以通过两个途径改善投资者的境遇：一是债权-股权转换机制或债务重组再谈判约定；二是约定股东在事中某些条件发生时注入更多资金以清偿债务，从而保证有净现值的项目能够持续实施。Tirole 定义了契约制度，即能够约束契约及契约实施的法律和规章，以及在更广泛意义上影响承诺收入和价值的其他政策变量，如税收、劳动法和宏观经济政策。

第二节　公司制企业的契约性质、特点及主要类型

一、公司制企业的契约性质

新制度经济学认为，企业是一系列契约的集合体（nexus of contracts）。这一系列契约包括企业与债权人、股东、员工、供应商、客户等利息相关者之间的契约。其中，最主要的契约如图 2-1 所示。

理论上，在持续经营期间，公司员工、债权人与公司的契约是完备的，不承担经营风

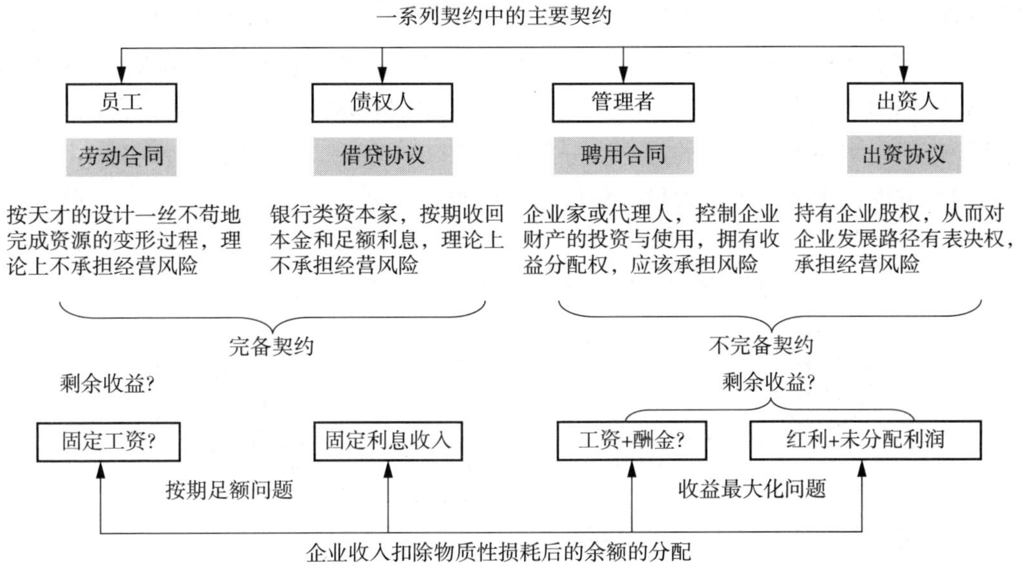

图 2-1 企业的主要契约

险，因而获得的是固定工资、固定利息收入。而管理者、股东与股东之间的契约是不完备的，契约中未约定的事项一旦发生，管理者与股东需为此做出处理决策，需要承担决策的风险，因而理论上他们享有剩余收益权。但在实践中，情况也许要复杂很多，如某种情境发生时，某些岗位的员工可能拥有剩余收益权，某些管理者可能只能获得固定回报，图中“？”表示这些可能。

二、公司制企业的特点

一般来说，企业制度可分为业主制、合伙制和公司制三类。公司制企业是前两类企业专业化和规模扩张后良性发展的必然趋势。我们可以通过图 2-2 来展示三者的更替。

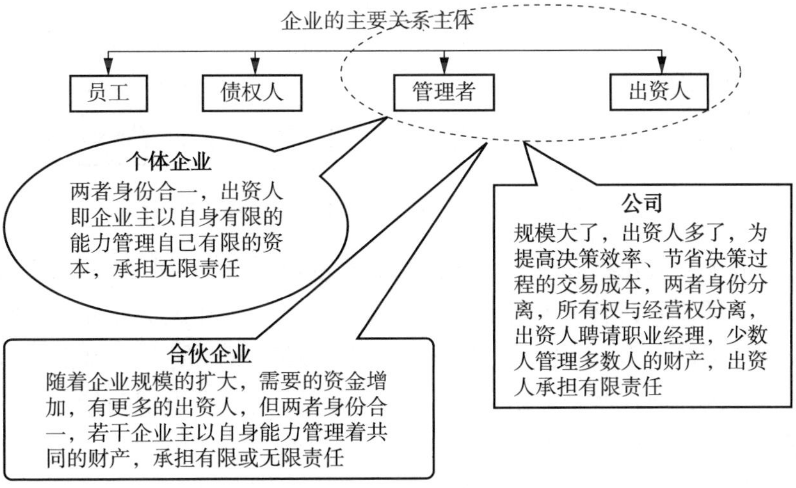

图 2-2 企业三种组织形式的更替

从图 2-2 可以看出，公司制企业区别于个体企业和合伙企业的本质特征是管理者和出资人身份的分离，以及由此引发的出资人有限责任、分享剩余收益和剩余控制权。出资人将自己拥有完全产权的资产按《公司章程》规定的出资比例投入到公司，实现财产权利的第一次转移，如图 2-3 所示。然后，公司法人按照法定或章定的程序将法人财产的经营管理委托给管理层，实现财产权利的第二次分离，如图 2-4 所示。两次分离清晰界定了公司财产权的四个方面：占有权、收益权、使用权和处置权。

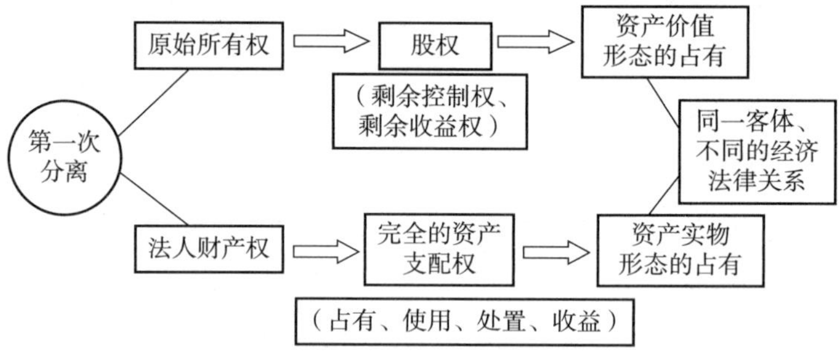

图 2-3　企业财产权的第一次分离

第一次分离：股东以拥有完整产权的自有财产(《中华人民共和国公司法》规定的任意可用于投资的财产)投入公司，使自身对其财产的原始产权转变为股权，由对财产物质形态的占有转变为对价值形态的占有，也使其投入公司的财产(股权)与自有的其他财产分离。公司接受股东投入的财产，从而实现了对这些财产实物形态的占有，公司享有这些实物财产的占有、使用、处置和收益权。例如：股东 A 将其名下价值为 100 万元的房产投入到 X 公司，占 X 公司股权的 20%。签订出资协议后，股东 A 不再持有该房产的产权证书，但持有 X 公司的股票或股权证书，表明其在 X 公司的净资产中拥有 20% 的份额，但这 20%不能确指是原来投入的房产。X 公司此时拥有了原属于股东 A 的房产的产权证书，回馈给股东 A 的是公司 20%的股份(或股票)以及附着在该股份上的权利。

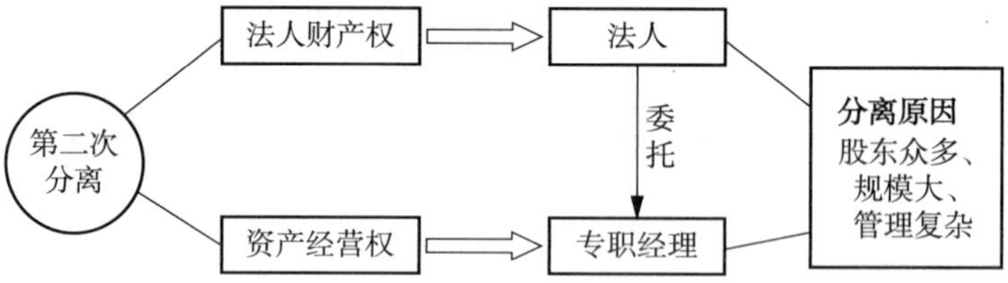

图 2-4　企业财产权的第二次分离

经过第二次分离，公司将其所拥有或控制的经济资源(法人财产)的经营权授予了专职经理团队。专职经理团队拥有了公司财产的使用权、部分处置权及部分剩余收益权。上例中，房产的权利证书属于 X 公司，但 X 公司的经理人员可以使用、出租、出借、出售该房产。经过两次分离，公司制企业出资人(股东)实现了财产所有权与经营权的分离。

综上所述，公司制企业的主要特点有：

(1) 所有权与经营权分离，产权清晰。由图 2-3 和图 2-4 可知，经过两次分离，股东实现了对公司财产价值形态的占有，公司作为法人，实现了对股东投入财产实物形态的所有，经理人员则通过法定程序受托行使法人财产的经营权。这种清晰的权利归属，是市场经济顺利发展的前提，也是公司治理及其约束下投融资活动的基础。

（2）出资人按照《公司章程》约定的份额出资，按照所占份额享有公司股权，通过股权行使投票权来监督、干预管理层的经营管理。股份有限公司的股权被划分为相等的份额，在实际中，投资者可以通过购买若干股份来投资，然后按其所购买的股份占总股份的比例来计算股权比例。有限责任公司的股权没有被划分为等额的股份，投资者通过认缴出资份额来确定投资额。如无特殊规定，同股同权。

（3）公司股东按出资份额享有公司剩余收益权和状态依存控制权，并对公司债务承担同份额的有限责任。剩余收益是不确定的，那么谁应该拥有剩余索取权和剩余控制权呢？在所有者同时又是经营者这种古典式企业中，情况很简单，所有者同时拥有剩余索取权和剩余控制权。而在公司制企业中，有效的契约关系使两者共享剩余收益权，剩余控制权依契约状态在股东、经理人与债权人之间转移。

有限责任是指公司股东以投入公司的财产承担对公司债权人的偿付责任。即便投入公司的财产不足以偿付债权人，也不需要拿个人的其他财产来补充。有限责任有利于锁定股东的风险，可刺激投资热情；股东可以通过转让股份来转嫁风险；公司可以通过分散股权来分散风险。但是，有限责任不利于保障债权人、职工等相关者的利益。

三、公司的主要类型

按照《中华人民共和国公司法》（简称《公司法》）的规定，公司分为有限责任公司和股份有限公司两种。有限责任公司有三种形式，即一般有限责任公司、个人独资公司和国有独资公司。

（一）有限责任公司

有限责任公司是指由若干个股东（1~50 人）共同出资，获得公司签发的出资证明书，每个股东以其所认缴的出资额对公司承担有限责任，公司以其全部资产对其债务承担责任的企业法人。有限责任公司，除股东对公司负有限责任外，还有其他特点：在股东人数方面有严格的数量限制①，不得公开募股；股份转让需经全体股东同意；可以设立董事会，也可以不设立董事会。有限责任公司比股份有限公司出现得晚，它是在解决股份有限公司股东“搭便车”、流动性大、股东很难控制和管理公司等问题的基础上产生的，具有资合公司和人合公司②的特性。

个人独资公司是指由一个自然人或一个非全资国有的法人出资设立的有限责任公司。一个自然人只能设立一个有限责任公司，且该公司不能再出资设立新的有限责任公司。个人独资公司没有股东会、董事会，但必须有公司章程。当个人独资公司的股东不能证明公司财产独立于其个人财产时，该股东对该个人独资公司的债务承担连带责任。

国有独资公司是指国家单独出资、由国务院或地方人民政府授权本级政府国有资产监

---

① 英国、法国、日本等国家规定为 2~50 人，美国有些州规定不得超过 30 人，我国《公司法》的规定为 1~50 人。

② 资合公司的信用主要建立在公司资产上，与股东的人身性质没有任何关系；人合公司的信用主要建立在股东个人身上，如股东的身份和声誉等，而不是建立在公司的资产上。

督管理机构履行出资人职责的有限责任公司。国有独资公司不设股东会，由国有资产监督管理委员会行使股东会职责，国有资产监督管理委员会委托董事会行使股东会的部分职权，决定公司的重大事项。但是，有关公司关、停、并、转、增加或减少注册资本或发行债券等事件，必须由国有资产监督管理机构决定，重要国有独资公司(由国务院规定)的关、停、并、转还要报同级人民政府批准。

(二)股份有限公司

股份有限公司是指注册资本由等额股份构成并通过公开发行股票筹集资本，股东以其所认购的股份对公司承担有限责任，公司以其全部资产对公司债务承担责任的企业法人。这类公司的所有股东的出资额都划分为等额股份且同股同利，股东人数没有上限规定，股份可以自由转让，公司必须公开披露相关信息。此外，这类公司最突出的特点是所有权与经营权分离，并由专职支薪经理行使公司管理权，但从理论上说，所有产权主体对公司的剩余控制权和剩余索取权都享有机会上的平等和独立性。

由于各自的内涵和特点不同，有限责任公司主要适用于中小型企业，股份有限公司则是大型企业普遍采用的组织形式。现代公司理论主要以股份有限公司为研究对象。

第三节　公司治理的产生、内涵及机制

一、公司治理问题的产生

1995 年，Oliver Hart 在《公司治理理论与启示》一文中提出，只要存在以下两个条件，公司治理问题就必然在一个组织中产生：第一个条件是代理问题，确切地说，就是组织成员(可能是所有者、工人或消费者)之间存在利益冲突；第二个条件是交易成本较大，使代理问题不可能通过契约解决。

现代公司的形成在使市场经济获得一个与之内在要求相适应的企业组织制度安排的同时，又引出了所有权和控制权的两权分离。随两权分离而来的一个最基本问题，是公司股东与经理人之间的激励不相容。由于经理人与股东的目标函数不一致，在两者之间信息不对称的情况下，经理人为了追求自身效用的最大化，就有可能损害股东的利益，于是便出现了代理成本问题。由于交易成本的存在，所有的契约都是不完全的，从而使代理问题不能通过一个完全契约来解决。在存在代理问题和不完全契约的情况下，公司治理问题就会产生(Hart，1995)。公司治理可以看作对初始契约中没有特别规定的问题做决定的一种机制。可见，即使是在一个小型封闭的企业里，公司治理问题也是存在的。当然，公司治理问题在一个大型的公众公司里更加重要。

典型的英美公众公司拥有众多小股东。与小型私人控制的企业不同，公众公司存在以下两个问题：一是股东虽然拥有剩余控制权(即投票权)，但分散的小股东无法行使日常的投票权。因此，现实的情况是，董事会作为股东的代表来选择经理。也就是说，出现了 Berle 和 Means(1932)所说的所有权和控制权的分离。二是分散的小股东缺乏监督管理者的

内在动力，即不愿意监督管理者。原因是：监督是一个公共物品，如果某一个股东的监督导致公司业绩改善，那么所有的股东都将受益。在监督有成本的情况下，每一个股东都有“搭便车”(free rider)的愿望，即希望由别的股东而不是自己来行使监督权。最终的结果可想而知，如果所有的股东都这样想，监督将无法出现。

在股权分散的情况下，公司治理首先要解决所有者和经营者之间的委托代理问题。在一个大型的公众公司里，股东、经理人员、债权人和工人各个生产要素的提供者之间的关系是复杂的，这需要一套治理规则来平衡各方之间的关系。

公司是现代经济的微观主体。大型公司在经济和社会中的影响力越来越大，不光要素提供者之间的关系需要平衡，作为一个主体，它与外部各种力量(如上下游企业、社区、政府等)之间也需要达到一种平衡。公司治理就是要处理这些利益相关者(stakeholders)之间的关系问题。利益相关者包括企业内部的股东、经理人员、债权人和工人，以及企业外部的相关上下游企业、社区、政府。企业内部的利益相关者的关系涉及企业最优所有权的安排问题。企业与外部利益相关者之间的关系涉及一个外部性的问题。如何处理企业利益相关者之间的关系，不仅是经济问题，还是法律与社会问题。

二、公司治理的内涵

公司治理是一个“舶来词”，起源于美国，其英文是“Corporate Governance”，也被翻译成“公司治理结构”“公司治理机制”等。尽管国内外学者对公司治理问题进行了大量研究，但至今对公司治理的概念并没有形成一个统一的定义。不同的人，由于研究的角度不同，对它的定义也不同。这里对几种有代表性的定义进行介绍。

1. 根据公司治理具体形式的定义

在《新帕尔格雷夫货币金融大辞典》“公司治理”条目中，接管市场被看作过去20多年里英美公司治理有效、简单和一般的方法，它的本质是使经营者忠于职责。因为没有来自接管市场的压力，经营者就会玩忽职守、侵蚀股东权益。而且，在其他对公司治理可能产生影响的因素不起作用的条件下，比如，在董事会、经理人市场、产品市场、资本市场、贷款人约束不起作用的情况下，接管仍能发挥作用。但是，由于决策失误和成本高昂，近年来它的影响力已经下降，人们重新对董事会产生兴趣，把它作为监督经营者、协调股东与经营者之间关系的重要工具。此外，机构投资者被视为改善公司治理的重要力量，尽管它们自身也存在代理问题。这个词条没有直接给出公司治理的定义，但对公司治理的主要形式进行了描述。

2. 根据公司治理所要解决的基本问题的定义

Berle 和 Means(1932)、Jensen 和 Meckling(1976)认为，公司治理应致力解决所有者与经营者之间的利益冲突，其焦点在于使所有者与经营者的利益保持一致。Fama 和 Jensen(1983)进一步提出，公司治理研究的是所有权与经营权分离情况下的代理人问题，其中心问题是如何降低代理成本。Shleifer 和 Vishny(1997)认为，公司治理要处理的是公司的资本供给者如何确保自己可以得到投资回报的问题，公司治理的中心课题是保证资本供给者(包括股东和债权人)的利益。Cochran 和 Wartick(1988)认为，公司治理要解决的是高级管理人员、股东、董事会和公司其他利益相关者相互作用产生的诸多特定问题。他们在1988年发表的《公司治理——文献回顾》一文中指出：公司治理问题包括高级管理阶层、股东、董事会和公司其他利益相关者在相互作用中产生的具体问题。公司治理问题的核心是：①谁从公司决策/高级管理阶层的行动中受益；②谁应该从公司决策/高级管理阶层的行动中受益。当"是什么"和"应该是什么"不一致时，一个公司的治理问题就会出现。

3. 根据公司治理出现的条件和理论基础定义

本节开篇提及，Hart认为同时存在两个条件，公司治理就会出现。他是这样解释的：在没有代理问题的情况下，公司中所有的个人都可以被指挥去追求利润或公司净市场价值的最大化，或者去追求最小成本。个人因为对公司活动的结果毫不关心而只管执行命令。每个人的努力和其他各种成本都可以直接得到补偿，因此不需要激励机制调动人们的积极性，也不需要治理结构来解决争端，因为没有争端可言。如果出现代理问题并且契约不完全，则公司治理结构就显得至关重要。标准的委托-代理模型假定签订一份完全契约是没有费用的，然而实际签订契约的费用可能很大，如果这些交易费用存在，所有的当事人均不能签订完全的契约，而只能签订不完全契约；或者，若初始契约模棱两可，当新的情况出现时，契约将被重新谈判，否则就会引起法律争端。因此，Hart(1995)指出，在契约不完全的情况下(代理问题也将出现)，治理结构确实有它的作用。由此可以看出，Hart是将代理问题和契约的不完全性作为公司治理存在的条件和理论基础。

4. 制度安排角度的定义

Mayer(1995)把公司治理定义为"公司赖以代表和服务于它的投资者利益的一种组织安排。它包括从公司董事会到执行经理人员激励计划的一切东西……公司治理的需求随市场经济中现代股份公司所有权和控制权的分离而产生"。Blair(1995)认为：从狭义角度讲，公司治理是指有关公司董事会的功能、结构和股东权利等方面的制度安排；从广义角度讲，公司治理则是指有关公司控制权或剩余索取权分配的一整套法律、文化和制度安排。这些安排决定公司目标、谁在什么情况下实施控制、如何控制、风险和收益如何在企业不同成员之间分配等一系列问题。钱颖一(1995)也支持制度安排的观点，他认为，"在经济学家看来，公司治理结构是一套制度安排，用以支配在企业中有重大利害关系的团体——投资者、经理人员、员工之间的关系，并从这种联盟中实现经济利益。公司治理结构包括如何配置和行使控制权，如何监督和评价董事会、经理人员和员工，如何设计和实施激励机制等"。林毅夫等(1997)认为，所谓的公司治理结构，是指所有者对一个企业的经营管理和绩效进行监督和控制的一整套制度安排。公司治理中基本的成分是通过竞争的市场所实现的间接控制或外部治理，而人们通常所关注或定义的公司治理，实际上指的是公司的直接控制或内部治理结构。他们强调，后者虽然是必要的和重要的，但与一个充分竞争的市场机制相比，只是派生的制度安排，其目的是借助各种可供利用的制度安排和组织形态，最大限度地减少信息不对称的可能性，保护所有者的利益。

从以上定义可以看出，学者们对公司治理概念的理解至少包括以下三层含义：

(1) 公司治理是一种契约关系。公司或者说企业被看作一个契约的联结体，这些契约约束着公司行为，使交易成本低于由市场组织这些行为时发生的成本。

（2）公司治理的基本功能是配置权、责、利。一般来讲，谁拥有资产，或者说，谁有资产所有权，谁就有剩余控制权。公司治理的首要功能就是配置这种控制权。它包括两层含义：①公司治理是在既有的所有权前提下安排的。所有权形式或结构不同，如债权与股权的比例不同、股权的集中与分散等，公司治理的形式也就不同。②所有权是可以而且常常被分割和让渡的，从这一角度讲，剩余控制权的配置和治理结构的制度安排就成为一回事（费方域，1998）。

（3）公司治理的目的就是降低公司代理成本，实现公司价值最大化。按照 Jensen 和 Meckling（1976）的观点，代理成本由三部分构成：①监督成本，即委托人监督代理人行为的费用；②担保成本，即代理人保证不采取损害委托人行为的费用，以及如果采取了那种活动，代理人将赔偿委托人的费用；③剩余成本，即由于代理人的决策和使委托人的利益最大化的决策之间存在偏差而导致委托人利益的损失。

综上所述，公司治理可定义为：为协调公司主要参与主体的利益冲突、降低代理成本而采用的公司责、权、利配置机制。

三、公司治理机制

公司治理机制是规范公司制度的制度体系，包括内部治理机制和外部治理机制，如图 2-5所示。内部治理机制主要依靠企业内部的各种制度来降低代理成本，因此被视为公司治理制度的核心；而外部治理机制则借助外部市场来缓解代理问题，是公司治理制度的外在保障。

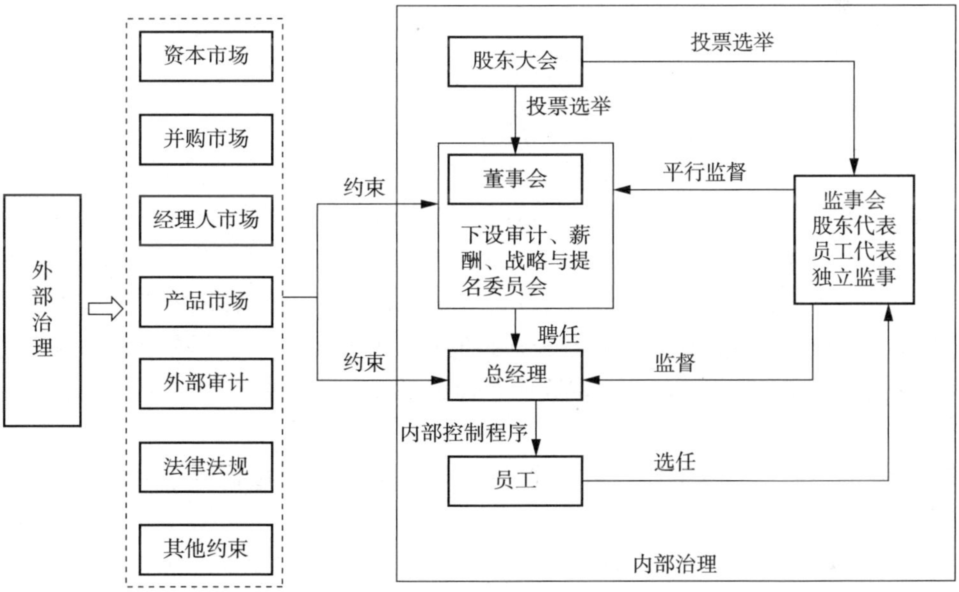

图 2-5 公司治理机制的构成

（一）公司内部治理机制

公司治理通常以监督和激励的方式表现出来。监督是指公司各种外部人（而非经理人)——股东、董事、审计师、债权人等对公司管理层的监督。监督一般可分为两类：积极型监督和投机型监督。积极型监督包括为了提高所有者权益价值而对管理层进行的干预，积极型监督者会主动收集公司经理人提出或实施的政策信息，一旦发现这些决策会损害公司价值，就会进行干预、阻止或修改该决策。积极型监督与公司的控制权密切相关。投机型监督关注的不是提升公司的价值，而是公司目前的估价，即对以前和现在管理层完成的事项进行评估，然后利用所得的信息调整自己在公司的位置(追加投资、原封不动或是撤退)或向其他投资者提供建议。典型的投机型监督者就是机构投资者。激励主要是针对管理层实施的，目的是统一管理层利益与公司利益，尽可能规避管理层为追求自身利益最大化而采取的有损公司价值的道德风险。

通过对国外有关公司内部治理相关研究的最新成果进行梳理和综述，本书将公司内部机制分为五项内容，即股东监督、董事会监督、管理层激励、债权人监督和内部控制。

1. 股东监督

股东监督是指在公司治理结构中，股东利用投资契约或股票这种标准化契约所赋予的投票权，在公司战略决策、重大投资、资产出售、管理层报酬、收购或反收购策略的设计、董事会的大小及组成方面进行主动的干预。股东分为普通股股东和优先股股东两种。优先股股东放弃投票权取得了剩余收益的优先分享权和剩余财产(公司关、停、并、转时清算财产，扣除清算费用和债务后的余额)的优先求偿权。普通股股东的监督主要通过股东大会和股东的投票权①来实施。而股东参与大会的积极性取决于股权结构。股权即股票持有者所具有的与其拥有的股份比例相应的权益及承担一定责任的权力。股权结构是指股份公司总股本中，不同性质的股份所占的比例及其相互关系。股权结构是公司治理结构的基础，它决定了股东结构、股权集中程度及大股东身份，导致股东行使权力的方式和效果有较大的区别，进而对公司治理模式的形成、运作及绩效产生较大影响。

具体分析股东监督状态时，可从以下四个方面着手：

(1) 股权集中度。股权集中度是指一个股东或少数几个股东所占有的股权份额总和。具体描述时，可以借用市场集中度的指标，如常用的集中率指标、赫希曼指数或基尼系数。实证研究中，通常以第一大股东持股比例与第二至第九大股东持股比例之和的差异来衡量股权集中度。股权集中度高，说明公司股东出现了大股东或控股股东与小股东或分散股东的差异。股权的相对集中，会导致公司控制权的相对集中，公司的战略决策、重大投资等容易受控股股东②的支配，而且控股股东监督的积极性会随着其持有股份份额的提高而增长。

(2) 股权的性质或股权主要集中在谁手里。股权的性质一般取决于股东的身份。我国

---

① 股东的投票表决机制有四种：法定投票表决制、累积投票表决制、代理投票制和网络投票制。2018 年颁布的《上市公司治理准则》第十七条规定：董事、监事的选举，应当充分反映中小股东意见。股东大会在董事、监事选举中应当积极推行累积投票制。单一股东及其一致行动人拥有权益的股份比例在 30%及以上的上市公司，应当采用累积投票制。

② 证监会关于实际控制人的认定：a. 控股股东，指持有股份超过 50%，或虽不足 50%，但依其持有股份所享有的表决权已足以对股东大会的决议产生重大影响的股东。b. 虽不是公司(控股)股东，但通过投资关系、协议或其他安排(合并持股、受托持股、一致行动人协议等)，能够实际支配公司行为的自然人或法人。

股份公司的股权一般有国家股、法人股和社会公众股三种。而法人股的持有者有实业投资者和机构投资者两种。这两种投资者的投资目的和风险态度不一样，因而其监督意愿和监督能力也不一样。一般来说，机构投资者因为其出资带有非常明显的短期性和纯套利性质，更便于用脚投票，故同等条件下，其监督意愿要弱于实业投资者。

大股东(控股股东)、机构投资者和小股东在公司股权结构中所享有的份额、监督能力及监督意愿各不相同，如图 2-6 所示。这些方面的区别也导致了控股股东与小股东之间的利益冲突，从而使代理理论研究中出现了一个专门基于股东之间利益冲突的分支。

(3) 主要股东持股的稳定性。一般来说，长期持股的股东监督的积极性要高于短期持股的股东。一个公司的前几大股东一直比较稳定，说明股东的监督在公司治理中发挥了比较重要的作用。日本、德国的投资者习惯长期持有。一个典型的日本企业，其股权的 60% 是稳定的。而英、美等国家的投资者常常会改变他们的投资组合。在美国，机构投资者占了流动性交易的绝大部分，共同基金及比较活跃的退休基金平均持股年限是 1.9 年。

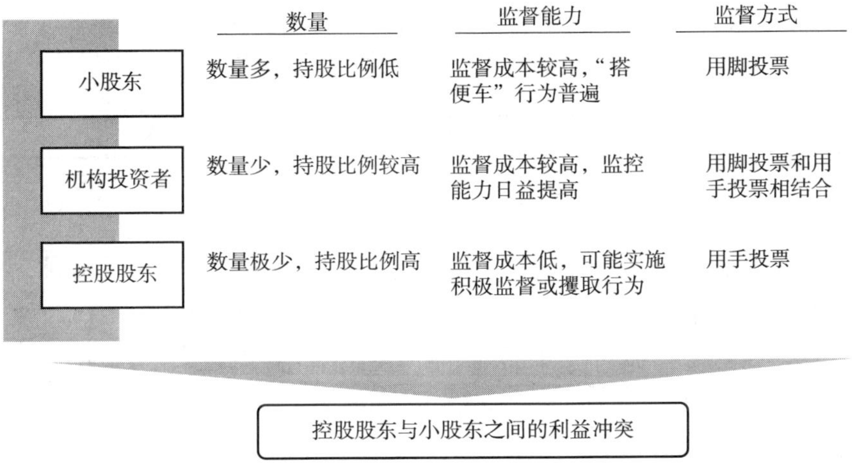

图 2-6　控股股东、机构投资者和小股东在公司治理中的作用比较

(4)形式上的控制权与实际控制权。正常经营情况下，公司形式上的控制权通常与占控股地位的投票权相关联。拥有多数投票权的家族企业所有者、多元经营企业的总部及对一个刚启动的公司有明确控制权的风险投资者，都享有形式上的控制权。这种控制权可以使一个控股股东畅通无阻地(除非受信托责任所限制)进行他认为必要的公司战略及经营管理上的改变。实际控制权的享有者通常是非控股的大股东，如持股比例为 10%或 20%的股东，他们通过说服其他股东或与其他股东结成同盟，协议采取一致行动。这种同盟或一致行动协议能否成功，取决于倡导者与其他投资者沟通的难易程度、倡导者的声望和一致行动参与者利益的一致性。此外，这些大股东还可能与管理层合谋，纵容管理层的某些降低公司价值的措施，以换取一己私利，甚至可能利用身为董事的某些特权获得某些隐性的控制权收益。

在实践中，有关股权结构对公司治理机制影响的研究主要包括股权集中度对公司治理效果的影响、机构投资者的监督作用和大股东在公司治理中扮演的角色。Holdemess (2003)考察了外部控股股权对管理者和公司业绩的影响，认为外部大股东对公司行为有积极的影响，但大股东对公司业绩的影响是不确定的。La Porta 等(1998，2002)认为，从全球角度来看，股权结构呈现出多样性的特征，因为股东总是试图克服法律对投资者保护的不足。比如，那些对投资者法律保护相对较弱的国家和地区拥有较高的股权集中度。这从一个侧面说明，适当集中的股权结构、机构投资者的引进有利于股东监督经营者，对改善公司治理结构有着积极的意义。总之，对股权结构和公司治理关系的研究颇丰，但在股权结构如何影响公司绩效的问题上，并没有达成一致意见，而且股东监督还会遭遇谁来监督监督者的问题、大股东的自我交易问题等，这些都是公司治理研究的重要课题。

2. 董事会监督

董事会原则上是公司股东的代表，是股东控制管理者并确保公司实现其利益的首要方法。董事会的主要职能是界定和批准主要的经营决策和公司战略，代表股东招聘或解雇公司的高层经理，制定高层经理的薪酬方案，以及在必要时向经理人提出意见和建议等，具体内容一般由《公司法》和《公司章程》界定。董事会是公司治理的核心组成部分。世界各国公司董事会有单层董事会和双层董事会两种，如图 2-7 所示，(a)为单层董事会结构，(b)为双层董事会结构。两者的最大区别是双层董事会设有监事会。

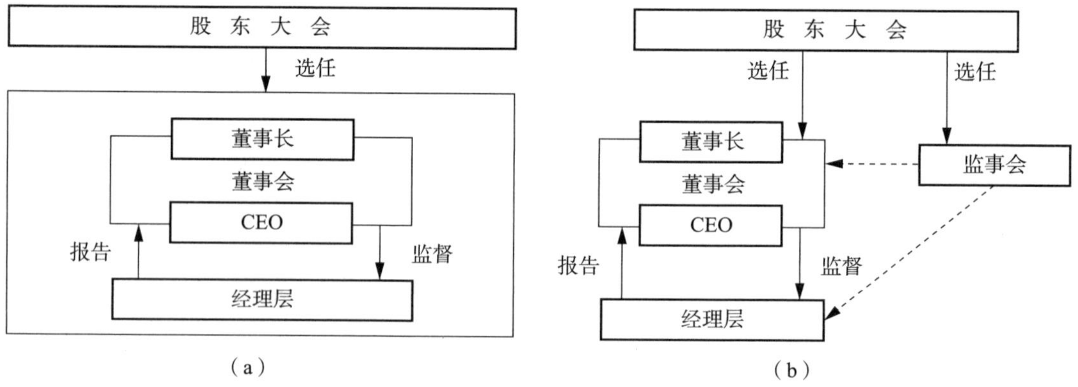

图 2-7 董事会结构

要分析董事会的实际治理作用，可从以下三个方面着手：

(1) 董事会的结构。

董事会一般由股东选举产生。董事会中一般有执行董事和非执行董事，非执行董事又分为非独立董事和独立董事。执行董事与非执行董事是相对的，执行董事(也称积极董事)指在董事会内部接受委任担当具体岗位职务，并就该职务负有专业责任的董事。执行董事是公司的职员。非执行董事是不在公司经理层担任职务的董事，又称非常务董事。非执行董事对执行董事起着监督、检查和平衡的作用。执行董事和非执行董事都是大股东派出的代表。独立董事是指不是由哪个具体股东委派的、跟公司没有任何关系的、对公司董事会决策包括一些重大问题独立发表意见的董事。许多国家以法律的形式规定了独立董事在董事会中的比例。例如，我国《公司法》规定，董事会中独立董事的人数不得少于 1/3。此外，美国的一些文献中将董事分为内部董事和外部董事，其实外部董事与非执行董事是一回事儿，外部董事是美国的称谓，非执行董事是英国的称谓。内部董事是指那些既是董事会成员，又在公司内担任管理职务的董事，也就是执行董事。

各国的董事会结构差距很大。在美国和英国，由股东选择董事，依赖他们制定经营政策并监督管理层。董事会中的内部董事和外部董事保持一个均衡比例，以确保董事会在了解公司运作的同时独立于管理层。这种理论在多大程度上能够在实践中运用存在广泛争议，因为管理层尤其是CEO实际上决定着董事会的人选，而董事会是否能独善其身就值得怀疑了。在日本，虽然董事会规模庞大，但外部董事数量非常有限，CEO在董事人选上权力巨大，董事会独立性的问题更加突出。在德国，监事会必须由现任管理层以外的人选组成，而管理委员会由在职管理者组成，这就使得信息问题因为监事会中包括前任管理者而降到最低程度。在实际中，如果监事会中包括前任管理层，与现任管理层分离的效果有待验证。

尽管各国董事会的结构有如此大的差异，现有的经验数据仍然表明，各国在约束管理层方面同样有效或者同样无效。Mace(1971)、Weisbach(1988)和Jensen(1989)论述了美国董事会在约束管理者方面的欠缺。Bhagate和Black(1998)对有关董事会组成和公司业绩之间关系的文献进行总结后发现，尽管看起来适量的内部董事与较高的盈利能力有关联，但证据显示，独立董事占董事会多数的公司，其业绩并不比没有这类董事会安排的其他公司的业绩好。Kaplan(1994a，1994b)对日本、德国和美国管理层人员更替与各种业绩考核方法之间的关系进行了研究，发现二者的关系在各国都很相似。Kang和Shivdasani(1995)对日本进行的研究表明，存在外部董事的董事会对高级管理人员更替与收益或者股价业绩之间的灵敏度没有任何影响。相比之下，集中的所有权和与一家银行密切联系确实具有积极的效果。Franks和Mayer(1997)发现，在德国，公司较差的业绩和管理委员会人员更替之间有很强的联系，但与监事会人员更替之间的关系不大。

（2）独立董事的来源及作用。

独立董事的独立性与工作背景决定了独立董事实际监督管理层的意愿和能力。独立董事的独立性一般体现在三个方面：①与公司不存在任何雇佣关系；②与公司不存在任何交易关系；③与公司高层职员不存在亲属关系。公司外聘的独立董事多是经济、法律、金融或人事管理方面的专门人才或是其他在政府或民间有发言权或有一定影响的人士，他们的履历能保证他们拥有恰当履行独立董事职责的能力和时间。

我国香港、内地分别于1999年、2001年正式引入独立董事制度；2002年的《上市公司治理准则》规定了独立董事的职权及义务；2018年证监会修订《上市公司治理准则》，进一步强化了独立董事的职权并规范了履职要求；2019年联交所新修订的《香港联合交易所有限公司证券上市规则》的附录14“公司治理准则”(Corporate Governance Code)实施，更重视独立董事的独立性、多元化及履职尽责。目前，需要独立董事发表独立意见的事项包括：定期报告的公允事项、年度述职、变更会计政策与估计、利润分配、承诺变更、募集资金使用、股权激励、员工持股计划、关联交易、对外投资、对外担保、对外提供财务资助、重大资产重组、管理层收购、协议收购、要约收购、回购、公开或非公开发行普通股、发行优先股、终止上市等。

2018年，德思勤研究中心发布的《2018年中国上市公司独立董事报告》显示：独立董事在董事会中占比达到了30%~50%，已经是公司治理中很重要的一个群体。如果上市公司设有审计、提名与薪酬委员会，则各委员会成员一半以上是独立董事，香港上市公司薪酬委员会主席通常是独立董事。独立董事的“独立”是其核心要求，但目前独立董事的选聘方式常被质疑：大多数独立董事由上市公司股东(29%)、董事会(27%)、管理层(23%)联系并提名，如此选聘是否能保证独立董事独立履职？能否维护中小股东的利益？此外，目前内地超过40%的独立董事来自学术界，他们在公司经营管理方面不一定能提供有实操意义的建议。因此，独立董事选聘的多元化、职业背景的多元化以及兼职公司数等都是备受关注的问题。

(3) 监事会的构成及监事会报告情况。

在双层董事会结构中，监事会的作用也是公司治理的重要一环。监事会(Supervisory Board)是由全体监事组成的、对公司业务活动及会计事务等进行监督的机构。在我国，监事会是股份公司法定的必备监督机关，是在股东大会领导下，与董事会并列设置，对董事会和总经理行政管理系统行使监督的内部组织。设置监事会的目的是防止董事会、经理滥用职权，损害公司和股东的利益。我国《公司法》规定，股份有限公司的监事会人员中，职工代表不得低于1/3。

监事会能否真正发挥其监督职能取决于监事本身的自由独立的话语权及监督能力。有关实证数据表明，我国监事会的成员一般为3~5个，主要来源有两个：一是来自大股东，一般是大股东的财务负责人；二是股份公司的中层部门负责人。大股东代表通常与董事会主席利益一致，而职工代表通常是在CEO领导下工作。这种结构下的监事会的独立监督意愿是不足的。

3. 管理层激励

所有权与经营权分离后，大多数股东成了外部人，而经理层是内部人。内部人能方便地利用自身所掌握的内部信息，不按照公司的最大化价值准则行事，致使投资者遭遇道德风险。公司常见的道德风险有：

(1) 卸责。卸责不是指管理层花在办公室的时间不够长，而是指其在工作时间的分配上不合理。比如，不愿意更换成本高的供应商，不愿意花时间监督下属，不愿意在并购前作更多更详细的调查等，而是花时间参与政治或一些与公司无关或关系甚小的活动。

(2) 过度投资。许多直接或间接的证据表明，一些经理人会从事自己喜欢的项目，以损害股东利益为代价使自己获利。这在公司的产能投资决策中表现得非常突出。2015—2016年，我国公司债券市场大幅扩容，很多民营公司大幅加杠杆，随后进行激进的产能扩张与对外投资，叠加宏观经济环境变化等因素后，公司资金链断裂，最终走向违约，如被迫退市的乐视(300104)、连续债券违约的上海华信国际集团有限公司和丹东港集团有限公司、仍在债务泥沼中的*ST宏图(600122)。

(3) 为巩固自身地位而损害股东利益的行为。为巩固自身地位，管理层常采取如下行为：①投资于自己不可或缺但已经进入衰退期的产业或过时的技术开发。②当绩效不好时，操纵公司绩效指标以达到考核要求；当绩效比较好时，不愿意冒险和改变，以防止因绩效下降而引起董事会的不满；当经营很糟时，则可能过度冒险，为东山再起赌一把。③反对收购，即便某些收购能给股东带来较高的预期收益。

(4)采取自我交易行为，以增加自身利益。有时很难区分自我交易行为是合法的还是非法的，或者很难区分这些行为对公司来说是必需的还是不需要的，如装修豪华的办公室、价格不菲的私人飞机、俱乐部的会员资格、EMBA 的学费，选择朋友、亲人或志同道合者做继任者，选择成本高的供应商等。

这些形形色色的道德风险不是全凭监督可以发现的，但它们对公司股东利益的损害是持续的，有时甚至是致命的，如历史悠久的巴林银行就是因为疏于监控员工的过度投机行为而倒闭的。因此，公司治理还需要采取各种方式激励管理层，以规避或减少道德风险。

综合国内外公司的实践，管理层激励方式主要有以下两种：

(1) 显性的货币激励和职务激励。

高级管理人员的工资一般由三部分构成：工资、奖金及基于股票的激励(股票或股票期权)。工资基本上是固定的，即便有时会根据绩效进行修正。有风险的奖金及基于股票的报酬才是报酬中的激励部分，旨在促使经理人将股东的利益纳入自己的收益函数一并考虑。奖金是基于短期超额收益设计的激励，而股权激励是一种长期性激励。按照 2018 年证监会新修订的《上市公司股权激励管理办法》，上市公司股权激励是指上市公司以本公司股票(包括限制性股票和股票期权)为标的，对其董事、高级管理人员及其他员工进行的长期性激励，激励对象可以包括上市公司的董事、高级管理人员、核心技术人员或者核心业务人员，以及公司认为应当激励的对公司经营业绩和未来发展有直接影响的其他员工，但不应包括独立董事和监事。除负面清单中的上市公司外，其他均可按照公司业绩指标和激励对象个人绩效指标设计股权激励计划。上市公司可以公司历史业绩或同行业可比公司相关指标作为公司业绩指标对照依据。业绩指标包括净资产收益率、每股收益、每股分红等能够反映股东回报和公司价值创造的综合性指标，以及净利润增长率、主营业务收入增长率等能够反映公司盈利能力和市场价值的成长性指标。以同行业可比公司相关指标作为对照依据的，选取的对照公司应不少于 3 家。激励对象个人绩效指标由上市公司自行确定。

(2) 隐性激励。

绩效不好或股价长期偏低可能会促使董事会换掉 CEO 甚至整个高管层。糟糕的绩效也可能导致收购或者代理权之争，甚至可能导致一家比较脆弱的公司破产或被重组。一般来说，职业经理人市场、并购市场越活跃，隐形激励的效果越好。曾有一项实证数据表明，美国、日本和德国公司 CEO 的离任与绩效的相关性显著，如图 2-8 所示。很明显，当公司绩效不佳时，管理层被迫的流动率会比较高，而且当董事会中内部人很少甚至没有时，管理层人员流动对公司绩效的敏感度更高。

早期的实证研究表明，董事会制定的经理薪酬政策在促使经理和股东利益一致化的过程中发挥着重要作用(Murphy，1985；Coughlan 和 Schmidt，1985)。20 世纪 90 年代，学者和实务工作者非常推崇基于股份的薪酬制度，尤其是股票期权制。其原因何在？Murphy (1999)认为，这除了与美国的税务、会计处理变化有关之外，也与传统的报酬机制不能适应八九十年代的经济环境有关。他指出，传统的报酬机制一般只具备激励的短期效应，而且未对管理层的超额业绩给予充分的奖励，对管理层的较差绩效也缺乏有力的惩罚。因此，能够增强报酬与业绩联系的股权激励方式应运而生，并逐渐在激励方式中占有优势地

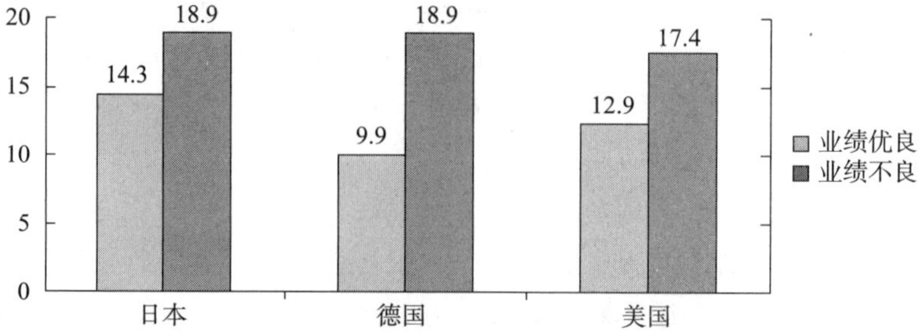

图 2-8　高级管理人员流动对股票收益的敏感度

位，越来越多的经验数据也证明了股权报酬的良好激励效应。Nam 等(2006)提供了基于股权的薪酬能够有效降低代理成本的实证证据。他们发现，采取以股权为基础的薪酬的公司有更高的价值，尤其对多元化公司而言。

然而，伴随着以期权为基础的薪酬制度的广泛运用，对其有效性的质疑也逐渐增多。管理者薪酬与业绩无关、经理薪酬是不合理的激励机制等观点更是引起人们的关注，改革薪酬制的呼声越来越大。20 世纪初，美国资本市场频频爆出的上市公司财务丑闻也与股权激励不无关系。这些公司的共同特点是，管理层通过所谓的盈余管理甚至做假账来提升经营业绩，并且操纵信息披露，以抬高股票价格，然后从持有的股票或股票期权中获利。Fuller 和 Jensen(2002)认为，上市公司股权激励计划的实施是导致这些事件发生的重要因素之一。这种所谓的盈余操纵游戏，使得公司股票价值被高估，实际上损害了公司的长远利益。Agrawal 和 Chadha(2005)、Burns 和 Kedia(2006)发现，基于期权的薪酬制度与公司重述盈余、欺诈、被集体诉讼的可能性有密切联系。他们指出，薪酬越高，公司发生上述行为的可能性越大。

4. 债权人治理

根据金融契约理论，债权人在债务人不能按期还本付息时，可以获得部分或全部剩余控制权，成为最严厉的监督者。公司债务可以通过四种途径给经理人施加压力：①通过强制性的还本付息提取公司现金，防止经理人将“自由现金流”变成奢侈的在职消费或者无效的、净现值为负的投资。②债务可以激励经理人关注将来还本付息的现金流、关注提高公司预期前景以便后续融资，这样可以真正约束经理人。③债权人通过“把关权”或者可能获取的剩余控制权对公司政策施加影响。④债务的低成本可能激励经理人偏好债务融资，以免股权融资稀释其公司的控制权。这种情况通常发生在经理人享有大比例的剩余收益索取权、公司未来可保证收入充足、偿债能力很强的公司，但债务契约可能引发的财务困境、破产威胁将限制上述治理效应的发挥。

关于债权人治理的较早论述是 Jensen 和 Meckling(1976)从委托代理的角度做出的。他们论述了不同融资契约与代理成本之间的联系，债务水平的选择标准是使代理成本最小化。之后，人们从不同的角度对这两者的关系进行了研究。Grossman 和 Hart(1982)提出了债务担保模型，认为负债是一种约束机制，能够促使经营者努力工作，减少个人享受，并且做出较好的投资决策，从而降低由于所有权与控制权分离而产生的代理成本。Jensen

(1986，1993)也发表了类似的观点，认为债务充当了自我加强的治理机制，因为债务的增加减少了公司经理可以控制的自由现金流量，从而减轻了自由现金流的潜在代理成本。Hart(1998)进一步指出，在股权分散的现代公司尤其是上市公司中，小股东在对企业的监督中“搭便车”会引起股权约束不严和内部人控制的问题，但适度负债就可以缓解这个问题，因为负债的破产机制给企业经理带来了新的约束。Allen 和 Gale(2000)提出了相反的论点，他们认为，当公司用银行借款来投资时，如果其投资组合的价值高于银行借款价值，公司将获得扣除借款本息后的剩余部分，如果其投资组合的价值不足以偿还银行借款，公司就会选择破产以避免更大的损失。通常情况下，大多数公司能轻易地实现利息支付，银行一旦获知公司的此种信息，意味着获得了讨价还价的优势，可能攫取公司部分利益，从而产生外部融资约束，那么公司经理人偏好内部融资。

5. 内部控制

在公司治理理论研究中，对内部控制的关注比较少，因为它不在公司股东大会、董事会的监管范畴。但是，内部控制是公司治理在具体业务流程、工作岗位上的体现，是公司治理这种权力制衡机制在公司资本流转的每一个环节的具体体现。内部控制的缺陷与低效可能毁灭一个良性发展的公司。

为了保证公司的经营合法合规，保证公司财产安全，提高公司经营效率与效果，保证财务报告的真实完整及公司的健康发展，我国财政部、审计署、证监会、银监会和保监会(2018 年合并为银保监会)五部委联合制定并发布了两个规范：①《企业内部控制基本规范》(2008 年 5 月)，强调了内部控制的五个基本要素，即内部环境、风险评估、控制活动、信息与沟通和内部监督；②《企业内部控制配套指引》(2010 年 4 月)，包括应用指引(18 项)、评价指引和审计指引三大类。这两个规范自 2011 年 1 月 1 日起在境内外同时上市的公司执行，自 2012 年 1 月 1 日起扩大到主板公司，并择机在创业板和中小板实施，鼓励非上市大中型企业提前执行。

上市公司的年度报告要求公布公司治理状况及内部控制评价报告，外部利益相关者可以通过公司披露的内部控制自我评价报告及中介机构的内控审计报告来了解内控的基本情况。目前，因为披露的内容还不够全面，所能获知的真实治理信息有限。

(二)外部治理机制

外部治理机制主要包括竞争性的产品市场、经理人市场、股票市场、公司控制权市场、外部审计和法律环境与社会监督等方面。外部治理机制的作用表现为对公司利益主体行为的约束，尤其是对高管层的约束。

1. 竞争性的产品市场

产品市场的竞争是解决大量治理问题的另一种机制。Hart(1983)认为，竞争性的产品和要素市场作为一种“硬预算约束”和激励机制，考验着公司的生存能力，淘汰不合格公司给经理人员造成了极大的外在压力。如果经理人员浪费资源，公司在产品市场上终将失败；增加产品市场竞争，能减少经理人员的偷懒行为，有效监督他们，有助于限制控股股东的机会主义行为，提高公司治理水平。

2. 经理人市场

Fama 和 Jensen(1983)认为，经理人市场的竞争对经理施加了有效的压力。如果经理工作质量不高，就会被市场信号反映出来，经理的个人资本就会贬值，对自己职业生涯和声誉的关注将激励经理人员努力工作，以获得更大的收益。因此，有效的经理人市场可以缓解公司内部治理问题。

3. 股票市场

Fama 和 Jensen(1983)认为，股票市场提供了一种外部监督手段，因为股价可以反映管理者决策的含义，低股价会对管理者施加压力，使其改变行为方式，并忠于股东的利益，从而减少代理问题所形成的代理成本。

4. 公司控制权市场

资本市场竞争的实质是对公司控制权的争夺，其主要形式是接管。在现代市场经济中，虽然每一个投资者在某一公司中的股份很少，不足以对经理实施有效的监督，但是由于股份可以自由买卖，分散的股份可能被集中起来。如果经理经营不善，公司的股票价格就会下跌，于是，有能力的企业家或其他公司就能用低价买进足够的股份，进而接管该公司，赶走在任经理，重新组织经营。因此，并购接管的威胁有助于约束经理的行为。但是，公司控制权市场也有一定的局限性——外部投资者必须收集公司无效性和改进领域的昂贵信息，而潜在的“搭便车”问题会损害这种积极性。

5. 外部审计

公司向外部传递的信息的真实性非常关键。公司披露的信息特别是财务会计信息需要经过专业的、有一定声誉的会计师事务所审计，以保证信息的可靠性，从而在一定程度上减少公司内部的代理问题。公司与会计师事务所之间是委托代理的关系，也存在代理问题，经理或大股东可能与会计师事务所有一定的关联性或其他勾结，从而影响审计的独立性，导致审计质量下降，对公司外部投资者及其他利益相关者产生不利的影响。因此，通过一定措施来约束会计师事务所的行为是必要的。

6. 法律环境与社会监督

相关法律制度的健全是以上各种治理机制发挥作用的重要保证，通过法律手段，可以使一些治理机制得到强制执行。许多国家在《公司法》中对公司的股东会、董事会及监事会等的设立办法及具体实施措施做出了明确的规定。我国《证券法》中的相关规定可以约束证券市场上的违法行为，对恶意操纵股价、扰乱市场秩序等行为实施处罚，在一定程度上保护其他投资者特别是中小股东的权益；我国《企业会计准则》规范了公司对会计信息的处理及披露，有效约束了经理层粉饰财务报表的行为。

第四节　公司治理理论与治理模式

一、公司治理理论综述

公司治理思想可追溯到 Adam Smith(1776)所论述的股份公司董事和私人合伙企业合伙人的不同利益追求，但真正的公司治理研究始于突破“黑箱”的企业认知。相关文献可以分成三条主线：一是代理导向的投入资本产权治理，以 Berle 和 Means(1932)的分析为起点，认为公司治理的核心是为维护股东利益而产生的激励、约束与惩罚的机制设计(Shleifer 和 Vishy，1997)；二是利益相关者导向的共同治理，认为企业是利益相关者的合作群体，公司治理需兼顾利益相关者的权益，实现相关者利益最大化；三是公司法人的社会性和公共资源导向的政治治理，认为公司只有取得政府许可才能经营，公司治理受到政治意识形态、公共规制政策影响。

1. 代理导向的投入资本产权治理

该主线研究的立论基础是委托-代理理论和契约理论(含显性契约和隐性契约)(Coase，1937；Alchian 和 Demsetz，1972；Garvey 和 Swan，1994；Brousseau 和 Glachant，2002)。两权分离导致了三类代理问题：第一类是股东与管理层的代理问题，两者的利益冲突使得公司价值与经理层薪酬、职业享用的相关度低(Jensen 和 Murphy，1990；Crystal，1991；Bebchuk 和 Fried，2003；陈冬华等，2005；Yermack，2006)，经理层决策制定和风险承担分离(Fama，1980)，经理层因为过度自信和风险规避进行低效率投资(Morck 等，1990；Servaes，1996)、通过壕堑效应抵制来自控制权市场的竞争(Stulz，1988；Berger 等，1997)。因不确定性和信息不对称，单靠完全合约无法解决代理冲突(Jensen 和 Meckling，1976；Grossman 和 Hart，1986；Hart 和 Moore，1990；Hart，1995，2017)，因而需要股权设计、董事会等治理因素。在发达资本市场中，股权比例与治理效率正相关(Demetz，1983；Shleifer 和 Vishy，1986；Sudarsanam，1996)。我国国内资本市场的研究结论出现了多种不同甚至相反的结论(李维安，2004；徐莉萍，2006；曹廷求，杨秀丽，2007)。差异源于研究方法的不同，也有国资和民资的差别、单因素效应与多因素效应的区别(胡一帆，2005；郝阳，2017)。学者们从作用、规模、独立性、任期、结构、CEO 与董事长的关系、会议频率等角度对董事会进行了全方位的研究，但结论各不相同(Jessen，1993；Johnson，1996；Westphal，1999；Young，2001；马连福，冯慧群，2014；潘珺，余玉苗，2017；武立东等，2018)。第二类是控股股东与中小股东之间的代理问题。控股股东通过金字塔型控股结构、交叉持股及双层股权结构等形式，利用其拥有的公司控制权以及相应的信息优势，在决定发展路径及重大投资项目时，会损害外部中小股东利益(Barclay 和 Holderness，1989，1992；La Porta，1999；Claessense，2002；关鑫，高闯，2011；邵帅，吕长江，2015；马云飙等，2018；姜付秀等，2018)。第三类是股东/管理层与债权人之间的代理问题。为了避免控股股东、管理层罔顾债权人利益保守投资或过度投资高风险项目，大债权人除了在公司破产或违约时得到的控制权外，还会定期干预资金的使用(Smith 和 Warner，1979；Diamond，1984)。和大股东掌握控制权一样，由债权人来掌握控制权的治理模式也存在着效率损失，如德国和日本的银行可通过控制公司而取得额外利益。所以公司开始时会采用受银行监督使用的债务，并承担监督成本，一旦信誉建立，将转向普通债权人而非大银行(Diamond，1991b)；但银行也能利用其借贷交易了解公司的各种排他性信息，如公司项目评估状况、盈利能力、管理层可信度等，进而可通过短期信贷契约有效防止债务人实施 NPV 为负的项目，而长期信贷契约往往做不到(Rajan，1992)。在债权人处于信息弱势的其他情况下，公司治理的效率直接影响债务水平的高低。

2. 利益相关者导向的共同治理

利益相关者概念产生于20世纪60年代(SRI, 1963)，20余年后才被界定为“任何可以影响公司目标实现或容易被这种目标实现影响的群体或个人”(Freeman, 1984)。该类研究根据利益相关者的狭义与广义区别，又可分为两类：一是基于狭义利益相关者的股东治理(受利益相关者影响)、创新与人本思想导向的人力资本产权治理。上述投入资本产权主导下的公司治理结构成了国际标准范式，但随着经济的发展，投入资本的稀缺性下降、多层次资本市场所要求的投入资本的风险承担能力、资产的专用性下降(金帆等, 2018)，人力资本、关系资本和结构资本逐渐成为公司最有价值的资产(Edvinsson 和 Malone, 1997)。作为顶层设计的公司治理的关注点相应拓展到这三种资本的利益相关者，即员工、供应商、客户、政府、公司文化、信息系统、制度流程等。但相关研究者大多认为，管理层才是人力资本产权治理的核心(谢卫红等, 2013; Fernandez, 2015)，包括获得控制权的公司创始人(王春艳等, 2016; 郑志刚等, 2016)。实证分析也表明，人力资本在公司价值创造、竞争优势的获取与维持中具有显著作用(Hansmann, 1996; Hong, 2007; Nuryaman, 2015; 黄海杰等, 2018)。新型公司治理范式是投入资本与人力资本两者之间合作博弈的结果(金帆等, 2018)。二是基于广义利益相关者的内外部共同治理。有学者将公司治理归纳为一种法律、文化和制度性安排的有机整合(Blair 和 Margared, 1995)，并从管理层权力、管理层薪酬、员工福利、债权人、公司社会责任等角度探讨利益相关者的共同治理(Rajan 和 Zingales, 1998; Driscoll 和 Cromble, 2001; 李维安, 2002; Carroll 和 Buchholtz, 2003)，后来拓展到ESG(环境、社会与治理绩效，即在投资决策过程中充分考虑环境、社会和公司治理因素的一种理念)框架下的绿色治理、社会责任(李元祯, 2017)和外部治理(Aguilera, 2015; 康永博, 2017; 李维安, 2019)。纵观文献研究历史，利益相关者治理缺乏对资源投入与产出之间所经历的组织协调与组织控制过程的关注，尚没有设计出经济、合理且能够体现一国历史路径依赖特征的治理结构(李维安, 2007)，此问题依然没有解决。

3. 公司法人的社会性和公共资源导向的政治治理

国外关于公司治理的政治性因素的研究形成了两种有代表性的观点：一是意识形态理论，主张维护公共利益的政府通过外生的公共政策介入公司治理，以缓解各利益集团的政治冲突(Roe, 2003)；二是新政治经济学理论，主张有自己集团利益的政府应和公司采取策略性合作，以缓解利益冲突(Pagano 和 Volpin, 2005)。两者关于公司治理的政治约束条件及实现方法大体一致，相关研究者大多从公司外部研究公司治理的国别差异(Porta, 2000; Roe, 2003; Denis 和 McConnell, 2003; Haber 和 Perotti, 2008)，认为公司治理的国别差异反映了社会公众的偏好差异(Perotti 和 Thadden, 2006)和公众对公共规章制度的影响力差异(Rajan 和 Zingales, 2003; Mueller, 2005; Knight, 2007; Julio B., 2012)。我国国有企业改革中一直不曾缺席政治因素。2013年以后，《党章》和《公司法》明确了党组织在公司治理中的地位和主要职能，但缺乏必要的理论与法理解释(蒋大兴, 2017; 郑寰等, 2018)。相关研究有两个侧重点：一是公司内部党组织治理作用的实证分析，认为党组织成员“双向进入”程度存在某个最优值，过高和过低均对公司治理不利(马连福,

2012)，但有利于降低代理成本(王元芳，2014)，党委书记兼任董事长或总经理均不利于公司治理效率提高(马连福等，2012；程博等，2014；雷海民等，2012)。二是公司高管层的政治关联对公司行为或绩效的影响。结果表明，不同所有制公司的政治关联效应差异明显：在国有控股公司中，政治关联公司的高管报酬偏高且业绩敏感性低(刘慧龙，2010；唐松，孙铮，2014)，会因为短期利益损害长期利益(代飞，2018)出现过度投资(刘岚，2016)；而民营企业有政治关联的高管薪酬业绩敏感度高(刘慧龙，2010)，党员身份的理念认同和声誉约束将抑制民营企业高管财务造假行为(戴奕一等，2017)。

二、常见的公司治理模式

(一)以外部监控为主的英美模式

作为现代市场经济发展最为成熟的国家，美国具有将近一个半世纪的公司发展历史。公司法最早在英国产生，美国的公司法基本继承了英国的公司法，故这两国的公司治理结构与治理方式比较接近。英国、美国，包括加拿大等一些国家的公司治理模式被统称为“英美模式”，其特征为：股权分散，股东监督积极性不高，商业银行的监督作用不容忽视，外部治理机制完善，公司治理遵循决策、执行、监督三权分立的框架。以下分析以美国为例。

美国公司的典型特征是股权高度分散。目前，美国总人口的60%直接或间接(即通过中介机构)持有股票。这种情况是任何一个国家都不能与之相提并论的。股权的高度分散与美国企业的融资方式高度相关，因为美国企业的融资以直接融资为主，间接融资为辅，即企业主要通过发行股票和企业债务的方式从资本市场上直接筹措长期资本，而不是向银行贷款。在直接融资中，又以发行股票为主。这种融资方式的选择是由美国的金融体制决定的，因为美国法律规定银行只能经营短期贷款，所以美国企业的长期资本需求只有通过资本市场来满足。另外，作为一个具有反垄断传统的国家，美国公众历来反对财富集中和垄断对公平竞争的压制，政府因此制定了许多限制持股人持股比例的法案。与此同时，为了使诸多立法不至于影响公司融资，美国政府较早造就了相当成熟的证券市场，并且发展了各类非银行金融机构，即各种养老金、互助基金、保险公司、信托公司等机构投资者，它们成为企业筹措资金的极其重要的中介机构。目前，机构投资者的持股比例呈现不断上升的趋势，而原来占绝对优势的个人股东持股比例却不断下降。

在股权高度分散的情况下，这样的股权结构必然导致股东对公司控制权的弱化。另外，分散的股东更少监督公司经营者，因为监督是公共物品，监督的代价由监督的股东支付，而收益由全体股东分享，所以每一个股东都希望其他股东进行监督，自己却坐享其成，即“搭便车”，导致的结果是股东没有或者很少监督经营者。机构投资者作为基金所有者和受益者的机构性代理人，是“消极投资者”，即它们主要关心的是公司收获的股利和红利多少，而不是企业经营的好坏和实力强弱。一旦公司绩效不佳使其所持有的股票收益率下降，他们会立即改变自己的投资组合而不是插手改组公司经营管理层，帮助公司改善经营。

由于美国公司股东高度分散化和机构投资者的“消极”，美国公司治理主要依赖外部约束，即通过股票市场、经理市场和产品市场等外部治理机制来激励和约束经营者。股票市场对经营者的约束来自所有者“用脚投票”的权力。当股东对企业经营者的经营业绩不满意时，可以抛售持有的该企业股票。当多数股东抛售时，公司股价会下跌，这不仅直接影响企业的商誉、融资、产品销售和经营者的声誉，更重要的是，公司可能成为被收购兼并的目标。一旦控制权转移，公司的董事会和经理层将被改组，公司的原经营者可能面临职业生涯的结束。因此，股票市场尤其是内生于股票市场的公司控制权市场，是英美公司治理模式的核心。经理人市场对经营者的约束在于，它可以有效地评价其表现和业绩。竞争性的市场会对经营者的业绩给予正确的价值判断，股东根据市场对经理的价值判断来决定其在股东大会上对于经理的选择。竞争性的产品市场同样会对经营者形成压力，为了维护企业在市场中的竞争地位，经营者必须努力。

另外，银行等外部角色也是治理机制的重要成员。由于股票市场这一约束机制的有效性在很大程度上依赖于信息披露的真实性和股票市场的有效性，然而股票市场上的信息并不是完全的和对称的，投资者很难掌握公司的全部信息，从而可能导致逆向选择和道德风险。而银行规定，向公司贷款之前，要根据一定的基准对公司进行严格审查，在审查过程中，除了利用市场上的公开信息，主要通过经办公司的日常往来结算账目、在公司董事会的重要席位等途径获得公司的内部信息。更重要的是，某一银行得到的公司信息除了自己使用以外，还可提供给参加协调融资的其他银行，从而起到银行对公司的共同约束作用。

英美公司治理模式并不意味着对公司内部本身的控制不重视，而是以来自外部市场的控制为主。在美国，公司内部的各类监督和约束机制是非常健全的。英美公司的内部治理结构遵循决策、执行、监督三权分立的框架设置。股东大会是公司的最高权力机构，却不是常设机构。股东大会将其决策权委托给一部分大股东或有权威的人来行使，这些人组成董事会，这是第一层委托代理关系。董事会是股东大会的常设机构。英美公司董事会内部管理有两个特征：第一，董事会内设不同的委员会，包括财务委员会、报酬委员会、战略委员会等，协助董事会更好地进行决策。第二，公司的董事分成内部董事和外部董事。内部董事是指公司现在的职员，以及过去曾经是公司的职员、现在仍与公司保持着重要商业联系的人员，内部董事在公司中担任重要职务。外部董事包括三种人：与本公司有着紧密的业务和私人联系的外部人员、本公司聘请的外部人员、其他公司的经理人员。外部董事一般在公司董事会中占多数，但不在公司任职。美国大多数公司内部董事有 3 人，很少有超过 5 人的。美国公司的治理模式如图 2-9 所示。

董事会将部分经营管理权力转交给代理人代为执行。这个代理人就是公司政策执行机构的最高负责人(CEO)。CEO 大多数情况下由董事长兼任，下设助手 COO(Chief Operative Officer)，即首席营运官。在大多数公司，这一职务由公司总裁(president)兼任，总裁是仅次于 CEO 的第二号人物。

英美公司不设监事会，而是由公司聘请专门的审计事务所负责有关公司财务状况的年度审计报告，董事会下设的审计或财务委员会主要是对子公司实施监督审计。

(二)银行主导及双层董事会下的德日模式

德日治理模式是以日本、德国(一般指前联邦德国)和其他欧陆国家的公司治理为代表的一类公司治理模式。与英美模式有所不同，在德日模式中，法人股东、银行和内部经理

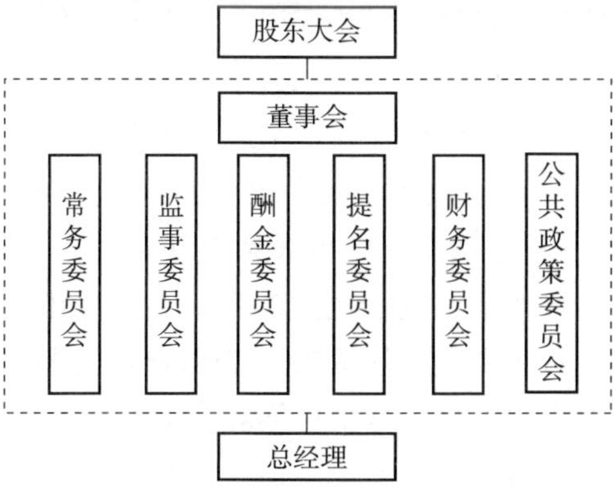

图 2-9 美国公司的治理模式

人员的流动在公司治理中起到主要的作用，商业银行是公司的主要股东，法人持股或法人相互持股导致公司之间的紧密联系，具有严密的股东监控机制。这些国家一般都经历过相对的资本主义急速发展时期，受政府、工会、管理机构或银行的影响较大，资本流动性较弱，证券市场相对不十分活跃。日本和德国的公司治理有许多类似之处，但是也有不少差异，如图 2-10 和图 2-11 所示。

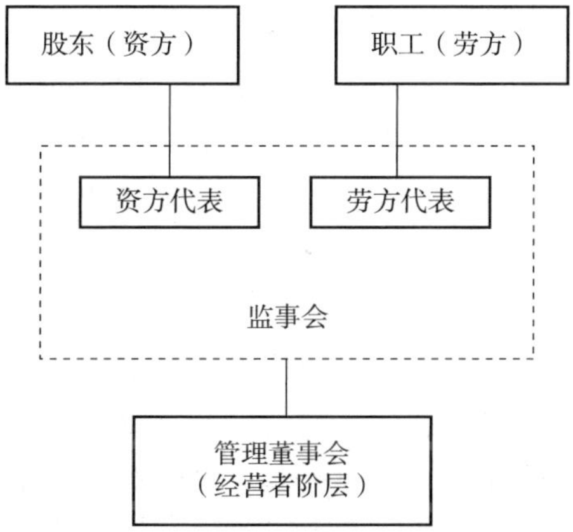

图 2-10 德国公司的治理模式

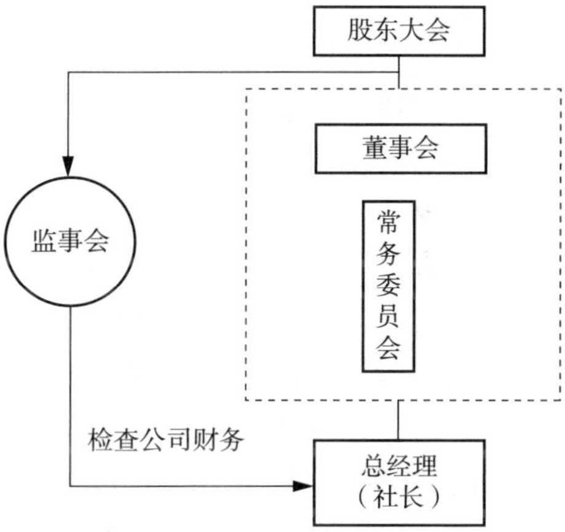

图 2-11 日本公司的治理模式

德国治理公司运作实行两会制（A Two-tier Board），即监事会与管理董事会，适用于职工人数在 2000 名以上的股份公司、股份两合公司、有限责任公司。监事会是公司中唯一的一个管理机构，其功能与规范化公司中的法规型董事会相似。监事会每年开会在四次左右。

职工代表必须进入监事会，所占席位的比重与股东持平，但监事会的主席必须由股东出任，并享有额外的一票追加权。管理董事会成员由监事会聘任。管理董事会是公司的法人机构，掌握着生产经营权，是实际的经营者阶层。中层、下层管理人员均由管理董事会即经营者阶层任命。监事会对董事会的提案有否决权，但终审权掌握在股东大会手中。日本企业的董事会主要由内部董事（代表董事或业务执行董事）组成，董事会既是一个决策机构，在一定程度上也是一个业务执行机构。董事会的常务委员会是代表董事组成的机构，主要负责制定企业的发展战略和有关业务的开展。常务委员会形成的决议要交由董事会讨论通过，但只不过是履行一下法律程序，所以董事会在很大程度上流于形式。

日本公司制度的发展开始于朝鲜战争后被美国解散的财阀重新组成企业集团。在日本政府对《反垄断法》进行了两次修改以后，股份开始由个人转向法人手中。1955 年以后经济的高速增长以及 1965 年的证券恐慌，使得股票向法人进一步集中。之后，为防止外国资本吞并日本公司，日本政府开展了“稳定股东活动”，即从市场购进股份，再出售给稳定的股东，这大大促进了持股的法人化。法人股份制由此成为日本占主导地位的企业制度。目前，在日本，拥有公司股权的主要是金融机构和实业公司，在金融机构中，银行持股又占主导地位。近十几年来，金融机构和实业公司持股率一直保持在 70%左右，突出地显示了股权法人化的特征。不仅如此，法人相互持股也非常普遍。在日本的实业法人中，相互持股率达到 10%以上的公司占 70.3%。日本公司的股东大会、董事会和经理层等公司结构一应俱全，但它们之间的权利构造却与美英等国有很大不同。根据日本《商法》，股东大会拥有任免董事会和监事会成员、对公司经营方针做出决策的权力，但在实践中却形同虚设，公司管理层向大会提交的提案和报告几乎都可以畅通无阻地顺利通过。实际上，在日本的多数股东大会，所有者是以委托书或意见书的形式参与投票表决的。面临重大问题的决策时，日本大公司的管理层都要在会前向全体股东征集股票委托书或书面意见书，同时劝说股东们赞成公司的提案，公司实际上只接受赞成意见。可见，会外的劝说和商谈过程才是日本大公司股东大会的真正表决过程。在日本大公司的股东中，占主导地位的是法人大股东。由于大企业之间普遍存在相互持股关系，如果一方在另一方的股东大会上采取不合作态度，另一方也会在这一方的股东大会中进行抵制，这无疑会损害相互持股双方的信赖程度。因此，大企业股东一般不随意干预持股公司的经营决策。在这种情况下，即使个人股东不赞成公司提案，也不可能左右公司局势，各公司向股东大会提出的报告和议案总能顺利通过。再者，法人大股东持股的主要动机不在于获取股票投资收益，而在于加强公司之间的业务联系，通过稳定经营增加企业的利润。这样，法人持股的结果就在实际上形成了一个经营者集团，即由相互信任、支持和配合的企业家控制公司，各个公司形成了命运共同体。

日本公司的董事会成员一般从公司内部产生，通常是经过长期考察和选拔升迁上来的。大多数董事由各事业部长或分厂的领导兼任。在日本公司，普遍由主要董事组成一个常务委员会，作为总经理的辅助机构，具有执行机构的功能。这样，以总经理为首的常务委员会成员，既作为董事参与公司的重大决策，又作为公司内部的行政领导人掌握执行。这种决策权与执行权相统一的公司，占日本股份有限公司总数的 90%以上，从而构成了日本公司治理的一大特色。

对经营者的第二种约束来自主银行。青木昌彦、帕德里克和谢尔德指出，应从贷款、结算账户、股份持有、公司债权发行和经营参与五个方面全面把握主银行的定义。他们认为，主银行除了是某公司的最大贷款银行外，还是该公司最大的结算银行、前五位大股东之一、承接公司发行债权的主要机构和公司经营的主要参与者。主银行是第二次世界大战后通过公司资产重组建立发展起来的，它使日本的公司治理发生了重大变化。在主银行制度最发达的时期，主银行监督贯穿于公司监督的全过程。从公司的事前监督来看，公司要从众多金融机构筹集资金，必须得到主银行同意贷款的决定；在公司发行债权时，发行债权的委托业务由主银行独家经营；即使公司在海外发行债权，在公司受到国际金融市场的充分评价之前，主银行也代其进行发行业务。从公司的事中监督来看，主银行作为公司的结算账户，有利于收集公司的经营信息。从公司的事后监督来看，当公司的经营状况比较顺利时，公司的内部控制权会得到主银行的认可；而当公司的财务状况恶化时，主银行则会对公司行使控制权，即作为股东对公司采取行动(外部人控制)，这就是所谓主银行作为监督者的相机性治理。

值得一提的是，日本公司通过定期举行的“经理俱乐部”会议对公司主管施加影响。尽管它是非正式的公司治理机构，但它实际上是银行和其他主要法人股东真正行使权力的场所。

在日本，经营者的激励机制主要不是依赖收入，公司(即使是大公司)主要领导人的收入水平并不算高，而且高层经理与一般职员在收入上的差距也不是很大，并且经理们的持股率相当低。经营者的激励基于日本大公司的人事管理制度的两个基本特征：终身雇佣和年功序列。职业经理的成长过程，就是普通职员在公司中努力奋斗的过程。雇员追求晋升的动力，就是公司高级经理们掌握的经济、社会权力。从个人在消费方面所能支配的资源来看，大公司的经理们并不逊于拥有巨额财产的富翁，而且大公司的经营者们还可以用公司的资金进行各种社会捐助甚至政治捐助，从而在社会生活各个方面产生巨大影响。这种地位和权力，使大公司经营者们得以拥有广泛的社会关系网。这本身又是一笔难以估量的个人专有财富，经营者可以终身受益。此外，一个著名大公司的最高经营者有广阔的发展天地，他可以进一步争取成为各种经济界团体的头面人物，充当经济界的领袖。他们的权力和影响甚至可以延伸到政治、文化等多个领域。正是这种显赫的地位和权力，激励着日本公司的经营者们。另外，经营者人力资本的专用性也是激励和约束他们的重要方面。经理通过长期工作可以积累起一种特殊的管理技能和知识，形成专用性的人力资产。如果公司和社会对他们的评价下降，他们就会面临转行的痛苦，可能蒙受巨大的沉淀成本损失。因此，经理劳动的专用性具有约束经理人员发生道德风险的功能。

(三)以血缘为向心力的家族模式

传统观点认为，家族公司只是在一国经济工业化的初期十分流行，随着工业化和经济的发展，以及企业组织的进化，家族公司会逐渐消亡。但在现实社会中，无论是传统技艺手工业、农渔牧业、商业服务业，还是现代工业，家族公司比比皆是，无论是在新兴的发展中国家，还是在西方发达的资本主义世界，家族公司数不胜数。美国的微软、福特、通用电气、迪士尼等为数不少的大型公司，都是这种类型的家族公司。在亚洲，由于发展市场经济的时间不长，知名家族企业更是比比皆是。

家族公司是指同一家族至少有两代人参与这家公司的经营管理，并且这种两代衔接的结果是，使公司的政策和家族的利益与目标形成了相互影响的关系。家族公司的核心特征是家族所有和家族控制，即公司所有权和经营权的两权合一。家族公司主要体现在东亚与东南亚国家和地区的华人企业中，由此产生了独特的东亚与东南亚家族治理模式。家族治理模式的基本特征首先表现在所有权和控制权配置的家族化，公司所有权与经营权没有实现分离，公司与家族合一，公司的主要控制权在家族成员中配置。

这种治理模式的特征还表现在：①公司决策家长化。即便第一代已退出公司经营的第一线，家族第二代成员做出重大决策后仍要请示第一代家长同意。②经营者激励双重化，对经营者的激励以亲情和道德约束为主、以制度约束为辅。③公司员工管理家庭化。对员工的管理就像对子女的管理，要注重培养员工对公司的忠诚感。

家族公司内部治理机制的核心是以血缘为纽带的家族成员内的权力分配和制衡。尽管很多大型家族公司都建立了股东大会、董事会、监事会和总经理办公会等组织和相应制度，逐渐向规范的现代公司制靠拢，但家族控制特征仍很突出。一方面表现在董事会成员、经营管理人员的来源具有封闭性和家族化的特征；另一方面则表现在公司决策方式以发起人个人决策为主。虽然存在董事会、股东会、经理办公会，但家族主导型治理模式的重要决策仍是以企业家个人决策为主，董事会决策功能并不能得到很好的发挥。家族治理模式的内部治理在一定程度上解决了管理阶层的激励问题。这不仅是因为管理阶层成员中有相当比例的家族成员，剩余索取权和控制权匹配程度大，还在于对管理层成员普遍实施高工资、股权赠予等长期激励报酬制度。从家族控制角度来说，家族治理模式基本不依靠外部市场机制来激励和约束经理人员，总体上家族主导型治理模式较少依靠外部治理。但对整个家族而言，产品市场、资本市场和劳动市场的激烈竞争时刻威胁着公司的生存，破产、兼并、收购和重组等市场机制给家族公司的企业家和管理阶层带来了生存压力，这将对企业主和管理人员的行为产生一定的激励和约束作用。

家族公司作为一种不同于现代公司的企业组织形式，并没有随经济的发展而失去存在的价值和生命力，而是引起了不少经济管理学者的关注，主要原因在于这种企业形态相对于现代公司制度，在治理方面具有一些特殊优势，突出表现在两个方面：①激励机制方面，家族内部特有的血缘、亲缘关系，人情式的非正式规则，如宗亲关系、伦理道德、风俗习惯等，使得公司在纵向方面往往具有极强的向心力，家族成员容易对公司产生强烈的认同感和忠诚感，能够以非货币化的方式激励企业成员，使家族公司在创业阶段很快获得成功或顺利渡过危机阶段。家族公司的控制权和剩余索取权在家族成员之间分配，使得这两种权利的配置具有高度的一致性。根据现代委托-代理理论的观点，这种契约安排能够对经营者产生更大的激励。②约束机制方面，家族企业以身份与等级来分配权利，公司财产所有权、经营权、使用权及转让权合而为一。首先，在这种产权安排下，由于家族的大家长集公司的各种权力于一身，自然减少了公司内部的委托代理成本、信息的不对称性和信息传递的扭曲及机会主义行为。其次，家族公司天然具有凝聚力，可以在很大程度上减少团队成员的偷懒动机，从而提高整个团队的产出水平，尤其在社会比较缺乏信任或者公司对成员之间的合作有更高要求的情况下，家族公司能够提供更多的信任与合作。再次，家族成员互相之间非常了解，使得监督约束成本大大降低。最后，家族成员，尤其是第二代家族成员之间为了获得公司主要领导的信任，对未来企业控制权的分配会形成有力的相互激励与监督机制。

在具备特殊优势的同时，家族治理模式的非市场化的负面效应也不容忽视。首先，家族公司的产权结构存在着明显弊病。因为在以人的身份来界定权利的制度安排下，个人的价值可能并不在于个人的能力大小，也不在于个人的努力程度，而完全在于个人在这个组织中的身份，而身份的先天性必然使公司员工的人力资源得不到有效的发挥，有时这种绝对控制权的管制还会使公司员工特别是最外层的员工缺乏主动性与创造性，从而使公司员工的内在潜能受到严重压抑。其次，家族企业单纯在家族内部选拔人才，阻塞了引进先进管理人才和技术人才的道路。由于对没有家族关系的员工缺乏信任，外部员工很难成为公司的高层，这也大大降低了家族企业对优秀人才的吸引力。因此，家族企业面临代理人能力方面的劣势，这成为家族企业寻求更大发展的重要瓶颈。再次，家长制管理存在很大的现实问题和隐患。一方面，企业领导在企业和家族中的绝对权威容易使领导者变得自负，觉得自己是最能干的，进而排斥其他人员的正确意见。另一方面，出于对领导和长辈的讨好和敬佩，公司内部也容易产生“意见一致”的决策，由此导致企业决策缺乏科学论证，出现决策失误。此外，领导者常常不得不参与每一项决策，他们的身体、精力及运气等往往决定了企业的成败。尤其重要的是，企业由第二代或第三代接管后，还存在分裂、解散和破产的风险。最后，家族企业化、公民化程度低，不仅导致了企业在融资方面的困难，使得家族企业形成高负债，还可能因为任人唯亲这一家族企业的通病，带来因人设岗、机构臃肿、部分管理人员能力缺乏、企业内部人事纷争等一系列问题，致使企业管理成本大幅度增加，管理效率下降。

三、我国国有企业法人治理模式

经过 40 多年的发展，我国公司治理取得了长足的进展。在我国，不同所有制形式并存：有股权分散的公司，如深万科 A、格力电器，其治理接近英美模式；有家族公司，如三一重工、比亚迪、新希望等，其治理属于典型的家族治理模式；还有大量有中国特色的国有企业法人（包括全民所有制企业、国有独资公司、国有控股公司等），其典型特征是控股股东或大股东是国有资产管理委员会或其旗下的国有法人，股权高度集中，受政治（党委与政府）、经济（市场）与文化（历史传统）的多重规制，从而形成了与前述三种模式截然不同的行政经济型治理模式。

行政经济型治理兼顾政府与市场对国有企业公司治理的双重约束。根据 2018 年新修订的《公司法》的相关规定，国有企业法人的治理结构如图 2-12 所示。

我国国有企业法人治理结构有以下四个主要特征：

1. 中国共产党的组织嵌入公司治理

根据《中国共产党章程》《关于进一步完善国有企业法人治理结构的指导意见》《国务院办公厅关于转发国务院国资委以管资本为主推进职能转变方案的通知》的精神，2018 年新修订的《公司法》增加了第 19 条：“在公司中，根据中国共产党章程的规定，设立中国共产党的组织，开展党的活动。公司应当为党组织的活动提供必要条件。”以此为依据，很多国有企业法人修改了《公司章程》，将党组织嵌入到公司治理结构当中。根据国际代理投票顾问公司 ISS 的统计，从 2015 年底到 2017 年 6 月，共有近 180 家上市公司修改了章程（其中包括 100 家大型国企），在公司章程中单独设章明确党委会在公司治理中的作用：①制定

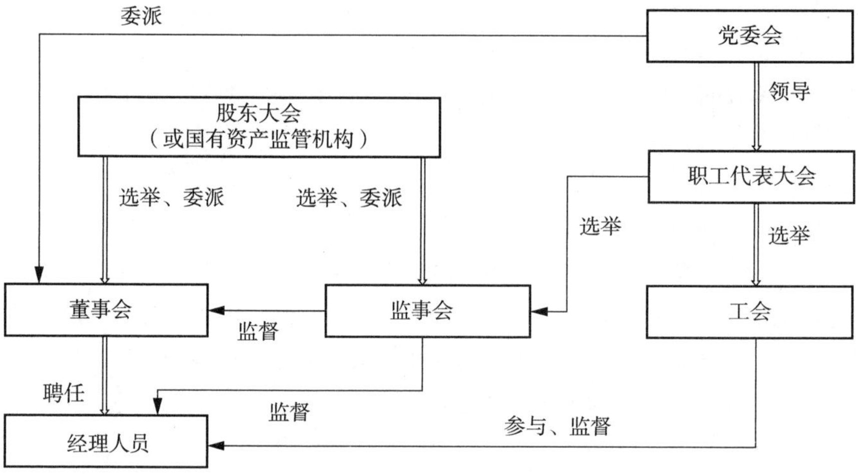

图 2-12　我国国有或国有控股公司治理

“三重一大”决策，即重大事项决策、重要干部任免、重大项目安排及大额资金的使用；②“双向进入、交叉任职”，即党委成员进入董事会、监事会和经理层，反之亦然；③监督“党管干部、党管人才”原则的落实。

2. 股权高度集中，控股股东监督经理层的积极性高

国有企业法人的第一大股东通常是国有资产管理委员会或其旗下国有全资或控股法人，持股比例一般高于50%，处于绝对控股地位；国有资产管理委员会委派人员代表政府直接或间接参与董事会、股东(大)会，对国有法人的重大经营决策施加重要甚至是决定性的影响。

3. 多种监督机制保护中小股东的利益

党组织、独立董事等均肩负维护中小股东利益的职责。2017年，证监会发布了《关于规范上市公司与关联方资金往来及上市公司对外担保若干问题的通知》，规范上市公司与控股股东及其他关联方的资金往来：禁止了上市公司将资金直接或间接地提供给控股股东及其他关联方使用的六种方式，要求注册会计师对上市公司存在控股股东及其他关联方占用资金的情况出具专项说明，并由公司做出公告；上市公司不得为控股股东及本公司持股50%以下的其他关联方、任何非法人单位或个人提供担保，对外担保总额不得超过最近一个会计年度合并会计报表净资产的50%；独立董事在年度报告中应对此进行专项说明并公告。这些规定可有效约束控股股东的“隧道行为”，保护中小投资者的利益。

此外，积极推进的混合所有制改革逐步实现着国企的股权多元化，改变了“一股独大”的局面，促成了国有股东资本优势与民营股东灵活市场机制的协作，多元化股东大会产生的董事会开始发挥其治理核心作用。

4. 债权人监督乏力

国有企业法人控股股东的国家信誉或其后可能出现的预算软约束，导致商业银行对国有企业法人的信贷偏好，监督的积极性较弱。此外，国有企业法人的国有性质有为企业市场信誉背书的效应，可以大量使用商业信用，其客户、供应商或者其他组织或个人较为分

散，在面对国有企业法人时，谈判实力较弱，监督力度也不够。随着国有企业改革的深化，自主经营机制的强化，上述监督力量被弱化的现象越来越少。

不管分类结果如何，问题在于：究竟哪种公司治理模式最有效率？各国的公司治理模式会趋同于某一种模式吗？诸多研究表明，从总体上来看，各种公司治理模式所体现出来的经济效率难分优劣。例如，英美模式既有20世纪60年代和90年代的辉煌，也有70年代的危机，2001年以来接连不断涌现出的安然公司、世通公司、施乐公司的假账丑闻，更是使人们对其公司治理效率产生怀疑；日德模式在20世纪70年代以后显现出其在稳定性方面的优势，但日本80年代以后经济泡沫的破灭为其蒙上了一层难以挥去的阴影；东南亚家族控制型模式曾经造就了“东南亚奇迹”，但20世纪末的金融危机却使其暴露出诸多严重缺陷。

思考题

1. 比较普通股股票、可转换债券、普通公司债券等金融工具的含义，从金融契约理论角度阐述三者的区别。

2. 简述个体企业、合伙制企业和公司制企业的不同。

3. 比较四种主要公司治理模式的异同。

4. 查阅中国交建(601800)、爱尔眼科(300015)的《公司章程》，结合其公开披露的《公司治理报告》，比较我国国有控股和民营上市公司在治理结构上的差异。

第三章　公司财务报告分析

财务报告是公司金融活动重要的信息基础，也是公司金融行为效果的集中反映。公司金融的目标是公司价值最大化，在市场上分别以股权价格、债权价格来衡量。市场上不依靠信息投资的被动投资者认为，公司不能实现高利润的情况会从市场定价中反映出来，多样化投资可以化解这种基本面风险；主动投资者则认为，分析财务报表能检验市场定价的合理性、规避价格风险(mispricing)，有助于找到能带来超常收益的公司。本章基于上市公司财务报告，阐述财务报告体系、财务分析框架与方法、主要财务指标的计算，以及估值基础上的财务报表重构与分析。

第一节　公司财务报告体系及其作用

一、财务报告体系的构成

财务报告体系包括财务报表、财务报表附注，以及其他有助于阅读者准确理解财务报表的辅助信息。

1. 财务报表

财务报表是指企业对外提供的反映企业某一特定日期的财务状况和某一会计期间的经营成果、现金流量、股东权益变动等会计信息的文件。目前，世界各国的基本财务报表一般包括资产负债表(balance sheet)、利润表(income statement)、现金流量表(cash flow statement)和所有者权益变动表(statement of changes in stockholders' equity)。这四个报表中，资产负债表是核心，其他三个报表是对资产负债表某些项目的详细说明，它们之间的关系如图3-1所示。

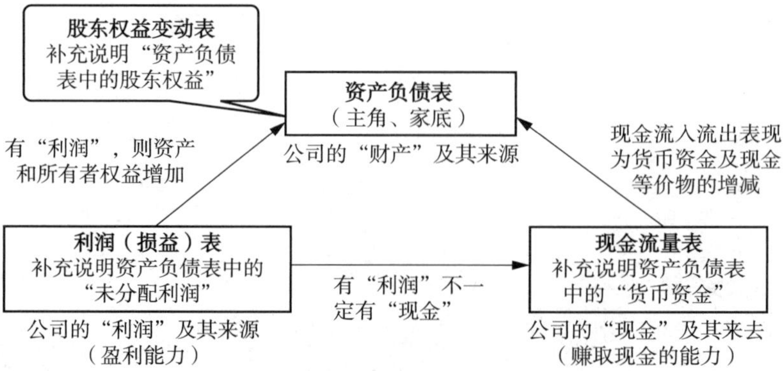

图3-1　四大财务报表及其相互关系

2. 财务会计报表附注

财务会计报表附注是对在资产负债表、利润表、现金流量表和所有者权益变动表等报表中列示项目的文字描述或明细资料，以及未能在这些报表中列示项目的说明。除此之外，还包括编表公司的基本情况、财务报表的编制基础、重要会计政策与估计、税项、资产负债表日后事项、关联方及关联交易等。

3. 其他信息

其他有助于阅读者理解财务报表的辅助信息差异较大，不同财务会计规范、不同国家、不同资本市场有不同的规定。我国上市公司年度财务报告中除了包含上述内容外，还包括：①重大风险提示，一般为风险提示、保证信息真实性的提示；②公司基本情况介绍，包括公司的营业范围及主营业务、周边环境；③会计数据和财务指标摘要，简要公布广大投资者最关注的营业利润、净资产收益率、每股收益、资产总额、非经常性损益项目及金额、近三年的对比数据等，可便捷、粗略地了解公司的盈利情况；④经营情况讨论与分析，主要介绍一年来公司的经营策略及其执行情况、未来公司的经营策略、公司的核心竞争力及其维持、公司所面临的风险及管理措施等；⑤重要事项，指公司可能涉及的重大诉讼、仲裁或媒体质疑事件、公司资金使用、破产、重组、股权激励及重大关联交易、重大合同及其履行情况、会计师事务所的聘任及改聘情况，诸如此类信息的披露；⑥股份变动及股东情况，包括主要股东及其持股比例、控股股东及实际控制人近年来的变化，股权分置改革后还包括公司有限售条件的股份，由此可分析上市公司的控制权分配情况及关联方关系；⑦董事、监事、高级管理人员，包括董事会、监事会、高级管理人员的主要构成，可粗略了解公司的整体管理水平；⑧公司治理，包括公司治理的基本情况，三会的召开及董事、监事履行职责的情况，公司的独立性情况，公司内部控制的情况及高管人员的绩效考核情况，由此可了解公司治理的内部机制设计及其履行情况；⑨优先股、公司债券等情况的介绍等。

公司财务报表必须根据各项企业会计准则确认和计量，列报的基础是持续经营假设，因而要考虑公司面临的经营风险、目前或长期的盈利能力、偿债能力、财务弹性及企业管理层改变经营政策的意向等。当公司不能持续经营时，应当声明未以持续经营为基础及其原因。财务报表中的各个项目应遵照重要性原则，区分不同功能或性质，单独或合并列报。此外，财务报表列报的信息应满足横向、纵向可比性，因此一般要求披露比较财务报表。

二、资本市场中财务报告的作用

1. 财务报告是联系公司与投资者及资本市场的纽带

投资者对一家公司进行投资时，实质上是选择了放弃手中所持有的现金或其他资产，期望能在将来获得更高的现金回报。作为回报，这项投资使他们拥有了对公司的索取权，并通过契约形式正式约定。投资者可以通过直接与公司交易获得索取权，如合伙企业权益、银行信贷协议等；也可以通过证券市场的交易获得索取权，如股票、债券等。

公司需要在资本市场（正式的，如股票市场、债券市场；非正式的，如风险资本家、银行、金融租赁公司等）出售它们的债权和股权，为此它们需要告知资本市场上潜在的投资者，公司作为价值创造者(value generator)，其投资活动、融资活动与经营活动的状况、效果，以及对投资者的回报方式及回报水平究竟如何。

投资前后，投资者需要对投资对象的运作方式、价值创造途径、价值返还投资者的方式等有良好的理解，而便捷有效的途径就是解读投资对象的财务报表。投资者通过财务报表了解投资的情况，并根据财务报表信息在资本市场中交易他们的投资。

公司、投资者与资本市场的关系如图 3-2 所示。

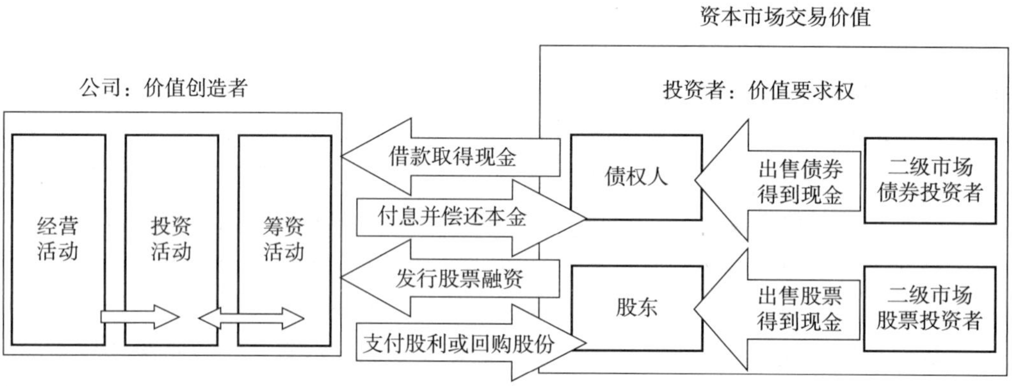

图 3-2　公司、投资者与资本市场的关系

2. 财务报告为不同使用者提供了分析公司的依据

公司财务报告的使用者有很多，有公司管理层、股东和潜在的股权投资者、债权人和潜在的债权投资者、证券分析人员等。财务报告是他们展开公司分析的首选信息来源。

（1）为管理者提供财务分析基础。

公司管理者及其所聘请的管理顾问想要知道：公司所处行业的结构特征，行业中各种参与者的战略目标以及竞争对手的相对业绩；公司具体的经营状况、经营业绩与风险；公司主营业务的盈利状况与市场竞争力；公司治理与内部管理中所存在的问题；公司是否被投资者恰当估价，公司与投资者的沟通是否足以推动恰当估价等；公司是否容易被当成“野蛮人”的收购目标，如果真的被收购，值多少钱等。

（2）为证券分析师、股东提供基本面分析与资产价格预测的依据。

证券分析师、公司股东和潜在股东想知道他们所追踪的公司目前的经营与资本运作情况，公司的业绩是否达到了其期望的水平，如果没有达到，原因是什么。证券分析师通常依据公司经营业绩的发展趋势，预期该公司所发行的证券的价格走势，甚至给出预期价格。

预测投资所能带来的未来收益是基本面分析的核心，未来收益体现在未来的财务报表中。历史的利润表和现金流量表给出了收益的历史趋势，也披露了利润和现金流量的驱动因素，如销售收入、费用和关键资源等。

（3）为债权人提供资产信用与偿债保证。

银行信贷人员、债券持有人、信用评级机构想知道公司为贷款提供的相关信用保证，资产信用等级是否优良，可用于抵押贷款的优质资源有哪些，公司流动资金管理和偿债能力如何，经营风险有多大，公司的融资和鼓励政策是否会给债权人带来额外的风险，是否该在贷款前缔约限制性条款和约束性条款。

(4)为监管者提供监督检查文件。

外部独立审计师、政府监管部门想知道公司财务报表中使用的会计政策与会计估计项目是否与会计准则等规范一致，财务报表是否让所有重要项目均公允地反映了公司财务状况与经营成果，是否按规定做出了风险提示、重要事项的补充说明等。

三、财务报告分析的前提：商业分析

1. 财务报表是公司商业的透镜

从图 3-2 可以看出，公司从资本市场上筹集资金，通过投资活动、经营活动为投资者创造价值。公司的投资和经营受经济环境、产业环境、自身经营战略及产品价值链的影响。财务报表报告的是数字，即将经济因素转换为诸如资产、销售收入、利润率、现金流量与盈利等会计数值，分析这些数值，可以推断出公司价值的增长趋势，以及竞争优势的持续性。但财务报表这个透镜所反映的图像常常是粗糙的，清晰度有限，因而还需要其他信息补充，如商业分析。

外部股东购买一家公司的股票，本质上是购买了发行该股票的公司，所以买入一家公司的股票之前，必须先了解这家公司的价值及其可持续性，继而了解这家公司所处的行业、这家公司在行业中的地位，以及这家公司主营产品的价值链及贡献公司竞争力的关键环节。当投资者计划购买电信企业股票时，他需要知道电信行业的关键资源，如网络建设的战略、技术变革路线与措施、寡头市场接受竞争对手挑战的策略、电信服务的供应过程、客户的需求特点及变化等。当投资者计划投入到商业地产公司时，他需要知道该公司待开发的土地面积、已建成的商业地产营业面积、区位、单位面积租金或入住率等。财务报表项目将呼应这些行业特征，如电信公司资产负债表中的固定资产占总资产比重大，而商业地产开发公司的存货(主要是待开发的土地资源)、投资性房地产占总资产的比重大，固定资产反而占比很小。此外，不同行业的竞争格局不同，利润表中的毛利率、净资产收益率的差异也较大，竞争性很强的物流运输行业、轻工业行业的毛利率普遍低于房地产行业、电信行业等。

公司内部管理层通常对自己的计划充满信心，相对于外部投资者，他们更了解自己管理的公司。但从行为公司金融角度看，他们也会过度乐观、过度自信，不可避免地会凭直觉决策，因而也需要分析人员来检验自己的直觉，计算分析自己为股东创造的价值。一般情况下，公司的财务总监(CFO)负责协调管理层的分析工作，通过财务报表、业务统计数据来评价公司各种投资项目的价值、产品的收入与成本、利润与价值等，最终督促那些诟病的业务管理人员“按数字进行管理”。

2. 商业分析的细节

商业分析一般从宏观、中观和微观角度展开。宏观的经济、法律、政策环境等如第一章“公司金融基础知识”所述。中观和微观层面的商业分析细节主要包括三个方面：①公司主营产品特性，包括产品的类别、所属行业、竞争对手与替代品，产品的品牌效应与专利保护情况、需求情况与需求价格弹性，公司对产品的定价权的大小，产品的生产技术细节、成本结构与规模经济情况，营销策略与分销渠道等；②公司和公司管理层的基本情况，包括公司把握主营产品技术变革方向和速度的能力（主要表现为产品开发、生产技术改进方面的创新能力，以及与信息网络的关系），公司管理层的任职经历与业绩、企业家意识与契约精神、公司治理情况等；③行业的竞争格局，包括行业中竞争对手的数量与相对规模、行业的进入障碍以及潜在加入者的数量、公司在行业中所处的地位及竞争优势、供应商和客户的相对议价能力、行业的产能利用情况等。

第二节　资产负债表分析

一、资产负债表的主要内容

1. 资产负债表的定义及作用

资产负债表是指反映公司在某一特定日期财务状况的会计报表。它反映的是公司在某一特定日期所拥有或控制的经济资源、所承担的现有义务和所有者对净资产的要求权。

资产负债表可以提供的信息包括：①某一特定日期资产的总额及其结构，表明公司拥有或控制的资源及其分布情况。②某一特定日期的负债总额及其结构，表明公司未来需要用多少资产或劳务清偿债务以及清偿时间。③反映某一特定日期所有者所拥有的权益账面价值，据以判断资本保值、增值的情况。④进行财务分析的基本资料（如将流动资产与流动负债进行比较，可计算出流动比率；将速动资产与流动负债进行比较，可计算出速动比率等），可以反映企业的变现能力、偿债能力和资金周转能力，有助于报表使用者做出经济决策。

2. 资产负债表的结构及内容

资产负债表的编制基础：资产=负债+所有者权益。其中，资产按流动性的大小，分为流动资产和非流动资产；负债按偿还的期限，分为流动负债和非流动负债；所有者权益按归属主体，分为归属于母公司股东的权益和少数股东权益。其基本样式见表 3-1。

表 3-1 中的资产项目，如未注明计量的价值标准，一般采用的是历史成本计价。按历史成本计价的项目一般要计提减值准备，如应收款项的坏账准备、存货、长期股权投资、固定资产、无形资产的减值准备等。这些项目的金额是入账时的历史成本扣除减值准备后的净值。表中各负债项目，除预计负债外，一般是未来必须偿还的具体金额。所有者权益项目一般采用历史成本计价。

随着外界金融环境的变化，尤其是金融创新的推进以及金融管制的放松，产融结合的现象越来越普遍，实体经济中公司投资和融资的方式也不断推陈出新，资产负债表中的项目随之发生变化，金融性资产的比重越来越大，存在形式不断多样化，金融性负债项目也不断增加。2018 年以来，应收账款融资、结构性融资（一般隐藏在资产或负债的“其他”项目中）、衍生金融负债、银行间短期融资券、租赁负债、优先股等项目均出现在报表中，这是公司金融实践的进展，也使得报表阅读越来越重要和复杂。

表 3-1 资产负债表基本样式

编制单位：大唐华银电力股份有限公司（简称“华银电力”） 单位：元 币种：人民币

项目	2018 年 12 月 31 日	2017 年 12 月 31 日
流动资产		
货币资金	417 041 016. 15	368 055 660. 89
应收票据及应收账款	1 639 759 682. 47	2 172 048 042. 17
应收票据	138 295 351. 07	116 685 517. 93
应收账款	1 501 464 331. 40	2 055 362 524. 24
应收款项融资	—	—
预付款项	76 513 716. 85	165 550 299. 09
其他应收款（合计）	546 693 183. 03	293 769 636. 88
应收利息	—	—
应收股利	—	—
其他应收款	546 693 183. 03	293 769 636. 88
存货	761 327 278. 17	996 720 436. 56
划分为持有待售的资产	—	283 018 867. 92
其他流动资产	123 562 546. 00	98 113 354. 50
流动资产合计	3 564 897 422. 67	4 377 276 298. 01
非流动资产		
可供出售金融资产	383 981 341. 67	383 981 341. 67
持有至到期投资	—	—
长期应收款	—	—
长期股权投资	698 303 599. 18	622 157 292. 00
投资性房地产	—	21 632 664. 98
在建工程（合计）	808 071 290. 76	587 614 034. 94
在建工程	808 071 290. 76	587 614 034. 94
固定资产及清理（合计）	10 978 681 734. 79	11 671 410 585. 28
固定资产净额	10 978 681 734. 79	11 671 410 585. 28
无形资产	808 703 258. 64	824 475 144. 13
开发支出	18 401 404. 78	8 306 994. 96
商誉	1 921 210. 39	1 921 210. 39
长期待摊费用	10 717 775. 25	3 625 189. 38
递延所得税资产	8 407 239. 34	10 013 185. 23
其他非流动资产	363 636 610. 80	342 695 816. 82
非流动资产合计	14 080 825 465. 60	14 477 833 459. 78
资产总计	17 645 722 888. 27	18 855 109 757. 79
流动负债		
短期借款	3 256 012 201. 76	1 741 847 442. 00

续表

项目	2018 年 12 月 31 日	2017 年 12 月 31 日
交易性金融负债	—	—
应付票据及应付账款	1 806 451 558.73	1 598 557 402.23
应付票据	808 135 241.55	100 000 000.00
应付账款	998 316 317.18	1 498 557 402.23
预收款项	3 365 825.39	205 893 938.84
应付手续费及佣金	—	—
应付职工薪酬	34 246 197.15	63 533 736.37
应交税费	160 435 119.88	99 126 006.76
其他应付款(合计)	635 836 279.64	853 689 684.36
应付利息	3 507 286.01	3 701 786.27
应付股利	12 739 132.77	14 512 338.66
其他应付款	619 589 860.86	835 475 559.43
一年内到期的非流动负债	1 985 639 810.44	2 714 974 441.67
其他流动负债	23 715 696.35	—
流动负债合计	7 905 702 689.34	7 412 447 259.23
非流动负债		
长期借款	5 350 370 500.00	6 325 999 500.00
应付债券	—	—
长期应付款(合计)	1 092 196 777.14	1 732 323 759.70
长期应付款	1 092 196 777.14	1 732 323 759.70
专项应付款	—	—
预计非流动负债	40 296 500.00	—
递延所得税负债	—	68 779 806.50
长期递延收益	362 365 156.30	441 378 664.33
其他非流动负债	—	—
非流动负债合计	6 845 228 933.44	8 568 481 730.53
负债合计	14 750 931 622.78	15 980 928 989.76
所有者权益		
实收资本(或股本)	1 781 124 274.00	1 781 124 274.00
资本公积	4 888 572 159.37	4 888 742 514.90
盈余公积	128 827 108.02	138 167 133.91
未分配利润	-3 763 209 855.12	-3 821 985 588.16
归属于母公司股东权益合计	3 035 313 686.27	2 986 048 334.65
少数股东权益	-140 522 420.78	-111 867 566.62
所有者权益(或股东权益)合计	2 894 791 265.49	2 874 180 768.03
负债和所有者权益(或股东权益)总计	17 645 722 888.27	18 855 109 757.79

3. 资产负债表分析的重点

资产负债表分析的重点由编报公司所处行业竞争模式、公司所采取的商业模式、报表阅读者的动机决定。作为外部使用者，从结构上把握资产负债表的信息特征是比较有效的方法。具体结构包括：

（1）货币资金、应收票据与账款、存货、固定资产在总资产中的比重。

这种结构分析的目的是了解公司的资产投资现状与其所处行业的特征及所采取的商业模式的匹配情况；不同的行业有不同的重点项目(总资产中占比大的项目)，如制造业的存货和固定资产占比大，资本密集型固定资产占比通常可达50%以上，房地产业的存货和投资性房地产占比大，商品批发业存货占比大等。据西方某些咨询机构统计，主要资产的占比见表3-2。如果某公司各主要资产占比与同业其他公司出现较大偏差，说明该公司可能已非正常经营，抑或产品结构、商业模式发生了较大变化。例如，小天鹅A作为白色家电制造商，其固定资产占比在2004年以前一直超过20%，2005年大幅减少，2014年不足10%，明显不同于同业的海尔、美的和格力；再看其营业收入，自2006开始，原以30%以上速度增长的主营业务收入增速被腰斩，2007年仅为17.5%(产品生产与销售的合理滞后期)，2008年以后主业不再有增长，直至2019年退市。当然，我们现在知道是因其被美的收购，但报表资产结构的变化也同样揭示了该类不符合其原发展趋势的信息。由表3-1计算可知，2018年华银电力固定资产占比超过60%，由趋势分析可知历来如此，说明华银电力是典型的资本密集型制造业。

表3-2 西方不同传统行业资产结构

项目	资本密集型	劳动密集型	制造业	批发业	零售业
现金	5%~8%	5%~20%	5%~8%	5%~8%	5%~8%
应收账款	0%~20%	20%~60%	20%~25%	25%~35%	0%~10%
存货	0%~10%	0%~10%	25%~35%	35%~50%	50%~60%
固定资产	50%~70%	10%~30%	30%~40%	10%~20%	10%~20%
其他	5%~10%	5%~10%	5%~10%	-5%~10%	5%~10%
资产总计(100%)	100%	100%	100%	100%	100%

（2）流动资产、正常风险非流动资产、高风险非流动资产在总资产中的比重。

这种结构分析的目的是判断公司经营风险的大小。一般来说，非流动资产占比大意味着公司适应市场变化的能力较弱，尤其是专用性生产设备和厂房占比大的行业，如宏观经济周期下行阶段的发电公司、钢铁制造业和拥有大型运输设备的公司，经营风险普遍提高。高风险的非流动资产通常是指开发支出、商誉和长期待摊费用等，这些项目反映的都是公司已经付出的代价，不管其未来的效果如何，这些项目都将在有限的时间内摊销进入成本费用，减少利润，所以本质上就是利润的减少额，更何况其收益具有高度不确定性。

例如，2019年4月26日，浙江金盾风机股份有限公司发布业绩快报修正，表示2018年归属于上市公司股东的净利润由预计的盈利1.18亿元修正为亏损17.9亿元，市场哗然。但如果看到金盾股份2017年的年报，投资者就不会惊讶了，金盾股份资产负债表显示，其2017年的“商誉”由2016年的零发生额暴增到18.28亿元，占总资产38.20亿元的比重达47.85%。2018年底商誉回到2.2亿元，说明2018年冲销了巨额商誉，导致巨额亏损。

（3）金融性资产、经营性资产在总资产中的比重。

这种结构分析的目的有两个：一是进一步判断经营理念与资产风险大小；二是便于估算公司自由现金流量(参见第四章“公司估值”部分)。公司的资产可以分为金融性资产和经营性资产。金融性资产如交易性金融资产、应收账款融资、持有至到期的投资、可供出售金融资产，还有买入的结构性投资产品等；经营性资产是总资产与金融性资产之差。净经营性资产(NOA)等于经营性资产减去经营性负债(主要是流动负债中的商业信用)。金融性资产的风险很大，对实体经营公司来说，金融性资产应该是公司利用闲置资金而为的，占比应该很小。我国2020年修订的《上市公司证券发行管理办法》第十条第三款规定“除金融类企业外，本次募集资金使用项目不得为持有交易性金融资产和可供出售的金融资产、借予他人、委托理财等财务性投资，不得直接或间接投资于以买卖有价证券为主要业务的公司”，第十三条第二款规定“除金融类企业外，最近一期末不存在持有金额较大的交易性金融资产和可供出售的金融资产、借予他人款项、委托理财等财务性投资的情形”。在一家非金融业的公司中，如果金融性资产占比很大或者长期股权投资中参股金融业的比重很大，会让投资者产生“不务正业”的感觉。

(4)融资结构分析。

这种结构分析的目的是判断公司融资偏好、财务风险大小。具体有三个结构：一是负债在总权益中的比重；二是金融性负债在总债务中的比重；三是流动负债在总债务中的比重。三个比重越大，意味着公司管理层越偏向债务融资，财务风险越大，尤其金融性负债(金融机构借款、各种债券及金融租赁款等)占比，因刚性还本付息要求，占比越大，公司陷入财务困境甚至破产重组直至清算的概率越大。在产品市场下行的环境下，固定利息支付越高的公司，盈利能力越弱，还可能直接导致亏损。例如，海航控股(600221)债务比重尤其是金融负债比重偏大，表3-3列出了2016—2018年海航控股的融资结构。2020年一季度，受新冠肺炎疫情影响，海航控股航空收入大幅缩水，陷入债务危机。

表3-3　2016—2018年海航控股(600221)的融资结构

负债占比	2018年12月31日	2017年12月31日	2016年12月31日
负债合计(元)	135 984 895 000.00	123 390 569 000.00	80 267 860 000.00
资产总计(元)	204 735 164 000.00	197 347 888 000.00	148 144 017 000.00
负债占总资产的比重(%)	66.42	62.52	54.18
金融负债占总负债的比重(%)	82.16	82.68	82.40
流动负债占总负债的比重(%)	92.41	55.25	40.96
流动负债中金融负债所占比重(%)	84.93	77.71	74.18

由表3-3可知，航空控股管理层三年间采取的是激进的高风险融资模式。海航控股负债在总资产中的比重并不是特别高，但是债务中超过80%的金融负债以及2018年超过90%的流动负债，说明公司面临巨大的偿债压力，一旦现金流出现问题，就很可能偿还不

了到期债务。我们可以将其与中国交建(601800)的融资结构(见表3-4)进行对比。

表3-4 2016—2018年中国交建(601800)融资结构

负债占比	2018年12月31日	2017年12月31日	2016年12月31日
负债合计(元)	720 793 908 072.00	644 293 522 111.00	614 505 763 527.00
资产总计(元)	960 476 085 593.00	850 235 282 422.00	801 463 079 787.00
负债占总资产的比重(%)	75.05	75.78	76.67
金融负债占总负债的比重(%)	44.74	44.10	45.97
流动负债占总负债的比重(%)	66.58	69.33	68.89
流动负债中金融负债所占比重(%)	22.31	23.71	25.75

表3-4说明，中国交建的负债率水平比海航控股高，但其金融负债占比低，流动负债占比也低，尤其是流动负债中金融负债所占比重，远低于海航控股，因而其风险远低于海航控股，在面对系统性的特殊市场环境时，其生存能力比海航控股强。

(5)上市公司控制性投资的扩张效应分析。

如果是上市公司，还可以利用母公司资产负债表与合并资产负债表相应项目的变化，计算其控制性投资的扩张效应，见表3-5和表3-6。非常明显，中国交建控制性投资效果非常好，但珠海中富的控制性投资扩张效应是负的，资产反而缩水了。

表3-5 中国交建控制性投资扩张效应

单位：亿元

2015年底	合并报表	母公司报表	两者之差
其他应收款	191.93	252.47	-60.54
预付款项	0	0	不含控制性投资
长期股权投资	129.46	1101.72	-972.26
资产总计	7 310.51	2 085.67	5 224.84

注：母公司1032亿元投资额撬动了5224.84亿元资产。

表3-6 珠海中富控制性投资扩张效应

单位：万元

2015年底	合并数	母公司数据	母公司-合并
其他应收款	1 627	131 883	130 256
预付款项	13 633	255 88	非控制性投资
长期股权投资	758	158 457	157 699
资产总计	317 525	468 227	-150 702

注：母公司控制性投资28.80亿元使得最终资产减值15.07亿元。

在以上两表中，控制性投资是指母公司对纳入合并范畴的子公司的投资，包括对控制子公司的长期股权投资和为子公司垫支的款项(记录在其他应收、预付账款项目中)，编制合并报表时抵销了。其扩张效应来自控股子公司的盈利、吸收的少数股东投资、债务融资能力等，最终表现为资产总额的扩张倍数。

第三节 利润表、现金流量表和所有者权益变动表分析

一、利润表

1. 利润表的定义及作用

利润表是反映公司在一定会计期间经营成果的会计报表。利润表的列报必须充分反映

公司经营业绩的主要来源和构成，有助于使用者判断净利润的质量及其风险，有助于使用者预测净利润的持续性，从而做出正确的决策。

利润表的作用体现在以下四个方面：

（1）反映公司一定会计期间的收入实现情况，如实现的营业收入有多少、实现的投资收益有多少、实现的营业外收入有多少等。

（2）反映一定会计期间的费用耗费情况，如耗费的营业成本有多少，营业税费有多少，销售费用、管理费用、财务费用各有多少，营业外支出有多少等。

（3）对比上述两项内容，可以反映公司经营活动的成果，即净利润的实现情况，包括主业的盈利情况、间接投资盈利情况及非经常性损益。可借此了解公司的盈利模式，判断公司盈利能力的可持续性与稳定性。

（4）将利润表中的信息与资产负债表中的信息相结合，还可以提供财务分析的基本资料：将赊销收入净额与应收账款平均余额进行比较，可计算出应收账款周转率；将销货成本与存货平均余额进行比较，可计算出存货周转率；将净利润与资产总额进行比较，可计算出资产收益率等。这些资料反映企业资金周转情况及盈利能力，便于报表使用者判断企业未来的发展趋势，做出经济决策。

2. 利润表的结构及内容

利润表的编制基础是：收入-成本费用=利润。利润表是期间报表或动态报表，一般根据表中项目在整个会计期间的累计发生额填列，其基本结构及具体内容见表3-7。

3. 利润表的分析重点

从单个报表项目看，利润表的分析重点是营业收入和营业成本，包括营业收入、营业成本的构成、增长率及相对大小，是否存在舞弊和粉饰行为等。外部读者识别收入舞弊和粉饰行为比较困难，通常的做法是比较相关项目：应收账款的增幅高于收入增幅，计提巨额坏账损失(应收账款及减值损失的附注)、业务结构不变的情况下毛利率大幅波动或者明显高于同业、营业收入和生产能力比例失调(固定资产周转率的大波动)、与客户发生套换交易(重要客户及供应商披露中的相同公司)、大比重的关联收入、销售收入与经营活动现金流量背离等。外加非财务信息的解读，如公司管理团队的矛盾、管理团队成员的奢侈生活、消费者投诉等。除此之外，最有效的是借助独立审计机构出具的审计意见，被出具了无保留意见审计报告的财务报表被认为是公允的。

借助被出具无保留意见的利润表，外部使用者应重点进行以下结构分析：

（1）营业收入、营业成本、毛利率的产品结构、行业结构和地区结构分析。

这种结构分析需借助利润表的附注说明，可以判断公司不同产品的盈利情况，主营产品所在市场及地区，便于分析具体产品的产业政策、市场环境及所在地区风险因素对营业收入的影响。我国上市公司均会在年报的第三节披露此类信息，基本格式见表3-8。华银电力的业务虽然跨五个以上行业，有五种以上产品，分布在两大地区，但其实很简单：湖南省内的发电企业，99%的业务在湖南，95%以上的收入来自电力行业。电力行业的毛利率为9.62%，在同行业中居于较低水平。想想湖南的水力资源、煤炭资源拥有量，也就不难理解华银电力的低毛利率了。

表 3-7 利润表的基本样式

编报单位：大唐华银电力股份有限公司　　　　单位：元　币种：人民币

项目	2018 年度	2017 年度
一、营业总收入	9 589 500 819. 09	7 338 122 564. 75
营业收入	9 589 500 819. 09	7 338 122 564. 75
二、营业总成本	9 759 514 200. 88	8 423 198 273. 03
营业成本	8 913 231 202. 16	7 326 562 461. 69
营业税金及附加	112 203 360. 59	88 259 587. 00
销售费用	13 674 688. 96	11 188 453. 60
管理费用	122 483 984. 05	125 908 812. 70
财务费用	598 213 025. 93	504 933 000. 02
研发费用	4 547 438. 29	—
资产减值损失	-4 839 499. 10	366 345 958. 02
公允价值变动收益	—	—
投资收益	3 377 788. 41	-99 037 479. 06
其中：对联营企业和合营企业的投资收益	-58 913 692. 82	-111 140 381. 14
汇兑收益	—	—
三、营业利润	1 594 978. 30	-1 146 248 573. 84
加：营业外收入	44 957 273. 06	11 113 403. 59
减：营业外支出	3 480 058. 93	8 619 299. 42
其中：非流动资产处置损失	—	—
四、利润总额	43 072 192. 43	-1 143 754 469. 67
减：所得税费用	-13 882 345. 33	50 043 830. 51
五、净利润	56 954 537. 76	-1 193 798 300. 18
归属于母公司所有者的净利润	58 775 733. 04	-1 157 143 416. 49
少数股东损益	-1 821 195. 28	-36 654 883. 69
六、每股收益		
基本每股收益(元/股)	0. 03	-0. 65
稀释每股收益(元/股)	0. 03	-0. 65
七、其他综合收益	—	—
八、综合收益总额	56 954 537. 76	-1 193 798 300. 18
归属于母公司所有者的综合收益总额	58 775 733. 04	-1 157 143 416. 49
归属于少数股东的综合收益总额	-1 821 195. 28	-36 654 883. 39

表 3-8　华银电力主营业务构成

币种：人民币

主营业务分行业情况						
分行业	营业收入（元）	营业成本（元）	毛利率（%）	营业收入比上年增减（%）	营业成本比上年增减（%）	毛利率比上年增减（%）
电力行业	8 369 572 653.44	7 564 774 995.33	9.62	-4.88	-8.67	3.75
商品流通行业	3 406 237.56	—	100	101.34	—	—
煤炭开采行业	—	—	—	—	-100	—
科技信息服务行业	304 312 728.64	245 161 003.33	19.44	11.23	17.41	-4.24
房地产行业	—	—	—	-100	-100	-11.41
其他	106 590 085.65	89 467 017.12	16.06	141.37	127.86	4.97
合计	8 783 881 705.29	7 899 403 015.78	10.07	-3.67	-10.19	3.53
主营业务分产品情况						
分行业	营业收入（元）	营业成本（元）	毛利率（%）	营业收入比上年增减（%）	营业成本比上年增减（%）	毛利率比上年增减（%）
电力行业	8 369 572 653.44	7 564 774 995.33	9.62	-4.88	-8.67	3.75
商品流通行业	3 406 237.56	—	100	101.34	—	—
煤炭开采行业	—	—	—	—	-100	—
科技信息服务行业	304 312 728.64	245 161 003.33	19.44	11.23	17.41	-4.24
房地产行业	—	—	—	-100	-100	-11.41
其他	106 590 085.65	89 467 017.12	16.06	141.37	127.86	4.97
合计	8 783 881 705.29	7 899 403 015.78	10.07	-3.67	-10.19	3.53
主营业务分地区情况						
分行业	营业收入（元）	营业成本（元）	毛利率（%）	营业收入比上年增减（%）	营业成本比上年增减（%）	毛利率比上年增减（%）
内蒙古地区	53 100 078.32	32 920 717.63	38	-11.4	-16.88	4.08
湖南地区	8 730 781 626.97	7 866 482 298.15	9.9	-6.64	-10.16	3.54
合计	8 783 881 705.29	7 899 403 015.78	10.07	-6.67	-10.19	3.53

（2）利润总额的构成分析。

利润总额由三部分构成：产品经营利润、广义的投资收益、非经常性损益。与后者相对，前两者之和称为经常性损益。产品经营利润等于表 3-7 中营业总收入与营业总成本之差，是实体经营公司的核心利润，是公司盈利能力的保障和可持续发展的关键；广义的投资收益包括公允价值变动收益、股权投资收益和汇兑损益，三者受资本市场、外汇市场及其他公司经营状况的影响比较大，不可控因素太多，风险较大；非经常性损益为营业外收入与营业外支出之差，受偶然性影响较大，具有极高的不确定性。外部使用者可以将利润表重构，见表3-9。对三者在利润总额中的比重进行趋势分析，可以判断公司盈利能力的可持续性。由表3-9可知，华银电力主业已经没有盈利能力，2018年的盈利来自非经常性损益和投资收益；适当延长这样的趋势分析，将会发现华银电力的盈利大多数情况依据的是非经常性损益，因而其从2009年以来，经常是盈亏相间着出现，以规避因连续亏损而退市。

表3-9　华银电力重构后的利润表　　单位：元　币种：人民币

项目	2018年度	2017年度
一、营业总收入	9 589 500 819.09	7 338 122 564.75
营业收入	9 589 500 819.09	7 338 122 564.75
二、营业总成本	9 759 514 200.88	8 423 198 273.03
营业成本	8 913 231 202.16	7 326 562 461.69
营业税金及附加	112 203 360.59	88 259 587.00
毛利率	5.88%	-1.05%
三、产品经营利润	-170 013 381.79	-1 085 075 708.28
加：投资收益	3 377 788.41	-99 037 479.06
加：非经常性损益	41 477 214.13	2 494 104.17
四、利润总额	43 072 192.43	-1 143 754 469.67

二、现金流量表

1. 现金流量表的含义及作用

现金流量表是反映公司在一定会计期间现金及现金等价物流入和流出的报表，是基于收付实现制角度的经营成果报表。其编制基础是：

现金及现金等价物增加净额=(经营活动现金流入-经营活动现金流出)+(投资活动现金流入-投资活动现金流出)+(融资活动现金流入-融资活动现金流出)=现金及现金等价物(期末余额-期初余额)

现金流量表的编制方法有直接法和间接法两种。在我国，现金流量表的主表采用直接法，会计报表附注中补充了间接法编制的现金流量表。

现金流量表反映的是企业有没有“钱”、有多少“钱”、“钱”是怎么来的、“钱”到哪里去了。具体来说，现金流量表有以下作用：①有助于评价企业支付能力、偿还能力和周转能力；②有助于预测企业未来现金流量；③有助于分析企业收益质量及影响现金净流量的因素；④对以权责发生制为基础的会计报表进行了必要的补充，从而增强了会计信息的可比性。

2. 现金流量表的结构、内容及填报方法

现金流量表的基本结构及各项目内容见表3-10。

表 3-10　现金流量表的基本样式

编报单位：大唐华银电力股份有限公司　　　　单位：元　币种：人民币

项目	2018 年度	2017 年度
一、经营活动产生的现金流量		
销售商品、提供劳务收到的现金	11 698 992 831. 57	8 650 939 228. 20
收到的税费返还	5 481 255. 11	16 368 315. 28
收到的其他与经营活动有关的现金	259 150 804. 34	110 688 313. 27
经营活动现金流入小计	11 963 624 891. 02	8 777 995 856. 75
购买商品、接受劳务支付的现金	8 345 637 762. 28	6 965 396 522. 33
支付给职工以及为职工支付的现金	906 011 591. 53	791 508 747. 11
支付的各项税费	510 437 230. 65	392 423 336. 72
支付的其他与经营活动有关的现金	453 769 785. 53	132 705 275. 71
经营活动现金流出小计	10 215 856 369. 99	8 282 033 881. 87
经营活动产生的现金流量净额	1 747 768 521. 03	495 961 974. 88
二、投资活动产生的现金流量	178 771 521. 84	146 237 307. 57
收回投资所收到的现金	—	—
取得投资收益所收到的现金	5 050 852. 33	9 996 617. 23
处置固定资产、无形资产和其他长期资产所收回的现金净额	178 771 521. 84	146 237 307. 57
处置子公司及其他营业单位收到的现金净额	93 152 874. 80	434 368. 14
收到的其他与投资活动有关的现金	—	—
投资活动现金流入小计	276 975 248. 97	156 668 292. 94
购建固定资产、无形资产和其他长期资产所支付的现金	399 090 613. 90	699 631459. 83
投资所支付的现金	135 060 000. 00	128 906 600. 00
取得子公司及其他营业单位支付的现金净额	—	—
支付的其他与投资活动有关的现金	—	—
投资活动现金流出小计	534 150 613. 90	828 538 059. 83
投资活动产生的现金流量净额	−257 175 364. 93	−671 869 766. 89
三、融资活动产生的现金流量		
吸收投资收到的现金	—	—
其中：子公司吸收少数股东投资收到的现金	—	—
取得借款收到的现金	6 716 012 201. 76	7 171 847 442 . 00

续表

项目	2018 年度	2017 年度
发行债券收到的现金	—	—
收到其他与融资活动有关的现金	1 560 000.00	—
融资活动现金流入小计	6 717 572 201.76	7 171 847 442.00
偿还债务支付的现金	7 203 757 572.05	6 069 515 321.56
分配股利、利润或偿付利息所支付的现金	573 366 868.90	451 733 690.26
其中：子公司支付给少数股东的股利、利润	—	—
支付其他与融资活动有关的现金	448 341 693.14	492 244 777.37
融资活动现金流出小计	8 225 466 134.09	7 013 493 789.19
融资活动产生的现金流量净额	-1 507 893 932.33	158 353 652.81
四、汇率变动对现金及现金等价物的影响	—	—
五、现金及现金等价物净增加额	-17 300 776.23	-17 554 139.20
加：期初现金及现金等价物余额	271 157 567.97	288 711 707.17
六、期末现金及现金等价物余额	253 856 791.74	271 157 567.97

现金流量表是对资产负债表货币资金中“现金及现金等价物”的补充说明。按照我国《企业会计准则》的规定，现金指企业库存现金及可以随时用于支付的存款。现金等价物是指企业持有的期限短(一般指从购买日起三个月内到期)、流动性强、易于转换为已知金额现金、价值变动风险很小的投资。现金流量表清晰地反映了公司三大类活动所引起的现金及现金等价物的增减情况：经营活动现金流量反映了产品和(或)服务的生产、销售引起的现金流入与流出；投资活动现金流量反映了公司经营性投资(资本预算)和对外投资引起的现金流入与流出；融资活动现金流量反映了股东和债权人现金流量的变动情况。

3. 现金流量表的分析重点

经营成功的公司各有不同的战略与秘密，但经营失败的公司有一个共同的问题：资金链断裂。换句话说，公司不会因为利润消失而倒闭，而是因现金流缺乏而消亡，华银电力就是例证。该公司主营业务在 2009—2018 年，产品经营利润大于零的年份只有 2012 年、2015 年和 2016 年，其中 2012 年盈利 3100 万元、2015 年依靠扩大合并报表范围实现盈利 28223 万元、2016 年盈利 3300 万元，但公司的经营活动现金净流量一直大于零，虽然亏损，但一直活着。股东期望公司有足够的现金把握市场投资机会，债权人希望公司有足够的现金还本付息。由此可知，现金流量对公司持续经营及维持股东和债权人信心非常重要。

现金流量表的分析重点包括：

(1) 现金流量与企业生命周期分析。

如同生命体，企业从创立到消亡通常会经历四个不同阶段——创业阶段、成长阶段、成熟阶段和衰退阶段，不同阶段的三种现金流量有不同的特征，见表 3-11。

表 3-11 公司寿命周期各阶段现金流量的特征

生命周期阶段	经营活动现金净流量	投资活动现金净流量	融资活动现金净流量
创业阶段	-	-	+
成长阶段	+	-	+
成熟阶段	+	+	-
衰退阶段	-	+	-

创业阶段，市场还没有打开，只有少量收入，经营亏损，经营活动现金流量入不敷出，但为尽快进入市场而必需的投资很大，外部融资就成了现金流的主要来源。成长阶段，销售收入快速增长，经营利润大幅度提升，经营活动产生的现金流量增长迅速，但相对于市场众多的投资机会而言并不宽裕，因而仍旧需要外部融资，但融资增长幅度在下降。成熟阶段，销售收入增长缓慢，经营利润缩小，但因为前期投资形成的资产的折旧和摊销，经营活动现金流量十分充裕；因市场扩张限制了投机机会，现金大量沉淀或用于偿还债务，公司开始寻找新的行业或转型，原有的投资开始回收，投资活动现金净流量出现正值。衰退阶段，销售收入大幅度缩水，经营活动再次入不敷出，投资活动几乎停滞，公司全线收缩，收回投资，也不再需要外部融资，或者难以进行外部融资，故融资活动现金净流量为负值。

企业的生命周期由产品的寿命周期决定，具体分析时需注意两点：①对于多样化经营的公司，需要按不同的市场分析产品的寿命周期，这将增加分析的难度；②企业产品的寿命周期有的很长、有的很短，需要结合公司的商业分析细节确定趋势分析的长短。

（2）经营活动现金净流量与净利润的比较分析。

因为核算制度的不同，经营活动现金净流量与净利润总是有差异，两者之间将出现四种不同的组合，如图 3-3 所示。四种组合分别反映公司不同的经营状况，只有净利润、经营活动现金净流量均大于零的公司才是健康发展的公司。自 2009 年以来，华银电力的现金流量和净利润长期处于左上角区间，说明其经营困难。

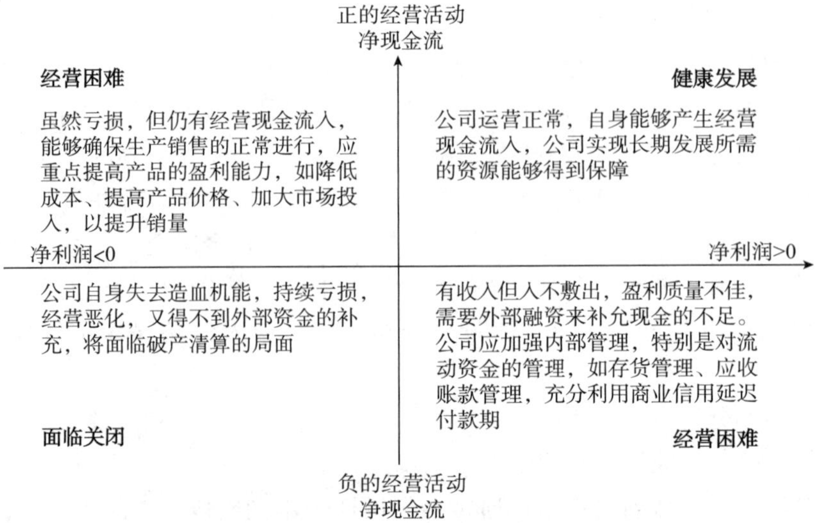

图 3-3 经营活动现金净流量、净利润的四种组合

（3）同一时期三种现金净流量的组合分析。

这个角度的分析其实是生命周期角度分析的拓展，根据三种现金净流量的正、负关系，可以有八种不同的组合，分别表示公司八种不同的经营状况，见表 3-12。

表 3-12 三种现金净流量的各种组合

	经营活动	融资活动	投资活动	分析结果
1	-	+	+	经营恶化，靠借款和卖固定资产维持
2	-	-	+	面临破产，靠变卖固定资产还债和维持
3	-	+	-	借债维持，尚在投资，要看项目前景
4	-	-	-	快速扩张，资金吃紧，财务风险巨大
5	+	+	+	经营现金好，但保守，资金可能浪费
6	+	-	+	赚钱还债降低风险，但保守，易浪费机会
7	+	+	-	扩张期，投融资依存，看项目
8	+	-	-	偿债同时投资，防止经营恶化

2009—2018 年，华银电力的现金流量组合经常出现第 8 种情况，说明该公司因为大量折旧能产生正的经营活动现金净流量，因而能不断地进行更新改造投资，同时在去杠杆政策的督促下，其金融机构借款规模不断缩小。

三、所有者权益变动表

1. 所有者权益变动表的含义、作用与基本样式

所有者权益变动表是指反映所有者权益各组成部分当期增减变动情况的时期报表。我国上市公司 2007 年才开始编制所有者权益变动表，取代了资产负债表和利润表的附表功能。

所有者权益变动表全面反映一定时期所有者权益变动的情况：①所有者权益总量的增减变动；②所有者权益增减变动的重要结构性信息；③直接计入所有者权益的利得和损失。

所有者权益变动表以矩阵的形式列示：横向列示所有者权益项目的期初、期末余额；纵向列示所有者权益项目期末余额发生变化的原因及变化金额。这些原因主要包括：①净利润；②直接计入所有者权益的利得和损失项目及其总额；③会计政策变更和差错更正的累积影响金额；④所有者投入资本和向所有者分配利润等；⑤提取的盈余公积。

所有者权益变动表的基本格式及内容见表 3-13。

表 3-13　所有者权益变动表

编制单位：大唐华银电力股份有限公司　　　　单位：元　币种：人民币

项目	2018年度														
	归属于母公司股东权益													少数股东权益	所有者权益合计
	实收资本（或股本）	其他权益工具			资本公积	减：库存股	其他综合收益	专项储备	盈余公积	一般风险准备	未分配利润	其他	小计		
		优先股	永续债	其他											
一、上年末余额	1 781 124 274.00				4 888 742 514.90				138 167 133.91		-3 821 985 588.16		2 986 048 334.65	-111 867 566.62	2 874 180 768.03
加：会计政策变更															
前期差错更正															
同一控制下企业合并															
其他															
二、本年期初余额	1 781 124 274.00				4 888 742 514.90				138 167 133.91		-3 821 985 588.16		2 986 048 334.65	-111 867 566.62	2 874 180 768.03
三、本期增减变动金额（减少以“-”填列）					-170 355.53				-9 340 025.89		58 775 733.04		49 265 351.62	-28 654 854.16	20 610 497.46
（一）综合收益总额											58 775 733.04		58 775 733.04	-1 821 195.28	56 954 537.76
（二）所有者投入和减少资本					-170 355.53				-9 340 025.89				-9 510 381.42	-21 743 246.50	-31 253 627.92
1. 所有者投入的普通股															

续表

项目	2018 年度														
	归属于母公司股东权益														
		其他权益工具													
	实收资本（或股本）	优先股	永续债	其他	资本公积	减：库存股	其他综合收益	专项储备	盈余公积	一般风险准备	未分配利润	其他	小计	少数股东权益	所有者权益合计
2. 其他权益工具持有者投入资本															
3. 股份支付计入所有者权益的金额															
4. 其他					-170 355. 53				-9 340 025. 89				-9 510 381. 42	-21 743 246. 50	-31 253 627. 92
（三）利润分配														-5 090 412. 38	-5 090 412. 38
1. 提取盈余公积															
2. 提取一般风险准备															
3. 对所有者（或股东）的分配														-5 090 412. 38	-5 090 412. 38
4. 其他															
（四）所有者权益内部结转															
1. 资本公积转增资本（或股本）															

续表

项目	2018年度														
	归属于母公司股东权益													少数股东权益	所有者权益合计
	实收资本（或股本）	其他权益工具			资本公积	减：库存股	其他综合收益	专项储备	盈余公积	一般风险准备	未分配利润	其他	小计		
		优先股	永续债	其他											
2. 盈余公积转增资本（或股本）															
3. 盈余公积弥补亏损															
4. 设定收益计划变动额结转留存收益															
5. 其他综合收益结转留存收益															
6. 其他															
（五）专项储备															
1. 本期提取															
2. 本期使用															
（六）其他															
四、本期期末余额	1 781 124 274.00				4 888 572 159.37				128 827 108.02		−3 763 209 855.12		3 035 313 686.27	−140 522 420.78	2 894 791 265.49

注：所有者权益变动表一般反映连续两年的变动情况，限于篇幅，此处未完全列示。

2. 所有者权益变动表的分析重点

目前，投资者并未将所有者权益变动表看成是重要的财务报表，在实践中常常会忽视它。实际上，所有者权益变动表是分析人员着手分析其他报表之前，应当最先审视的一张报表，它能确保所有影响公司股权权益的业务都已经包含在分析中。所有者权益报表分析的重点包括：

(1)综合收益与其他综合收益。

外部使用者在了解一个公司的盈利情况和对股权进行估价时，应该使用“综合收益”，而不仅仅是利润表上的净利润。综合收益等于公司实现的净利润与其他综合收益之和。其他综合收益是指企业根据其他会计准则规定未在当期损益中确认的各项利得和损失，包括五项内容：①以公允价值计量且其变动计入其他综合收益的金融资产，如持有至到期投资重分类为可供出售金融资产时公允价值与账面余额的差额，可供出售金融资产重分类为采用成本或摊余成本计量的金融资产的，对于原记入资本公积的相关金额进行摊销或处置时转出的金额；②按照权益法核算的在被投资单位其他综合收益中所享有的份额；③计入其他资本公积的现金流量套期工具利得或损失中属于有效套期的部分；④境外经营外币报表折算差额的增加或减少；⑤与计入其他综合收益项目相关的所得税影响。

对其他综合收益的会计处理，有两种办法：在清洁盈余会计(clean-surplus accounting，即所有者权益变动表中只有来自利润表的盈余项目)中，其他综合收益在利润表中详细列示；在非清洁盈余会计(dirty-surplus accounting，即将损益项目绕过利润表直接在所有者权益变动表中处理)中，其他综合收益只在所有者权益变动表中反映。目前，我国实施的是非清洁盈余会计，净利润中不包含其他综合收益。

(2)公司与股东之间的交易。

公司与普通股股东之间的交易有股份回购、向原股东配股、向新股东增发新股，因股票期权计划或员工持股计划增发新股、支付股票股利或现金股利等，这些交易首先导致股权的增减变动、股东自由现金流量的变动，有的还可能产生其他综合收益。公司与优先股股东之间的交易主要表现在发放优先股股利上。这些活动不是创造价值的活动，在公司估值中需区别对待。

第四节 财务报告综合分析

一、公司治理状况分析

公司治理会影响公司的投融资行为，因而要理解公司的投融资行为，首先必须了解公司的治理状况，重点了解公司的实际控制人，高管团队的职业履历与管理能力，公司独立于实际控制人的程度，公司对中小企业的保护程度及对经理人的监督约束力度，主要关联方及管理团队与银行、税务及监管机构等的关系密切程度，为后续的会计信息质量分析、财务状况和经营成果分析提供环境依据。具体分析方法见第二章，分析数据来自上市公司年度报告中的股权结构、前10大股东、董事、监事和高级管理人员，以及公司治理报告等。

二、经营策略分析

1. 经营策略分析的目的

通过经营策略分析，可以：①对公司的经营环境进行定性了解，为后续的会计分析和财务分析确立商业基础；②辨认影响公司盈利状况的主要因素和主要风险，从而评估公司当前业绩的可持续性，并对未来业绩做出合理预测。

2. 经营策略分析的方法

经营策略分析应当围绕公司的价值创造能力展开。公司盈利能力的高低主要取决于自身的经营策略选择，其影响因素具体包括：公司所处的行业、公司的竞争定位，以及公司如何在各经营部门间创造协同效应。与之相对应，经营策略分析一般包括宏观经济分析、行业分析、公司核心竞争力分析和竞争策略分析。

（1）宏观经济分析。主要是宏观经济周期和宏观经济政策、技术进步等对公司所处行业的影响。通常采用的方法是 PEST 分析法，即分析政治（politics）、经济（economy）、社会（society）、技术（technology），从而判断一个行业或一家公司所处的宏观背景。

（2）行业分析。行业的特征是指特定行业在某一时期的基本属性，能综合反映该行业的基本状况和发展趋势。评价行业的特征，主要是评价行业的竞争特征（企业数目，产品差异，潜在进入者，进入、退出障碍，主要的竞争战略）、需求特征（增长率、稳定性、替代产品、需求弹性、产品寿命周期及其决定的行业寿命周期）、技术特征（成熟程度、复杂性、可保护性、研发费用）及由此决定的盈利特征（平均利润率）。常用的分析方法是 Poter 于 20 世纪 80 年代提出的五力模型，如图 3-4 所示。“五力”是指同行业现有企业间的竞争状况、新加入企业的竞争威胁、替代品的威胁、供应商的议价能力、购买者的议价能力。这“五力”决定着行业的竞争规模和程度，影响着产业的吸引力，以及现有企业的竞争战略选择。

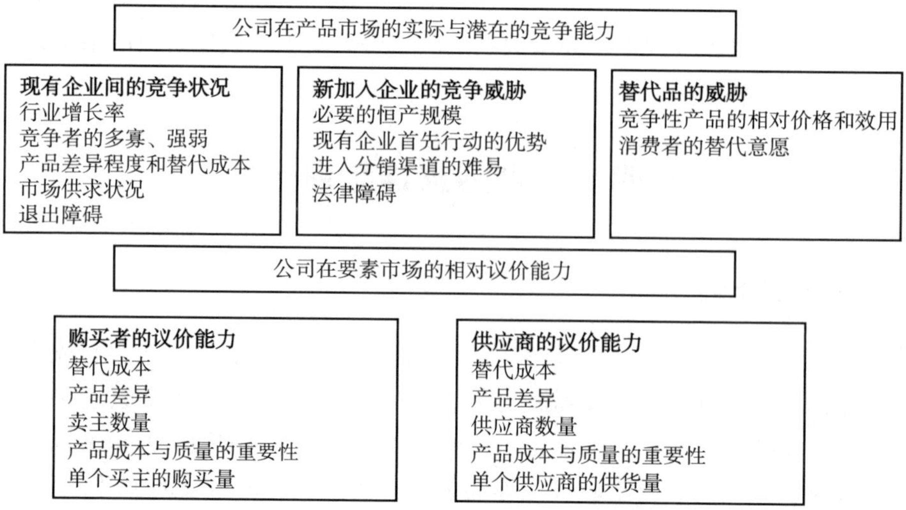

图 3-4　行业竞争格局分析的五力模型

现有公司间的竞争取决于竞争者的多寡与力量强弱，通常用行业集中度来度量；竞争者的多寡决定了产品差异程度的大小和替代成本的高低，也取决于进入、退出障碍的高低。现有竞争者根据自己的一整套规划，运用各种手段(价格、质量、品种、服务、担保、广告、销售网络、创新等)，力图在市场上占据有利地位并争夺更多的消费者，对同行其他公司构成威胁。

新进入公司的威胁是行业竞争的一种重要力量。新进入者大都拥有新的生产能力和某些必需的资源，期待能建立有利的市场地位。一方面，新进入者加入该行业，稀释在位者的市场份额，必然引起与现有公司的激烈竞争，使产品价格下跌；另一方面，新加入者要获得资源进行生产，从而可能使行业生产成本升高。这两方面都会导致行业的获利能力下降。

替代品或服务的威胁是来自另一行业的竞争。替代产品的价格如果比较低，它投入市场就会使本行业产品的价格上限只能处在较低的水平，甚至降低本行业产品的销量，从而降低本行业的收益，如美团外卖削弱了方便面行业的盈利能力。本行业与生产替代产品的其他行业进行的竞争，常常需要本行业所有公司采取共同措施和集体行动来应对。

客户的议价能力主要受两个因素影响：价格敏感性和交易地位。价格敏感性决定了买方愿意进行讨价还价的程度。当产品缺乏独特性且转换成本较低，或者产品在买方成本总额中占较大比重时，买方可能更愿意花费必要的资源去寻找成本较低的产品。一般而言，买方的交易地位受供应商数量、单一买方的购买数量、买方可选择的产品数量、买方的产品转换成本及买方向后整合威胁等因素的影响。例如，在汽车行业中，汽车制造商与零部件制造商相比，处于有利的交易地位，因为汽车制造商购买量大，可选择的产品多，而且转换成本低。

供应商的议价能力分析与客户的议价能力分析类似。当供应商数量很少且客户可选择的替代品很少时，供应商就具有强势地位。例如，在软饮料行业，可口可乐和百事可乐的议价能力很强，而其供应商金属罐厂商的议价能力较弱，因为金属罐厂商之间竞争十分激烈，而且存在塑料瓶替代金属罐的威胁。

(3) 公司核心竞争力分析。归根结底，公司的核心竞争力只有两个——成本领先和产品差异。拥有成本领先优势，如具有他人无法模拟的高效作业流程、大型生产规模、廉价的生产要素等，则意味着公司具有竞价能力，可以阻止潜在进入者和替代品，可以向客户提供更廉价的商品，能更好地抑制供应商的降价，提高自身在价格战中的成功率。拥有产品差异优势，如拥有专利、品牌和足够大的市场占有率，则意味着公司能培育顾客忠诚度，挫伤潜在进入者和替代品，削弱客户的谈判能力，也可将供应商涨价转嫁给客户。

(4)竞争策略分析。在上述三个层面分析的基础上，应综合公司所处环境的机遇与挑战、公司自身的优势和劣势，分析公司将来可以采取的经营策略。常用的方法是 SWOT 分析法(Strengths、Weaknesses、Opportunities、Threats)，借助该方法，可以将公司内外部条件各方面内容进行综合和概括，进而使公司战略与经营策略明朗化。

【案例 3-1】 华银电力的经营策略分析

本案例借助华银电力 2014 年年报数据。作为主营发电的央企，华银电力很难退出现有行业进入其他行业，因而省略了 PEST 分析。此外，华银电力 99%的业务在湖南，未来制定经营策略的外部环境主要基于湖南电力市场展开。

1. 行业竞争格局分析

（1）同业公司间的竞争：2014 年，五大集团公司装机容量行业占比为 45%（分别为 11%、9%、9%、9%和 7%），前 4 家占行业总比为 38%；五大集团公司发电总量行业占比为 46%（分别为 12%、9%、9%、9%和 7%），前 4 家在行业中的占比之和为 39%；各集团业务在中国六大区域的分布势均力敌，见表 3-14。

表 3-14　2014 年我国发电行业装机容量分布及五大集团区域占比

区域	行业总装机容量（万千瓦）	五大集团装机容量总和（万千瓦）	五大集团各区域装机容量在行业内的占比				
			华能	大唐	华电	国电	中电投
华北	22 219.07	10 172.05	12.86%	11.28%	9.68%	10.68%	1.27%
东北	18 442.05	11 857.63	18.99%	10.45%	9.59%	12.48%	11.33%
华东	26 860.09	10 641.25	9.22%	7.02%	8.32%	8.71%	6.34%
华中	27 711.86	10 742.57	7.23%	7.18%	6.39%	9.40%	8.57%
华南	24 299.99	10 280.41	12.47%	8.77%	10.61%	4.81%	5.65%
西北	16 485.71	7 849.32	6.16%	9.55%	10.33%	10.14%	11.13%

由此可知，不管是全国范围内还是各大区范围内，从装机容量和发电总量来看，我国发电市场的市场集中度均较低（市场集中度：行业中市场份额最大的四家公司市场份额之和占市场总额的比重），CR4 低于 40%。根据贝恩系数，发电端市场属于寡占Ⅳ型，同业公司众多，竞争激烈；加上产品没有差异，退出障碍大，竞争愈加激烈。美国经济学家贝恩（Joe S. Bain）划分的市场结构见表 3-15。

表 3-15　美国经济学家贝恩划分的市场结构

市场结构	集中度	
	CR_4 值	CR_8 值
寡占Ⅰ型	$CR_4 \geqslant 85\%$	—
寡占Ⅱ型	$75\% \leqslant CR_4 < 85\%$	$CR_8 \geqslant 85\%$
寡占Ⅲ型	$50\% \leqslant CR_4 < 75\%$	$75\% \leqslant CR_8 < 85\%$
寡占Ⅳ型	$35\% \leqslant CR_4 < 50\%$	$45\% \leqslant CR_8 < 75\%$
寡占Ⅴ型	$30\% \leqslant CR_4 < 35\%$	$40\% \leqslant CR_8 < 45\%$
竞争型	$CR_4 < 30\%$	$CR_8 < 40\%$

（2）潜在进入者的威胁：几乎没有，因为投资额巨大，又是公共基础设施，进入需经审核批准。此外，现有的五大电力集团公司、新疆建设兵团等都有产能闲置，对新加入者

有致命的威胁。五大电力集团公司还在不断扩大产能，对旗下二级公司构成威胁。

(3) 替代品的威胁：电能几乎没有替代品，但电的种类越来越多，国家对生物质电、太阳能电的鼓励与扶持政策对传统水电、火电的冲击比较大。

(4)购买者的议价能力：发电公司唯一的购买者(客户)是电网公司(买方垄断)，在直供电改革推行后，出现了另外一些买者——大用户，如大型工业公司等。不管哪种情况，买方的议价能力都比较强，因为我国的电价被管制，发电公司无法根据市场势力、经营情况调整电价。

(5) 供应商的议价能力：主要的供应商有两类——发电设备供应商和原料(即煤炭)供应商。发电设备供应商的议价能力较弱；煤炭供应商的议价能力在煤电价格联动改革之后减弱。随着国家煤炭行业改革的推行，煤炭价格下降明显，有利于火电机组提高盈利能力。

综上所述，按照贝恩系数分类，我国发电市场属于寡占Ⅳ型的市场结构，同业间竞争激烈。虽然潜在进入者和替代品不多，但针对客户(电网和用电大户)的议价能力弱，火电面对煤炭等供应商的议价能力也弱，故而整体的盈利水平不高。

2. 华银电力核心竞争力分析

(1) 成本领先优势：湖南能源监管办公布，截至 2014 年 6 月底，全省发电装机容量 3521.47 万千瓦，同比增长 5.0%；其中，水电 1498.22 万千瓦，占 42.5%，火电 1959.91 万千瓦，占 55.7%，新能源 63.34 万千瓦，占 1.8%。华银电力装机容量 272.56 万千瓦，占比 7.7%(因为华银电力 2014 年未投资新的发电机组建设，故截至 2014 年底其装机容量也约为 272.56 万千瓦，因此可以直接比较两个不同时点上的数据)，并不具备明显的规模经济优势。此外，华银电力属于传统发电公司，其生产工艺、产品设计、分销渠道与竞争对手完全一样，毫无成本优势；由华银电力发电业务的毛利率与竞争对手的差距可知，华银电力没有低成本优势(见表 3-16)。2016 年以后的报表要求披露主营业务成本的构成，由此可知，华银电力无低成本优势的根本原因是燃煤成本远高于同业。

表 3-16　2013—2015 年华银电力及其同业毛利率

公司	毛利率		
	2013 年	2014 年	2015 年
华银电力	16.43%	16.74%	19.43%
大唐发电	27.69%	32.58%	43.98%
桂冠电力	30.23%	40.41%	36.82%

(2) 产品差异优势：逐个考察造成产品差异的几大因素，华银电力没有更好的产品质量、没有更高的产品类型、没有更优质的服务，其产品也没有品牌。华银电力 2014 年年报显示，其投资项目主要在房屋建筑物的建设上，其研发主要在于管理信息系统而非注重创新的控制系统。因此，其产品与竞争对手的产品的差异微乎其微。

综合上述分析，发电市场竞争激烈，华银电力作为其中一员，既没有低成本优势，也没有产品差异优势，因此其业绩欠佳。

3. 华银电力未来经营策略

根据上述分析，华银电力自身经营的优势(S)为生产的是关系国计民生的产品，可能获得政府补助，发电机组已经建好，未来对现金流的需求量有限，劣势(W)为产品无差异、价格被管制；因为运费导致煤炭价格高，使得毛利率明显低于全国范围内的同业，固定投资太大，退出发电行业成本高；借款规模太大导致利息费用很高，进一步抬高了公司营业总成本；面临的市场挑战(T)是宏观经济增速放缓，产能过剩，行业竞争激烈。根据湖南省《十三五电力规划(2016—2020)》，湖南用电总量的年增长为3.6%~4.8%，低于预计的国民收入增长率；湖南煤炭自给率2015年降至30%，而且煤炭减产的趋势将持续下去。但湖南将加大清洁能源的开发力度，出台新能源产业、风电、分布式光伏发电支持政策，统筹水电开发与外送，加强电力市场国际化。根据SWOT分析框架，未来适合华银电力的经营策略有：①SO策略：利用较充裕的现金流量，投资新能源建设。②ST策略：行业产能过剩，新能源建设并不适合全面新建电源，适宜的途径是并购重组现有的新能源发电机组，扩大公司新能源装机容量。③WO策略：利用降低非化石类能源消耗机遇，退出规模以下火电，减少火电的更新改造投资；利用直供电改革，提高对客户的议价能力。④WT策略:进一步优化煤炭采购和运输方式，降低煤耗；利用较充裕的现金流量降低债务水平，优化融资结构；安全生产，确保目前的现金流量，不增加额外的成本。

查阅华银电力2014年年报，第三节披露的公司经营策略是：安全生产，守住安全和环保红线底线，不发生人身、设备事故和环保通报事件；发电量完成96亿千瓦时(机组平均开机时间为146.75天)；降低供电煤耗，完成317.32克/千瓦时；通过资产重组，提高发电资产规模和质量。这与SWOT分析结果的重合度很高，但还不够积极主动。

三、会计信息质量分析

(一)会计信息质量分析的目的

会计信息要求是对企业财务报告中所提供会计信息质量的基本要求，是有用的信息，即为现有和潜在的投资者、债权人及其他使用者提供有助于他们评估预期现金收入的金额、时间分布和不确定性(风险)的信息。信息要有用，就应具备可靠性、相关性、可理解性、及时性等。可靠性是指会计信息真实、可验证和中性。相关性是指会计信息能够帮助使用者预测过去、现在和未来事件的结果，或者能坚持或更正先前的预期并在决策中起作用。进行会计信息质量分析可以获知会计信息的可靠性、相关性等，是进一步分析盈利能力、财务状况及前景预测的基础。

会计信息质量分析的依据是会计准则，但会计准则无法完全排除公司管理层的会计选择，所以分析时应注意自行选择的会计政策和会计估计的合理性。

(二)会计信息质量分析的方法

1. 分析审计报告类型

外部审计制度是通过聘请独立的第三方(注册会计师)评价公司管理层编制的财务报表是否符合会计准则的要求，是否在所有重大方面公允地反映公司的财务状况、经营成果和现金流量，进一步限制了公司管理层歪曲财务报表的可能性，提高了财务报表的信息质量和可信程度。尽管外部审计的有效性有时会受到质疑，但注册会计师出具的审计报告通常被视为一种重要的财务报表派生信息。有效的财务报表分析要求在分析之前研读审计报告，对财务报表的可信程度形成初步印象。此外，“非标准”意见(如保留意见、无法表示意见和否定意见)的审计报告往往指出了财务报表中的“高危区域”，这有助于财务报表分析者确定相应的分析重点。

2. 分析会计政策和会计估计

会计政策和会计估计是管理层所做出的会计选择，在会计报表附注中列示。分析会计政策和会计估计时应重点关注以下三点：①识别关键会计政策与会计估计。关键的会计政策和估计往往与公司的经营策略和竞争优势密切相关。例如，对实施成本领先策略的零售和批发商而言，存货管理是关键，因而与存货有关的会计政策和估计(如存货跌价准备的计提方法、计价方法等)就是关键政策或估计。②评估会计政策和会计估计的弹性。某些公司的关键会计政策可能会受到会计准则的严格限制，从而更具“刚性”；而另一些公司的关键会计政策可能受管理层会计选择权的影响较大，存在较大的“弹性”。例如，研发支出是生物技术公司的成功要素，但美国公认会计原则规定，管理层在报告研发支出时没有会计斟酌处理权，必须全部费用化；我国会计准则中有四个条件供管理层斟酌。③评价会计政策和会计估计的合理性。这种评价主要针对管理层选择的弹性较大的关键政策，因为管理层可以利用这种会计弹性更好地传递公司的实际经营情况，也可以利用这种会计弹性隐瞒公司的真实业绩。一般而言，分析人员可以通过以下问题评价会计策略的合理性：公司选择的关键会计政策与行业惯例是否一致？公司管理层是否存在利用会计弹性进行盈余管理的强烈动机？公司是否变更会计政策和估计？理由是否充分？影响如何？公司过去所采用的会计政策和估计是否合乎实际情况？公司是否为了特定会计目的而进行交易设计或从事缺乏商业理由的交易？

3. 评价信息披露质量

会计准则只是规定了最低的披露要求，管理层还可以通过多种途径来披露公司的实际经营情况。因此，披露质量是体现公司会计信息质量的一个重要方面。在评价公司的披露质量时，分析人员可关注：公司是否披露了充分的资料以便使用者评估公司的经营策略及经济结果？附注是否充分解释公司的主要会计政策？当公司的会计政策与同行业的惯例不同或发生重大变化时，是否予以说明？公司是否对当前业绩变动情况予以充分说明？若现行财务报告体系的固有限制阻碍了某些重要成功因素在报表内的披露，公司是否提供了充分的信息以帮助外部人士了解这些要素，比如难以资本化的研发费用，难以货币计量的产品缺陷率、客户满意度、市场占有率等实物指标？多元化经营的公司是否充分披露了业务分部报告和地区分部报告？

4. 消除会计信息失真

如果通过上述分析发现应计制财务报表存在扭曲公司真实情况的现象，分析人员应当利用报表附注、现金流量表以及其他相关信息源，尝试采用以下方法予以还原：①现金流量分析法，即利用经营活动现金流量与销售收入、利润之间的相关性判断收入的真实性。②虚拟资产剔除法，即剔除那些虽挂在账上但不能为公司带来未来经济利益的资产，如技术上完全落伍的废旧固定资产、超长期的应收账款、待摊费用等。这些虚拟资产往往是隐藏公司费用的“黑洞”或调节利润的“蓄水池”。财务报表分析者可以评估公司划分资本化支出和费用化支出的会计政策的合理性，并将虚拟资产总额与净资产总额进行比较，如果虚拟资产在净资产中所占比重过大，说明公司存在较为明显的“资产泡沫”，持续经营能力可能有问题。③关联交易分析法，指分析公司各类交易中来自关联方的部分，判断某一特定公司在多大程度上依赖关联方，进而分析该公司的盈利基础是否扎实、利润来源是否稳定。若公司的营业收入和利润主要来源于关联公司，就应当特别关注关联交易的定价政策，分析公司是否通过显失公允的关联方交易定价来进行财务报表粉饰。④异常利润剔除法，即剔除来自债务重组、股权转让、出售长期资产、非货币性交易、财政补贴等异常事项的利润，以便在可持续的基础上对公司未来的盈利能力做出比较准确的判断。

在互联网时代，还可以通过自媒体暴露的线索了解公司会计信息质量。专业做空中国的浑水公司(Muddy Waters Research)做空中国的基本程序：通过媒体报道及上市公司频繁更换审计机构、经营数据有悖常识、不分红却频繁融资等行为选定目标对象，然后从报表中寻找问题，重点分析经营规模、商业模式和资产规模，判断能否支撑会计报表中的收入、利润等关键业绩指标及偿债能力等影响具有持续性的指标，当然还会对生产基地进行大量的实地调查等，自认为证据确凿后公布调研报告，导致被调查公司股价大跌。浑水做空中国多家上市公司，几乎没有败绩，说明其对目标的选择方法是合适的。

四、财务分析

(一)财务分析的目的

财务分析是综合四个会计报表数据对公司的经营成果、资产营运效率、财务状况进行的分析。

财务分析是目前公司财务部门必须完成的一项内容，也是股东、债权人(主要是银行)、管理者均需要的一项分析内容。进行财务分析，主要有以下四个目的：①了解企业财务状况的安全程度，获知企业的短期偿债能力(流动性)和长期偿债能力，为企业进行现金管理、选择融资方式及融资额度提供依据；②了解企业的经营成果、盈利能力的大小及盈利结构，为企业制定竞争策略、调整产品结构、完善成本管理提供建议或依据；③了解企业资产结构及资产运转效率，为加速资产周转提供依据；④通过纵向财务分析，判断企业的成长性。

(二)财务分析方法

1. 结构分析法

结构分析法是指计算报表各具体项目占某一综合项目的百分比，如存货占总资产的比重、负债占资本总额的比重、营业成本占营业收入的比重，以反映每一个具体报表项目间的相对重要性，以及综合项目的构成情况。结构分析法能够消除不同企业规模所带来的影响，进而揭示企业经营活动的相关特点。通过结构分析，可以了解公司资源的配置情况，结合生产经营特点判断结构的合理性。例如：重型机械制造公司的存货占总资产的比重为80%，明显就是不合理的结构，意味着公司主业经营存在严重问题；商品流通行业的现金占资产的比重如果超过50%，就说明公司将大量资源浪费在盈利能力极低的项目上；如果一家公司的负债占总资本的比重达到90%，则说明该公司财务状况非常不安全。

在进行结构分析时，可以通过比较不同竞争对手之间的相同结构，了解行业的一般状况，并分析目标企业在资金结构和资源分配方面的优势和劣势。进行结构分析一般要编制共同比报表。基于资产负债表的共同比报表需要将资产负债表的各个项目的期末余额换算成与资产总计（100%）的比值，基于利润表的共同比报表需要将利润表各个项目的发生额换算成与营业总收入（100%）的比值。

2. 比较分析法

比较分析法有两种：纵向比较，也称为趋势分析法；横向比较，即与同业比较。

趋势分析法是指在连续数年的财务报表中，以某一年度为基期，计算出其他各期各项目对基期同一项目的趋势百分比，从而描绘出财务报表各项目的时间变化趋势。通过恰当的趋势分析，我们可以了解各财务报表项目过去的变化趋势，并通过对过去数据的研究和观察，对未来的发展趋势有所了解。

在计算各期间的趋势百分比时，首先要选择合适的基期，所选的基期要尽量具有代表性。例如：对医药行业的分析，最好不要选SARS年份作为基期；对我国上市公司来说，2006年及以前年份不适合作为基期，因为2006年及以前的财务报表是按照旧的会计准则编制的。在进行趋势分析时，还可以结合相关项目的变化趋势进行分析，如销售收入的增长率与应收账款的增长率、存货增长率及经营活动现金流量的增长率，它们的增长方向甚至幅度都大体相同，如果不同或差异较大，则可能有异常情况。

3. 比率分析法

比率分析法，也称指标分析法，是指将同一报表或不同报表中两个项目之间的关系用百分比或倍数的关系表示出来。这是目前运用最广泛的一种财务分析方法。比率分析能将大量的财务报表项目及财务数据减少为若干比率，从而使财务数据的比较突破时间和规模的限制。各种财务比率本身并不重要，只有对其进行时间序列比较或在各竞争对手之间进行比较时，才能在对比中发现财务比率中包含的有关企业优劣势的重要信息。比率分析既可以通过单项比率分析来考察特定方面的财务现象，如通过计算流动比率来概括了解企业短期债务偿付能力大小，也可以通过比率体系分析来综合评价企业的财务状况，如典型的杜邦分析体系是以净资产收益率为中心指标，逐步分解展开，来综合评价企业的经营管理效率、投资管理效率和财务管理效率。

不同的报表使用者、不同的使用目的、不同的行业特色、不同的监管要求对财务指标的设计、计算与分析有着不同的要求。综合目前以信用评级机构、商业银行为主的债权人及证券分析人员对财务指标的态度，常用的财务指标分为五类，见表3-17。

表 3-17 常用财务指标

序号	指标	计算公式	指标的含义与使用说明
一、盈利能力比率			
1	净资产收益率(ROE)①	净利润/平均净资产③(估值时，分子应换成综合收益)	综合性最强的股权资本盈利能力表征指标。判断其优劣的依据：一是同行业平均或最优水平；二是商业银行资信评估标准；三是投资者要求的必要报酬率或社会平均资金利润率。该指标是公开发行可转债和非定向增发股票的限定性指标。后续指标中如无特殊说明，最优判据均指同业平均
2	总资产报酬率(ROA)	EBIT/平均总资产	EBIT(息税前利润)= 利润总额+利息费用(不含资本化利息支出)+其他综合收益。该指标衡量公司所有资本(不管是债务资本还是股权资本)的盈利能力(利息费用和所得税均是新创造的价值)。比值越高，说明资产运营效果越好，盈利能力越强。将指标值与债务资本利息率进行比较，可以判断公司财务杠杆效果。优劣判断依据：债务资本加权利息率、同业先进及同业平均。估值和信用评级实践中，EBIT 经常换成 EBITDA(息税折旧摊销前的利润)，含义不变，但结算结果更乐观
3	每股收益(EPS)②	(净利润－优先股股利)/加权普通股股数	每股普通股权创造的税后利润，比率越高，表明所创造的利润越多。每股收益代表的只是一个年度的收益情况，基本不具有延续性，因此不能将它单独作为判断公司盈利性和成长性的指标
4	营业(销售)净利率	净利润/营业(销售)收入	反映净利润与营业收入(销售收入)的关系，其高低取决于营业收入与营业成本的高低。提高营业净利率有两个途径：一是扩大销售收入；二是降低成本费用。随着公司多样化经营、证券类投资活动及非经常性损益的频繁发生，本指标的作用越来越弱，实践中可以根据公司经营模式将净利润换成税后的产品经营利润
5	毛利率	(营业收入－营业成本)/营业收入	毛利是公司盈利的基础，毛利率越高，说明产品盈利能力越强。毛利率受两个因素的影响：产品价格和单位产品成本。差异化产品的溢价高，低成本更能提高毛利率，故毛利率高的公司拥有产品竞争优势
说明：这类指标的值越高，公司的盈利能力越强。各指标的判断依据稍有不同，要注意寻找合适的参照系来确定其优劣。此外，不同指标的结论可能相悖，需根据分析目的、行业特点及公司特点选择重点指标			
二、市场表现比率			
6	市盈率	每股市价/每股收益	证券分析师常用的估价、选取股票的依据之一。表示投资者愿意为 1 单位收益所支付的价格，或者说投资者 1 单位货币投资的回收期。市盈率指标与公司规模、盈利水平绝对值没有直接关系，可横向比较。一般来说，公司市盈率高于同行业其他公司，说明市场投资者看好其前景，但投资风险也较大
7	市净率	每股市价/每股净资产	每股净资产=(股东权益总额-优先股股本)/普通股股数。市净率反映公司普通股市价与账面价值的对比情况。一般情况下，高市净率被投资者认为资产质量较好，有发展潜力，未来创造剩余收益的能力较强；反之，则资产质量差，没有发展前景。当然，不排除非有效市场股价被低估或高估(mispricing)
8	股利支付率	每股现金股利/每股收益	反映企业支付现金股利的幅度和能力。从投资者角度看，比值越高越好。上市公司分红规定参见《关于修改上市公司现金分红若干规定的决定》
说明：这类指标值的现实含义要结合资本市场价格走势、投资者的风险偏好、竞争对手表现、公司投资机会和资金需求情况来理解，不能一概而论			

续表

序号	指标	计算公式	指标的含义与使用说明
三、短期偿债能力比率			
9	流动比率	流动资产/流动负债	反映公司每元流动负债有多少流动资产作为支付保障。对债权人来说，比率越高越好，意味着其债权越有保障。但对管理者和股东来说，流动比率并非越高越有利，在偿债能力允许的范围内进行适度的负债经营，可以降低资本成本，获得债务杠杆利益。该指标的优劣受行业生产特点的影响，因此同业比较很重要。一般认为，传统制造业流动比率等于2比较适宜，小于1则被认为无法偿还到期债务
10	现金比率	（货币资金+交易性金融资产）/流动负债	公司在紧急情况下的流动负债偿还能力。一般来说，其值过高对公司不一定是好事，可能意味着公司资金闲置率过高，缺乏有利的投资机会。但现金比率对存货和应收账款周转速度很慢、或具有高投机性的、或新成立的风险较大的公司来说很重要。此外，如果分析人员发现公司应收账款和存货被抵押，或可收回性低，使用现金比率来衡量公司的实际流动性更为合理
11	现金到期债务比率	经营活动净现金流量/本期到期的金融负债（含应付票据）	反映公司偿还刚性债务的能力，比率越高，说明偿还能力越强；根据目前商业银行的一些贷款规则和信用评价办法，本指标至少应不低于当期金融负债的加权平均利息率
12	现金流量利息保障倍数	经营活动现金净流量/利息支出	反映利息支付的保障程度。该比率越大，说明利息支付能力越强，可有效防止债权人要求提前还贷的压力。注意：利息支出含资本化的利息。如果分母换成加权平均债务利息率，计算出来的比值就是公司能按期支付利息的最大债务容忍度
13	债务经营活动现金比	总债务/经营活动现金净流量	利用经营活动现金净流量偿还当期所有债务的预计时间。如果公司的总债务为5000万元，每年产生的经营活动现金净流量为1000万元，则公司需要5年时间才能偿还现有债务。如果现有债务期限短于5年，则公司偿债压力较大
说明：各指标的判断依据稍有不同，综合分析时，要注意分析重点并寻找合适的参照系来确定其优劣。此外，还需要分析公司可能拥有的银行信贷承诺、或有负债等影响短期偿债能力的因素			
四、长期偿债能力比率			
14	资产负债率	负债总额/资产总额	负债占总资产的比重，反映债权人利益保护程度。该比值越小，债权人保障程度越高，公司财务风险越低，但企业可能因此丧失财务杠杆利益。最合适的判断依据为同业平均。实践应用中，该指标可能演化成金融负债总额/总资产

续表

序号	指标	计算公式	指标的含义与使用说明
15	有形净资产负债率	负债总额/（所有者权益-除土地使用权外的无形资产、开发支出-长期和短期待摊费用-商誉）	当企业无法偿还债务的时候，其土地使用权之外的无形资产就几乎没有价值了，待摊费用、商誉等本来就是费用，不可能用来保障债权人利益，故该指标含义虽然同上，但更保守
16	权益乘数	总资产/所有者权益	也被称为杠杆率，含义同资产负债率
17	利息保障倍数	EBIT/利息支出	比值越高，说明偿付利息的能力越强。分母的利息支出包括利息费用和资本化利息。该指标衡量的是公司所实现的不扣除利息费用的利润是总的利息支出的多少倍。EBIT 也可以换成 EBITDA
18	财务弹性	经营活动现金净流量/资本支出	反映通过经营活动创造现金流量来满足企业保持和增加生产能力的资产支出需求能力。该比率越高，企业的财务弹性就越大。资本性支出是指本期购置固定资产、无形资产等经营性非流动资产的支出
说明：正常情况下，使用资产负债率和利息保障倍数，在资产负债率太高或者公司已经有迹象表明偿债能力不强时，还需要分析有形净值资产负债率、财务弹性等指标。此外，还要额外分析财务报表中没有披露的影响偿债能力的其他因素：对外担保、未列账的或有负债、未决诉讼、经营性租赁等			
五、资产周转或营运效率比率			
19	应收账款周转率	营业收入/应收账款平均余额	在计算应收账款周转率和应收账款周转天数时，严格而言，应当使用赊销额计算，但由于分析人员一般难以获取赊销数据，因此往往使用销售收入总额来代替。该指标值越高，说明应收款的回收速度越快，但也许会因为没采取赊销策略而丧失掉部分收入。应收账款周转率的倒数，说明每元销售收入需保持的应收账款金额
	应收账款周转天数	360/应收账款周转次数	
20	存货周转率	营业成本/存货平均余额	反映原材料采购入库到生产出产品并销售出库的时间长度。周转速度快，说明生产周期短，运营效率高。在资本密集型产业如发电企业、管道运输企业等，营业成本中有大比重的折旧与摊销，存货周转率不能反映真实的周转效率
	存货周转天数	360/存货周转次数	
21	营业周期	存货周转天数+应收账款周转天数	营业周期是指从购买原料开始组织生产到产品销售收回货款所需要的时间长度。营业周期长短反映资产流转速度，是公司盈利能力的驱动因素之一
22	应付账款周转率	营业成本/平均应付账款余额	该指标说明公司对供应商的付款周期，即从应付账款发生到最后支付所需要的时间长度。周转率越大，意味着周转天数越短，说明公司占用供应商的资金时间越短。这是公司有偿付能力的体现，但不能为公司节约资金占用成本（应付账款是被公司无偿占用的供应商资金）。周转天数越长，对降低公司资金成本越有效，但如果因此造成供应商涨价或停止供货，则可能得不偿失
23	应付账款周转天数	360/应付账款周转率	

续表

序号	指标	计算公式	指标的含义与使用说明
24	现金转化天数	营业周期-应付账款周转天数	转换周期越短，说明公司现金的使用效率越高。判断其优劣时，需参照同行业公司水平。如果现金转换周期是负数，说明公司依靠供应商和客户的资金(预收账款)就可以运营。在计算时，可以考虑在应收账款平均余额中扣除预收账款平均余额，在应付账款平均余额中减去预付账款平均余额
25	总资产周转率	营业总收入/总资产平均余额	反映所有资产的运转速度，速度越快，说明资产的运营效率越高
说明：一般情况下，资产周转速度越快，说明同等收入情况下所需要占用的资产较少，是衡量轻资产战略的重要指标。营业周期、现金转化天数越短，意味着在同等条件下越能节约资金成本。如果销售过程是盈利的，则这种比较快的资产运营速度将进一步扩大销售利润，但销售亏损时，它也会放大亏损			
六、现金流量分析			
26	销售现金比	销售商品、提供劳务所收到的现金/营业收入	反映收入质量，间接验证收入的可信度
27	现金流量收入比	经营活动现金净流量/营业收入	与销售净利率指标对比，可以反映利润的质量(即利润的现金实现程度)。如果该指标高于销售净利率，说明利润的质量较高，是有现金保证的实打实的利润；反之，则说明利润质量不高
28	全部资产现金回收率	经营活动现金净流量/全部资产	投入资产的现金回报率，即每单位资产一年来所赚的现金。该指标值越高，意味着投资的回收速度越快
说明：该类指标值反映的质量一致，但在具体分析经营活动现金净流量时，要注意特殊情况，如为了应付价格上涨而额外储备的原材料、物料等，也许会导致经营活动现金净流量小于零，但确是公司积极应对市场变化的结果			
七、成长性比率			
29	剩余收益增长率	(报告期剩余收益-基期剩余收益)/上期剩余收益	该指标也被称为超常收益增长。剩余收益是指超过投资者必要报酬部分的收益，其计算参见式(3-1)。该指标值越大，说明公司不依赖投资的成长性越强，盈利能力的可持续性越强
30	总资产增长率	(报告期资产总额-基期资产总额)/基期资产总额	反映公司投资扩张(收缩)速度，但不表示越快越好，因为可能出现过度投资或者投资不足；扩张(收缩)的原因可能是股东投入增加(减少)、债务增加(减少)或者公司盈利(亏损)，分析时应进一步分析原因

续表

序号	指标	计算公式	指标的含义与使用说明
31	营业收入增长率	(报告期营业收入－基期营业收入)/基期营业收入	表示产品市场扩张能力，与成本、资产规模配套分析，高于成本增长率和资产增长率的收入增长率才是持久的
32	净资产收益率增长率	(报告期 ROE－基期 ROE)/基期 ROE	股东投资获利率的增长情况，越大越好，是决定企业价值的重要因素
说明：成长性分析的时间跨度一般为 3~5 年。根据发达资本市场的研究数据，在没有投资驱动的情况下，公司在某一产品市场的盈利能力、资产运营效率大概有 5 年左右的竞争优势期，之后表现出均值回归特征。分析时，要注意指标之间的联系。证券分析师常用的指标还有 EPS 增长率、净利润增长率等，但这些指标均无法剔除因为投资扩张所导致的增长，在估价时，可能导致为投资支付过高的价格			

注：①分为摊薄的和加权的净资产收益率。摊薄的净资产收益率＝净利润/平均净资产，平均净资产等于期初净资产与期末净资产的简单平均值。加权净资产收益率的计算办法：加权平均净资产收益率$=P/(E_0+NP\div2+E_i\times M_i\div M_0-E_j\times M_j\div M_0\pm E_k\times M_k\div M_0)$。其中：$P$ 分别对应归属于公司普通股股东的净利润、扣除非经常性损益后归属于公司普通股股东的净利润；NP 为归属于公司普通股股东的净利润；E_0 为归属于公司普通股股东的期初净资产；E_i 为报告期发行新股或债转股等新增的、归属于公司普通股股东的净资产；E_j 为报告期回购或现金分红等减少的、归属于公司普通股股东的净资产；M_0 为报告期月份数；M_i 为新增净资产下一月份起至报告期期末的月份数；M_j 为减少净资产次月起至报告期期末的月份数；E_k 为因其他交易或事项引起的净资产增减变动；M_k 为发生其他净资产增减变动次月起至报告期期末的月份数。

②基本每股收益$=P_0\div S$，$S=S_0+S_1+S_i\times M_i\div M_0-S_j\times M_j\div M_0-S_k$。其中：$P_0$ 为归属于公司普通股股东的净利润或扣除非经常性损益后归属于普通股股东的净利润；S 为发行在外的普通股加权平均数；S_0 为期初股份总数；S_1 为报告期因公积金转增股本或股票股利分配等增加股份数；S_i 为报告期因发行新股或债转股等增加股份数；S_j 为报告期因回购等减少股份数；S_k 为报告期缩股数；M_0 为报告期月份数；M_i 为增加股份次月起至报告期期末的累计月数；M_j 为减少股份次月起至报告期期末的累计月数。稀释每股收益＝[P+(已确认为费用的稀释性潜在普通股利息－转换费用)×(1－所得税率)]/($S_0+S_1+S_i\times M_i\div M_0-S_j\times M_j\div M_0-S_k$+认股权证、股份期权、可转换债券等增加的普通股加权平均数)。其中，P 为归属于公司普通股股东的净利润或扣除非经常性损益后归属于公司普通股股东的净利润。公司在计算稀释每股收益时，应考虑所有潜在稀释普通股的影响，直至稀释每股收益达到最小。公司期末不存在稀释性潜在普通股，故稀释每股收益与基本每股收益一致。

③平均净资产，指期初所有者权益与期末所有者权益的算术平均值。上市公司可能采用归属于母公司股东的所有者权益；其他指标中“平均”的计算办法相同。

4. 杜邦分析法

杜邦分析法最早由美国杜邦公司使用，是一种用来评价公司盈利能力及其驱动因素的综合方法。其基本思想是将企业净资产收益率逐级分解为多项财务比率的乘积(如图 3-5 所示)，这样有助于深入分析比较企业经营业绩。

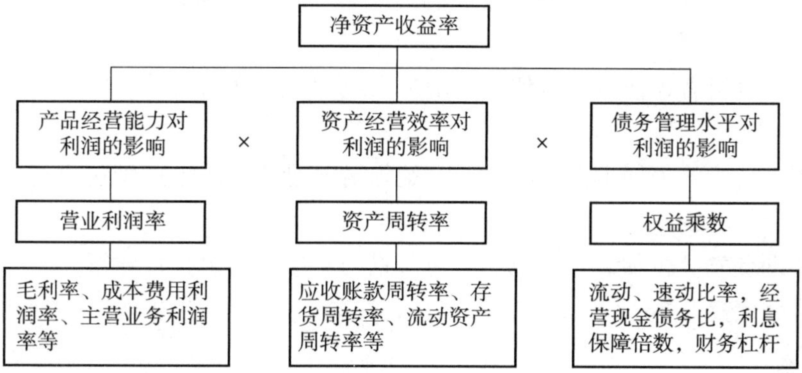

图 3-5 杜邦分析基本框架

杜邦分析法最显著的特点是将若干个用以评价企业经营效率和财务状况的比率按其内在联系有机地结合起来，形成了一个完整的指标体系，并最终通过权益收益率来综合反映。采用这一方法，可使财务比率分析的层次更清晰、条理更突出，为报表分析者全面仔细地了解企业的经营和盈利状况提供方便。

杜邦分析法将公司价值驱动因素划分为三个：销售活动的盈利水平、资产运营效率和财务杠杆效应。销售活动的盈利水平即销售净利率，是公司盈利的基础，后两者是两把双刃剑，起放大作用，销售净利率大于零，则放大盈利；反之，则放大亏损。财务杠杆效应分为正效应和负效应，当 ROA 大于公司净债务利息率时，为财务杠杆正效应，金融性负债能强化盈利能力；反之，为财务杠杆负效应，金融性负债将弱化盈利水平。详细讨论见本教材第六章相关内容。

五、成长性分析

1. 成长型公司的界定

成长(增长)(Growth)有很多含义，但“成长”的含义并不确切，有时是销售收入的增长，有时是利润的增长，甚至还可能是资产规模的扩张。分析不同表达下的“成长”，其实它们有一个共同的隐含意义，即创造更多价值的能力。什么是更多的价值呢？根据一价定律，有效市场中的公司价值可以理解为账面价值，即按照投资者要求的必要报酬率赚取的未来收益的现值之和。投资者要求的必要报酬率是公司的资本成本，这意味着在公司价值等于账面价值的情况下，公司并未为投资者创造更多的价值，因而更多的价值只能来自超过必要报酬部分的报酬，即剩余收益。在资本市场，投资者愿意为一家成长型公司支付更高的价格。

成长型公司是指能创造剩余收益或超常收益的公司。剩余收益是指超过投资者要求的必要报酬部分的收益，其计算公式如下：

$$剩余收益\ RE_t = 归属于普通股东的净利润_t - k_s \times 权益账面价值_{t-1} \tag{3-1}$$

式中，权益账面价值是指归属于母公司股东的权益的账面价值；k_s 是指股权资本的必要报酬率。

剩余收益或超常收益才是评价公司“成长”与否的关键指标。

2. 成长性分析的作用

（1）能帮助投资者评估投资价值，制定买入或卖出的交易策略或并购策略，参见第四章“公司估值”部分。

（2）能帮助公司管理层根据以往经营、销售情况对未来的生产销售进行安排，并提出业绩目标。

（3）能帮助证券分析师表达他们对公司前景的看法，给出投资建议。

（4）能帮助债权人评估贷款回收的可能性，并决定是否提前收回贷款、是否发放信贷。

3. 成长性分析的方法

成长性分析首先必须定性分析未来宏观环境，包括经济周期的变化、宏观经济政策的变化、公司所处行业产业政策的调整及行业发展规划、国际动向及高管对新情况和新问题的应变能力等。在此基础上，对公司的以下方面进行定量分析。

（1）历史成长性。

首先，根据历史的盈利情况计算剩余收益及其增长情况，剩余收益大于零且有增长则是成长性强的公司。其次，根据利润总额的构成判断剩余收益的可持续性。如果公司的盈利主要来源于产品经营利润，且主营产品处于生命周期的发展阶段或早期的成熟阶段，则认为盈利能力是可以持续的，剩余收益也是可以持续的。

（2）未来成长性。

预测是进行成长性分析的重要工具，是指基于各种合理的基本假设，根据预期条件和各种可能影响未来经营活动、投资活动和融资活动等的重要事项，给出最恰当的预估结果，并将预期的财务状况、经营成果和现金流量变动等信息编制成各项预计财务报表。财务预测并不是凭空臆断的“空中楼阁”，而是建立在之前的经营策略分析、会计分析和财务分析的坚实基础之上。比如，分析人员可以通过经营策略分析，了解公司未来的竞争策略和公司战略有何变化，是否会影响公司营运资本和资本支出的需求；通过会计分析，了解公司过去的收益或资产是否被高估，对未来的财务报表有何影响；通过财务分析，了解公司毛利率驱动因素是什么，未来的变化趋势如何。

财务报表体系是一个相互关联的有机整体，因此恰当的财务预测应当是全面的预测，不仅需要进行收益预测，还要预测现金流量和资产负债表的数据。这样能够避免在预测过程中出现不切实际的假设。

销售收入的增长预测是全面预测的起点。尽管不同行业、不同公司的销售增长率不尽相同，但长期来看总是趋于一致的，即增长率具有均值回归特性。根据美国公司的历史经验，拥有高于或低于平均水平销售收入增长率的公司往往会在 3～10 年的时间内回归到“正常水平”。这可能是由于随着行业和公司的成熟，增长率变化会因需求饱和及行业内部竞争激烈而减缓。因此，我们不能仅凭公司目前的高速增长就推断公司当前的高速增长可无限持续，而应当结合公司所处行业的特征、发展阶段以及公司所采取的竞争战略来估计销售增长率。在销售收入预测的基础上，成本指标、营运资产指标等可以通过成本收入比重、资产周转率等进行预测，最后在利润表和资产负债表预测的基础上估算现金流量。在估值实践中，固定资产折旧、金融性负债及相应的财务费用的计算是比较特殊的，方法很多，在此不一一赘述。

思考题

1. 请描述公司资本流动的完整过程及在报表中的体现。

2. 请问如何从资产负债表分析公司的经营风险和财务风险？

3. 请问如何从利润表获知公司盈利能力的可持续性？

4. 债权人贷出资金给公司之前，通常要查阅公司最近经过审计的财务报表，请问为什么要经过审计，他们查阅财务报表的目的是什么？

5. 有较高盈利的公司是否一定就有充足的现金流量？为什么？

第四章　公司估值

公司价值是公司全部资产的总价值，包括实物资产的价值和无形资产的价值。公司价值最大化是现代公司金融的目标，因此如何准确评估公司价值成为公司金融的首要问题。按照MM理论的观点，公司价值与公司资本来源的资本化价值相等，即公司价值等于公司股权价值与债权价值之和，故正确估算公司股权价值和债权价值是估算公司价值的基础。本章在解释了公司价值的的含义与类型后，基于持续经营假设，重点阐述了公司估值的方法、债权与股权估值以及公司整体价值的评估。

第一节　公司价值概述

一、公司价值的相关概念

1. 公司价值的含义

按照金融领域的一价定律，任何一项资产或资产组合的价值是指其未来现金收益的现值之和。从有形实体角度理解，公司是一系列资产的组合，其价值来源于未来经营这一系列资产而获得的现金流量现值之和。它不仅反映了公司股权投资者及债权投资者的财富，而且反映了公司的治理能力和内部运行机制的有效程度，并表现为公司的盈利能力。因此，公司价值并不是单个资产价值的简单相加。公司是各个组成部分的有机结合体，这种有机结合使得公司总体具有其各个组成部分所没有的整体性功能。公司的这种整体性功能，来自公司持续经营过程中形成的组织制度、团队文化、企业家才能与实体资源的共同作用、协调配合。一旦不能持续经营，整体功能丧失，公司的整体价值就简化成了单项资产价值之和。

由此可见，公司价值与资产价值是不同的概念。通常由公司会计报表反映的资产价值是指单项资产的账面价值，资产负债表中的“资产总计”是单项资产账面价值的合计。类似地，债权价值、股权价值也同样是指公司整体资产的市场价值，是公司债权人、股东未来现金流量的现值，而不是它们的账面价值。因此，公司价值评估与传统的单项资产评估无论在评估对象、评估方法还是在评估结论上都有很大区别。

2. 各种价值概念

价值有很多种，如内在价值、市场价值、账面价值、公允价值、持续经营价值和清算价值等。

内在价值是理论上的价值，等于资产未来的现金流按适当的贴现率计算出来的资本化价值。公司的内在价值就是公司整体资产的内在价值。公司的市场价值，是指公司股票(股权)的市场价格与债权市场价格之和，是市场定价的结果。在市场有效的情况下，两者没有差异，但市场并非总是有效的，因而公司内在价值与市场价值之间通常并不相等。

公允价值(Fair Value)也称公允市价、公允价格，是指熟悉情况的买卖双方在公平交易条件下所确定的价格，或无关联的双方在公平交易条件下一项资产可以被买卖的成交价格。公允价值在计量时有三种方法：①在基准日能获得相同资产或负债在活跃市场上报价的，以该报价为依据确定公允价值；②在基准日能获得类似资产或负债在活跃市场上的报价，或者相同或类似资产或负债在非活跃市场上报价的，以该报价为依据做必要调整确定公允价值；③无法获得相同或类似资产可比市场交易价格的，以其他反映市场参与者对资产或负债定价时所使用的参数为依据确定公允价值。

公司的账面价值是指按照《企业会计准则》规定的计量属性确定的公司价值，通常是指资产负债表中的资产总计，或者负债及所有者权益总计。

持续经营价值是指公司持续经营情况下的价值，通常可能是公允的市场价值、账面价值或内在价值，账面价值和内在价值是市场价值的基础。在非有效市场中，三者通常有差异。

清算价值是指公司在可预见的将来面临破产和清算时的价值，通常由单项资产的变现净值之和构成。

对公司进行估值前，应先分析公司是否满足持续经营假设。公司不能持续经营时，评估的是其清算价值；公司能持续经营时，评估的是其持续经营价值。

公司市场价值是由公司内在价值与公司账面价值共同决定的。购买者之所以购买某一公司，是因为看中了该公司的内在价值。在发达的资本市场上，由于信息相对充分，市场机制相对完善，公司市值与公司内在价值具有一致性。中国尚处在经济转型中，证券市场尚不成熟，因而不宜将公司流通股市值直接作为公司内在价值的依据。

此外，公司资产是由债权人和股东投入的，他们关注的重点不一样。管理层应兼顾股东和债权人的利益。公司价值的构成及利益相关者的关注重点如图 4-1 所示。

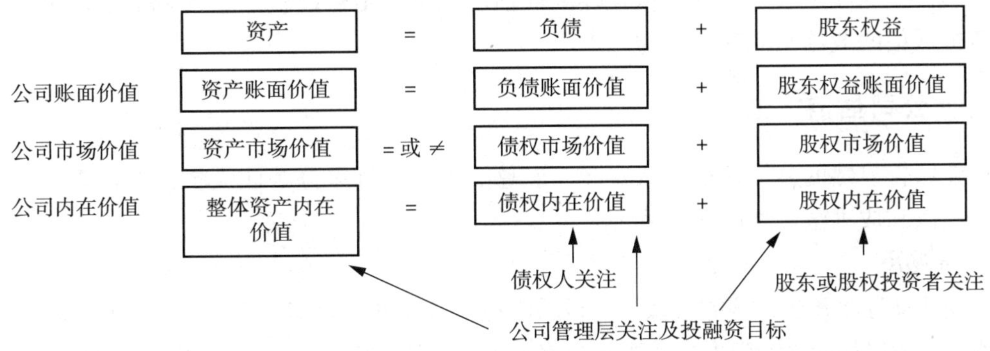

图 4-1 公司价值的构成及利益相关者的关注重点

图 4-1 中，资产的市场价值一般不等于公司股权的市场价值与债权的市场价值之和，因为市场价值除了受内在价值的影响之外，还受当时的交易情况及供需关系的影响。资产

在商品市场交易，而债权和股票在金融市场交易，两者的交易条件很难完全一致，故而资产的市场价值与股票及债权的市场价值之和相等只能是偶然现象。

二、公司价值评估的作用

公司内在价值代表着公司投资者对公司持续经营的一种期望，这种期望引导着公司行为按预定的目标发展。而公司价值评估中所体现的经营观念必将转化为公司较强的生存能力和竞争能力，从而有助于公司的持续稳定发展。因此，进行公司价值评估，对于挖掘公司真实价值、了解公司的可持续生存和发展能力具有重要意义。另外，从公司自身发展、股票市场投资者、公司管理者角度出发进行公司价值评估，对企业核心竞争力的提升和投资者做出理性的投资决策也起着积极的作用。具体表现在以下四个方面：

（1）为公司日常经营决策提供帮助。通过对公司价值进行评估，可以较确切地估算公司的真实价值，为公司的融资、投资、股利分配、员工激励等活动提供决策依据和参考，有助于公司战略的制定和实施。

（2）促使公司实行价值管理。从财务估价的角度出发，公司是由索偿权持有人构成的，只有最大限度地增加公司现金流量，才能最大限度地满足公司各类投资者财富增长的需要。因此，将公司价值最大化与投资者财富最大化结合在价值评估中，能够促使管理层明确财务目标函数，加强以价值为基础的管理，使管理者减少对短期财务绩效的关注，更加重视公司长期价值的创造。

（3）为公司制定兼并、收购等重大决策提供参考和依据。资产重组活动的开展需要在公司价值评估的基础上进行。例如，在公司管理者希望并购另外一家公司时，对目标公司进行价值评估，将有助于收购方做出正确的决策。

（4）满足投资者价值投资的需要。公司估值有利于股票市场投资者判断股票价格的高低。投资者将资金投入股票市场，希望能够获得高于其投资额的回报。运用估值方法对上市公司进行评估，可以帮助投资者分析公司价值，估算股票的内在价值。投资者既可以通过对不同行业的股票进行估值，从整体上评估市场价值是被高估还是被低估了；也可以挑选价值被低估的股票从而获取收益。

三、公司估值方法

目前，较成熟的公司估值方法很多，但总的来说，可以分为四大类，即折现法、市场法、期权法和成本法，如图 4-2 所示。

1. 折现法

折现法又称收益法，该方法认为公司的内在价值是其未来能产生的收益折现。因此，公司价值表现为以加权平均资本成本为折现率对未来预期现金流量进行折现的现值之和，即公司价值与公司未来现金净流量成正比，与折现率成反比。根据折现对象的不同，折现法又分为股利折现法(用于估算股票的内在价值)、股权现金流折现法(用于估算股权的内在价值)、全部现金流量折现法(用于估算公司整体资产的内在价值)和收益折现(用于估算公司股权价

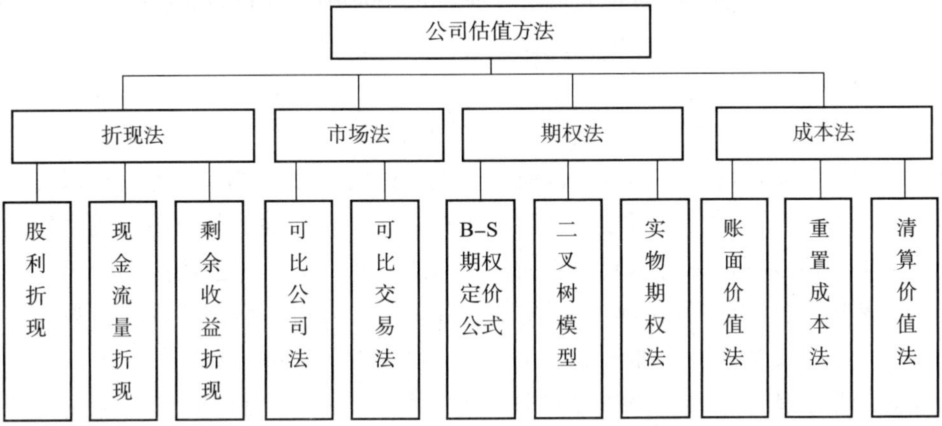

图 4-2 国际通用的公司价值评估体系

值、整体价值)等。折现法的基本模型如下：

$$PV=\frac{C_1}{(1+k)^1}+\frac{C_2}{(1+k)^2}+\cdots+\frac{C_n}{(1+k)^n}=\sum_{t=1}^{n}\frac{C_t}{(1+k)^t} \qquad (4-1)$$

式中，PV 表示公司或某单项资产的内在价值或现值；C_t 为第 t 期的预期现金净流量或收益；k 为贴现率；n 为项目投资期限、公司的持续经营期限或资产的使用寿命。

由此可见，公司或某单项资产的内在价值受三个因素的影响：①预期现金净流量或收益，与公司价值正相关。②贴现率，即由资本的时间价值、风险程度决定的贴现率，与公司价值反相关。③现金流量的期间分布。一般来说，在其他条件不变时，期限越短，价值越高，反之，价值越低。

用折现法估算公司价值时，一般要经过三个步骤：①估计资产在持有时期的现金流及实现的时间；②选择合适的贴现率；③用贴现率对估计的现金流贴现并求和。

2. 市场法

当未来自由现金流量实在难以计算时，分析家经常转向市场，将目标公司与其他类似的上市公司进行比较，并选用合适的乘数来评估标的公司的价值，这就是公司价值评估的市场法。市场法的关键就是在市场上找出一个或多个与被评估企业相同或相似的参照公司，分析、比较被评估公司和参照公司的重要指标，在此基础上，修正、调整参照公司的市场价值，最后确定被评估公司的价值。市场法包括可比公司法和可比交易法等。市场法适用于股票价值、债券价值的评估及两者之和构成的公司价值。

3. 期权法

将期权理论用于价值评估是从 20 世纪 70 年代开始的。随着期权定价理论的发展，尤其是 B-S 公式的提出，实物期权理论在投资决策、价值评估中得到越来越广泛的应用。该方法的使用依据是：企业在其发展过程中会面临很多投资机会或选择，这些投资机会或选择权是有价值的，对准确、完整地估算某一时点企业的价值具有重要意义。传统的现金流折现法经常低估投资的机会价值，从而低估企业价值。相比之下，由于期权法考虑了不确定性，对资产的机会价值做出预测，同时，由于管理者可以创造特定的战略期权，他们的决策可以增加项目的实物期权价值，因此，把期权法运用到项目投资决策中，能使投资者和经营者获得理想的利益，最大限度地降低各种风险，增加企业价值。

4. 成本法

成本法也称重置成本法，该方法下公司的价值等于所有有形资产和无形资产的成本之和。可见，成本法是以已确定的资产价值为基础的估价方法。成本法的逻辑基础是所谓的“替代原则”：任何一个精明的潜在投资者，在购置一项资产时，他所愿意支付的价格不会超过建造一项与所购资产具有相同用途的代替品所需的成本。与市场法不同的是，其着眼点是成本。使用这种方法所获得的公司价值实际上是对公司账面价值的调整数值。这种方法起源于对传统的实物资产，如土地、建筑物、机器设备等进行的评估。因此，如果投资者的待购资产是全新的，其价格不会超过其替代资产的现行建造成本扣除各种损耗的余额。成本法主要有账面价值法、原始成本价值法、市场价值法、公允价值法、清算价值法等。

成本法的基本原理用公式表示如下：

$$\text{公司价值} = \sum_{t=1}^{N} \text{单项资产}_t(\text{重置原价}-\text{有形损耗}-\text{功能性损耗}-\text{经济性损耗})$$

公司价值就是其拥有的 N 项资产重置净值之和。其中，重置原价是指在现有市场条件、技术条件下重新建造或购置全新的待估资产所需耗费的价值。有形损耗是指待估资产使用过程中实体的磨损，通常用重新估算的成新率来衡量。功能性损耗是指待估资产在产出量相等的情况下成本要高于同类技术先进资产，或者在运营成本相近的情况下产出能力要低于技术先进的资产而造成的贬值。经济性损耗是由外部市场条件变化引发的，是指市场需求减少、要素价格上涨等原因造成机器设备开工不足而导致的贬值。

第二节　公司债券估值

一、债券的定义和特征

债券是政府、金融机构、工商企业等机构直接向社会借债筹措资金时，向投资者发行，并且承诺按一定利率支付利息并按约定条件偿还本金的书面或电子凭证。债券的本质是债的证明书，具有法律效力。债券购买者与发行者之间是一种债权债务关系，债券发行人即债务人，投资者（或债券持有人）即债权人。债券作为重要的融资手段和金融工具，具有以下特征：

（1）偿还性，是指债券有规定的偿还期限，债务人必须按期向债权人支付利息和偿还本金。债券的偿还性使得资金筹措者不能无限期地占用债券购买者的资金，他们之间的借贷经济关系将随偿还期结束、还本付息手续完毕而不复存在。这一特征与股票的永久性有很大区别。

（2）流动性，是指债券持有人可按自己的需要和市场的实际状况灵活地转让债券，以提前收回本金和实现投资收益。流动性首先取决于市场为转让所提供的便利程度；其次还表现为债券在迅速转变为货币时，是否在以货币计算的价值上蒙受损失。

(3) 安全性，是指债券持有人的收益相对固定，不随发行者经营收益的变动而变动，并可按期收回本金。在以下两种情况下，债券投资可能无法收回本金：①债务人不能按时足额履行约定的利息支付或者偿还本金。不同的债务人不履行债务的风险程度是不一样的，一般而言，政府债券的风险最低。②债权人因债券价格下跌而蒙受损失。许多因素会影响债券价格，市场利率水平是最重要的影响因素之一。

(4) 收益性，是指债券能为投资者带来一定的收入，即债券投资的报酬。债券收益可以表现为两种形式：①利息收入，即债权人在持有债券期间按约定的条件获得的利息；②资本损益，即债权人买入债券与卖出债券之间的价差收入。

二、债券收益率和债券价格

1. 债券收益率的计算

债券收益是人们进行债券投资时最关心的问题之一。债券收益是债券利息与资本损益(即债券买卖差价)之和。一般使用债券收益率这个指标来衡量债券收益，即债券收益与其投入本金的比率，通常用年率表示。

在不考虑复利的情况下，最基本的债券收益率计算公式为

$$债券收益率=\frac{到期本息和-发行价格}{发行价格\times 偿还期限}\times 100\%$$

由于债券持有人可能在债券偿还期内转让债券，因此债券的收益率还可以分为债券出售者的收益率、债券购买者的收益率和债券持有期间的收益率。计算公式如下：

$$债券出售者的收益率=\frac{卖出价格-发行价格+持有期间的利息}{发行价格\times 持有年限}\times 100\%$$

$$债券购买者的收益率=\frac{到期本息和-买入价格}{买入价格\times 剩余期限}\times 100\%$$

$$债券持有期间的收益率=\frac{卖出价格-买入价格+持有期间的利息}{买入价格\times 持有年限}\times 100\%$$

由此可见，决定债券收益率的因素主要有债券的发行价格、票面利率、期限、买入和卖出价格。

2. 债券的价格

债券的价格可分为发行价格与市场交易价格两类。

债券的发行价格是指在发行市场(一级市场)上，投资者在购买债券时实际支付的价格。债券的发行通常有四种情况：①息票债券，即按面值发行、收回，期间按期支付利息。②一次性还本付息债券，即按面值发行，按本息相加额到期一次偿还。我国目前发行的债券大多数是这种形式，一般不计复利。③无息债券，即以低于面值的价格发行，到期按面值偿还，面值与发行价之间的差额即为债券利息。④永久性债券，即无还本期，但债券持有人每年可以获得固定的利息，直到永远。

债券的市场交易价格是指债券发行后，一部分可流通债券在流通市场(二级市场)上的

交易价格。市场交易价格的高低取决于公众对该债券违约风险的评价、市场利率水平及人们对通货膨胀率的预期等。通常讨论的债券价格是指债券的市场交易价格。以每年支付一次利息、到期按面值偿还的债券为例，其市场价格从理论上讲应等于以必要收益率贴现的本息和的现值，用公式表示为

$$PV=\frac{c_1}{1+k_d}+\frac{c_2}{(1+k_d)^2}+\cdots+\frac{M}{(1+k_d)^n} \tag{4-2}$$

式中，PV 为债券的当前市场价格；c 为每年的利息收入，在利息率固定的情况下，每年的利息相同，且 $c=r\times M$，r 为债券的票面利率；k_d 为债权人的必要收益率（市场利率，也是决定债券内在价值的贴现率）；M 为债券面值；n 为债券期限。根据市场利率水平的波动，必要收益率 k_d 往往会随之变化，导致债券的市场价格不断变化。一般来说，债券的市场价格与市场利率成反比，债券价格越高，从二级市场上买入债券的投资者所得到的实际收益率越低，反之亦然。

对于不同类型的债券，上述估值公式也会有相应的变化。

$$\text{无息债券：}PV=\frac{M}{(1+k_d)^n} \tag{4-3}$$

$$\text{一次还本付息且不计复利的债券：}PV=\frac{M(1+r\times M\times n)}{(1+k_d)^n} \tag{4-4}$$

$$\text{永久债券：}PV=\frac{c}{k_d} \tag{4-5}$$

如果永久债券的利息率按一定比例如 g 递增，则其价值的估算公式为

$$PV=\frac{c(1+g)}{k_d-g} \tag{4-6}$$

三、债券收益率和债券价格的影响因素

影响债券收益率和债券价格的因素复杂多样，既包括债券到期日之前的宏观经济运行环境，也包括债券发行主体的经营状况。综合而言，影响债券收益率和债券价格的主要因素有以下几个：

（1）基础利率。基础利率是债券发行人在确定票面利率时的基准利率，也是投资者所要求的最低利率，一般使用相应期限的无风险国债收益率作为基础利率的代表。基础利率水平越高，债券的名义利率往往越高，到期的收益就越大。

（2）投资者的获利预期。债券投资者的获利预期（必要收益率 k_d）会随市场利率发生变化，若市场利率上升，则投资者的获利预期随之提高，债券的价格就下跌；若市场利率下降，则债券的价格会上涨。这一点在债券发行时表现得最为明显。一般债券印制完毕距发行会有一段间隔，若期间市场利率发生变动，即债券的名义利息率与市场的实际利息率出现偏差，重新调整已印好的票面利息已不可能，为了使债券的利率和市场的现行利率相一致，就只能将债券溢价或折价发行了。

（3）待偿期。债券的待偿期越短，债券的价格就越接近其终值（兑换价格）；债券的待

偿期越长，其价格就越低。另外，待偿期越长，发债企业所要遭受的各种风险可能就越大，债券的价格也就会越低。

(4) 债券发行人的资信程度。当债券发行人的资信程度较高时，其债券违约风险相对较小，其价格往往较高；当债券发行人的资信程度较低时，其债券价格也会较低。因此，在债券市场上，对于其他条件相同的债券，国债的价格一般要高于金融债券，而金融债券的价格又往往高于公司债券。

(5) 供求关系。债券的市场价格还取决于资金和债券的供求关系。在经济发展呈上升趋势时，企业一般要增加设备投资，导致它一方面通过出售债券筹集资金，另一方面通过从金融机构借款或发行公司债，使市场的资金趋紧而债券供给量增大，从而引起债券价格下跌。当经济不景气时，生产企业对资金的需求呈下降趋势，金融机构会因贷款减少而出现资金剩余，从而增加对债券的需求，引起债券价格的上涨。当中央银行、财政部门、外汇管理部门对经济进行宏观调控时，往往会通过影响利率和汇率水平引导市场资金供给量的变化，从而导致债券价格的涨跌。

(6) 物价波动。当物价上涨的速度较快或通货膨胀率较高时，人们出于保值的考虑，一般会将资金投资于房地产、黄金、外汇等受物价水平影响较小的资产，而减少对受物价水平影响较大的资产的投资，从而引起资金供应的不足，导致债券价格的下跌。

(7) 政治因素。政治是经济的集中反映，并反作用于经济的发展。当人们认为政治形式的变化将会影响到经济的发展时，比如说在政府换届时，国家的经济政策和规划将会有大的变动，就会促使债券的持有人做出买卖决策。

(8) 投机因素。在债券交易中，人们总是想方设法地赚取价差，而一些实力较为雄厚的机构大户就会利用手中的资金或债券进行技术操作，如拉抬或打压债券价格从而引起债券价格的变动。

第三节 公司股权估值

一、股票和股票市场

1. 股票的定义和特征

股票是股份有限公司在筹集股权资本时向出资人发行的股份凭证。股票代表着其持有者(即股东)对股份公司的所有权。这种所有权是一种综合权利，如参加股东大会、投票表决、参与公司的重大决策、收取股利或分享红利等。同一类别的每一份股票所代表的公司所有权是相等的，即同股同权。股东是公司的所有者，以其出资额为限对公司负有限责任，承担风险，分享收益。

股票是社会化大生产的产物，已有近400年的历史。作为人类文明的成果，股份制和股票也适用于我国的社会主义市场经济。公司可以通过向社会公开发行股票筹集资金，用于生产经营。国家可通过控制多数股权的方式，用同样的资金控制更多的资源。

股票具有以下基本特征：

（1）不可偿还性。股票是一种无偿还期限的有价证券，投资者认购了股票之后，就不能再要求退股，只能到二级市场进行转让。股票的转让意味着公司股东的改变，并不减少公司资本。从期限上看，只要公司存在，它所发行的股票就存在。

（2）参与性。股东有权出席股东大会，选举公司董事会，参与公司重大决策。股票持有者的投资意志和享有的经济利益，通常是通过行使股东参与权来实现的。股东参与公司决策的权利大小，取决于其所持有的股份的多少。从实践来看，只要股东持有的股票数量达到左右决策结果所需的实际多数时，就能掌握公司的决策控制权。

（3）收益性。股东凭其持有的股票，有权从公司领取股利或红利，获取投资收益。股利或红利的大小，主要取决于公司的盈利水平和盈利分配政策。股票的收益性还表现在股票投资者可以获得价差收入或实现资产保值增值。通过低价买入和高价卖出股票，投资者可以赚取价差利润。

（4）流通性。股票的流通性是指股票在不同投资者之间的可交易性。流通性通常以可流通的股票数量、股票成交量及股价对交易量的敏感程度来衡量。可流通股数越多，成交量越大，价格对成交量越不敏感，股票的流通性就越好，反之就越差。股票的流通使投资者可以在市场上卖出所持有的股票，取得现金。通过股票的流通和股价的变动，可以看出人们对相关行业和上市公司的发展前景和盈利潜力的判断。

（5）价格的波动性。股票在交易市场上作为交易对象，同商品一样，有自己的市场行情和市场价格。由于股票价格要受到诸如公司经营状况、供求关系、银行利率、大众心理等多种因素的影响，因而其波动有很大的不确定性。正是这种不确定性，有可能使股票投资者遭受损失。价格波动的不确定性越大，投资风险也越大。因此，股票是一种高风险的金融产品。例如，称雄于世界计算机产业的国际商用机器公司（IBM），当其业绩不凡时，每股价格曾高达 170 美元，但在其地位遭到挑战、出现经营失策而招致亏损时，股价又下跌到 40 美元。如果不合时机地在高价位买进该股，就会导致投资者蒙受严重损失。

2. 股票市场的分类

股票市场是股票发行和交易的机制。股票市场有多种分类方法。

（1）根据市场功能划分，股票市场可以分为发行市场和流通市场两部分。

发行市场是通过发行股票进行融资活动的市场，一方面为资本的需求者提供筹集资金的渠道，另一方面为资本的供应者提供投资场所。发行市场是实现资本职能转化的场所，通过发行股票，可以把社会闲散资金转化为生产资本。由于发行活动是股市一切活动的源头和起始点，故又称发行市场为“一级市场”。

流通市场是已发行股票进行转让的市场，又称“二级市场”。流通市场一方面为股票持有者提供随时变现的机会，另一方面又为新的投资者提供投资机会。与发行市场的一次性行为不同，在流通市场上，股票可以不断地进行交易。

发行市场是流通市场的基础和前提，流通市场是发行市场得以存在和发展的条件。发行市场的规模决定了流通市场的规模，影响着流通市场的交易价格。没有发行市场，流通市场就成为无源之水、无本之木。在一定时期内，发行市场规模过小，容易使流通市场供需脱节，造成过度投机，股价上涨过快；发行节奏过快，又会使股票供过于求，对流通市场形成压力，使股价低落、市场低迷，反过来影响发行市场的融资。因此，发行市场和流通市场是相互依存、互为补充的关系。

（2）根据市场的组织形式划分，股票市场可分为场内交易市场和场外交易市场。

股票场内交易市场是股票集中交易的场所，即股票交易所。有些国家最初的股票交易所是自发产生的，有些则是根据国家的有关法规注册登记设立或经批准设立的。今天的股票交易所有严密的组织、严格的管理，并有进行集中交易的固定场所。在许多国家，交易所是股票交易的唯一合法场所。在我国，1990 年底，上海证券交易所正式成立，深圳证券交易所也开始试营业。

股票场外交易市场是在股票交易所以外的各证券交易机构柜台上进行的股票交易市场，所以也叫柜台交易市场。随着通信技术的发展，一些国家出现了有组织的、通过现代化通信与电脑网络进行交易的场外交易市场，如美国的全美证券商协会自动报价系统（NASDAQ）。

二、股票的价格

股票是虚拟资本的一种形式，它本身没有价值。从本质上讲，股票仅是一个拥有某一种所有权的凭证。股票之所以能够有价，是因为股票的持有人，即股东，不但可以参加股东大会，对股份公司的经营决策施加影响，还享有参与分红和派息的权利，能获得相应的经济利益。同理，凭借某一单位数量的股票，其持有人所能获得的经济收益越大，股票的价格也就越高。

股票的价格可分为票面价格、发行价格、账面价值、市场价格及清算价格五种。

1. 股票的票面价格

股票的票面价格，是指股份公司在所发行的股票票面上标明的票面金额，它以元/股为单位，表明每一张股票所包含的资本数额。在我国，上海和深圳证券交易所流通的股票的面值均为壹元，即每股一元。

票面价格的作用之一是表明股票的认购者在股份公司的投资中所占的比例，作为确定股东权利的依据。例如，某公司的总股本为 1 000 000 股，则持有一股股票就表示在该公司占有的股份为 1/1 000 000。第二个作用就是在首次发行股票时，将股票的票面价格作为发行定价的一个依据。一般来说，股票的发行价格都会高于其面值。当股票进入流通市场后，股票的面值就与股票的价格没有什么关系了。

2. 股票的发行价格

当股票上市发行时，上市公司从公司自身利益以及确保股票上市成功等角度出发，对上市的股票通常不按面值发行，而制定一个较为合理的价格来发行，这个价格就称为股票的发行价格。

3. 股票的账面价值

股票的账面价值也称每股净资产，是指用会计统计的方法计算出来的每股股票所包含的资产净值。其计算方法是用公司的净资产（包括注册资金、各种公积金、累积盈余等，不包括债务）除以股票总数。股份公司的账面价值越高，则股东实际拥有的资产就越多。

由于账面价值是财务统计和计算的结果，数据较精确且可信度很高，所以它是股票投资者评估和分析上市公司实力的重要依据之一。

4. 股票的市场价格

股票的市场价格，是指股票在交易过程中交易双方达成的成交价。人们通常所说的股票价格就是指市场价格。股票的市场价格直接反映着股票市场的行情，是股民购买股票的依据。由于受众多因素的影响，股票的市场价格处于经常性的变化之中。

5. 股票的清算价格

股票的清算价格，是指一旦股份公司破产或倒闭，进行清算时每股股票所代表的实际价值。从理论上讲，股票的每股清算价格应与股票的账面价值一致。企业在破产清算时，其财产价值是以实际的销售价格来计算的，而在进行财产处置时，其售价一般都会低于实际价值，所以股票的清算价格往往会与股票的账面价值不一致。股票的清算价格只有在股份公司因破产或其他原因丧失法人资格而进行清算时才被作为确定股票价格的依据，在股票的发行和流通过程中没有意义。

三、普通股估价

普通股，是指在公司的经营管理和盈利及财产的分配上享有普通权利的股份，代表满足所有债权偿付要求及优先股东的收益权与求偿权要求后对企业盈利和剩余财产的索取权，它构成公司资本的基础，是股票的一种基本形式，也是发行量最大、最为重要的股票。如何对普通股的内在价值进行估价是公司金融研究的重要内容之一，常用的方法有现金流量(股利)折现模型、剩余收益折现模型、超常收益折现模型。超常收益折现模型与剩余收益折现模型异曲同工，本节只介绍剩余收益折现模型。

(一)现金流(股利)折现模型

现金流折现模型用公式表示为

$$V = \sum_{t=1}^{n} \frac{\mathrm{FCFE}_t}{(1 + k_s)^t} \tag{4-7}$$

式中，FCFE_t 表示公司第 t 期的股权现金流量；k_s 表示折现率，即股权资本成本或股东要求的必要报酬率；n 表示企业存续期，一般在无特殊约定的情况下，投资人希望公司能永续存在，故一般 $n \to \infty$ 。

式中，股权现金流量的计算公式为

股权现金流量=净利润-股东权益增加

而　　股东权益增加=(净利润-股利分配)+股票发行-股票回购

所以　　股权现金流量=股利分配-股票发行+股票回购

该模型要求对股权现金流量的计算与预测要准确，同时要求能够科学地确定股权资本成本，下一节将详细阐述。如果公司将归属于普通股股东的净利润全部分配给股东，且公司资本规模与资本结构保持不变，股权现金流量就等于股利，式(4-7)就是股利贴现模型。根据股权现金流的变化特征，股权现金流模型可分为四种类型。

1. 零增长模型

该模型假设公司未来每年的现金流量都是一笔固定的金额，并且会永远持续下去，其

估算公式为

$$V=\sum_{t=1}^{n}\frac{\text{FCFE}_t}{(1+k_s)^t}=\frac{\text{FCFE}}{k_s} \tag{4-8}$$

当 n 为无穷大时，式(4-7)就可简化为式(4-8)。

这是一种简化的公式，直观简单，便于理解。但在现实生活中，公司经营环境及经营业绩都在不断地发生变化，把现金流量作为一个固定的量，这是极为罕见的，一些变化不大的公用事业企业的现金流量可以近似看作适用这种模型。

2. 固定增长模型

该模型适用的情况是，企业在未来时期里的现金流量按照固定比率 g 逐期增长，并且固定增长率低于企业加权平均资本成本 k_s，即 $g<k_s$。这时，企业股权价值的计算公式与前面的股利固定增长贴现模型类似，即

$$V=\frac{\text{FCFE}_0(1+g)}{k_s-g} \tag{4-9}$$

式中，FCFE_0 为公司第一年末的股权现金流量；g 为现金流量固定增长率。

固定增长模型的最大优势在于其运用极为简单，计算方便。在该模型中，未来现金流量的固定增长是这一模型运用的基本前提。它适用于处在一个相对稳定成熟的发展状态下并制定了明确红利支付政策的公司。该模型最大的缺陷在于其评估结果过多地依赖增长率因素，而增长率的确定带有很强的主观性。

3. 两阶段模型

现实中，公司在从成立到走向成熟与稳定的各个阶段上的收益增长率是不同的。一般的情况是，企业从刚成立到业务全面开展会经历一个高速增长的时期，这时企业的盈利或现金流量的增长速度较快，超过经济增长的平均水平。当公司业务成熟后，公司的收益增长率会回落到正常增长状态。因此，出现了更加贴近公司增长过程、更加实用的两阶段模型。

两阶段模型认为公司增长要经历两个阶段：第一阶段是超常增长阶段，在这个阶段，公司收益增长率较高；第二阶段是固定增长阶段，在这个阶段，公司收益处于一种正常增长状态。该模型的具体形式为

$$V=\sum_{t=1}^{n}\frac{\text{FCFE}_t}{(1+k_s)^t}+\frac{\text{FCFE}_{n+1}/(k_s-g)}{(1+k_s)^n} \tag{4-10}$$

式中，FCFE_t 为公司超常增长阶段内第 t 年的股权现金流量；k_s 为股权资本成本；$\sum_{t=1}^{n}\frac{\text{FCFE}_t}{(1+k_s)^t}$ 为公司超常增长阶段的股权现金流量现值；g 为固定增长阶段的固定增长率，$\frac{\text{FCFE}_{n+1}}{(k_s-g)}$ 为公司后续期股权现金流量($g<k$)，$\frac{\text{FCFE}_{n+1}/(k_s-g)}{(1+k_s)^n}$ 为公司后续期股权现金流量的现值。

4. 三阶段模型

三阶段模型是在两阶段模型的基础上发展而来的。三阶段模型认为，公司在超常增长阶段与永续增长阶段中间应该经历一个由超常增长阶段向永续增长阶段回落的阶段，在此阶段，增长率逐渐回落到固定增长率，公司的股权价值就是这三个时期的现金流量现值之

和。其模型具体形式为

$$V_i = \sum_{t_1=1}^{t_1=n} \frac{\text{FCFE}_{t_1}}{(1+k_s)^{t_1}} + \sum_{t_2=n+1}^{t_2=n+m} \frac{\text{FCFE}_{t_2}}{(1+k_s)^{t_2}} + \frac{\text{FCFE}_{n+m+1}/(k_s - g)}{(1+k_s)^{n+m}} \tag{4-11}$$

式(4-10)与式(4-11)的不同之处在于等式右边多了第二项。式中，$\sum_{t_2=n+1}^{t_2=n+m} \frac{\text{FCFE}_{t_2}}{(1+k_s)^{t_2}}$为第二阶段的现金流量现值。

三阶段模型比两阶段模型更加贴近公司成长状态，更加具有实用性。与其他模型相比，三阶段模型需要输入更多的变量方能得出结果，通常输入变量的增加在一定程度上表明估价模型具备了更加现实的可操作性。由于影响最后结果的变量越来越多，且这些变量绝大部分是主观估计的结果，因此一旦有误，对价值评估最后结论的影响也是比较大的。但是，三阶段模型的适用范围还是非常广泛的，因为对大部分企业而言，三阶段模型所假设的未来现金流量的变动特征还是比较现实的。

(二)剩余收益折现模型

剩余收益折现模型的思想源自市净率。股东权益的账面价值代表着股东对企业的投资额，但一般情况下并不代表股东投资的价值。股东投资的价值是由这些投资预期在未来所能赚到的收益来决定的。如果未来预期收益率等于股东的必要报酬率，就意味着股权的内在价值就是目前的账面价值；如果未来预期收益率超过股东的必要报酬率，就意味着公司具有增长潜力，公司股权价值将高于目前的账面价值。剩余收益折现模型如下：

$$\text{普通股权益的价值 } V_0 = B_0 + \frac{\text{RE}_1}{(1+k_s)} + \frac{\text{RE}_2}{(1+k_s)^2} + \frac{\text{RE}_3}{(1+k_s)^3} + \cdots + \frac{\text{RE}_n}{(1+k_s)^n} \tag{4-12}$$

式中，B_0为估价时公司普通股权的账面价值；RE 表示股东权益的剩余收益；k_s 为股权资本必要报酬率。

$$\text{剩余收益 RE}_t = \text{归属于普通股东的净利润}_t - k_s \times \text{权益账面价值}_{t-1} \tag{4-13}$$

根据剩余收益的预测情况，剩余收益折现模型同样可以分为零增长、固定增长、二阶段或者三阶段模型，此处不再赘述。

【例 4-1】一个简单示例：求解公司普通股的内在价值。

表 4-1　剩余收益的计算

计算项目	预测年度					
	0	1	2	3	4	5
净利润(万元)	12.00	12.36	12.73	13.11	13.51	13.91
股利(万元)	9.09	9.36	9.64	9.93	10.23	10.53
股东权益的账面价值(万元)	100.0	103.00	106.09	109.27	112.55	115.93
剩余利益(按必要报酬率为 10%计算)(万元)		2.36	2.43	2.50	2.58	2.66
剩余收益增长率(%)			3	3	3	3

根据式(4-13)计算剩余收益，预测年度 1 的剩余收益 = 12.36-100×10% = 2.36 万元。

以后各年固定增长率为3%，故公司普通股权益价值为

$$V_0=100+\frac{2.36}{(10\%-3\%)}=133.71(\text{万元})$$

表4-1中，预测年度的净利润是指归属于普通股东的净利润，其预测办法与现金流（股利）折现模型一致。

第四节 公司整体价值评估

公司整体价值评估是将一个公司作为一个有机整体，依据其拥有或占有的全部资产状况和整体获利能力，充分考虑影响公司获利能力的各种因素，结合公司所处的宏观经济环境及行业背景，对公司整体公允市场价值进行的综合性评估。由于现有的评估方法都有各自的优缺点，因此，在价值评估的实践中，评估机构往往不会拘泥于某种单一的方法，更多的是运用两种或者两种以上的方法来评估公司价值，以确保评估结果的准确性和可靠性。

一、折现法

这里的折现法与第三节中股权价值评估中的股权现金流折现法的原理是完全一样的，区别只在于折现对象的不同：股权价值评估是对公司股权未来产生现金流或剩余收益的折现，折现率采用的是股权资本成本；而这里是对公司整体资产未来可能产生的全部现金流或净营运收益的折现，折现率采用的是加权平均资本成本（WACC），即普通股、优先股和债权这三种常见的资金来源各自资本成本的加权平均。基本的计算公式为

$$V=\sum_{t=1}^{n}\frac{\mathrm{NCF}_t}{(1+k_w)^t} \tag{4-14}$$

式(4-14)的含义与第三节的式(4-7)相同，但分子换成了公司整体资产未来可能产生的全部净现金流 NCF_t，折现率换成了加权资本成本 k_w。由于计算原理与股权现金流折现法的原理是一样的，代表性模型也与前述的固定增长模型、两阶段模型和三阶段模型等基本相同，这里不再赘述。需要特别注意的是，在实际应用中如何确定现金流量和折现率。

（一）现金流量的预测

公司的全部价值属于公司各种权利要求者。这些权利要求者包括股权资本投资者、债权持有者。公司自由现金流是所有权利要求者的现金流的总和。

现金流折现法的一个关键步骤就是预测公司未来的现金流量。尽管现金流的预测很难做到合理和准确，但这是进行价值评估必须要做的。如果预测的数据偏离实际太远，那么计算出来的公司价值也就没有太大意义。但是，经济理论和金融理论并没有提供一套切实可行的原则指导我们如何进行这种预测。在实际操作中，现金流量预测更多的是产业经济学、会计学、统计学及管理科学的内容。这一任务涉及对公司及其业务的理解，包括对公司产品、公司客户、管理水平、技术水平、市场竞争力、产业状况、国民经济状况等因素

足够深度的理解，以便预测公司未来时期的收入支出，进而计算出现金流量。

自由现金流的计算方法一般有三种。

方法 1：根据公司自由现金流的定义，把不同权利索取者（股东和债权人）的现金流加在一起，见表 4-2。

表 4-2　不同权利要求者的现金流及相应折现率

权利索取者	权利索取者的自由现金流量	折现率
股东	股份回购+股利-新增股权投资（记为 d）	股权资本成本
债权人	利息费用+偿还本金-新增债务融资（记为 f）	债权资本成本
公司（股东与债权人）	股东自由现金流量+债权现金流量（记为 $d+f$）	加权资本成本

方法 2：基于现金流量表，用经营活动现金净流量减去新增的经营性净投资（即用于构建长期性资产和取得子公司的现金流量）。

方法 3：基于利润表，用净利润、利息费用以及其他综合收益之和（记为 OI）减去净经营性资产的变动额。

相关计算公式如下：

净经营性资产的变动（ΔNOA）= 净经营性资产的期末金额-净经营性资产的期初余额

净经营性资产（NOA）= 经营性资产-经营性负债

经营性资产（OA）= 资产总计-金融性资产

经营性负债（OL）= 负债总计-金融性负债

【例 4-2】依据上市公司华银电力（600744）2018 年度年报计算的公司自由现金流量。

表 4-3　2018 年度华银电力自由现金流量计算表（方法 1）

现金流量类型	现金流量表项目	金额（亿元）
股权自由现金流量 d	吸收投资收到的现金	0
	加：收回投资收到的现金	0
	减：投资支付的现金	-1.35
	减：分配股利、利润而支付的现金	0
	减：支付的其他与投资活动有关的现金	0
	减：收购少数股东权益支付的现金	-0.11
	小计	-1.46
债权自由现金流量 f	取得借款收到的现金	67.16
	加：发行债券收到的现金	0
	加：收到其他与融资活动有关的现金	0.02
	减：偿付债务支付的现金	-72.04
	偿付利息支付的现金	-5.73
	支付其他与融资活动有关的现金	0
	小计	-10.59
自由现金流量 $d+f$	公司角度为负，则投资者角度为正	-12.05

表 4-3 中，收到或支付的其他与投资活动、融资活动有关的现金项目，要具体分析附注中的详细内容，如华银电力支付其他与融资活动有关的现金有 4.48 亿元，但有 4.38 亿元属于融资租赁款，0.11 亿元属于收购少数股东权益支付的现金，前者按照金融租赁的会计核算属于经营性现金流出，也有学者认为应该属于债权现金流，后者属于回购股权资金流出。

方法 2 的计算，关于金融租赁资产的解释同方法 1，投资收益收到的现金需注意是金融资产收益还是股权投资收益，股权投资收益应归到经营活动，见表 4-4。

表 4-4　2018 年度华银电力自由现金流量计算表（方法 2）

现金流量类型	现金流量表项目	金额（亿元）
经营活动现金流量 C	经营活动现金净流量	17.48
	减：支付融资租赁款（原计入融资活动支出）	-4.38
	加：汇兑损益引起的现金净流量	0
	加：取得投资收益收到的现金	0.05
	小计	13.15
经营性资产投资 I	购建固定资产、无形资产及其他长期资产支付的现金	3.99
	取得子公司及其他营业单位支付的现金净额	0
	处置固定资产、无形资产和其他长期资产收回的现金净额	-1.79
	处置子公司及其他营业单位收到的现金净额	-0.93
	加：现金及现金等价物增加额（增加占用）	-0.17
	小计	1.1
自由现金流量 $C-I$		12.05

方法 3 的计算比较复杂，要对资产负债表项目进行重分类，见表 4-5。

表 4-5　2018 年度华银电力自由现金流量计算表（方法 3）

现金流量类型	现金流量表项目	金额（亿元）
经营利润 OI	净利润	0.57
	利息费用	5.98
	其他综合收益	-0.09
	小计	6.46
减：净经营资产 NOA 的变动	期末资产总计 TA_1	176.46
	减：期末金融性资产总计 FA_1	5.69
	期末经营性资产总计 OA_1	170.77
	期末负债总计 TL_1	147.51
	减：期末金融性负债总计 FL_1	99.66
	期末经营性负债总计 OL_1	47.85
	期末净经营性资产 $NOA_1=OA_1-OL_1$	122.92

续表

现金流量类型	现金流量表项目	金额(亿元)
减：净经营资产 NOA 的变动	期初资产总计 TA_0	188.56
	减：期初金融性资产总计 FA_0	4.81
	期初经营性资产总计 OA_0	183.75
	期初负债总计 TL_0	159.81
	减：期初金融性负债总计 FL_0	104.56
	期初经营性负债总计 OL_0	55.25
	期初净经营性资产 $NOA_0=OA_0-OL_0$	128.5
	净经营性资产 NOA 的变动 $=NOA_1-NOA_0$	−5.58
OI−NOA 的变动		12.04

计算时，要注意金融资产的隐蔽性。我国金融创新比会计核算制度更新速度快，所以核算时的项目归属不可避免地会有些随意。

（二）折现率的确定

采用现金流折现估算公司价值时的折现率，其实质是公司的加权资本成本。折现率的大小体现了将资金用于另一项替代投资方案所获得的收益大小。替代投资方案所获得的收益越大，机会成本就越高，折现率也就越高。但这种机会成本是不好观察和计量的，在实际生活中，你很难准确预计一项替代投资方案的回报，更为普遍的做法是用资本成本作为折现率。

折现率的高低从根本上说取决于未来现金流量所隐含的风险程度的大小。现金流量的风险越大，折现率越高；现金流量风险越小，折现率越低。同样地，折现率的高低会使现金流量的内在价值出现巨大差异。

如何确定折现率，数十年来始终是投资学、公司金融学研究的热点问题。从价值评估的角度来说，折现率就是公司各类收益索偿权持有人要求报酬率的加权平均数，也就是加权平均资本成本。索偿权风险的大小直接影响着索偿权持有人要求报酬率的高低。比如，按照常规的契约规定，债权人对利息和酬金索偿权的不确定性低于普通股股东对股利索偿权的不确定性，因而债权人的要求报酬率通常要低于普通股股东的要求报酬率。不同性质的投资者不同的要求报酬率共同构成了公司的资本成本。

公司的资金来源通常不外乎普通股、优先股和债务这三种，计算资本加权平均成本 WACC 的公式为

$$k_w=k_d(1-t)w_d+k_pw_p+k_sw_s \tag{4-15}$$

式中，k_d 表示债务资本成本；t 为所得税税率；w_d 为债务在公司长期资本结构中的比率；k_p 为优先股的资本成本；w_p 为优先股在公司长期资本结构中的比率；k_s 为普通股的资本成本；w_s 为普通股在公司长期资本结构中的比率。

1. 债务资本成本

一般来说，影响债务资本成本的因素有以下几个：

（1）市场利率水平。市场利率上升，公司的债务成本也会随之上升。

(2) 公司的信用等级。公司的违约风险高，信用等级就低，债务成本就高；公司信用等级越高，公司通过债务融资的成本就越低。

(3) 债务的税收优势。由于利息在税前支出，所以税后债务成本与企业的税率有关。税前支付利息所产生的税收优势使税后债务成本比税前成本低。公司税率越高，这种优势越明显。

税后债务资本成本=债务利息率×(1−所得税税率)

债务利息率是指有效利率，等于第二节债券估价模型中的贴现率。

2. 优先股资本成本

优先股融资的主要特点是，它在支付红利方面类似于债券利息的支付，带有一定的强制性，尽管在程度上不如公司债，但优先股的红利不能抵减税收，因此对绝大多数公司来说，优先股并不被作为主要的融资来源。目前，国际上许多公司所采用的优先股并不是单纯的优先股，许多优先股的发行附带有可回购期权和可转换期权。这样一种证券的资本成本计算，需用期权定价模型才能解决。

假设优先股是支付固定红利的标准永续优先股。假定这种优先股票既不会被回购，也不会转化为其他证券。这种优先股的资本成本可按式(4−16)计算：

$$k_p = \frac{\mathrm{DPS}}{P} \tag{4-16}$$

式中，k_p 为优先股成本；DPS 为优先股约定红利；P 为优先股市场价格。

3. 普通股资本成本

普通股资本成本实际上就是普通股股东要求的报酬率。由于普通股红利随企业经营状况的变化而变化，没有确定的数额，因而普通股资本成本的估算比债务或优先股资本成本的估算复杂得多。在实际估算中，采用较多的有两种方法，一种是资本资产定价模型，另一种是红利折现模型。

(1) 资本资产定价模型(CAPM)。

资本资产定价模型在价值评估实践中得到了相当广泛的应用，它是以可分散风险和不可分散风险的划分作为基础的。该模型将公司风险分为市场风险和公司特有风险两类。投资者通过在证券市场上构建投资组合，极大地降低了公司特有风险，甚至完全将其消除，这样所考虑的就只有市场风险这一项了。该模型是由 William F. Sharpe 首次提出的。按照资本资产定价模型，股权资本成本等于无风险利率加上风险补偿，即

$$E(R) = R_f + \beta(E(R_m) - R_f) \tag{4-17}$$

式中，$E(R)$ 为股权资本成本；R_f 为无风险利率；$E(R_m)$ 为市场的预期收益率；β 表示系统风险。

从资本资产定价模型公式可以看出，要估算出股权资本成本，要求无风险利率、市场预期收益率、资产的 β 值这三个变量是已知的。

接下来，我们分别就如何估算无风险利率、市场预期收益率和 β 值进行讲解。

步骤一：估算无风险利率。

所谓无风险利率，是指投资者可以任意借入或者贷出资金的市场利率。现阶段，符合理论要求的无风险利率有两个：回购利率和同业市场拆借利率。一般倾向于使用 7 天回购

利率的 30 天平均值或 90 天平均值，因为同业拆借市场对一般投资者是不开放的。

在美国等债券市场发达的国家，投资银行业务实践中无风险利率的选取有三种观点：

观点 1：用短期国债利率作为无风险利率，同时用根据该利率计算出的股票市场历史风险溢价，即 $E(R_m)-R_f$。以这些数据为基础计算股权资本成本，作为未来现金流的折现率。

观点 2：使用即期短期政府债券与市场的历史风险溢价收益率计算第一期(年)的股权资本成本。同时，利用期限结构中的远期利率估计远期的无风险利率，作为未来时期的股权资本成本。

观点 3：以即期的长期国债利率作为无风险利率；以根据长期国债利率计算出的股票市场历史风险溢价；以这些数据为基础计算股权资本成本，作为未来现金流的折现率。

从理论上与直观上来说，三种观点都是合理的。第一种观点认为 CAPM 是单时期的风险收益模型，即期的短期国债利率是未来短期利率的合理预期。第二种观点着重于远期利率在预测未来利率中存在的优势。第三种观点认为长期国债与被估价资产具有相同的到期期限。

在实际中，当利率的期限结构与历史上短期利率与长期利率的关系相同，且 β 值趋近于 1 的时候，这三种方法计算的结果是相同的。当期限结构与历史数据发生偏离，或者 β 值远不等于 1 时，这三种方法计算的结果则会相差较大。

步骤二：估算预期市场收益率或者风险溢价。

CAPM 中使用的风险溢价是在历史数据的基础上计算出来的。风险溢价的定义是：在观测时期内，股票的平均收益率与无风险收益率的差额($E(R_m)-R_f$)。目前，国内的业界中，一般将这一差额视为一个整体、一个大体固定的数值，取值为 8%~9%。

理论上，由于无风险利率已知，只需要估算出股票的平均收益率即可。

在具体的计算中，我们面临两个问题：样本的观测期应该是多长？是使用算术平均值还是几何平均值？

人们对于使用算术平均值还是几何平均值有很大争议。主张使用算术平均值的人认为，算术平均值更加符合 CAPM 期望——方差的理论框架，并且能对下一期的收益率做出较好的预测。主张使用几何平均值的人认为，几何平均值考虑了复利计算方法，是对长期平均收益率的一种较好的估计。这两种方法所得到的溢价利率可能有很大差异。表 4-6 是根据美国股票和债券的历史数据计算的溢价利率。

表 4-6 美国股票市场风险溢价

历史时期	对短期国债的风险溢价		对长期国债的风险溢价	
	算术平均值(%)	几何平均值(%)	算术平均值(%)	几何平均值(%)
1926—1990 年	8.41	6.41	7.21	5.50
1962—1990 年	4.10	2.95	3.92	3.25
1981—1990 年	6.05	5.38	0.13	0.19

用几何平均值计算得到的收益率一般比用算术平均值得到的收益率低，因为估价时我们是对一段较长时间内的现金流进行折现，所以几何平均值对风险溢价的估计效果更好。

表 4-7 列出了 1900—2005 年世界各国的风险溢价。从表中可以看出，欧洲市场（不包括英国）股票相对国库券的风险溢价没有美国和日本的高，决定风险溢价的因素有以下三点：①宏观经济的波动程度。如果一个国家的宏观经济容易发生波动，那么股票市场的风险溢价就较高，新兴市场由于发展速度较快，经济系统风险较高，所以风险溢价水平高于发达国家的市场。②政治风险。政治的不稳定会导致经济的不稳定，进而导致风险溢价较高。③市场结构。有些股票市场的风险溢价较低是因为这些市场的上市公司规模较大，经营多样化，且相当稳定（比如德国与瑞士）。一般来说，如果上市公司普遍规模较小而且风险性较大，则该股票市场的风险溢价会较大。

表 4-7 1900—2005 年 17 个国家股票市场风险溢价

国家	历史平均风险溢价（%）	国家	历史平均风险溢价（%）
澳大利亚	8.49	美国	7.41
加拿大	5.88	比利时	4.99
法国	9.27	丹麦	4.51
德国	9.07	爱尔兰	5.98
意大利	10.46	挪威	5.70
日本	9.84	南非	8.25
荷兰	6.61	西班牙	5.46
瑞士	5.29	瑞典	7.98
英国	6.14	平均	7.14

表 4-8 揭示了不同特点金融市场的风险溢价情况。

表 4-8 不同特点金融市场的风险溢价情况

金融市场的特点	对政府债券的风险溢价收益率
有政治风险的正在形成中的市场（南美、东欧）	8.5%
发展中的市场（除日本外的亚洲市场、墨西哥）	7.5%
规模较大的发达市场（美国、日本、英国）	5.5%
规模较小的发达市场（除德国与瑞士外的西欧市场）	4.5%~5.5%
规模较小，经济稳定的发达市场（德国、瑞士）	3.5%~4%

步骤三：估算 β 值。

公司的 β 值由三个因素决定：公司所处的行业、公司的经营杠杆和公司的财务杠杆。具体分析如下。

公司所处的行业对 β 值的影响：β 值是衡量公司相对于市场风险程度的指标。公司对市场的变化越敏感，其 β 值越高。在其他情况相同时，周期性公司比非周期性公司的 β 值高。如果一家公司在多个领域从事经营活动，那么它的β值是公司不同行业产品线β值的加权平均值，权重是各行业产品线的市场价值。

经营杠杆对β值的影响：一般来说，成本可以划分为固定成本和变动成本两类。固定成本是指不随产量变动而变动的成本。因为固定成本的存在，可以计算经营杠杆，具体计算见第六章。从β值的定义来看，收入的周期性波动而非普通波动决定了β值的高低，而经营杠杆放大了这种周期性波动，从而影响β值。一般地，固定成本越高，经营杠杆系数越大，其对收入周期性的放大效应越明显，公司的经营风险越大，从而β值也越大。但遗憾的是，经营杠杆系数对β值影响的分析目前还仅限于定性分析。

财务杠杆对β值的影响：财务杠杆反映企业对债务融资的依赖程度。杠杆企业就是指有债务的企业，尤其是指有带息债务的企业。众所周知，CAPM 模型中定义的β值是根据股票收益率计算出来的，因此一般是指权益β值。而对一个杠杆企业而言，其资产是由权益（股权）和负债（债权）组合而成的，我们应该以资产β值来衡量其风险。与其他任何组合一样，这个组合的β值也等于组合中每个单项的β值的加权平均，所以有

$$\beta_L=\beta_D\times[D/(D+E)]+\beta_K\times[E/(D+E)] \tag{4-18}$$

式中，β_L为公司存在财务杠杆时的贝塔系数（即资产贝塔，也称杠杆贝塔）；β_D为负债贝塔；β_K为权益贝塔，也称去杠杆贝塔；D为企业带息债务的市场价值；E为企业股权的市场价值。

在实际中，负债的贝塔值很低，一般假设为零。再考虑所得税的影响，上式可变为

$$\beta_K=\beta_L\times[1+(1-t)(D/E)] \tag{4-19}$$

式中，D/E为财务杠杆；t为公司所得税率。

20 世纪 60 年代末到 70 年代初，芝加哥大学的 Hamada 和加州大学伯克利分校的 Rubinstein基于 MM 理论，探讨了企业资本结构对企业系统风险的影响，得出了企业资本结构可以解释部分系统风险的结论，从而将金融领域最为重要 CAPM 理论和 MM 理论结合起来。Hill，Stone，Chance 等学者从实证研究的角度证实了 Hamada 和 Rubinstein 的观点。Hamada 建立了β系数与公司财务杠杆之间的关系，如式（4-19）。

（2）红利折现模型。

该模型借鉴计算债券收益率的方法来估算股权资本的成本。按照该模型，普通股的价值等于支付给普通股股东所有未来红利现值的总和。用这种模型求解普通股资本成本时，首先假设红利的流量会在未来无限期地持续下去，其次由于普通股红利是变动的，这就需要对未来的红利做出预测。该模型成立的先决条件是股票价格P反映了当前股票的价值。该模型计算公式如下：

$$P=\sum_{t=1}^{t=n}\frac{\mathrm{DPS}_t}{(1+k_s)^t} \tag{4-20}$$

式中，当普通股的市场价格P和第t年的预期红利DPS_t已知时，就可以计算出普通股的资本成本k_s。

4. 资本成本权重的估算

在已知债务、优先股和普通股等资金来源的资本成本之后，要计算加权平均资本成

本，还必须了解各类资本在公司总资本中的权重，这些权重反映了一个公司的资本结构。在实践中，用账面价值权数还是当前市场价值权数或者未来市场价值权数存在着争议。从理论上说，加权平均资本成本应当按照未来市场价值权数来计算。用未来市场价值权数与企业价值最大化的目标是一致的。未来市场价值权数反映了投资者要求报酬率的预期，因为投资者的投资行为及所得报酬与市场价值是密切相关的，而账面价值却无法提供这种相关性。

考虑到按未来市场价值估算权重的复杂性，在实践中往往采取简单做法，就是根据公司的目标资本结构来确定各类资本的权重，前提假设是公司的管理人员对公司长期资本结构有足够的考虑。如果实际中公司管理人员对公司的资本结构并未形成明确的认识，就需要采取其他方法来给出合理的权重。

需要强调的是，估值模型中的市场风险溢价水平通常带有很强的主观性，受分析人员所选取的市场、计算周期、计算方法的重要影响；真实的β系数事实上也是未知的，这使得资本成本成为一个高度不客观的数据，从而增加了估值的不确定性和不客观性。如果采用债券估值模型估算债券资本成本，采用股利贴现模型估算股权资本成本，则会陷入逻辑悖论：本来希望计算出资本成本，然后利用资本成本来估值，但要估算出资本成本，却要先知道权益的价值。诚如第一章中讲到的，资本成本在公司金融乃至整个金融领域都是很重要的概念，但目前一直没有一套完善的估算办法。

现金流量折现模型是建立在收付实现制基础上的，目前在投资银行实践中应用比较广泛。在一般的证券分析实践中，有另外一种基于权责发生制的折现模型，由股权估值中的剩余收益折现模型的演变而来，可称为净经营收益估值模型，用公式表述如下：

$$公司价值\ V_0=\mathrm{NOA}_0+\frac{\mathrm{ReOI}_1}{(1+k_w)}+\frac{\mathrm{ReOI}_2}{(1+k_w)^2}+\frac{\mathrm{ReOI}_3}{(1+k_w)^3}+\cdots+\frac{\mathrm{ReOI}_n}{(1+k_w)^n} \tag{4-21}$$

式中，NOA_0为估价时公司净经营性资产的账面价值；ReOI 表示净经营性资产的剩余收益；OI 表示经营利润；k_w同现金流量折现模型中的k_w相同。

$$\mathrm{ReOI}_t=\mathrm{OI}_t-k_w\times\mathrm{NOA}_{t-1} \tag{4-22}$$

ReOI 同样可以零增长、固定增长，或呈阶段性变化特征。

【例 4-3】简单示例：求解公司内在价值。

表 4-9 净经营性收益估值模型示例

计算项目	2010A	2011E	2012E	2013E	2014E
经营利润 OI(万元)		1 950	2 042	2 102	2 146
净经营资产 BOA(万元)	5 514	6 287	6 549	6 814	7 089
净经营资产报酬率 RNOA(%)		35.4	32.5	32.1	31.5
剩余经营性利润 ReOI(万元)		1 448	1 470	1 506	1 526
贴现率(1.091^t)		1.091	1.190	1.299	1.417
剩余经营性收益 ReOI 的现值(万元)		1 327	1 235	1 159	1 077

续表

计算项目	2010A	2011E	2012E	2013E	2014E
剩余经营性收益 ReOI 的现值合计(万元)	4 798				
持续价值 CV(万元)					31 118
持续价值 CV 的现值(万元)	21 961				
公司价值(万元)	32 273				

表 4-9 中，公司的加权资本成本为 9.1%；年份后的 A 表示实际值、E 表示预测值；CV 表示 2015 年及以后公司持续经营的剩余价值；持续经营期间，ReOI 的固定增长率为 4%。

$$2011\text{ 年 ReOI 的预测值} = 1\ 950 - 5\ 514 \times 9.1\% = 1\ 448\text{ 万元}$$

2014 年以后持续经营剩余收益的现值为

$$CV\text{ 的现值} = \frac{1\ 526 \times (1+4\%)}{9.1\% - 4\%} \times \frac{1}{(1+9.1\%)^4} = 21\ 961\text{ 万元}$$

(三)折现法评述

现金流折现法的基本原则是现金流和折现率必须正确匹配，即用股权资本成本折现股权自由现金流，用资本加权平均成本折现公司自由现金流，用名义折现率折现名义现金流，用实际折现率折现实际现金流。

现金流折现法无疑是在价值评估中使用最为广泛的方法之一，其优点为：①现金流折现法的应用紧贴价值的概念。价值就是未来现金流的折现，而现金流折现法就是将投资的未来现金流进行折现而得，现金流折现法的操作与价值的概念高度吻合。②现金流折现模型的应用过程较为严谨。使用现金流折现模型必须对未来现金流和折现率做出准确的预测，预测时，分析者应充分分析影响现金流和折现率的各个因素，对两者做出合理估计。

现金流折现法在理论上是完美的，但在实际操作中由于不确定性等原因，其应用效果大打折扣。由于市场的复杂性和不确定性，人们很难准确预测公司未来的收益和相关风险。折现法的演进过程对提高预测的准确性和可靠性毫无帮助，只是折现模型自身的完善和发展。因此，很多分析者往往不会预测一项投资若干年后的现金流量，因为随着时间的增加，不确定性大大增强，其预测的现金流往往会对价值评估产生一些负面作用。

二、市场法

市场法的关键就是在市场上找出一个或多个与被评估公司相同或相似的参照公司(即“和谁比”的问题)，分析、比较被评估公司和参照公司的重要指标(即“比什么”的问题)，在此基础上，修正、调整参照公司的市场价值，最后确定被评估公司的价值。

市场法下公司价值=股权价值+债权价值。按照目前大多数国家的会计核算办法，债权的账面价值与其内在价值相差很小，故市场法的关键是估算股权价值。

按市场法估算公司的股权价值，遵循的基本原则是类似的资产应该有类似的交易价格。按照这一原则，在使用可比公司法进行估值时，一个最直接的方法就是用一个可比公司的价值来评估目标公司的价值。运用可比公司法评估目标公司的价值时，关键是找出一组可比的公司并确定比较的基础，即评估指标。这些指标通常以比率表示。所选择的比率一般用 P/X 或者 EV/X 来表示。其中，P 表示公司股票价格或股权价值，EV 表示公司股权价格与有息债务价值之和，X 表示被选的财务指标。市场法的基本模型可表示为

$$\frac{P(\text{目标公司})}{X(\text{目标公司})}=\frac{P(\text{可比公司})}{X(\text{可比公司})} \text{或} \frac{EV(\text{目标公司})}{X(\text{目标公司})}=\frac{EV(\text{可比公司})}{X(\text{可比公司})}$$

这样，在确定一组可比公司后，可选择恰当的财务指标 X，计算这一组可比公司的平均比率值，然后根据类似的资产应该有类似的市场价值这一原则，在已知目标公司财务指标的情况下，计算出目标公司价值。

人们采用市场法时常用的评估指标有市盈率（P/E）、市净率（P/B）、市价/销售收入比率（P/S）、市盈率/净利润增长率（即 PEG）、市价与息税前利润或息税折旧摊销前利润的比值（即 P/EBIT 或者 P/EBITDA）。

1. 市盈率模型（P/E 模型）

在市盈率模型中，评估指标是市盈率，即公司每股市价与每股盈余的比值。市盈率模型可表示为

$$P=\frac{P'_0}{E'_0}\times E_0 \tag{4-23}$$

式中，P 和 P' 分别为目标公司与可比公司的每股价值；E_0 和 E'_0 分别为目标公司与可比公司的每股盈余；P'_0/E'_0 为可比公司的平均市盈率。

市盈率模型适用于连续盈利的公司。该模型反映的指标很全面，涵盖了股利支付率、增长率、股权成本，而且用于计算市盈率的数据容易取得，但该模型中每股盈余这个变量容易被人为操纵，从而使市盈率丧失真实性。

【例 4-4】天津 ABC 热电厂（非上市公司）股权价值。

背景介绍：

ABC 热电厂由 X 股东（持股 60%）、Y 股东（持股 40%）拥有。

X 股东拟在 2006 年下半年将所持有的股权出售给其控股的上市公司。

ABC 热电厂 2005 年的净利润为 1.5 亿元，2006 年上半年的净利润为 0.5 亿元。

ABC 热电厂 2005 年 12 月 31 日的净资产为 9.6 亿元；2006 年 6 月 30 日的净资产为 9.4 亿元。

当时，有两组 30 万千瓦的机组正在运行，两个 30 万千瓦的机组在建，在建项目将于 2007 年 1 月 1 日投产。

当时正在对运行机组安装脱硫设施，预计 2007 年 1 月 1 日运行。

股权购买方和出售方各自聘请财务顾问估算 X 股东所持 60%股权的内在价值，并给出建议价格区间。估值基准日为 2006 年 8 月 31 日。

估值步骤如下：

步骤一：选取可比公司，计算可比公司的同期平均市盈率。

从正常经营的境内电力类上市公司和在香港股票市场上市的内地电力类上市公司选取

可比公司。首先，计算出这些公司的同期市盈率情况，具体计算结果见表4-10。

表4-10 2006年8月31日境内电力类上市公司市盈率情况

金额单位：元 币种：人民币

股票名称	每股净资产（2005年末）	每股净资产（2006年中）	每股收益（2005年末）	每股收益（2006年中）	8月31日收盘价市盈率	10日均价市盈率	20日均价市盈率	30日均价市盈率
G深能源	3.7400	3.4676	0.6000	0.2691	11.481	1.331	1.581	2.02
G南电	2.7800	2.7100	0.0500	-0.0730	88.00	86.00	86.20	90.00
G穗恒运	3.3000	2.7100	0.4600	0.2540	12.50	12.24	12.09	12.24
G汕电力	2.6549	2.7300	0.0102	0.0800	370.59	360.78	435.29	463.73
G粤电力	3.1500	3.1100	0.2710	0.1360	14.91	14.72	14.65	14.83
G皖能	3.0200	3.0400	-0.0100	0.0100	-332.00	-321.00	-315.00	-322.00
G韶能	5.4600	3.8000	0.2400	0.1164	13.88	14.29	14.08	14.29
G惠天	3.5600	3.4800	-0.3677	-0.0712	-7.10	-7.04	-6.94	-6.96
G滨能	1.5200	1.5400	0.1400	0.0810	57.00	54.93	53.36	54.00
G泰山	1.5700	1.5800	0.0220	0.01851	14.551	14.091	14.551	19.09
G漳电	2.2697	1.7950	0.2825	0.1720	15.33	15.01	15.01	15.47
G吉电	3.5750	3.6220	-0.2030	0.0484	-13.69	-13.65	-13.55	-14.29
G豫能	1.9176	1.8487	0.0021	-0.0689	1495.24	1404.76	1409.52	1519.05
G赣能	2.7200	2.7267	0.0636	0.0540	51.42	50.00	50.47	51.57
G石热电	3.6300	3.6400	0.0279	0.0100	99.64	98.92	98.92	101.08
G长源	2.2176	2.2489	-0.1144	0.0313	-28.15	-27.45	-27.01	-30.77
G闽电	4.0500	4.0800	0.1900	0.0210	15.11	14.58	14.63	19.53
黔源电力	4.1100	3.5617	0.3400	-0.3177	18.88	18.71	18.56	18.76
G华能	3.2400	3.1600	0.4000	0.1600	11.13	11.25	11.13	11.23
G上电	4.0045	3.9272	0.2544	0.1227	16.47	16.39	16.23	16.43
G华电电	2.0800	2.1000	0.1690	0.0840	13.31	13.31	13.20	14.85
G广控	3.7440	3.7400	0.3010	0.1460	13.65	13.49	13.49	14.09
三峡水利	2.4300	2.4500	0.1200	0.0200	42.50	41.83	41.42	43.25
岷江水电	1.4500	1.5200	0.0980	0.0920	44.39	42.96	42.65	44.59
G桂冠	2.2300	2.2300	0.1630	0.1630	29.45	27.48	26.50	27.42
G九电	2.5700	2.6000	0.1300	0.1400	30.46	29.77	29.00	28.92
G桂东	4.0016	3.9965	0.3407	0.2449	21.37	20.90	20.28	23.83
G金山	2.4800	2.5600	0.2300	0.1000	31.87	30.78	30.30	30.30
G涪电力	2.9600	2.8000	0.1700	0.0500	26.53	23.82	23.06	23.29
西昌电力	0.2000	0.2100	-1.6490	0.0163	-1.88	-1.81	-1.80	-1.87
G天富	2.7800	2.7900	0.2500	0.0141	28.80	28.88	29.40	28.00
G京能	2.7000	2.7700	0.2300	0.0700	21.26	20.52	20.17	20.70
G申能	3.6360	3.8840	0.4990	0.3490	11.00	10.76	10.78	10.98

续表

股票名称	每股净资产（2005年末）	每股净资产（2006年中）	每股收益（2005年末）	每股收益（2006年中）	8月31日收盘价市盈率	10日均价市盈率	20日均价市盈率	30日均价市盈率
乐山电力	2. 0100	2. 0300	0. 1607	0. 1214	31. 67	30. 37	29. 81	30. 24
G大热电	3. 5000	3. 5400	0. 0550	0. 0870	77. 27	77. 09	76. 00	78. 91
华电能源	3. 0500	3. 0600	0. 1100	0. 0490	31. 27	32. 55	33. 64	33. 73
G华银	3. 6624	3. 5845	-0. 2583	-0. 0779	-11. 03	-10. 84	-10. 72	-10. 99
G通宝	1. 5400	1. 6300	0. 1488	0. 0860	18. 48	17. 94	17. 88	18. 55
国电电力	3. 2770	3. 4070	0. 4100	0. 1720	15. 71	17. 51	18. 39	18. 54
G蒙电	2. 1630	2. 2100	0. 0330	0. 0460	73. 94	73. 03	73. 03	75. 45
G岁宝	3. 0900	3. 0500	0. 0100	-0. 03008	11. 007	67. 007	47. 007	61. 00
G华靖	2. 4500	2. 6200	0. 6700	0. 3100	8. 13	8. 01	7. 88	8. 00
G长电	2. 7100	2. 6900	0. 4080	0. 1610	15. 44	15. 56	15. 42	15. 42
G宁热电	2. 1000	2. 0700	0. 1339	0. 0832	28. 98	28. 53	27. 63	28. 08
文山电力	3. 2100	3. 0300	0. 4400	0. 1100	22. 55	21. 36	22. 07	22. 50
东电B股	3. 1400	0. 5660	0. 3000	0. 1534	9. 91	9. 96	9. 96	10. 04

截至2006年8月31日，境内电力类上市公司一共有46家，剔除市盈率异常（小于0或大于50）的公司，共得到有效的可比公司30家，它们的平均市盈率水平见表4-11。

表4-11　剔除异常公司后境内电力类上市公司的平均市盈率

样本类别	8月31日P/E	10日均价P/E	20日均价P/E	30日均价P/E
全部正常样本（30个）	20. 88	20. 49	20. 36	21
水电公司样本（5个）	32. 94	31. 96	31. 5	32. 67
火电公司样本（25个）	19. 03	18. 73	18. 65	19. 23
大盘火电公司（10个）	13. 17	13. 02	12. 98	13. 44
大盘火电公司最高	18. 48	17. 94	17. 88	18. 55
大盘火电公司最低	8. 13	8. 01	7. 88	8

从表4-11可以看出，境内电力类上市公司中，5家水电公司的市盈率水平在30倍以上，明显高于25家火电公司的市盈率水平，而大盘火电公司的市盈率水平低于平均水平。鉴于这里评估的天津ABC热电厂属于大型火电公司，因此主要以大盘火电公司的市盈率水平作为参考，其市场市盈率水平为12~14倍，市盈率中枢为13倍，而市盈率11~14倍区间分布的样本最多。

再来看香港股票市场中电力类上市公司的市盈率情况（见表4-12）。5家电力公司同期的市盈率水平为11~13倍，市盈率中枢为12倍。

表 4-12　2006 年 8 月 31 日香港股票市场电力类上市公司市盈率情况　金额单位：港币

股票名称	8 月 31 日价	10 日均价	20 日均价	30 日均价	每股盈利（2005 年末）	8 月 31 日 P/E	10 日均价 P/E	20 日均价 P/E	30 日均价 P/E
华电国际	1.94	1.97	1.97	1.99	0.174	11.14	11.29	11.31	11.41
华能国际	5.17	5.18	5.13	5.08	0.393	13.15	13.17	13.05	12.93
中电国际	2.83	2.80	2.76	2.71	0.205	13.78	13.63	13.42	13.18
大唐国际	5.19	5.22	5.13	5.05	0.443	11.71	11.79	11.58	11.40
华润电力	6.93	7.03	7.02	6.82	0.750	9.24	9.37	9.35	9.09
平均 P/E						11.80	11.85	11.74	11.60

步骤二：确定 ABC 公司的市盈率水平。

考虑到要遵循香港投资者的价值判断，取香港和内地市盈率区间的交集，11~13 倍市盈率。

步骤三：确定 ABC 公司的股权价值。

确定市盈率水平后，用市盈率乘以年度净利润额就是公司的股权价值了。ABC 公司 2005 年净利润（扣除非经常性损益，下同）是 1.5 亿元，因此估值区间为 16.5 亿~19.5 亿元。如果以 2006 年的经营状况为估值对象，2006 年上半年的净利润为 0.5 亿元，预测全年的净利润为 1.1 亿元，则估值区间为 12.1 亿~14.3 亿元。

（资料来源：湖南某会计师事务所培训部提供）

市盈率模型以 EPS 为盈利指标，符合公司价值逻辑，但净利润受多种因素影响且容易被管理层操纵，在实际应用时需剔除净利润中的异常因素，如营业外因素的影响。

2. 市净率模型（P/B 模型）

市净率模型的关键变量是市净率。市净率是指公司股票的市场价格与净资产账面价值之比。市净率价值评估模型为

$$P=\frac{P'_0}{BV'_0}\times BV_0 \tag{4-24}$$

式中，P 和 P' 分别为目标公司与可比公司的每股价值，BV 和 BV' 分别为目标公司和可比公司的每股净资产账面价值，$\frac{P'_0}{BV'_0}$ 为可比公司的平均市净率。

由于大多数公司的净资产为正值，且净资产账面价值比较稳定，不容易被人为操纵，因此该模型较市盈率模型应用广泛。该模型的缺陷在于：①账面价值虽然不容易被人为操纵，但受会计政策影响较大，选择不同的会计政策可使公司之间的可比性降低；②市净率模型评估的基础是公司净资产，可能低估诸如服务性和高科技之类的低净资产企业的价值。因此，该模型适用于拥有大量有形资产、净资产为正值的公司。

3. 市销率模型（P/S 模型）

在市价/销售收入模型中，关键变量是市价—销售收入比率。市价—销售收入比率是公司股票的市场价值与销售收入的比值。市价销售收入价值评估模型为

$$P=\frac{P'_0}{S'_0}\times S_0 \tag{4-25}$$

式中，P 和 P' 分别为目标公司与可比公司的每股价值；S_0 和 S'_0 分别为目标公司与可比公司的每股销售收入；$\frac{P'_0}{S'_0}$ 为可比公司的平均市价—销售收入比率。

该模型的主要优点是适用性比市盈率模型、市净率模型更强。销售收入不会出现负值，且不易被人为操纵，因而可信度较高。该模型的主要缺点是忽略了成本这个影响公司现金流量和价值的关键因素。因此，该模型适用于销售成本率较低的服务业或销售成本率趋同的传统行业的公司。

4. PEG 模型

PEG 不同于市盈率估值。市盈率只反映公司当前价值，而 PEG 则把公司当前的价值和其未来的成长联系了起来 。比如，一家公司当前的市盈率为 20 倍，其未来 5 年的预期每股收益复合增长率为 20%，那么这只股票的 PEG 就是 1[20/(20%×100)]。当 PEG 等于 1 时，表明市场赋予这只股票的估值可以充分反映其未来业绩的成长性。PEG 数值通常可分为四档：PEG<0.5，价值被低估；0.5≤PEG≤1，价值相对合理；1<PEG<2，价值被高估；PEG≥2，高风险区。

5. P/EBIT(EBITDA)模型

EBIT 即息税前利润，EBITDA 为折旧摊销息税前利润。此模型不易受会计政策的影响，也不受资本结构的影响，适合国际公司的比较。

6. 市场法评述

（1）使用前提是股票市场是成熟、有效的，市场管理是严密的，目标公司和参照公司财务报告数据真实可靠。股票市场越发达、越完善、越有效，市场法评估的公司价值就越准确。若股票市场存在重大缺陷、不充分、不完善、缺乏效率，则难以采用市场法。

（2）可比公司难以选择。交易所涉及的公司、市场环境和结构方式各不相同，如何确定参照物呢？从内在价值的定义来看，可比公司意味着公司应具有相似的未来现金流模式，以及一定的经营风险或财务风险。这些风险应当是相似的或者它们之间的差异是可以量化的，这样我们才能根据参照公司的价值调整出目标公司的价值。在实际操作中，选择可比公司的方法是：比较公司的行业、产品、规模、成长特性和一些风险计量指标，选择相似的同行业或密切相关行业的公司。完全相同的公司是没有的，因此通常通过增加可比公司数量的方法来降低估价误差。

（3）市场法以可比公司的市价作为比较对象，而股票市价存在着不稳定的问题。比如，有的上市公司的股价非理性地大幅波动，而公司的“内在价值”是不应该这样剧烈变化的。这样，市场法评估出的公司价值就不是客观的，所以评估所选择的时机非常关键。我们从网络公司价值的涨跌中，或许可以体会到更多市场法的缺陷。

除此之外，在非公开上市市场兼并中普遍存在的控制权溢价问题也无法在公司比较分析方法中发现出来。作为谨慎性原则的另一种表现，在决定兼并价格时，通常要在交易价值的基础上增加 30%~50%的控制权溢价。当然，如果把参照物限定在最近发生兼并或收购活动的公司，那么可比公司价值就变成了可比兼并价值。在这种模型中，可比性公司的权益市场价值和调整后的市场价值都是根据相关交易的收购价格计算得出的。由于交易本身考虑了各种定价信息，由此得出的交易乘数中已经包含了控制权溢价。

三、期权法

自 1973 年 Black 和 Scholes 发表了不付红利欧式期权定价模型以来，期权定价理论得到了长足发展。期权是一种选择权，它赋予持有者在特定的时期以确定的条件购买或者售出一种资产的权利。期权具有三个特点：①着眼于未来的高收益性。投资者购买期权是为了能在未来对应资产价格发生有利变化时行使期权获利。②损失有限性。期权的购买者只有权利而没有义务，对应资产的价格在未来发生有利变化则行使期权，发生不利变化时可放弃执行。因此，投资者的损失有限。③获利的不确定性。投资者购买期权能否获利事先难以确定，但获利的概率可以通过对应资产价格的历史变动分析得出。

公司具有期权性质，投资者主要看重公司未来获得巨大收益的机会，而不是指望当前的赢利。期权的种类很多，从价值评估的角度划分，期权可分为金融期权和实物期权两种。前者多指资本市场上的金融工具，如股票期权。后者是指运用在实物资产（如商品、房地产、投资项目）上的期权，即随着时间的推移和不确定性因素的揭示，期权所有人具有延迟或修正投资和经营决策的权利。投资者投资于公司的活动是一项充满不确定性的投资活动，投资对象就是实物期权。从实物期权的意义上讲，公司的价值取决于两方面的内容：一方面是现有业务未来现金流量的现值之和；另一方面是各种未来机会的现值之和。要确定这种实物期权的价值，通常采纳的方法有三种。

1. B-S 期权定价模型

B-S 期权定价模型是 Black 和 Scholes 建立的。该模型必须服从以下假设条件：有效资本市场、风险中性、欧式期权、已知不变的无风险利率、股票无股利及其他收益、连续且服从正态分布的股价。满足上述条件后，期权价值由下列公式得出：

$$C=S_0N(d_1)-Xe^{-rt}N(d_2)$$

$$d_1=\frac{\ln(S/X)+(r+\sigma^2/2)(T-t)}{\sigma\sqrt{T-t}}$$

$$d_2=\frac{\ln(S/X)+(r-\sigma^2/2)(T-t)}{\sigma\sqrt{T-t}}=d_1-\sigma\sqrt{T-t}$$

式中，C 为期权价值；S_0 为期权所对应的标的物的现行市场价格；X 为期权契约中的约定价格，即期权的执行价格；$T-t$ 为期权距到期日的时间；σ 为标的物股票收益的离散度方差；$N(d_1)$ 和 $N(d_2)$ 分别为累积正态密度函数值；r 为期权期限内的无风险利率。

【例 4-5】 某上市公司自 2009 年以来主业长期亏损，不便于使用其他股权估价公式，故而将整个公司看成是实物期权，采用 B-S 模型估算其价值。2014 年 12 月 31 日，该上市公司股票收盘价为 4.61 元/股，股份总数为 71164.8 万股，市值 32.81 亿元。约定价格 L 可以看成是其必须要偿还的债务 139.83 亿元。假设 10 年必须偿还这些债务，即 $T-t=10$，$r=10\%$，$\sigma^2=0.16$。

估值结果如下：

$$d_1=0.3503 \qquad N(d_1)=0.6386$$

$$d_2=-0.9146 \qquad N(d_2)=1-N(-d_2)=0.1814$$

$$C=32.81\times0.6386-139.83\times e^{-10\%\times10}\times0.1814=11.62(\text{亿元})$$

2. 二叉树模型

二叉树模型也称二项式模型。它是针对 B-S 模型股票价格连续变化的假设提出来的，按照分段的离散股价来计算期权价值。它将期权距到期日的时间分割成多个时间段，将目前至到期日的股票价值的变动用树形模式(recombining tree)反映出来。在每一时间段，股票价值可以存在一定的波动率(volatility)，股票价值将呈现二项式分布(binomial distribution)。二项式模型将反映期权有效期间内股票价值可能出现的所有情况。

为了计算选择权的现在价值，需要从最后一个时间点向上逐点计算到初始时间点，计算时只要将相邻的两个结点的期权价格按照概率加权计算出平均值，然后按照无风险利率折现成现值。最终，在树形模式的初始端，可以得出最终的期权价值。在二项式模型的实际操作中，一个主要的考虑因素就是确定分割时间段的数目。如果仅进行简单计算，分割有限的若干个(如 3~10 个)时间段就可以得到粗略的近似结果。随着计算机技术的广泛运用，时间段/步骤可以被分割为上百个，随着分割数目的增加，其计算结果的精确程度将不断趋近于 B-S 期权定价模型的结果。

在二项式模型中，由于能将期权距到期日的时间分割成众多时间段，因此可对股票价值进行调整(如根据分配股利情况进行调整)或对期权价值进行调整(如在到期日前执行期权)。这样，与 B-S 期权定价模型相比，二项式模型更能适应资本市场的实际情况，因此应用更广泛。

3. 实物期权法

B-S 期权定价模型和二叉树模型都只适用于资本市场金融期权的定价，对股票不流通的非上市公司股票期权及实物期权的定价，两种方法都无能为力。这是因为，对实物期权而言，决定其价值的因素并不像金融期权那样有明显的规定。而实物期权法结合了策略分析和金融分析，使投资决策与企业战略和股东权益达到统一。实物期权法分析多种战略下的潜在价值，其评估过程所提供的定性信息对企业战略发展和战略管理具有重要意义。美国杜克大学教授 John Graham 对美国 4000 多家公司进行的一项研究表明，27%的公司声称在至少一项大型投资项目中使用了实物期权定价模型作为其主要的决策依据。

运用实物期权法进行评估，需要企业管理层和评估人员的共同参与。评估过程主要包括三个阶段：①开始阶段。全面而现实地确定影响未来商业环境的各种因素(风险、收益)，并根据这些因素决定可采用的管理层策略(不同的方法、权利)。通常运用 SWOT 分析法来确定各种风险因素/机会，运用决策树(decision tree)来组织所有的要素。②分析阶段。收集数据，建立模型，归纳不确定事件随时间的发展过程及对应策略，并站在股东(如投资者)的角度评价其他的策略。通常使用现金流分析法和其他金融模型来计算价值，同时应用决策树、随机动态规划及许多其他技术来归纳不确定性和期权性(optionality)。

③阐释阶段。确定能够实现最大收益的动态行动计划，计算最终价值。通过对一个未来可能状况的示意图(Option Payoff)和可能决策(期权)的归纳，协助企业管理层进一步理解不确定性分析和解释策略选择的价值，揭示这些策略选择的风险预期，以引导企业行为，最终衡量企业的价值。

概括地说，在对某些具有很大程度选择权的企业和资产(包括未来的发展有着较大风险和不确定性，决策时需考虑十分复杂的因素和许多可供选择的方案、决策关系到巨大的资本投入或未来有新的机会产生和针对机会所采取的行动等)进行评估时，实物期权法的运用是非常重要的。虽然这种方法的操作有一定难度，但该方法的分析过程可能会有助于洞悉企业的潜在价值和提高企业价值所需要的管理行为。

期权法与折现法都是建立在对未来现金流进行估计的基础之上，但期权法认为风险是中性的，它既有损失的可能性，也有增加内在价值的可能性。风险越大，内在价值改变的可能性也越大。期权法考虑到了新信息的价值和投资的灵活性，投资者可以选择以后投资或在当期做出投资决策之后，根据新的信息调整投资行为。期权法不需要根据个人的风险偏好对折现率进行矫正，用无风险利率作为贴现率，相对客观、准确。实物期权的价格是根据动态复制的数学思想做出来的，在这里，主观输入量是无法立足的。因此，期权法更能从实际出发，充分地解释实际的投资行为。

期权思想对预期现金流量分布较不稳定的企业(如高新技术企业)、组织资本(如商誉、专利权或许可证)价值占比较大的企业的价值评估都非常具有实际意义。虽然它在应用上还不是很完善，但它毕竟拓宽了评估思路，是对现值收益法的有益补充。在并购的实际交易中，交易者可以尝试综合运用以上方法，将企业模拟分割成分别具有适合采用上述方法的某些特征的部分来计量。

期权法也存在诸多缺陷：①B-S 期权定价模型和二叉树模型建立在若干假定的基础之上，这些与实际有偏差；②我国的资本市场发育不完善，模型中的参数无法从市场中得到，这就限制了模型的应用；③许多企业的决策者对期权的概念和理论不熟悉或知之甚少，再加上期权定价本身用到的大量数学知识，使他们很难在企业并购中去接受和应用实物期权法。

四、各种估价方法的比较

随着金融领域估价方法的不断更新，新方法、新技术、新指标层出不穷。可以预计，随着经济的发展，新的价值标准必将出现，也必然会推动上述评估方法的进一步发展和完善，新的技术方法也将随之诞生，对公司价值的评估则会越来越接近实际的价值。

我们对上述各评估方法的适用性和局限性进行了比较，见表 4-13。虽然市场化股权交易中越来越少见成本法，本节也并未详细阐述，这里依然列出了其优缺点及适用范围。

表 4-13 公司价值评估方法比较

评估方法	优点	缺点	适用范围	
成本法	①客观性强；②资料容易取得；③评估过程简单	①没考虑时间价值；②没考虑企业整体价值；③忽视并购协同效应	账面价值法	指令型股权转让
			重置成本法	较多有形资产，从经营中获得的额外价值较少的资产密集型企业
			清算价值法	公司不能持续经营
市场法	①简单；②可操作性强	①容易被误用和操纵；②诱使股价和公司价值背离较严重；③利润指标的计算和选择较复杂	可比公司法	①上市或非上市公司；②业绩稳定、市盈率波幅较小；③资本市场并购交易频繁；④有可比公司时用可比公司法，有类似案例时用可比交易法
			可比交易法	
折现法	①理论解释性较强；②强调整体盈利能力和风险；③评估结果与收益高度相关，不易受会计利润操作	①前提条件苛刻；②认为风险是消极的；③缺少灵活性，评估结果只对现期决策有指导作用；④现金流量的计算较为复杂，所需要的预测信息很多	现金流量法	风险较小、受外部经济环境影响相对较小的传统制造业、商业企业
			股利折现法	经营稳定、扩张较少且持续发放股利的股份有限公司
			剩余收益折现法	资本结构稳定、盈利情况良好、经营稳中有增的公司
期权法	①风险中性；②考虑新信息的价值；③考虑投资的灵活性，能随时根据信息调整价值；④客观	①B-S 期权定价模型和二叉树模型的假设条件苛刻，与现实不符；②定价过程倚重复杂的数学模型；③管理人员的实物期权理念较薄弱；④需大量借助定性分析	B-S 模型	期权价值波动不大的上市公司的金融期权
			二叉树模型	风险较大、期权价值波幅和频率都较大的上市公司的金融期权
			实物期权法	非上市公司的期权定价，如风险较大、组织资本价值占主导的 IT 业、资源类企业

思考题

1. 简述公司不同价值概念的含义，以及它们之间的联系与区别。

2. 公司估值常用的乘数有哪些？简述各自的优缺点和适用范畴。

3. 请以一个实际上市公司的年报为依据，计算其股东和债权人的自由现金流量。

4. 根据上市公司基本面估算的内在价值、账面价值与市场价格总是有偏差，甚至偏差很大，请分析可能的原因。

第五章　公司资本预算

投资是公司的价值创造行为，是公司重要的金融活动，包括资本市场投资、控制权市场投资和产品市场投资。资本市场投资主要是指证券投资。控制权市场投资主要是指以取得控制权为目的的长期股权投资或与其他实体的合营、合作行为。产品市场投资主要是固定资产和无形资产购置、建造为主的资本性支出。金融学专业一般都开设了“证券投资学”或“金融市场学”课程，证券投资决策的相关内容在这些课程中都被列为重点讲解内容，因此本章讨论的投资决策重点是产品市场投资，也称资本预算，而控制权市场的投资即公司并购将在第九章进行讲解。本章的重点是资本预算项目现金流量的估算、财务可行性评价及其应用。

第一节　公司投资概述

一、公司金融目标对投资决策的要求

根据第一章的阐述，我们知道公司金融的目标是公司价值最大化。净现值原理说明当某项资产或资产组合（项目）的未来收益按适当的贴现率贴现之后的现值和大于其原始的投资才可能使资产持有人获利。此贴现率就是该资产或项目的投资者预期的收益率，是资本时间价值和市场风险共同决定的，也是投资者投入资本的机会成本。这里所说的贴现率，就是投资者在该资产或项目上的最低可接受收益率。公司价值最大化目标指导下的投资决策依据如图 5-1 所示。

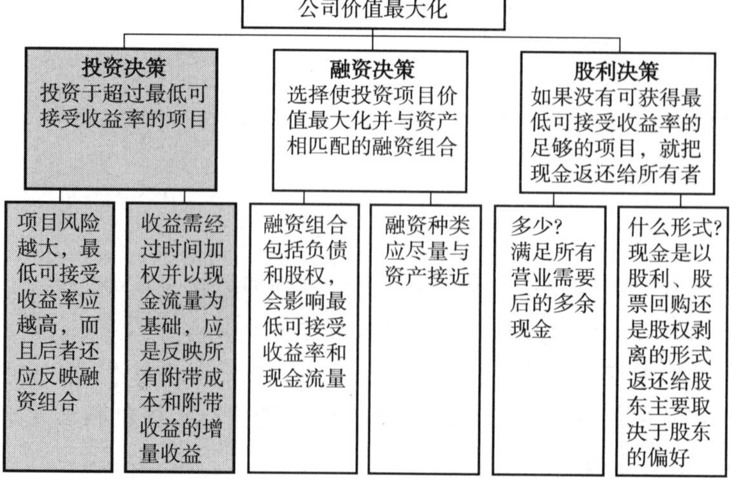

图 5-1　公司价值最大化目标指导下的投资决策依据

二、投资的特征及意义

投资是指所有涉及牺牲一定水平即期消费以换取未来更多预期消费的活动，即为了未来收入货币而奉献当前的货币，或者说购置或取得某项资产以期获得该项资产未来的收益的活动。投资决策是指公司利用从金融市场上筹集的资金，对所拥有的资产特别是长期资产进行分析、估算和筛选的过程。投资决策的目的是辨认和选择那些能增加公司价值的投资机会。

1. 投资的特征

(1) 投入资金数额较大。对公司来讲，投资项目一般是一些较大的项目，所需资金数额比较大。由于投资会占用公司大量的资金，因此公司要合理安排资金的预算，及时筹措资金，尽可能减轻财务负担。

(2) 投资回收期长。投资项目有长期项目也有短期项目，即使是短期项目，从投入到产出的时间也会较长，不可能一次就对投资额进行回收，一般具有时滞性。所以，投资项目一经做出，就会在很长一段时间内影响公司的整体经济效益。因此，公司在进行项目投资时，需审慎决策，认真分析项目的可行性，选择最佳的投资方案。

(3) 投资风险较高。首先，公司的基本投资一般是一些固定资产(如厂房、机器设备等)投资，这些资产的变现能力较差，一般难以及时转换为现金流量。其次，受内外部因素的影响，如未来宏观经济政策的变动，市场需求的变化，以及公司自身在技术、财务等方面出现的不确定性，公司难以对未来的营运状况和收益情况等做出准确预测，公司一旦完成投资，在项目寿命周期内，很难再改变投资方向，或者虽能改变但需付出极大代价。而且如果公司做出了错误的投资决策，轻则影响公司正常营运，重则使公司血本无归，甚至破产。因此，公司在进行投资时，需对投资项目的各种影响因素进行认真分析，采取各种防范风险的策略，尽量将投资风险降到最低。

(4) 预期收益较高。虽然投资有风险，但根据风险与收益原则，风险越高，预期收益就越高，因此公司如果决策正确，将可能获得高于市场平均收益的预期收益。

2. 投资的意义

(1) 投资是公司创造价值的基本前提。公司要实现其价值最大化目标，就必须不断创造价值。但是，价值增值不能自动实现，有效的投资是保证价值增值的基本前提，所以对以盈利为目标的公司来说，只要公司存在一天，投资就需不断持续下去。

(2) 投资是公司发展生产的必要手段。当今科技日新月异，市场竞争激烈，公司要在市场上获得生存的机会，就必须不断更新机器设备，改革旧的生产工艺和产品；要获得更好的发展，就必须扩大经营规模，不断扩建厂房，增添机器设备，以增强自身的市场竞争力。这些行为都离不开投资，成功的投资能把公司带入不断壮大的良性循环。

(3) 投资是公司降低风险的必要手段。公司通过投资可以使内部各种生产经营能力达到配套和平衡，形成强大的综合生产能力。如果公司资金允许，还可以选择多种投资方式及多个投资方向。实施多元化投资、多样化经营，能增强公司自身的抗风险能力，获得较高盈利，进而降低经营风险。

三、公司投资的分类

按照不同的标准，可将公司投资划分为不同的种类。

1. 按投资后能否取得经营管理权，可分为直接投资和间接投资

直接投资又称实体投资或实业投资，是指把资金直接投放于生产经营性资产，形成生产经营活动的能力，如联营投资、并购投资等。按照投资对象的不同，直接投资又可分为固定资产投资、流动资产投资、无形资产投资及其他投资等。

间接投资又称证券投资或金融投资，是指把资金投放于证券等金融性资产，以便获取股利或利息收入的投资。按照具体对象不同，间接投资又可分为股票投资、证券投资、证券基金投资及其他证券投资等。

2. 按投资回收期长短，可分为长期投资和短期投资

长期投资是指公司不准备随时变现、持有时间超过一年的投资，主要指对厂房、机器设备等固定资产的投资，也包括对无形资产和长期有价证券的投资。由于长期投资中固定资产投资所占的比重最大，因此长期投资有时专指固定资产投资。

短期投资又称流动资产投资，是指性质上能够随时变现而持有不准备超过一年的投资，主要指对现金、应收账款、存货、短期有价证券等的投资。

3. 按投资的方向，可分为对内投资和对外投资

对内投资又称内部投资，即把财力投在公司内部，购置各种经营用或服务用资产的投资，如公司购买原材料、机器设备、厂房等的投资。

对外投资是指公司为了特定的投资目的，以现金、实物、无形资产等方式或购买股票、债券等有价证券的方式向其他单位进行的投资。

一般来说，对内投资是直接投资；对外投资主要是间接投资，也可以是直接投资。广义的投资概念包括对内投资和对外投资，狭义的投资概念仅指对外投资。

4. 按照投资项目的相互关系，可分为互斥投资、互补投资和独立投资

互斥投资又称互不相容投资，是指几个潜在项目中只有一个能被选择，投资项目不能并存的投资。互斥投资一般涉及两个或两个以上的投资项目，并且这些项目互相排斥，对某一个项目接受或拒绝会影响对其他项目的投资决策。例如，更新改造原有生产线还是直接建立新的生产线。因此，公司在进行互斥投资决策时，除了要对所有项目逐个进行分析评价外，还要对这些项目进行比较，即使多个项目从经济上评级都可行，也只能选取最优者。

互补投资是指几个项目之间互相补充的投资活动，或者说投资一个项目就必须投资另一个项目，如建造造纸厂就必须配套污水处理厂。

独立投资是指在彼此相互独立的若干个投资方案，即接受或拒绝一个项目并不影响对其他项目的决策。在这种情况下，项目间不能互相取代，且某一项投资的收益和成本不会因其他项目的采纳与否而受到影响。对独立投资而言，如果公司没有受到资金总量的限制，而独立项目在经济上评价是可行的，便可以决定这些项目都可以实施。如果在一定时期内资金总量不足，则可以安排最优者先，次之者后，不影响最后各项目的采纳。

四、公司投资机会分析

很多因素会影响公司的投资机会，这些因素可以分成四类：公司外部宏观因素、公司外部中观产业因素、公司内部因素及项目财务因素。

(一)公司外部宏观因素

公司所处宏观环境的分析可以采用PEST方法。

1. 政治法律环境(Politics)

政治法律环境主要指政治制度与体制、国内政局、政府态度、法律法规、国际政治局势等。政治事件潜在的不稳定性是当今国际商务环境的一个显著特点。中美贸易摩擦、国际恐怖主义、反全球化趋势等都是投资者必须重视的政治风险。2020年，由39家具有行业引领性和代表性的跨国公司组成的全球CEO委员会，欣赏中国抗击新冠肺炎疫情的成果与快速复工复产政策，愿意继续在中国投资，便是政治法律环境影响公司投资决策的最好例证。

2. 经济环境(Economics)

经济环境主要指经济增长趋势、财政货币政策、通货膨胀、失业率水平、能源供给成本、市场机制、市场需求等。通货膨胀、紧缩性货币政策、能源供给受限、需求不足等均是投资时需规避的因素。

3. 社会文化环境(Social Culture)

社会文化环境主要指人口规模、年龄结构、教育程度、宗教信仰、风俗习惯和价值观念等。社会文化环境的地区差异、国别差异既是投资者的风险，也是投资者的机遇。只有伴随着成功的跨文化管理的投资机会，才可能被利用。例如：TCL兼并汤姆逊以后，因为中国与法国的文化差异、TCL与汤姆逊公司文化的差异遭遇整合障碍；而日本尼桑汽车公司根据美国人的偏好设计的SUV型汽车则取得了成功。

4. 技术环境(Technology)

技术环境主要指新产品、新技术、新工艺、新材料的出现，以及发展趋势、应用背景等。技术的更新速度是投资机会分析的关键因素。TCL集团董事长李东生认为其在2004—2006年在欧洲的并购投资，代价是惨痛的，主要原因是对彩电行业从CRT向LCD的更新换代速度判断不足，以及在LCD与PDP两个方向上的投资失误。

此外，自然环境、地理环境也是公司投资机会分析中不可忽视的因素。

公司在特定时期分析投资机会时，通常是有选择地分析上述因素中的某些因素。例如，中国交建(601800)制定了“五商中交”战略，核心是打造全球知名的工程承包商、城市综合体开发运营商、特色房地产商、基础设施综合投资商、海洋重型装备与港口机械制造及系统集成总承包商。该战略主要基于以下PEST环境：中国在国际舞台上政治地位的提升、“一带一路”重大国际合作倡议的顺利推行、国内GDP增速放缓、国内建筑施工市场的激烈竞争与需求不足、路桥施工技术的成熟等。

（二）公司外部中观产业因素

1. 项目产品寿命周期分析

产品的寿命周期分为四个阶段：初创期、成长期、成熟期和衰退期。这四个阶段具有不同的特点，见表5-1。四个阶段产品市场的不同表现，会影响项目的预期收益和风险成本。产品市场的表现还将延续到资本市场，影响公司的价值。产品初创期，产业中的公司的市场价值波动幅度很大；产品成长期，产业中的公司的市场价值增长迅速，故而后者得到了众多私募基金投资者的青睐；产品成熟期，公司的市场价值相对稳定，可能会有小幅度的增长；产品衰退期，公司的市场价值必然下降。

表5-1　产品寿命周期四个阶段的特点

阶段	厂商数量	利润	风险大小	风险形态
初创期	很少	增加	减少	很少
成长期	亏损	增加	较高	减少或亏损
成熟期	较高	较高	较少	较低
衰退期	技术风险、市场风险	市场风险、管理风险	管理风险	生存风险

产品处于初创期、成长期的产业被称为朝阳产业；产品处于衰退期的产业被称为夕阳产业。

模拟电视机是夕阳产业，因为现在大家都用液晶、数码电视机了；普通照相机是夕阳产业，因为现在大家都用数码照相机了。人工智能、5G技术、清洁能源是朝阳产业。

现实中，许多项目既不属于朝阳产业，也不属于夕阳产业，但它属于国家产业结构调整规划中鼓励大力发展的产业范畴，如绿色、环保是世界性大主题，那么节能的产品就是被鼓励的。国家发改委最新发布的《产业结构调整指导目录(2019年本)》(每年更新)，详细规定了鼓励类、限制类和淘汰类产业。

2. 项目产品的市场需求状况

商品和服务的市场规模、竞争格局影响着公司的投资机会，市场的成长性影响着公司对投资机会的态度以及利用投资机会的代价。基于此，公司需考虑项目产品的产业链定位、客户群体的定位，以及产品市场的竞争格局。

客户群体定位。林肯有一句名言：个人可以暂时欺骗全体人民，也可以永远欺骗部分人民，但是他休想永远欺骗全体人民。把这句话翻译为商业语言就是：一个公司可以永远伺候好部分上帝，也可以暂时伺候好全体上帝，但是它休想妄图永远伺候好全体上帝。那种什么客户都想抓住的项目，是绝对不能投资的。选择客户的关键在于了解客户的消费诉求、意愿，以及他们会以多大代价取得该诉求。

此外，在专业分工越来越细的情况下，每一种产业或产品价值链上的环节越来越多，每个行业都是由一系列的价值链构成的。在价值链的分析中，投资者往往需要考虑三个问题：①龙头价值链在哪里？②短缺价值链在哪里？③核心价值链在哪里？龙头价值链往往是整条价值链的主导环节，决定着整个行业的兴衰。美国人卖电脑，常常是卖软件送硬件，而中国人则相反，总是卖硬件送软件。在美国，软件是龙头，软件火了，硬件跟着火。中国，则硬件是龙头。龙头价值链不一定是短缺价值链，如：水果大丰收时，水果筐的供应是短缺的；20世纪初互联网公司突飞猛进时，网页设计、网络安全维护是短缺的；一百多年前美国加利福尼亚的淘金热中，大量淘金者的饮用水是稀缺的。这些事件中，最终盈利者是水果筐、网页设计与安全服务、饮用水供应者。可见，短缺价值链的回报率高于龙头价值链。核心价值链拥有不可替代的优势，如可口可乐的品牌优势、戴尔独特的商业模式、微软的专利技术等，也可以是多种优势的综合。

3. 核心竞争力

有些公司将制定策略性计划的重点放在分析竞争对手的行为或预期行为上。这样做的经营者往往强调制定公司策略必须围绕竞争者的行为来进行。要想说明一个事物，最好是给它找一个参照物。没有参照物，你永远无法给一个项目的特征定位，而最好的参照物莫过于竞争对手。投资者在考察一家公司或一个项目时，有些问题是始终绕不过去的，比如：你比同行强在哪里？你的优势是否很容易被人抄袭和仿效？

(三)公司内部因素

内部分析包括对组织目的、公司目标和资源的分析。

1. 组织目的

一个组织的目的或任务可以在其组织性质的表述中体现出来，也体现在“我们是一种什么样的组织”和“我们想成为什么样的组织”这两个问题的答案中。由于一个组织的性质决定了该组织的行为，所以对目的或任务的界定已成为制定策略的导向性因素。

2. 公司目标

公司经营的目的回答了“公司是什么样的公司”这一问题，而公司经营的阶段性目标则要回答“公司将要做到什么”这一问题。公司经营的目标解决了一家公司完成其组织任务所采取的具体方法。这些目标也可作为衡量组织有效性的标准。公司能否完成其既定目标已成为衡量该公司有效性的标尺。

3. 资源

公司拥有或控制的资源是完成其既定目标的必要条件。这些资源包括：人力、资金、机器设备、营销网络、社会关系、组织资本等。根据Wernerfelt(1984)提出的资源论的观点，如果公司的资源是有价值的、稀缺的，其他公司无法复制且难以替代的，意味着公司具有可持续的竞争优势，更容易把握需投入这些资源的投资机会。

(四)项目财务因素——成本效益分析

成本效益分析是用来分析不同项目的收入、成本、收益及其对企业的影响的方法。

1. 收入预测

收入预测为估算一个新竞争者进入市场后给现有企业带来多大影响提供了基础性数据。如果一家公司计划进入一个市场，它必须首先估计自己在市场中能够占有一席之地的可能性有多大，并由此推算自己能获得多少收益。对销售收益和成本的估算为进行投资机会的定量分析提供了基础性数据。

2. 成本预测

成本预测反映的是与一项可能进行的投资所能产生的收入相对应的成本水平。为正确反映一项投资能产生多少收益或现金流动，对所有可能发生的成本进行预测是至关重要的。

3. 投资收益

收益是收入与成本之差。分析投资项目的收益时，要注意两个问题：①有效竞争所需的投资规模；②一定的投资规模可能带来的盈利，换句话说，“把握一个机会需要投入多少资金”及“这将会产生多少收益”是预测者要明确的两个问题。

第二节　资本预算项目现金流量估算

一、资本预算的含义及程序

资本预算是关于资本性支出的预算，其核心内容是该项资本性支出的成本效益分析。所谓资本性支出，是指用于形成公司固定资产(如厂房、设备等)的新建、改建、扩建的支出，无形资产的购置、研发的支出，以及长期投资的支出。所谓预算，是指详细估算投资项目在未来持续期间内的现金流入量、现金流出量和净现金流量并估算投资项目收益的全过程。预算涉及的项目通常持续期在1年以上，因而资本预算一般属于内部的长期投资决策，是资产经营的范畴。

资本预算的步骤主要包括：寻找投资机会；投资机会排队，即按照投资额大小、市场空间大小、初步估算的收益多少对第一步确认的多个投资机会进行排队，筛选出备选方案；对各备选方案进行成本效益分析，选择最优方案。

二、现金流量的估算原则

现金流量估算是资本预算的前提和准备。现金流量是指与投资决策有关的在未来不同时点所发生的现金流入与流出的数量，具体是指投资项目从筹建、设计、施工、正式投产使用直至报废(或中途转让)为止的整个期间内形成的税后现金流入量和现金流出量。注意，这里的“现金”是指广义的现金，不仅包括各种货币资金，还包括公司投入项目的现有非货币资源的变现价值(或重置成本)。例如，一个项目需要使用原有的厂房、设备和材料等，则相关的现金流量是指它们的变现价值，而不是它们的账面价值。投资项目现金流量的估算正确与否，关系到项目投资决策的正确与否。现金净流量就是现金流入量与现金流出量的差额。

1. 现金流量原则

在投资决策中，评价投资项目优劣的基础是采用现金流量而非会计收益。会计收益按照权责发生制计算收入和成本，并以收入减去成本后的差额作为收益，用来评价企业的经济效益。只要销售行为已经确定，就计为当期收入，即使当期没有收到现金。只要购置行为或费用发生，就计为成本费用，不管当期是否支付现金。现金流量是按收付实现制核算的，它考虑了当期实际发生的所有现金流入量和现金流出量，用现金流量来计算成本和效益。按照现金流量原则，折旧虽然是营业费用，但不属于现金流出；为生产而垫支的流动资金不属于费用，而属于现金流出。

2. 增量现金流量原则

投资项目的现金流量应是现金流量的“净增量”，也就是公司采纳一个投资项目而引发的现金流量的变化，即采纳这项投资和不采纳这项投资在现金流量上的差别(with-versus-without)。决策者在判断增量现金流时，应注意以下几点：

(1) 沉没成本(sunk cost)，是指不可避免的、过去发生的且即使项目不被采纳也无法收回的成本。沉没成本不是增量成本，因此公司在进行投资决策时不予考虑。例如，农夫公司在决策是否新建巧克力牛奶生产线时，付给了某咨询公司 3 万元作为调查巧克力牛奶市场需求的报酬，这就是一项沉没成本。因此，该调查费用 3 万元不属于新建巧克力牛奶生产线的现金流出。

(2) 机会成本(opportunity cost)，是指某项资源投入某种用途而必须放弃的来自其他用途的最高收益。在计算项目现金流量时，应考虑机会成本。例如，公司用自有的一栋房子作为新项目的办公场所，则该房子的税后租金收入或者说税后转让收入就是新项目的现金流出。

(3) 外部性，是指采纳某投资项目对公司其他现金流的影响。外部性有正面的，也有负面的，在现金流量估算中，两者都必须予以充分考虑。例如，一个典型的负外部性就是内耗，如新项目从原有项目中抢走的部分销售收入。因此，考虑新产品现金流量增量时，要同时考虑它所造成的老产品现金流量的损失，两者之差才是采纳新项目的增量现金流量。例如，前面举例中提到的农夫公司的巧克力牛奶生产线，如果建成投入使用，极有可能会冲击它的原有产品——纯牛奶、巧克力等产品的销售额，所以在计算巧克力牛奶生产线的现金流量时，要扣除其对纯牛奶、巧克力现金流的影响。

(4) 费用分摊。在计算现金流量增量时，那些确实因投资项目而引起的分摊费用(由于本投资项目而增加的管理人员的工资等)，应计入投资项目的现金流量；而那些在未采纳本项目之前就要发生因本项目而分摊过来的费用(总部管理人员的工资等)，就不应计入投资项目的现金流量。

3. 税后原则

在进行投资决策分析时，必须考虑税收的影响。在评价投资项目时，使用的现金流量必须是税后现金流量，因为公司的价值是建立在它们可以留住现金流的基础上，而不是上交给政府的现金流，只有税后现金流量才与投资者的利益相关。

三、现金流量的构成

按照投资项目现金流发生的时间顺序，现金流量包括三个部分，即初始现金流、经营现金流和终结现金流。三种现金流量分别发生在项目的建设期、运营期(含试产期和达产期)和终结点，如图 5-2 所示。

估算现金流量时，既要估算现金流的金额、流入或流出，也要注意现金流发生的时间，时间不同，同等金额的实际价值不同。一般来说，复杂的项目借助现金流量表，简单的项目则利用现金流量图。现金流量图能清晰而直观地描述现金流的金额、时间、方向及与决策点的时间差，如图 5-3 所示。

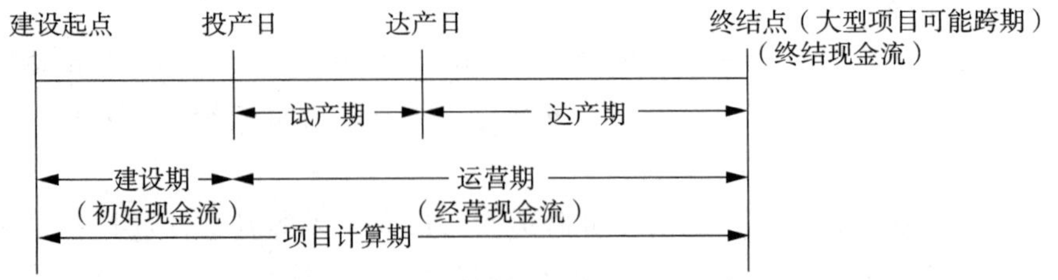

图 5-2　项目寿命周期的阶段构成

图 5-3 中，水平轴表示时间，按收付款周期分成等长的时间段，刻度表示时间点。其中，“0”表示决策日即项目的起点，贴现就是将未来的金额折合成起点的价值；“1”表示第一期期末第二期期初，依此类推，“n”表示项目结束的时间点；向上的箭头表示现金流入，向下的箭头表示现金流出，箭头旁边的数字表示流入或流出的金额。图 5-3 中，项目第二期期末现金流入为 500，现金流出为 100。

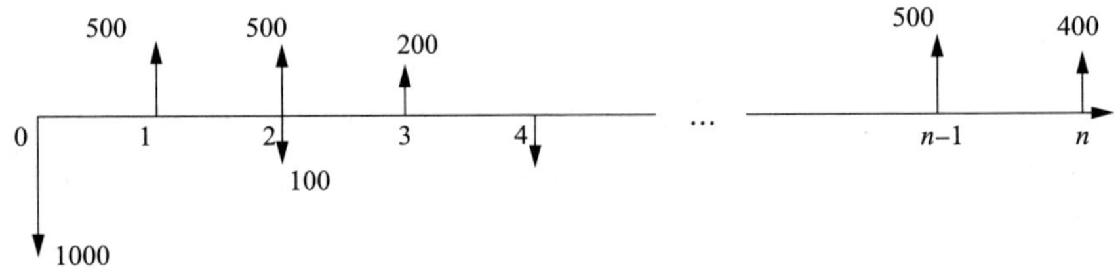

图 5-3　现金流量图

1. 初始现金流量

初始现金流量是指从项目开始投资到正式投产之前所发生的现金流量，即项目总投资，其主要内容如图 5-4 所示。其中，预备费是按照固定资产投资、无形资产投资、其他资产投资之和的一定比例计算，如 5%。

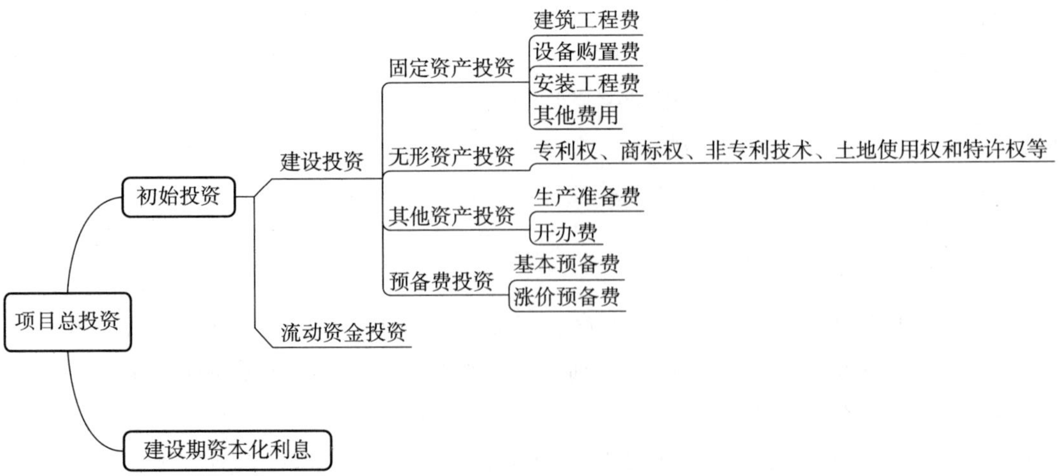

图 5-4　项目总投资的构成

估算形成固定资产的现金流量时，要注意资金投入方式，可根据各项工程的工期安排和建造方式确定。当建设期为零(即取得的固定资产不需要建设和安装)或建设期不到一年，且为自营建造时，可假定预先在建设起点一次投入全部相关资金；当建设期达到或超过一年，且为自营建造时，可假定在建设起点和以后各年年初分次投入相关资金；当建设期达到或超过一年，且为出包建造时，可假定在建设起点和建设期末分次投入相关资金。

建筑工程费的估算可分别按单位建筑工程投资估算法、单位实物工程量投资估算法进行估算。

（1）单位建筑工程投资估算法。

建筑工程费=同类单位建筑工程投资×相应的建筑工程总量

（2）单位实物工程量投资估算法。

建筑工程费=预算单位实物工程投资×相应的实物工程量

【例 5-1】某企业拟新建一个固定资产投资项目，土石方建筑工程总量为 100 000 立方米，同类单位建筑工程投资为 20 元/立方；拟建厂房建筑物的实物工程量为 20 000 平方米，预算单位造价为 1 100 元/平方米。据此资料，可估算出该项目的以下指标：

该项目的土石方建筑工程投资(单位建筑工程投资估算法)：

20×100 000=2 000 000(元)=200(万元)

该项目的厂房建筑物工程投资(单位实物工程量投资估算法)：

1 100×20 000=22 000 000(元)=2 200(万元)

该项目的建筑工程费=200+2 200=2 400(万元)

设备购置费一般包括设备的买价、运杂费及运输过程中的保险费；安装工程费用一般按安装过程中消耗的人工费、机械使用费和材料燃料费等计算；其他费用包括建设单位管理费、可行性研究费、研究试验费、勘察设计费、环境影响评价费、场地准备及临时设施费、引进技术和引进设备其他费、工程保险费、工程建设监理费、联合试运转费、特殊设备安全监督检验费和市政公用设施建设及绿化费等。估算时，可按经验数据、取费标准或项目的工程费用(即建筑工程费、广义设备购置费和安装工程费三项工程费用的合计)的一定百分比测算。

形成无形资产的费用是指项目直接用于取得专利权、商标权、非专利技术、土地使用权和特许权等无形资产而应当发生的投资。商誉和著作权也属于无形资产的范畴，但新建项目通常不涉及这些内容，故在进行可行性研究时对其不予考虑。估算时，应遵循以下原则：外购的无形资产，按取得成本估算；其他组织转入的，按投资合同/协议约定的价值或评估价估算，也可按公允价值(如非专利技术的市价法或收益法)估算；新建项目的专利权和商标权采用成本法或市价法进行估算。

流动资金是指在运营期内长期占用并周转使用的营运资金，等于流动资产与流动负债的差额，如综合超市开张前需要摆满货架的商品、工厂开工前需储备的生产物资等。

建设期资本化利息是指在项目固定资产、无形资产等尚未交付使用之前为取得这些资产而借入的款项发生的利息支出。按照会计准则的要求，该项利息支出可直接计入资产的成本。固定资产和无形资产交付使用后的利息应计入财务费用，计入经营期间的现金流量。

【例 5-2】某企业拟建的生产线项目，需要在建设期内：投入形成固定资产的费用 400

万元；支付 20 万元购买一项专利权，支付 5 万元购买一项非专利技术；投入开办费 3 万元，预备费 40 万元。假定不考虑融资方案的建设期资本化利息，垫支的流动资金为 10 万元。请估算该项目的初始现金流量。

解：该项目形成无形资产的费用＝20+5＝25(万元)

该项目形成其他资产的费用为 3 万元

该项目初始现金流量＝初始建设投资+流动资金投资+资本化利息

＝(400+25+3+40)+10+0＝478(万元)

2. 经营现金流量

经营现金流量是指投资项目建成投产后，其寿命期内由于生产经营所带来的现金流入和流出的数量。营业现金流量一般按年计算，主要包括：①产品销售所形成的现金流入，通常直接以营业收入扣除营业税金后的净营业收入来估算；②各项费用支出所形成的现金流出，通常以产品的营业成本扣除折旧、摊销后的余额计算；③所得税支出，以营业净收入与营业成本之差为纳税基础，按适当的所得税率计算而得。

如果一个资本项目每年的销售收入等于营业现金收入，付现成本(不包括折旧的成本)等于营业现金支出，则年营业现金净流量可用下列公式计算。这种现金流量为公司主要现金流入量，一般按年度计算，以年营业现金净流量(Net Cash Flow，NCF)表示。

NCF＝净营业收入－付现营业成本－所得税　(5-1)

＝净营业收入－付现营业成本－(净营业收入－付现营业成本－折旧)×所得税税率　(5-2)

＝(净营业收入－付现营业成本)×(1－所得税税率)+折旧×所得税税率　(5-3)

＝(净营业收入－营业成本)×(1－所得税税率)+折旧　(5-4)

＝税后净利润+折旧　(5-5)

3. 终结现金流量

项目寿命终了时发生的现金流量主要包括：①税后固定资产的残值变价收入；②垫支流动资金的收回；③税后清理固定资产的费用支出。

终结现金流量＝①+②－③

【例 5-3】A 公司正考虑引进一台新设备，设备成本为 50 000 美元，再加上 10 000 美元的安装和运输费用，设备使用期为 4 年。垫支流动资金(净营运资金增加)5 000 美元。预计每年收入将增加 110 000 美元，预期 4 年后有残值 10 000 美元，付现经营成本每年将增加 70 000 美元。公司所得税税率为 25%。请估算该项目初始现金流量、经营现金流量及终结现金流量。

解：初始现金流量＝50 000+10 000+5 000＝65 000(美元)

由式(5-3)可知：

$$1\sim4\text{ 期现金净流量}=(110\ 000-70\ 000)\times(1-25\%)+\frac{60\ 000-10\ 000}{4}\times25\%$$

$$=33\ 125(\text{美元})$$

终结现金流量＝10 000×(1－25%)+5 000＝12 500(美元)

第三节 资本预算项目财务可行性评价

投资决策一般是通过比较投资决策指标进行的。按所使用指标是否考虑资本的时间价值，投资决策方法可以分为贴现现金流量指标法（简称贴现法）和非贴现现金流量指标法（简称非贴现法）。

贴现法是指考虑了资本的时间价值的投资决策方法，也称动态法，主要有净现值法、现值指数法、内部报酬率法、动态回收期法等。非贴现法是没有考虑时间价值因素的方法，也称静态法，主要包括静态投资回收期法、会计收益率法、平均投资报酬率法等。

一、贴现法

（一）净现值法

耶鲁大学教授费雪在其著作 *The Theory of Interest* 一书中提出“净现值最大化原则”（Principle of Maximum Present Value），又称为“回报高于成本原则”（Principle of Return over Cost），即一项投资的经济价值等于该项投资未来预期产生的现金流的现值之和。贴现率为市场利率，投资决策应选择净现值最大的项目。

净现值（Net Present Value，NPV）是指投资项目寿命周期内各年现金流量按一定贴现率贴现后与初始投资额的差额。其计算公式为

$$NPV = \left(\frac{NCF_1}{(1+k)^1} + \frac{NCF_2}{(1+k)^2} + \cdots + \frac{NCF_n}{(1+k)^n} - C\right)$$

$$= \sum_{t=1}^{n} \frac{NCF_t}{(1+k)^t} - C \qquad (5\text{-}6)$$

式中，NPV 为净现值；NCF_t 为第 t 年的净现金流量；k 为折现率（投资者最低可接受收益率）；n 为项目预计使用年限；C 为初始投资额（即项目总投资，如果建设期超过一年，则为建设期内各年投资的现值之和。下同）。

用净现值判断投资方案是否可行，可遵循以下原则判定：①NPV≥0 原则。当投资项目的净现值大于零时，说明该项目的收益率大于公司预期收益率（资本成本），投资项目可行；如果等于零，说明项目可获得收益率恰好为公司能接受的最低回报率或刚好弥补全部投资成本；如果小于零，说明该项目可获得的收益率低于公司最低可接受收益率，故该方案不可取。②NPV 最大原则。如果公司面临多个备选方案的互斥选择决策，应选用净现值是正值中的最大者。

【例 5-4】新希望公司准备购入一批设备以扩大公司的生产能力。现有 A、B 两个方案可供选择。A 方案需投资 15 000 元，使用寿命为 5 年，采用直线法计提折旧，5 年后设备无残值。5 年中，每年的销售收入为 8 000 元，每年的付现成本为 2 000 元。B 方案需投资 12 000 元，采用直线法计提折旧，使用寿命也为 5 年，5 年后有残值收入 2 000 元。5 年中，每年的销售收入为 8 500 元，付现成本第一年为 3 000 元，以后随着设备陈旧，将逐

年增加修理费400元，另需垫支营运资金3 000元。假设所得税税率为40%(便于计算)，资本成本为10%，公司采用净现值法来确定应选择的方案。

解：为了简化计算，假设初始投资是在年初一次进行的，营业现金流量是在各年末一次性发生的，终结现金流量是在最后一年的年末发生的。

第一步，估算两个方案的现金流量，见表5-2和表5-3。

表5-2　现金流估算(A方案)　　单位：元

项目	0	1~4	5
1. 初始现金流量	-15 000		
(1)固定资产投资	-15 000		
(2)流动资产投资	0		
(3)其他费用	0		
(4)固定资产变价收入	0		
2. 营业现金净流量(净值)		4 800	4 800
(5)销售收入		8 000	8 000
(6)营业成本		-2 000	-2 000
(7)折旧		-3 000	-3 000
(8)税前利润		3 000	3 000
(9)所得税		-1 200	-1 200
(10)净利润		1 800	1 800
3. 终结现金流量			0
(11)税后固定资产残值收入			0
(12)流动资产回收			0
(13)税后清理固定资产费用			0
4. 净现金流量	-15 000	4 800	4 800

表5-3　现金流量估算(B方案)　　单位：元

项目	0	1	2	3	4	5
1. 初始现金流量	-15 000					
(1)固定资产投资	-12 000					
(2)流动资产投资	-3 000					
(3)其他费用	0					
(4)固定资产变价收入	0					
2. 营业现金净流量(净值)		4 100	3 860	3 620	3 380	3 140
(5)销售收入		8 500	8 500	8 500	8 500	8 500
(6)营业成本		-3 000	-3 400	-3 800	-4 200	-4 600
(7)折旧		-2 000	-2 000	-2 000	-2 000	-2 000
(8)税前利润		3 500	3 100	2 700	2 300	1 900
(9)所得税		-1 400	-1 240	-1 080	-920	-760
(10)净利润		2 100	1 860	1 620	1 380	1 140

续表

项目	0	1	2	3	4	5
3. 终结现金流量 (11)税后固定资产残值收入 (12)流动资产回收 (13)清理固定资产费用						4 200 1 200 3 000 0
4. 净现金流量	-15 000	4 100	3 860	3 620	3 380	7 340

第二步，计算两个方案的NPV，见表5-4和表5-5。

表5-4 净现值计算(A方案) 金额单位：元 币种：人民币

项目年限	净现金流量	现值系数	现值	现值累积额
0	-15 000			
1	4 800	0.909	4 363.2	4 363.2
2	4 800	0.826	3 964.8	8 328
3	4 800	0.751	3 604.8	11 932.8
4	4 800	0.683	3 278.4	15 211.2
5	4 800	0.621	2 980.8	18 192
NPV	3 192			

表5-5 净现值计算(B方案) 金额单位：元 币种：人民币

项目年限	净现金流量	现值系数	现值	现值累积额
0	-15 000			
1	4 100	0.909	3 726.9	3 726.9
2	3 860	0.826	3 188.36	6 915.26
3	3 620	0.751	2 718.62	9 633.88
4	3 380	0.683	2 308.54	11 942.42
5	7 340	0.621	4 558.14	16 500.56
NPV	1 500.56			

第三步，比较NPV值，选择方案。

从上面计算中我们可以看出，两个方案的净现值均大于零，故都是可取的。如果两方案互斥，A方案的净现值大于B方案的净现值，应选择A方案。

净现值法的优点是：①评价投资方案时考虑了资本的时间价值，能够反映各种投资方案在整个寿命周期内的净收益，是一种较科学的评价方法。②考虑了投资项目的最低盈利水平，即投资的资本成本。其缺点是：①NPV属于绝对数的决策指标，该方法不能揭示各个投资方案本身可能达到的实际报酬率，只能比较净现值的绝对额。当投资额不相等时，就不能简单地以净现值来比较。②采用净现值法，首先需确定项目的贴现率，这有一定难度，一般应结合投资项目的风险和资金的机会成本来选择一个恰当的贴现率。

(二)获利指数法

获利指数(Profitability Index，PI)，是投资项目未来现金流入总现值与初始投资额的现值之比。其计算公式为

$$PI=\left(\frac{NCF_1}{(1+i)^1}+\frac{NCF_2}{(1+i)^2}+\cdots+\frac{NCF_n}{(1+i)^n}\right)/C$$

$$=\left(\sum_{t=1}^{n}\frac{NCF_t}{(1+i)^t}\right)/C \tag{5-7}$$

即

$$PI=\frac{\text{未来现金净流量的总现值}}{\text{初始投资额}} \tag{5-8}$$

在投资决策时，如果有多种可供选择的方案，而且这些方案的初始投资额不相等，采用净现值法，不能直接考虑投资利用率，常用获利指数作为净现值的辅助评价指标。

获利指数说明每一元投资额未来可以获得的现金流量的现值。它让不同的投资方案具有共同的可比基础。获利指数和净现值之间存在以下内在联系：获利指数大于1，说明该项目未来现金净流量的现值之和大于其初始投资，净现值大于0；获利指数小于1，说明该项目未来现金净流量的现值之和小于其初始投资额，净现值小于0。

获利指数法的决策规则：采纳获利指数大于或等于1的投资项目。在有多个方案的互斥选择决策中，应根据资金额度，依次选择获利指数最大的项目。

【例5-5】我们沿用【例5-4】的资料，计算两个投资项目的PI。

解：A方案的PI=18 192÷15 000=1.21

B方案的PI=16 500.56÷15 000=1.10

A、B两个方案的获利指数都大于1，故两个方案都可以进行投资。如果两方案互斥，因A方案的获利指数更大，应采用A方案。此结果与我们前面用净现值法判断的是一样的。公司如果选择A方案，每1元投资未来可获得1.21元的现金流现值。

有时，利用净现值法和利用获利指数法的决策结果并不一样。

假如公司面临B、C方案的选择，其中C方案的净现金流量估算见表5-6和表5-7。

表5-6　现金流量估算(C方案)　　单位：元

项目	0	1	2	3	4	5
1. 初始现金流量	-20 000					
(1)固定资产投资	-17 000					
(2)流动资产投资	-3 000					
(3)其他费用	0					
(4)固定资产变价收入	0					

续表

项目	0	1	2	3	4	5
2. 营业现金净流量(净值)		5 400	5 280	5 160	5 040	4 920
(5)销售收入		10 000	10 000	10 000	10 000	10 000
(6)营业成本		-3 000	-3 200	-3 400	-3 600	-3 800
(7)折旧		-3 000	-3 000	-3 000	-3 000	-3 000
(8)税前利润		4 000	3 800	3 600	3 400	3 200
(9)所得税		-1 600	-1 520	-1 440	-1 360	-1 280
(10)净利润		2 400	2 280	2 160	2 040	1 920
3. 终结现金流量						3 200
(11)税后固定资产残值收入						1 200
(12)流动资产回收						3 000
(13)税后清理固定资产费用						-1 000
4. 净现金流量	-20 200	5 400	5 280	5 160	5 040	8 120

表 5-7 净现值估算(C 方案) 金额单位：元

项目年限	净现金流量	现值系数	现值	现值累积额
0	-20 200			
1	5 400	0. 909	4 908. 6	4 908. 6
2	5 280	0. 826	4 361. 28	9 269. 88
3	5 160	0. 751	3 875. 16	13 145. 04
4	5 040	0. 683	3 442. 32	16 587. 36
5	8 120	0. 621	5 042. 52	21 629. 88
NPV	1 629. 88			

解： B 方案的 NPV=1 500. 56，PI=1. 10

C 方案的 NPV=1 629. 88，PI=1. 08

由于两个方案的初始投资不一样，虽然 C 方案的 NPV 大于 B 方案，但其 PI 小于 B 方案，两方案互斥，应选择 B 方案。

当出现不一致时，公司应根据决策环境，尤其是公司资金额度及项目的相互关系来判断。上例中，如果公司资金充足且没有更好的投资渠道，决策者就应该选择 C 方案。

(三)内部报酬率法

内部报酬率(Internal Rate of Return，IRR)是指项目净现值为零时的折现率或现金流入量现值与现金流出量现值相等时的折现率。

$$NPV = \sum_{t=0}^{n} NCF_t(1 + IRR)^{-t} = 0 \tag{5-9}$$

$$\frac{NCF_1}{(1+IRR)^1} + \frac{NCF_2}{(1+IRR)^2} + \cdots + \frac{NCF_n}{(1+IRR)^n} - C = 0$$

即
$$\sum_{t=1}^{n} \frac{NCF_1}{(1 + IRR)^t} - C = 0 \tag{5-10}$$

式中，NCF_t 为第 t 年的现金净流量；IRR 为内部报酬率；n 为项目使用年限；C 为初始投资额。

内部报酬率实际上反映了投资项目的真实报酬，目前越来越多的企业使用该项指标对投资项目进行评价，一般有两种计算方法。

第一种：如果每年的 NCF 相等，则按下列步骤计算。

第一步：计算投资方案的年金现值系数 p。

$$p = \frac{初始投资额}{每年\ NCF} \tag{5-11}$$

【例 5-6】【例 5-4】中 A 方案的年金现值计算如下：

年金现值系数 = 15 000/4 800 = 3. 125

第二步：查年金现值系数表。在相同的期数内，找出与上述年金现值系数邻近的较大和较小的两个折现率，采用插值法计算出该投资方案的内部报酬率。

$$IRR = r_1 + (r_2 - r_1) \times \frac{p_1 - p}{p_1 - p_2} \tag{5-12}$$

式中，r_1 为较小贴现率；r_2 为较大贴现率；p_1 为较小贴现率对应的年金现值系数；p_2 为较大贴现率对应的年金现值系数。

【例 5-4】中 A 方案的计算期是 5 年，查年金现值系数表 5 年这一行，18%的年金现值系数为 3. 127 2，19%的年金现值系数为 3. 057 6，因此，A 方案的内部报酬率用内插法计算为

IRR = 18%+1%×(3. 127 2-3. 125)/(3. 127 2-3. 057 6) = 18. 03%

第二种：如果每年的 NCF 不相等，则需要按以下步骤计算：

第一步：先预估一个折现率，并按此折现率计算净现值。如果计算出的净现值为正数，则表示预估的折现率小于该项目的实际内部报酬率，应提高折现率，再进行测算；如果计算出的净现值为负数，则表示预估的折现率大于该方案的实际内部报酬率，应降低折现率，再进行测算。经过如此反复测算，找到净现值由正到负并且比较接近于零的两个折现率。再根据上述两个邻近的折现率，运用插值法，计算出方案的实际内部报酬率。

$$IRR = r_1 + (r_2 - r_1) \times \frac{|NPV_1|}{|NPV_1| + |NPV_2|} \tag{5-13}$$

式中，NPV_1 为按较小贴现率计算的净现值；NPV_2 为按较大贴现率计算的净现值。

【例 5-7】计算【例 5-4】中 B 方案的 IRR，结果如下：

IRR = 13%+(14%-13%)×[216. 982/(216. 982+176. 57)] = 13. 55%

表 5-8 用插值法计算 B 方案的内部报酬率 金额单位：元 币种：人民币

项目年限	NCF	测试 18%		测试 14%		测试 13%	
		复利现值系数	现值	复利现值系数	现值	复利现值系数	现值
0	-15 000	1	-15 000	1	-15 000	1	-15 000
1	4 100	0.847 5	3 474.75	0.862 1	3 534.61	0.885 0	3 628.319
2	3 860	0.718 2	2 772.252	0.769 5	2 970.27	0.783 1	3 022.946
3	3 620	0.608 6	2 203.132	0.675	2 443.5	0.693 1	2 508.842
4	3 380	0.515 8	1 743.404	0.592 1	2 001.298	0.613 3	2 073.017
5	7 340	0.437 1	3 208.314	0.519 4	3 812.166	0.542 8	3 983.858
NPV			-1 598.148		-176.57		216.982

内部报酬率法的决策规则：首期现金流为负、后期为正的项目，如上述投资项目，IRR≥基准收益率，项目可行；首期现金流为正、后期为负的项目，如住房按揭贷款，IRR≤基准收益率，项目可行。

内部报酬率用于衡量投资项目的获利能力，是根据项目本身的现金流量计算的，与资本成本无关。因此，在只有一个备选方案的采纳与否决策中，如果计算出的内部报酬率大于或等于公司资金来源的资本成本或公司要求的必要报酬率，就采纳；反之，则拒绝。在有多个备选方案的互斥选择决策中，应选用内部报酬率超过资本成本或必要报酬率最多的投资项目。

二、非贴现法

（一）投资回收期法（Payback Period，PP）

投资回收期是指回收初始投资所需要的时间，一般以年为单位，是一种使用很广泛的投资决策指标。

投资回收期的计算，因每年的营业净现金流量是否相等而有所不同。

（1）每年的经营净现金流量相等，则投资回收期可按下列公式计算：

$$PP = C/NCF \tag{5-14}$$

式中，C 为初始投资，NCF 为每年的经营现金净流量。

例如，【例 5-4】中的 A 方案计算如下：

$$PP = 15\ 000/4\ 800 \approx 3.13(\text{年})$$

（2）每年的经营净现金流量不相等，则回收期根据每年年末尚未回收的投资额加以确定。计算公式如下：

$$PP = n - 1 + \frac{\left|\sum_{t=0}^{n-1} NCF_t\right|}{NCF_n} \tag{5-15}$$

式中，n 为累积净现金流量第一次出现正值的年份；NCF_t 为第 t 年的净现金流量。

【例 5-8】计算【例 5-4】中 B 方案的投资回收期。

表 5-9　B 方案累积净现金流量　　单位：元　币种：人民币

项目年限	每年净现金流量	累积净现金流量
0	-15 000	-15 000
1	4 100	-10 900
2	3 860	-7 040
3	3 620	-3 420
4	3 380	-40
5	7 340	7 300

根据式(5-16)，B 项目的净现金流量在第 5 年首次出现正值，所以 B 项目的投资回报期为：=5-1+(40÷7 340)= 4 年。

用投资回收期评估投资项目时，公司必须自行确定或根据行业标准确定一个该投资回收的基准回收期，然后将计算出的项目回收期与该基准回收期进行比较来决定选择何种方案。

决策标准：PP≤基准回收期，可接受该项目；反之，则应放弃。在互斥项目比较分析时，应选择回收期最短的方案。

前面的例题中，假如公司根据行业标准确定基准回收期为 3. 5 年，则会选择 A 方案。

如果将累积净现金流量换成累积的净现金流量现值，计算出来的投资回收期就是动态的投资回收期。

（二）平均收益率法

平均收益率(Average Rate of Return，ARR)是指投资项目年平均净收益与该项目平均投资额的比率。年平均净收益为投资项目投产后各年净收益总和的简单平均。年平均投资总额为整个项目期限内的平均账面投资额。

因计算基础不同，ARR 主要有以下两种计算方法。

（1）基于现金流的计算：

$$ARR=\frac{\overline{NCF}}{C} \tag{5-16}$$

式中，$\overline{NCF}$为营运期和终结期内的年平均净现金流量；C 为初始投资额。

（2）基于会计利润，又称为会计收益率：

$$ARR=\frac{\overline{AR}}{(I-S)/2}$$

式中，AR 为年平均会计利润，即投资项目投产后，扣除折旧和所得税后的各年净利润的简单算术平均数；I 为初始投资额；S 为投资项目的残值。

【例 5-9】沿用【例 5-4】的资料，A、B 方案的 ARR 值计算如下：

$$ARR_A=\frac{4\ 800}{15\ 000}=32\%$$

$$ARR_B=\frac{(4\ 100+3\ 860+3\ 620+3\ 380+7\ 340)/5}{15\ 000}=29.73\%$$

平均收益率法决策标准：采用平均报酬率这一指标时，应事先确定一个企业要求达到的平均报酬率，或称必要平均报酬率。在进行决策时，只有高于必要的平均报酬率的方案，才能入选。而在有多个方案的互斥选择中，则选用平均报酬率最高的方案。

（三）投资决策方法的比较

上述投资决策的常见方法各具优劣，其比较见表 5-10。由于非贴现类指标不能反映资本的时间价值，目前更多的公司采用贴现类指标指导投资决策。通过上述介绍可以看出，净现值法考虑了资本的时间价值，反映了各投资方案的净收益，但不能反映各投资方案的实际报酬率；内部报酬率法则弥补了这一缺点，可是计算比较复杂；获利指数法同样反映了时间价值，能够真实地反映投资方案的盈亏程度。净现值法得到的是一个绝对数，而获利指数法得到的是一个相对数。那么，我们在进行投资决策时，具体应如何选择评价指标呢？首先，要了解一个好的评价标准需具备的三个条件：①必须考虑项目寿命周期内的全部现金流量；②必须考虑资本成本或投资者要求的收益率，以便将不同时点上的现金流量调整为同一时点进行比较；③必须与公司的目标相一致，即进行互斥项目的选择时，能选出使公司价值最大的项目。只有 NPV 同时满足这三个条件。因此在实践中，如果 NPV 与 IRR 两种标准排序发生矛盾，应以 NPV 为标准；而当 NPV 与 PI 两种标准排序发生矛盾时，同样应以 NPV 为标准。NPV 标准虽然是一个绝对数，但在分析时已考虑到投资的机会成本，只要净现值为正数，就可以为公司创造更多价值。因此，净现值标准与公司价值最大化这一目标相一致。

表 5-10 投资决策方法的比较

指标		含义	决策标准	优点	缺点
贴现指标	NPV	在项目计算期内，按行业基准收益率或其他设定折现率计算的各年净现金流量的代数和	①可行方案：NPV ≥ 0。②不可行方案：NPV<0。③NPV 越大，方案越优	①考虑了资本时间价值；②考虑了全部 NCF；③考虑了投资的成本和风险	①不能直接反映项目的实际收益率水平，当投资额不相等时，不能简单地以净现值来比较，因为投资额大，其净现值相应也可能大；②NCF 的测算和折现率的确定比较困难，且计算比较麻烦，难以理解和掌握
	PI	投产后按行业基准收益率或设定折现率折算的各年 NCF 的现值合计与原始投资的现值合计之比	①可行方案：PI≥1。②不可行方案：PI<1。③PI 越大，方案越优	①考虑了资本的时间价值，能够真实地反映投资项目的盈亏程度；②在资金总量有限的情况下，可解决独立项目的优先排序	①无法直接反映项目的实际收益率；②仅能表示相对盈利能力
	IRR	使投资项目净现值等于零的贴现率，反映项目的真实收益率	①可行方案：首期现金流为负、后期为正的项目，IRR≥基准收益率；首期现金流为正、后期为负的项目，IRR≤基准收益率。②不可行方案：首期现金流为负、后期为正的项目，IRR≤基准收益率；首期现金流为正、后期为负的项目，IRR≥基准收益率	①考虑了时间价值；②反映项目真实收益率；③考虑项目周期内的所有现金流	①计算复杂；②可能出现多个计算结果，以致无法决策

续表

指标		含义	决策标准	优点	缺点
非贴现指标	PP	以投资项目经营 NCF 抵偿初始总投资所需要的全部时间	①可行方案：小于或等于基准投资回收期的方案。②不可行方案：大于基准投资回收期的方案。③最佳方案：投资回收期最短的方案	①能直观反映初始总投资的返本期；②便于理解；③计算容易	①未考虑货币时间价值因素和投资的风险价值；②未考虑回收期满后发生的现金流量，忽略了不同方案的实际差异
	ARR	投资项目年平均净收益与该项目平均投资额的比率	①可行方案：高于必要的平均报酬率的方案。②不可行方案：低于必要的平均报酬率的方案。③在有多个方案的互斥选择中，选用平均报酬率最高的方案	①简明；②易算；③易懂	①未考虑时间价值因素和投资的风险价值；②基于现金流计算时，第一年的现金流量与最后一年的现金流量被看作具有相同的价值，所以有时会做出错误的决策；③基于会计利润计算时，会计收益率是按投资项目账面价值计算的，当投资项目存在机会成本时，其判断结果与净现值等标准差异很大，有时甚至得出相反的结论，影响投资决策的正确性

三、互斥项目的比选

上文讨论的项目都具有相同规模和相同使用年限，且没有资本总额的限制，我们可以轻而易举地利用投资决策指标选择能为公司创造价值的项目。然而，通常情况下，项目规模和寿命期限是不同的，而且公司的投资预算可能没有大到足以投资于所有净现值大于零的备选项目。当这些备选的投资项目在规模上差异很大时（即初始现金流出量差异很大），管理者必须决定哪个净现值大于零的项目应该被采纳，哪个应该被拒绝。这便是互斥项目的决策。

（一）有资本限额情况下项目的比选

假设公司正在考虑 S、M、L 三个投资项目，见表 5-11 和表 5-12。根据净现值法，两个项目均是可接受的，因为它们的净现值均大于零。然而只有当三个项目相互独立且公司能够筹集到开发这三个项目所需要的 200 万元（三个项目初始投资之和）时，公司才能同时投资于这三个项目。

如果公司只能筹集到 100 万元呢？在这种情况下，选择范围就缩小到要么投资于项目 L，要么投资于项目 M 和 S。明显后者有优势，因为它们的净现值之和为 272 727 元，而项目 L 的净现值仅为 140 496 元。因此，有预算限额时，公司不能再按照净现值的大小来选择项目，而必须在限额范围内进行项目组合，选择净现值之和最高的投资组合。

此外，根据表 5-12，我们可以发现，用获利指数决策的结果与用净现值之和决策的结果一致。如果按获利指数降幂排列，再从高到低选择，在预算限额 100 万元范围内，可选获利指数较高的 S、M 项目。

表 5-11 S、M、L 项目各年的现金净流量 单位：元 币种：人民币

项目年限	现金净流量		
	L 项目	M 项目	S 项目
0	-1 000 000	-500 000	-500 000
1	800 000	200 000	100 000
2	500 000	510 000	700 000

表 5-12 L、M、S 项目的 NPV、IRR、PI 和 PP(贴现率为 10%)

项目	NPV(元)	IRR(%)	PI	PP
L	140 496	21.3	1.14	1.4 年
M	103 306	22.9	1.21	1.6 年
S	169 421	29.0	1.34	1.57 年

(二)不同寿命周期项目的比选

常用分析方法是年营运成本最小或年净现金流最大方法。年营运成本是指将收入相同、期限不同的多个备选方案的营运成本按照必要报酬率贴现计算到各年，年均营运成本最低的项目才是可行的。年净现金流是指多个期限不同的备选方案的收入、成本各不相同时，可以将备选方案的净现金流按照必要报酬率计算到各年，年净现金流最大的方案是可行的。

当项目寿命周期不一致时，如表 5-13 中设备 X 和 Y 的购置决策：X 设备的成本为 80 000元，每年的维护成本为 4 000 元，使用期限为 2 年。Y 设备的成本为 120 000 元，每年的维护成本为 3 000 元，使用期限为 4 年。两设备到期均无残值。预计两台设备能给公司带来相同的年现金流入，假设无所得税。公司管理层应选用哪种设备？

因为寿命周期不一致，我们不能直接简单地通过前述的各种方法比选。我们可以计算出两个项目的 NPV、IRR、PI 和 PP 指标，就会发现不同指标比选的结果不一样。况且寿命周期短的项目的现金流量回收后又可以继续投资。故处理这类投资问题时，假设寿命周期短的项目以不变的现金流和预期收益率再投资，即设备 X 以相同的条件再运营两年或公司做两年相同的投资。因为每年的现金流入相同，故只要考虑运营成本现值的差异，选择运营成本较小者即可。表 5-13 中，两台设备 X 连续使用 4 年的成本要比设备 Y 使用 4 年的成本高，故应该选择设备 Y。

刚才讨论的是连续使用设备 X 两年正好与设备 Y 的寿命相同。设想，如果设备 X 本可以使用 3 年，而设备 Y 可以使用 5 年，我们是不是要让 5 台设备 X 连续使用 15 年，3 台设备 Y 连续使用 3 年呢？没有必要，我们可以计算每台设备的年运营成本，即将运营成本现值折合成等额年金，选择较小者即可。如表 5-13 中，一台设备 X 运营 2 年的年运营成本约为 48 191 元[(80 000+3 636)/1.735 5]，设备 Y 运营 4 年的年营运成本约为 40 856 元(129 509/3.169 9)。其中，1.735 5 和 3.169 9 为 10%收益率 2 年、4 年的年金现值系数。

表 5-13　设备 X 和 Y 各年的现金流量

单位：元

项目年限	两台设备 X 连续使用 4 年				一台设备 Y 使用 4 年	
	现金流出之和及其现值				现金流出与现值	
	设备 1	设备 2	总计	现值(10%)	现金流出	现值
0(现在)	-80 000	—	-80 000	-80 000	-120 000	-120 000
1	-4 000	—	-4 000	-3 636	-3 000	-2 727
2	-4 000	-80 000	-84 000	-69 422	-3 000	-2 479
3		-4 000	-4 000	-3 005	-3 000	-2 254
4		-4 000	-4 000	-2 732	-3 000	-2 049
年均运营成本				-158 795		-129 509

年净现金流量最大法的分析过程与此一致，不再举例说明。

(三)不同现金流模式项目的比选

若干互斥项目投资规模相同、投资期限相同，但是现金流量的模式不同。表 5-14 中，A 项目前期现金流回收较快，B 项目正好相反。这样的项目比选也可以通过净现值来比较，但是计算净现值受事先预期的必要报酬率的影响。因此，此类项目的比选可以这样进行：计算出使两者净现值相等的贴现率，即费雪交叉利率，比较市场利率或投资者要求的回报率与费雪交叉利率，如果市场利率小于费雪交叉利率，选择项目 B，否则，选择项目 A。

表 5-14　A、B 项目各年的现金净流量

单位：元

项目年限	现金净流量	
	A 项目	B 项目
0	-1 200	-1 200
1	1 000	100
2	500	600
3	100	1 080

上述两项目的费雪交叉利率为 10%，计算过程见表 5-15。

表 5-15　两项目不同贴现率下的 NPV

项目	10%的 NPV	5%的 NPV	15%的 NPV
A	179.50	278.36	98.60
B	180.18	354.67	44.14
NPV 差异	-0.68	-76.31	54.46

当贴现率为 10%时，两项目的 NPV 几乎相等。所以，当预期收益率小于 10%时，选择 B 项目；当预期收益率大于 10%时，选择 A 项目。

第四节 资本预算的风险分析

在前面介绍的投资决策方法中，我们有一个重要的假设前提，即不存在不确定因素，方案评价时能得到完全信息。但是，未来实际发生的情况与事先的估算、预测很可能有相当大的出入，未来的现金流量不可能与预测的完全一致，即存在不确定性或风险。产生不确定性的原因，从主观方面来讲，主要是信息不足，分析判断有误差，采用的预测或评价方法的局限性，预测和估算的手段、数据采集方式的变化等；从客观上来讲，是社会、政治、经济、生产技术、市场的变化导致技术方案的实践不一定与原来预计的一致，或者导致项目产品市场表现与预计的不一致，致使项目方案的经济评价存在一定程度的不确定性，给决策带来一定的风险。

为了提高经济评价的准确度和可信度，尽量避免和减少投资决策的失误，有必要对投资方案做不确定性分析，为投资决策提供客观、科学的依据。

一、项目风险的分类

我们可以从不同的角度对风险进行分类，这有助于对风险的识别和管理。在资本预算中，与进行风险分析相关的主要有项目特有风险、公司风险和市场风险。

1. 项目特有风险

特定项目未来收益可能结果相对于预期值的离散程度就是某一投资项目本身特有的风险。如果股票持有者只拥有一家公司的股票，而且公司的资产组合中只有一个投资项目，该项目投资者或股票持有者面临的所有风险就是项目的特有风险。通常采用概率的方法，用项目收益的标准差进行衡量。项目技术参数的不确定性、项目现金流量的不确定性等均是项目特有风险的源起。

2. 公司风险

公司风险又称总风险，是指不考虑投资组合因素，纯粹站在公司的立场上来衡量的投资风险。公司风险是项目对公司收益变动的影响，通常采用公司资产的预期收益率的标准差进行衡量。公司风险是从没有多元化投资组合的单一投资者(只投资于某一公司的股票)的角度来看的风险。这种风险直接影响公司的财力及偿债能力，关系到公司的稳定性，是我国公司现阶段长期投资决策中首先要考虑的风险。公司风险是由公司对项目的管理的不确定性引起的。

3. 市场风险

市场风险是从实行高度多元化投资组合的公司股东的角度来看的风险。可以用该项目对公司 β 系数的影响来衡量，故又称 β 风险。在投资项目风险中，市场风险无法通过多元化投资加以消除。

二、项目不确定性分析方法

不确定性分析是研究技术项目方案中主要不确定因素(随机因素)发生变化时，对经济效益影响的一种分析评价方法。它主要包括敏感性分析、场景分析、盈亏平衡分析、决策树分析等。

(一)敏感性分析(sensitivity analysis)

敏感性分析就是分析、测算项目的主要制约因素发生变化时引起经济效果评价指标变化的幅度，项目对各种风险的承受能力即敏感度。制约项目的有些因素即使发生了变化，对项目评价指标的影响也比较小，这些因素称为非敏感性因素。有些因素只略微调整，就会使项目指标值大为改观，这些因素就是敏感性因素。敏感性分析的本质就是研究投资决策方法(NPV、IRR 等)对项目假设条件(如项目产品、价格、投资费用、项目寿命周期等)变动的敏感程度的一种分析方法。具体来说，其目的主要有四个：①了解项目的风险程度；②找出影响项目效果的最主要因素；③了解各种敏感性因素的偏差在多大范围内变化不会影响项目的可行性；④掌握各种不确定因素的利弊及其大小，从而在项目的实施过程中，有针对性地充分利用有利因素，尽量避免不利因素，有助于项目经济效益的提高。

敏感性分析计算过程较为复杂，通常应遵循以下步骤：

第一步：基于对未来的预期，估算基础状态分析中的现金流量和收益。基础状态分析是基于项目各要素最可能产生的价值所进行的项目分析。

第二步：找出基础状态分析中需要分析的不确定因素，将其作为敏感性分析变量。这些不确定性因素包括市场规模、销售价格、市场增长率、市场份额、项目投资额、变动成本、固定成本、项目周期等。通常选择的原则是：①最具影响力的因素；②最不确定的因素。最常被选择的因素有项目投产后的有产量、价格、成本，还有投资额、贴现率等。

第三步：改变某一个不确定性因素的值，并保持其他因素不变，估算项目 NPV 或 IRR 及其变动幅度。一般把变动结果列在图形或表格中，表示出每一个变量的变动对 NPV 或 IRR 的影响。

第四步：将第三步的结果与基础状态分析进行比较，从而决定该项目风险大小，再判断项目是否可行。

我们可以通过计算敏感度系数 S 来比较不确定因素对项目的影响。

$$S=\frac{\dfrac{\Delta F(X)}{F(X)}}{\dfrac{\Delta X}{X}}=\frac{\dfrac{F(X_1)-F(X_0)}{F(X_0)}}{\dfrac{X_1-X_0}{X_0}} \tag{5-17}$$

式中，$F(X)$为评价指标，S 是对于不确定因素 X 的敏感度系数；$\Delta F(X)/F(X)$为评价指标的变化率；$\Delta X/X$ 为不确定因素 X 的变化率。

$S>0$，表示评价指标与不确定因素的变化同方向；$S<0$，表示评价指标与不确定因素的变化反方向。S 较大者，说明该因素的变化对项目指标的影响比较大。

【例 5-10】A 公司准备新建一条自动生产线，据估算，初始投资为 1000 万元，每年可节约生产费用 200 万元，寿命期为 10 年。若 A 公司所在行业的基准收益率为 12%，试分别就初始投资 I、生产费用节约额 C 和使用年限 n 各变动±10%的范围内，对该项目的 IRR

做敏感性分析。

解：1. 按题意确定分析的项目评价指标为 IRR，并计算其目标值

$$NPV=-1000+200(P/A,\ IRR,\ 10)=0$$

$$(P/A,\ IRR,\ 10)=1000/200=5.0$$

经查表，在 15%和 20%之间插入，得

$$\begin{aligned}IRR&=15\%+(5.019-5.0)/(5.019-4.192)\times(20\%-15\%)\\&=15\%+0.1\%\\&=15.1\%\end{aligned}$$

2. 计算各不确定因素分别在±10%的范围内变动时，对 IRR 目标值的影响

(1) 设投资额 I 变动的百分比为 x，计算 IRR 的相应变动数值。

列方程：$-1000(1+x)+200(P/A,\ IRR,\ 10)=0$

当 $x=-10\%$ 时，方程为 $-1000\times0.9+200(P/A,\ IRR,\ 10)=0$，即 $(P/A,\ IRR,\ 10)=900/200=4.5$，可得 IRR=18.1%。

当 $x=10\%$ 时，方程为 $-1000\times1.1+200(P/A,\ IRR,\ 10)=0$，即 $(P/A,\ IRR,\ 10)=1100/200=5.50$，可得 IRR=12.7%。

(2) 设生产费用节约额 C 变动的百分比为 y，计算 IRR 的相应变动数值。

列方程：$-1000+200(1+y)(P/A,\ IRR,\ 10)=0$

当 $y=-10\%$ 时，方程为 $-1000+180(P/A,\ IRR,\ 10)=0$，$(P/A,\ IRR,\ 10)=1000/180=5.556$，可得 IRR=12.5%。

当 $y=10\%$ 时，方程为 $-1000+220(P/A,\ IRR,\ 10)=0$，$(P/A,\ IRR,\ 10)=1000/220=4.546$，可得 IRR=17.9%。

(3) 设使用年限 n 变动的百分比为 z，计算 IRR 的相应变动数值。

列方程：$-1000+200(P/A,\ IRR,\ 10(1+z))=0$

当 $z=-10\%$ 时，方程为 $-1000+200(P/A,\ IRR,\ 9)=0$，$(P/A,\ IRR,\ 9)=1000/200=5.0$，可得 IRR=13.8%。

当 $z=10\%$ 时，方程为 $-1000+200(P/A,\ IRR,\ 11)=0$，$(P/A,\ IRR,\ 11)=1000/200=5.0$，可得 IRR=16.3%。

3. 计算敏感系数

(1) 初始投资 I 的敏感度系数：

$$S_{I_1}=\frac{(18.1-15.1)/15.1}{-0.1}=-1.99 \qquad S_{I_2}=\frac{(12.7-15.1)/15.1}{-0.1}=-1.59$$

(2) 生产费用节约额的敏感度系数：

$$S_{c_1}=1.72 \qquad S_{c_2}=1.85$$

(3) 使用年限的敏感度系数：

$$S_{n_1}=0.86 \qquad S_{n_2}=0.80$$

4. 计算临界点和临界值

即分别求出若使项目可行(IRR≥12%)，敏感因素 I、C 的允许变动范围。

当 IRR=12%时：

(1) I 的允许变动范围：

解方程　$-1000(1+x)+200(P/A, \text{IRR}, 10)=0$，

得　$X=13\%$。

(2) C 的允许变动范围：

解方程　$-1000+200(1+y)(P/A, 12\%, 10)=0$，

得　$y=-11.5\%$。

同理，可计算出使用年限的临界值为-19.1%。

表 5-16　A 公司新项目敏感性分析

不确定因素	变化率(%)	IRR	S	临界点(%)	临界值(万元)
初始投资额 I	-10.00	18.10	-1.99	13.00	1 130.00
	10.00	12.70	1.59		
生产费用节约额 C	-10.00	12.50	1.72	-11.50	177.00
	10.00	17.90	1.85		
使用年限 n	-10.00	13.80	0.86	-19.1	8.09
	10.00	16.30	0.80		

5. 综合分析上述计算结果

(1) 可以明显看出三个不确定因素对 IRR 指标的影响，I 和 C 明显大于 n，可确定 I 和 C 为该项目的敏感因素。

(2) 可以判断出，若使项目可行(IRR≥12%)，在其他不确定因素不变的情况下，初始投资 I 的变动幅度应小于(或等于)13%；在其他不确定因素不变的情况下，生产费用节约额 C 的变动幅度应小于(或等于)-11.5%；在其他不确定因素不变的情况下，使用年限不能短于 8.09 年，缩短幅度不能超过 19.1%，如图 5-5 所示。

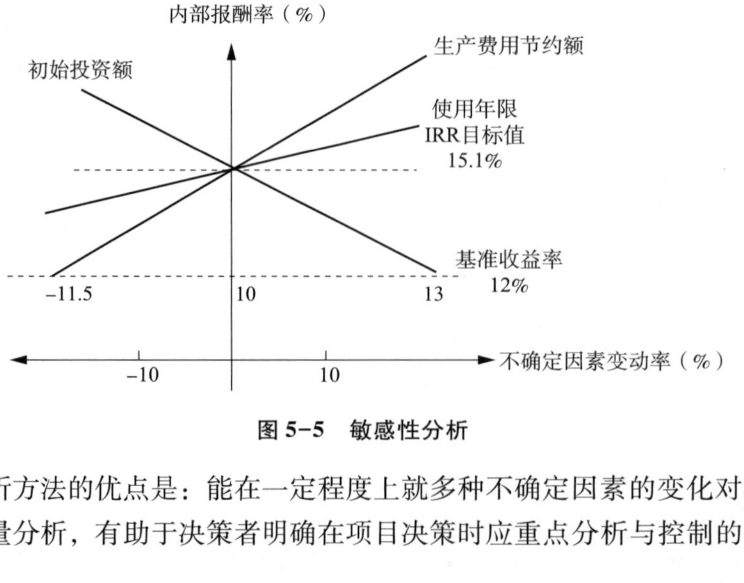

图 5-5　敏感性分析

敏感性分析方法的优点是：能在一定程度上就多种不确定因素的变化对项目评价标准的影响进行定量分析，有助于决策者明确在项目决策时应重点分析与控制的因素。其缺点

是：没有考虑各种不确定因素在未来发生变动的概率分布状况，因而会影响风险分析的正确性。

（二）场景分析（scenario analysis）

为了克服敏感性分析忽略各变量之间相关性的不足，通常采用场景分析的方法。场景分析是一种变异的敏感性分析。

场景分析又称情境分析或方案分析，为未来环境的变化设想各种可能，每种可能对应一种特定的情景或场景，每种场景包含了各种变量的综合影响，计算每一种场景下投资项目的可能结果。情景分析给出了在某种特定情景下对项目收益或成本的估测。

场景分析的基本步骤：①选择建立场景概况所需要的因素，通常基于公司经营业务的类型和影响项目未来成功的最大不确定性因素；②估算每种场景下投资分析变量的价值；③估算每种场景下项目的 NPV 和 IRR；④基于所有场景下的项目 NPV 进行决策。

【例 5-11】沿用【例 5-4】中 A 方案数据，新希望公司准备购入一台设备以扩大公司的生产能力，但又担心它的竞争对手巨力公司也采用同类设备进行生产。巨力公司如果也推出与新希望公司同类产品，将迫使新希望公司销售额下降 25%，但营业成本只下降 5%。表 5-15 给出了在销售额降低时的场景，下面进行场景分析。

表 5-17 竞争状况下新希望公司投资项目场景分析 单位：万元 币种：人民币

因素	基本情景	竞争情景
销售额	8000	6000
营业成本	-2000	-1900
折旧	-3000	-3000
税前利润	3000	1100
所得税（40%）	-1200	-440
税后利润	1800	660
经营现金净流量	4800	3660
初始投资	-15000	-15000
NPV（10%）	3192	-1128.60

从场景分析可以得出，如果存在巨力公司的竞争，新希望公司该项目的 NPV 将小于零，该项目不可行。假设巨力公司参与竞争的概率为 P，通过 $3192\times(1-P)+(-1128.60)\times P=0$ 可计算得出 $P=0.74$，即当巨力公司有超过 74% 的概率参与竞争时，新希望公司应放弃 A 项目。

分析不同场景下项目净现值的变化，有助于对项目的前景有更为清晰的认识，从而避免错误的投资决策。

场景分析法解决了敏感性分析中各变量缺乏联动的问题。但是，场景分析的假设，如竞争对手的情况往往无法获得，这使得场景分析在许多情况下并不现实。场景分析对投资分析变量预期价值的估算超出了基础状态的范畴，而且场景分析缺乏明确的建议来指导决策者如何运用该分析结果进行项目管理。

(三)盈亏平衡分析(breakeven analysis)

经济评价中所预测的带有不确定性的基本数据，在项目的实际实施中有可能发生一定的变化。当该变化达到某一临界值时，项目或方案就会由可行变为不可行。临界值是指在不改变某一评价指标决策结论的条件下，某因素所能变动的上限或下限。盈亏平衡分析的目的，就是找出上述临界值，判断投资方案对不确定因素变化的承受能力，对项目的风险做出定性分析。

盈亏平衡分析通常又称量本利分析或损益平衡分析。传统的盈亏平衡分析是指当利润为零时的销售额水平，即我们通常说的会计盈亏平衡分析，属于静态盈亏平衡分析，没有考虑资本的时间价值。而我们这里所说的盈亏平衡分析是动态的盈亏平衡分析，是指净现值盈亏平衡分析，关注的是使净现值为零时的销售额水平。盈亏平衡分析有助于公司管理层了解投资项目对市场需求变化的适应能力。这里的盈亏平衡分析要用到约当年平均成本，相当于初始投资在考虑资本的时间价值后每年的折现，当每年的营业现金流量等于约当年平均成本时，净现值等于零。

$$\text{盈亏平衡点(销量)}=\frac{\text{固定成本}\times(1-T)+EAC-\text{折旧}\times T}{(\text{销售单价}-\text{单位变动成本})\times(1-T)} \tag{5-18}$$

式中，EAC 为以初始投资为现值的年金；T 为所得税税率。

下面举例说明盈亏平衡点的分析。

【例 5-12】新希望公司拟投资 30000 元购买和安装豆浆机生产设备，项目生产期限为 5 年，固定资产采用直线折旧法折旧，期末无残值。管理费用为每年 5500 元。预计豆浆机的市场价格为每台 520 元，变动成本为每台 410 元。新希望公司的资本成本为 10%，所得税税率为 25%。如果考虑期初投入资金的机会成本，且公司每年生产的豆浆机数量相同，新希望公司每年至少要生产多少豆浆机才能盈利?

解：首先，计算每年的税后总固定成本，包括期初投资分摊、折旧税盾和付现固定成本。

(1) 假定每年分摊的期初投资数额相同，用符号 EAC 表示，其现值之和为 30000 元，即 EAC×(P/A，10%，5)= 30000。

$$EAC=30000/(P/A,\ 10\%,\ 5)=7914(\text{元})$$

(2) 每年所获得的折旧税盾：

$$(30000/5)\times25\%=1500(\text{元})$$

(3) 税后付现固定成本：

$$5500\times(1-25\%)=4125(\text{元})$$

由于折旧税盾可以冲抵每年的税后固定成本，因此，每年税后总固定成本为 7914-1500+4125=10539(元)。

其次，计算每台豆浆机对税后收入的边际贡献：

$$(520-410)\times(1-25\%)=82.5(\text{元})$$

最后，计算盈亏平衡点的产量，数值上等于每年税后总固定成本除以每台豆浆机对税后收入的边际贡献。

$$10539/72.5=128(台)$$

因此，新希望公司每年至少要生产并销售128台豆浆机才不会亏本。

盈亏平衡分析法可以对项目进行定性的风险分析，考察项目承受风险的能力。但是，盈亏平衡分析是建立在一系列假设的基础上的。如果假定条件和实际情况有出入，分析结果将难以准确，而且它虽然分析了某些因素对项目盈亏的影响，却无法对项目的盈利能力进行判断，也不能定量测度风险的大小。

（四）决策树分析（decision tree analysis）

有些投资项目往往要经历几个阶段，且每个阶段都要做出决策，但这些决策并非互不相关，而是紧密联系、互相影响，具有一定的前后顺序关系，前阶段的决策将改变后阶段决策的客观条件，并影响后一阶段的决策。这类项目的资本预算一般通过决策树方法来分析不确定性。

决策树是一种描述风险条件下资本预算问题的树形网络图。它把各个备选方案、未来可能发生的各种客观状态及其发生的概率，以及各方案的效果直接在图上标出来，找出可能的现金流量序列，并计算净现值的期望值，从而确定项目的风险。这种分析方法反映了多阶段决策的路径，画出的图形状如树，故名决策树。决策树直观地表示了一个多阶段项目决策中每一阶段的投资决策和可能发生的结果及其发生的概率。

决策树分析法的步骤如下：①把项目分成明确界定的几个阶段，列出每一个阶段可能发生的结果；②基于当前可以得到的信息，列出各个阶段每一种结果可能发生的概率；③列出每一种结果对项目预期净现值的影响；④根据前面阶段的结果及其对现金流量和折现率的影响，比较不同方案的期望净现值，淘汰差的方案，保留好的方案，依次从后往前推，最后留下的就是要选择的最优方案。

【例5-13】新希望公司准备投资一个新项目，首先进行市场调研，市场调研费用为5万元。预计调查结果为“前景良好”的可能性为80%，“前景不好”的可能性为20%。如果调研结果为“市场前景良好”，企业将投资95万元实施新项目，项目的建设期为1年，经济寿命期为2年，2年中的经营现金流量取决于市场需求。预计市场需求有高、中、低三种情形，发生的概率分别为30%、40%和30%，每年现金流入量分别为100万元、60万元和-20万元。公司的资本成本为10%。

可以将项目的情况画成决策树，如图5-6所示。

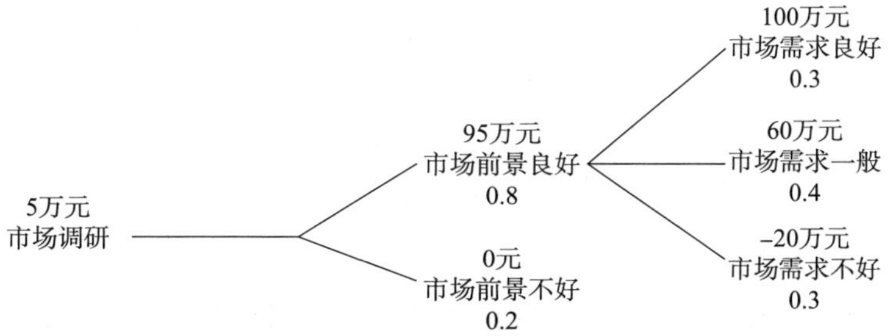

图5-6　项目决策树

该项目的现金流量、净现值及其概率情况见表5-18。

表5-18 决策树下的现金流量序列

单位：万元

四种情况	条件概率	现金流量				净现值	期望值
		0	1	2	3		
1	0.20	-5.00	—	—	—	-5.00	-1.00
2	0.24	-5.00	-95.00	100.00	100.00	66.41	15.94
3	0.32	-5.00	-95.00	60.00	60.00	3.30	1.06
4	0.24	-5.00	-95.00	-20.00	-20.00	-122.90	-29.50
合计	1.00						-13.50

从前面的分析中可知，该项目的期望净现值为-11.50，故该项目不可行。

决策树分析法考虑了投资项目未来各年现金流量之间的相互依存关系，为管理者提供了项目未来年份所有可能的现金流量及其概率分布，全面反映了投资项目的风险特点，是一种较好的风险分析方法。但这种方法的计算过于复杂，尤其是当项目经济年限较长，现金流量的各种可能性很多时，决策树将变得过于庞大，计算过程将十分困难，而且决策树要求被分析的项目可以被区分为几个明确的阶段，每一阶段的结果又必须是相互离散的，这就减少了可被分析的项目的数量。

三、投资风险的决策方法

投资活动是有风险的，前面我们分析了衡量投资风险的方法。在风险条件下，我们可以分别按风险调整现金流贴现率和现金流量来判断项目是否可行，并做出投资决策。

（一）风险调整贴现率法（Risk Adjusted Discount Rate，RADR）

这种方法对项目的风险因素进行了调整，使其可以被考虑到折现率指标中，或使其可以与衡量项目活力的预期现金流量指标相联系。这种方法在很大程度上消除了风险分析中的主观因素，同时也强化了投资分析人员正确估算和调整项目风险的责任。

调整现金流贴现率法的基本原理是按照风险与收益相匹配的原则调整项目的贴现率。高风险的项目要求有较高的报酬率，应采用较高的贴现率去计算净现值，然后根据净现值法的规则来选择方案。所采用的较高的贴现率就是指风险调整贴现率，其实质是根据风险程度提高贴现率。

$$NPV = \sum_{t=0}^{n} \frac{NCF_t}{(1 + k_i)^t} \tag{5-19}$$

式中，k_i 为风险调整贴现率。

这种方法要求公司确定适用于一定风险水平的项目所要求的收益率，然后使用这种风险调整贴现率来贴现有风险的现金流，计算 NPV 并将其作为决策基础。k_i 既可以利用 CAPM 模型计算，也可以基于 WACC 计算。

1. 根据 CAPM 来确定贴现率(适用于无负债项目)

$$k_i=k_f+\beta(k_m-k_f) \tag{5-20}$$

式中，k_i 为按风险调整的贴现率，即投资项目的必要报酬率；k_f 为无风险资产报酬；k_m 为市场资产组合收益率；β_i 为资产对于市场风险的反映程度。

运用 CAPM 估计贴现率，关键是 β 值的确定。具体计算较复杂，但需遵循以下几项原则：①项目的风险与企业风险相等，就使用企业 β 值；②项目的风险与企业风险不相等，应使用项目的 β 值，项目的 β 值可以按所在行业的平均 β 值来估计；③不能用项目所在行业的平均 β 值作为项目的 β 值估计时，可以通过了解项目收入的周期性、经营杠杆、财务杠杆等来估计 β 值，这是一种定性的方法。

2. 用企业综合资金成本(WACC)来估计贴现率

用 CAPM 估计贴现率只适用于企业用权益资本进行投资；若企业用债务资本和权益资本共同进行投资，所要求的报酬率应至少等于企业的综合资金成本(WACC)，它是债务资本成本与权益资本成本的加权平均数。

一般确定 WACC 的方法是：公司各部门或公司根据现有项目的统计，计算出一个部门或公司的平均资本成本作为基本的 WACC，其对应的风险是平均风险。然后，把所有项目分成三类：高于平均风险的高风险类、平均风险类和低于平均风险的低风险类。在决策时，计算新项目的风险(如项目净现值的变异系数 CV)或市场风险(项目 β)，将它们与公司平均风险进行比较，属于高风险的，在基本 WACC 上提高 2~3 个百分点，属于低风险的，降低 1~2 个百分点，以此作为风险调整后的折现率，来计算项目的净现值。

RADR 法本质上与 CAPM 法相同，都是根据风险大小调整贴现率。所不同的是，CAPM 法以无风险收益率为基础来调整，较为客观，而 RADR 法则采用较为主观的方法来确定调整的幅度。

【例 5-14】当前的无风险报酬率为 5%，市场平均报酬率为 10%，甲项目的 $\beta=1.2$，乙项目的 $\beta=0.6$。

解：甲项目的必要报酬率：5%+1.2×(10%-5%)=11%

乙项目的必要报酬率：5%+0.6×(10%-5%)=8%

表 5-19 甲项目调整后净现值计算 金额单位：元

项目年限	净现金流量	现值系数(5%)	未调整现值	现值系数(11%)	调整后现值
0	-50 000	1	-50 000	1	-50 000
1	15 000	0.952 4	14 286	0.900 9	13 514
2	15 000	0.907	13 605	0.811 6	12 174
3	15 000	0.863 8	12 957	0.731 2	10 968
4	15 000	0.822 7	12 340	0.658 7	9 881
5	15 000	0.783 5	11 753	0.593 5	8 902
净现值			14 942		5 438

表 5-20　乙项目调整后净现值计算

金额单位：元

项目年限	净现金流量	现值系数(5%)	未调整现值	现值系数(8%)	调整后现值
0	-60 000	1	-60 000	1	-60 000
1	17 000	0. 952 4	16 190	0. 925 9	15 740
2	17 000	0. 907	15 419	0. 857 3	14 574
3	17 000	0. 863 8	14 685	0. 793 8	13 495
4	17 000	0. 822 7	13 986	0. 735	12 495
5	17 000	0. 783 5	13 320	0. 680 6	11 570
净现值			13 601		7 876

从净现值看，未调整贴现率时，甲项目要优于乙项目，调整后，乙项目要比甲项目好些。

此方法的优点是比较符合逻辑，应用广泛。缺点是把时间价值和风险价值混在一起，并据此对现金流量进行贴现，这意味着风险随着时间的推移而加大，有时与事实不符。

(二)按风险调整现金流量法

这种方法又称肯定当量法或确定等值法，首先按照一定的肯定当量系数将有风险的现金流量折算为无风险的当量现金流量，再利用无风险贴现率去计算净现值，以净现值法规则对风险投资项目进行评价。此方法可以与内部报酬率法结合使用。

$$NPV = \sum_{t=0}^{n} \frac{\alpha_t NCF_t}{(1+k)^t} \tag{5-21}$$

式中，α_t 为第 t 年现金流量的肯定当量系数。

$$\alpha_t = \frac{\text{确定 } NCF_t}{\text{风险 } NCF_t} \tag{5-22}$$

使用这种方法，首先要确定当量系数。肯定当量系数是指预计现金流入量中使投资者满意的无风险份额，可以由经验丰富的分析人员凭主观判断确定。这样一来，肯定当量系数可能会因人而异，偏好风险者会选用较高的肯定当量系数，而风险厌恶者可能会选用较低的当量肯定系数。为了防止因决策者的偏好不同而造成决策失误，有些公司选择根据现金流量的标准离差率来确定肯定当量系数。标准离差率和肯定当量系数的经验对照见表 5-21。

表 5-21　标准离差率与肯定当量系数对照

标准离差率	肯定当量系数
0. 00~0. 07	1
0. 08~0. 15	0. 9
0. 16~0. 23	0. 8
0. 24~0. 32	0. 7

续表

标准离差率	肯定当量系数
0.33～0.42	0.6
0.43～0.54	0.5
0.55～0.70	0.4

【例 5-15】 新希望公司准备投资一个项目，有甲、乙两个方案供选择，二者各年的现金流量和分析人员确定的肯定当量系数见表 5-22 和表 5-23，无风险报酬率为 5%，试判断哪个项目可行。

从净现值来看，如果不进行现金流量调整，甲项目要优于乙项目，经调整后，乙项目比甲项目要好些。

表 5-22　甲项目调整后现值计算　　金额单位：元

项目年限	有风险现金流量	现值系数	α_t	无风险现金流量	未调整现值	调整后现值
0	-40 000	1	1	-40 000	-40 000	-40 000
1	15 000	0.952 4	0.9	13 500	14 286	12 857
2	15 000	0.907	0.8	12 000	13 605	10 884
3	15 000	0.863 8	0.7	10 500	12 957	9 070
4	15 000	0.822 7	0.7	10 500	12 341	8 638
NPV					13 189	1 450

表 5-23　乙项目调整后现值计算　　金额单位：元

项目年限	有风险现金流量	现值系数	α_t	无风险现金流量	未调整现值	调整后现值
0	-45 000	1	1	-45 000	-45 000	-45 000
1	16 000	0.952 4	0.95	15 200	15 238	14 476
2	16 000	0.907	0.9	14 400	14 512	13 061
3	16 000	0.863 8	0.8	12 800	13 821	11 057
4	16 000	0.822 7	0.7	11 200	13 163	9 214
NPV					11 735	2 809

按风险调整现金流量法的优点是：克服了按风险调整贴现率法夸大远期风险的缺点，可以根据各年不同的风险程度分别采用不同的肯定当量系数。其缺点是：很难合理确定当量系数。

按风险调整贴现率法与按风险调整现金流量法都是投资风险分析的方法，二者的区别是：前者用调整净现值公式中分母的办法来考虑风险；后者则是用调整净现值公式中分子的办法来考虑风险。

四、风险应对的六种模式

无论是识别风险还是评估风险，最终都是为了应对风险。投资者应对风险的程序和措施如图 5-7 所示。

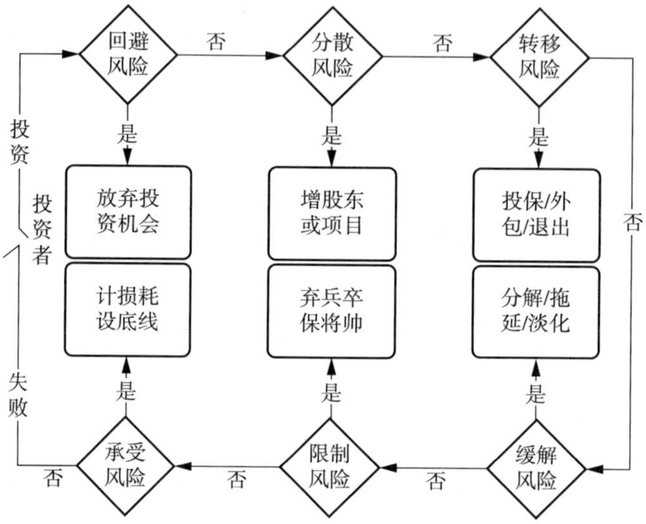

图 5-7　投资者应对风险的程序和措施

1. 回避风险

回避风险往往是投资决策的首选对策。如果评估结果表明投资风险超过投资者的承受能力或者超过机会收益，宁可放弃投资。不过，资本运营就是在机会和风险之间"走钢丝"的游戏。如果机会收益大于预期风险，为了抓住商机，投资者必须考虑下一步如何应对风险。

2. 分散风险

当风险无法回避时，就要考虑如何分散风险。分散风险的思路与物理学的原理相同，主要是通过扩大受压面积来减轻单位面积的压力。最简单的办法就是在扩大股东人数的同时增加投资项目。一个项目若需要投资 1000 万元，一旦投资失败，一个投资者将独自承担这 1000 万元的损失，而如果有 10 个投资者，则每人只需承担 100 万元的损失。股东越分散，承担风险的能力越强。股东数目为原来的 10 倍，虽然使每人承担的风险降至 1/10，但也会使每个投资者的回报相应缩水，为此需要以多元化投资组合进行对冲，把一篮子鸡蛋分散到若干个篮子里去。把 1000 万元的资金投入到 10 个不同的项目中，每个项目 100 万元，然后把每一个项目的收益加在一起，总投资收益仍不会降低。这就是投资基金的运行原理。

3. 转移风险

如果风险无法分散，就要考虑如何转移风险了。转移风险最简单的办法就是投保。如果在播种之前买了保险，一旦出现庄稼绝收，风险就会自然地转移到保险公司身上。

如果风险不能用投保的方式转移，可以考虑用外包的形式转移。例如，投资一个酒店，最大的收益来自客房租金，而最大的风险在于餐厅经营。但是，酒店不设餐厅又评不上星级，所以稳妥的方法就是把餐厅转包出去，把风险转给别人。

如果风险不能外包，还可以考虑融资退出。前面投资者的退出，就意味着机会和风险同时被转移给了后面接棒的投资者。从某种意义上说，融资是让渡机会，同时也是转移风险。

4. 缓解风险

如果风险无法转移，就要考虑缓解风险。一个风险可以在时间上分段化解，也可以在空间上分割消化，使风险的一次性冲击力得以降低。例如，当债务逾期的风险降临时，争取转贷就是分段化解债务风险的有效方法，每次借新款还旧债，都会为最终摆脱债务赢得喘息的机会。当经营成本上涨和市场销量下跌的风险同时降临时，分而治之也许是个有效的措施。为避免两线作战，可以先搁置市场开源的问题，集中精力解决成本节流的问题。等经营成本降下来了，再去拓展市场。

5. 限制风险

如果缓解风险的措施没有奏效，下一个步骤就是限制风险，其思路就是把必然降临的损失限制在局部范围内，避免造成全局"溃烂"。限制风险最常用的办法就是弃卒保帅、剪枝养干。当企业发生财务危机时，可以砍掉部分次要的项目，集中财力保证重点项目。很多企业最后的失败，都是从被夹住一个手指头开始的；为了拔出手指，反而把胳膊卷进去了，为了救出胳膊，最后连脑袋带身体一起陷入绝境。这时候，最明智的措施就是采取限制风险的果断措施，挥刀断臂，以免全军覆没。

6. 承受风险

如果前面所有的手段都使用过仍旧无效，就只有硬着头皮承担风险了。这时候，需要做的是提高自己承担风险的心理素质，把损失计入风险预防成本，最后设置止损线，一旦风险损失超过止损线，立即放弃。

思考题

1. 估算资本预算项目的现金流量时，需注意哪些因素？

2. 简述四种投资项目动态评价指标的优缺点及适用范围。

3. 根据价值最大化目标，资本预算项目的基准收益率该如何确定？

4. 如果让你承包经营一个学校附近的超市，你认为可能会遭遇哪些风险？你会如何进行风险管理？

第六章 公司融资决策

公司出于三种目的筹集资金，即改变索取权结构、偿还债务和扩大规模。资金从何而来？各种来源的资金以何种形式利用？如何为公司筹集足够的资金以保证公司足以利用资本市场和产品市场的投资机会？如何尽可能地降低融资成本？这些都是融资决策的核心内容。公司融资决策的基本原则是低成本、足额、及时、融资风险与资产风险相匹配。本章的重点为资本成本的计算，杠杆效应的计算与分析，基于法律、市场和公司财务表现的融资方式的比选。

第一节 公司融资概论

一、公司金融目标对融资决策的要求

在公司价值最大化的目标下，公司融资决策的标准是：选择使投资项目价值最大化并与资产相匹配的融资组合，如图 6-1 所示。本教材第一章阐述净现值理论时，我们已经知道资产未来持续期间内的现金流量的现值之和就是资产的价值。第五章也详细阐述了投资项目净现值的计算，在初始投资额一定的情况下，净现值越高，项目的价值越大。计算净现值时有四个关键参数：项目的寿命周期、项目经营现金流量、项目初始投资（初始现金流量）、贴现率。其中，贴现率就是由融资组合来决定的。当然，融资的成本也会影响现金流量。要降低融资成本，首先要选择成本低的融资方式，其次是使融资期限与资产构建期限、现金回流的时限保持一致，融资风险与资产风险相匹配。

二、公司融资的动机与机遇

1. 融资动机

融资动机是指公司筹措资本的基本目的。一般包括以下四种：①扩张型动机，包括对外扩张和内部投资。对外扩张投资包括以取得控制权为目的的并购投资、以资本利得为目的的股权投资和债权投资。内部投资主要指公司生产规模的扩张，如购置、建造或改良固定资产，购买无形资产等。企业扩张时，总是集中需要大量的资本。②改变索取权结构并改善公司治理动机，即主动采取股权融资或债务融资来调整原有的资本结构，调整股东的索取权与债务人的约束作用，改善公司治理。③偿债动机。当公司没有足够的现金余额用于偿还到期债务时，必须进行融资以偿还到期债务。④混合型动机，兼具上述三种动机的特点。

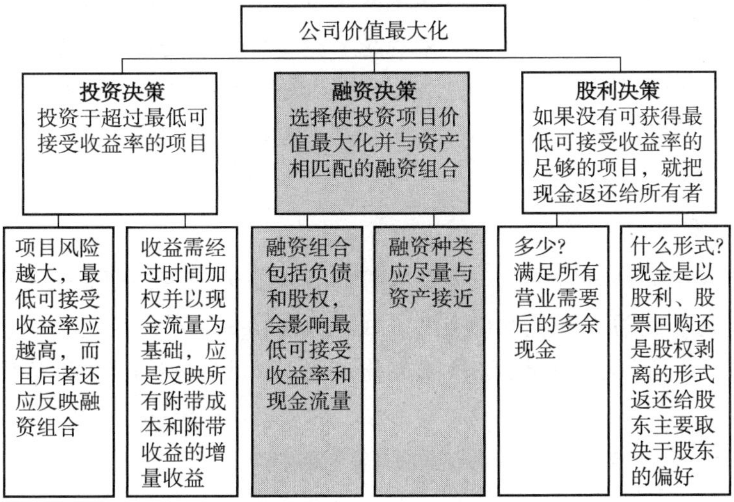

图 6-1 公司价值最大化目标下的融资决策要求

2. 公司融资机遇分析

融资机遇分析是指根据宏观经济金融环境、行业地方环境、公司自身资质，考虑某一特定时期是否适合融资，该采取哪种方式融资。需考虑的因素包括：①宏观经济金融环境。经济环境包括经济周期、货币政策、财政政策、国际收支均衡状态、政治政策的稳定性及法律规章等。这些因素决定公司融资成本高低及所融资本的投资报酬率。金融环境包括资本市场特征，主要包括一级市场的竞争情况和制度规制，如 IPO 及 Follow-ons(公开市场再融资)，二级市场的走势及投资者信心。这些因素影响公司融资的规模，决定了融资的成功概率。②行业地方环境，包括行业竞争格局、竞争对手的特点、产品寿命周期、地方投融资环境等。③公司自身资质，包括公司规模、市场势力、经营时长、在资本市场的形象，也包括公司的盈利能力、偿债能力、未来发展前景、公司现有的融资结构、项目投资规模及资金需求量的估算等，将在后续融资案例中展开阐述。

三、公司融资的渠道与方式

(一)公司融资的主要渠道

公司融资渠道是指公司筹集资本的途径。弄清融资渠道的种类以及每种渠道的特点，有利于公司充分开拓和正确利用融资渠道。目前，我国公司的融资渠道主要有七种：①吸收财政资本。尽管随着市场机制的不断完善，国家财政资本越来越少，但对基础性产业和公益性产业来说，这还是一个十分重要的渠道。②银行信贷资本。银行对企业的各种贷款，是各类公司重要的资本来源。商业银行根据偿还性原则和择优发放原则，为各类企业提供商业性贷款，部分银行提供政策性贷款。③非银行金融机构的资本。非银行金融机构包括信托投资公司、租赁公司、保险公司、证券公司、企业集团的财务公司等，它们有的承销证券，有的融资、融物，为了特定目的而积聚资金。④其他企业资本，如供应商和客户的资本。一些公司在生产经营过程中会形成部分暂时闲置的资本，有时为了一定的目的，公司间也会相互投资。⑤民间资本。主要指社会公众持有的资本。随着资本市场的发展及金融工具的创新，这种渠道的资本来源越来越重要。⑥公司留存盈利和折旧、摊销资本。这是企业内部积累的资本。⑦境外资本。指来自境外政府、非政府机构、法人投资者、个人投资者的资本。在资本国际流动壁垒越来越低、限制越来越少的今天，境外资本渠道的重要性在不断提升。

（二）公司融资方式

公司融资方式指公司筹措资本所采取的具体方式，体现了公司索取权的性质，即投资者参与公司控制权、收益权分配的特点及方式，具体由每一种融资方式下投融资双方签订的金融契约来规定，包括标准化和非标准化契约。可以从不同的角度对融资方式进行分类。

1. 按是否借助资金中介，可分为直接融资和间接融资

直接融资是指融资者发行证券或与资本所有者直接缔约的融资方式，即便借助了中介机构，中介机构也仅仅是承担鉴证、承销等，不承担投资者风险。间接融资是指资本所有者将资本的使用权让渡给某一中介机构，如银行，由这一中介机构代为投资，资本所有者并不直接与融资方签订金融契约，如银行信贷。两种模式如图 6-2 所示。

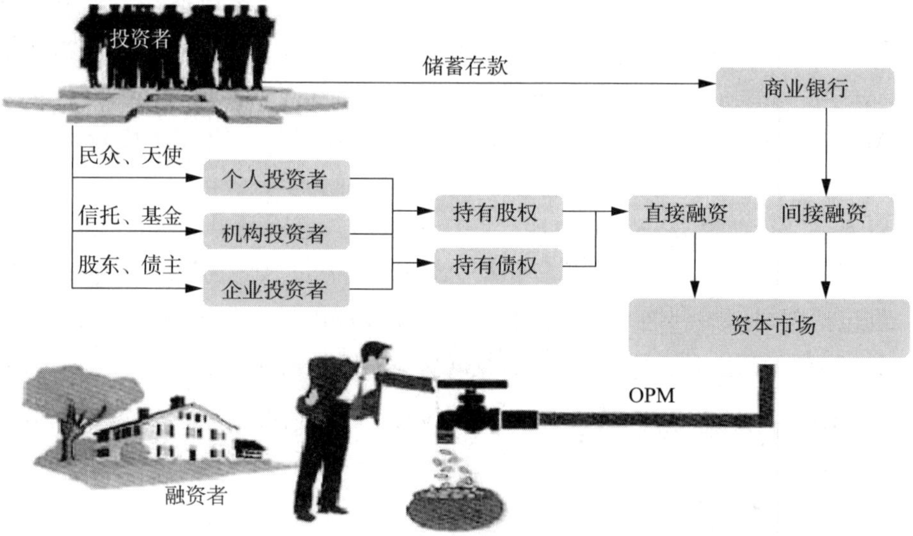

图 6-2　公司融资方式

注：OPM（Other People's Money）意味着用他人的钱来浇灌自家的园子。站在公司角度，意味着如何充分利用投资者的资本为自身发展服务。

2. 按索取权特征，可分为股权融资、债权融资和混合型融资

股权融资是指融资者以出让公司所有权为代价取得的资本。投资者出让资金的使用权后，成为受资企业的股东或业主。

债权融资主要是以按时还本付息为代价取得资本的方式，如发行债券、银行借款等。债权融资相当于寅吃卯粮，融资者未来有偿债压力。债权投资者一般只拥有状态依存的公司控制权，即只有某种契约中规定的情形出现时，如公司不能按期偿还债务本金或按期支

付利息，债权人才拥有公司控制权。

混合型融资既有股权融资的特点，也有债权融资的特点，如优先股、可转债，本章第四节将详细叙述。

3. 按资金的来源，可分为外部融资和内部融资

外部融资是指公司向公司外部的资本所有者(如国家、法人、社会等)筹集资本。内部融资就是指公司自身的积累，如留存盈利。

不同类型融资方式的含义及优劣见表6-1。

表6-1 不同类型融资方式的含义及优劣

分类标准	类型	含义	优劣及其他要点
索取权特征	股权融资	①也称股东权益资本、自有资本、主权资本，是公司依法长期拥有、能够自主调配运用的资本；②股权资本形成了公司的所有者权益	财务风险小，但付出的资本成本相对较高
	债权融资	公司按合同取得的在规定期限内需要清偿的债务	具有较大的财务风险，但付出的资本成本相对较低
	混合融资	衍生工具融资：可转换债券(兼具股权与债务特性)、优先股	兼具股权、债权融资方式的优势，但融资条件较苛刻
是否借助资金中介	直接融资	①直接与资金供应者协商筹集资金；②包含发行股票、发行债券、吸收直接投资、民间借贷、互联网P2P借贷、众筹等	①手续较复杂，融资费用较高；②融资领域广阔，能够直接利用社会资金，有利于提高公司的知名度和资信度
	间接融资	①公司通过银行和非银行金融机构筹集的资金，银行或非银行金融机构承担投资风险；②主要有银行借款、信托贷款、金融租赁公司的融资租赁等	融资手续比较简便，融资效率高，融资费用较低，但容易受金融政策的制约和影响
资金的来源	内部融资	公司通过利润留存、提取折旧等方式形成的融资来源，无融资费用	①一般无须花费融资费用，可降低资本成本，但融资金额有限 ②公司融资时，首先应利用内部融资，再考虑外部融资
	外部融资	向公司外部筹措资金	需要花费一定的融资费用，具有大额性、集中性等特点

注：表中仅列示常见的分类方式，并未列示所有分类方式。

4. 融资方式的选择

每一种融资方式都有自身的特点，该如何进行选择呢？可以先比较不同融资方式的突出特点，再根据公司自身素质做出选择。

从融资者的角度，应考虑以下四个方面：

(1)融资成本的高低。一般来说，股权融资成本高于债权融资成本。常见的融资方式，按成本从低到高排序依次是银行贷款、信托贷款、债券、股票等。而商业信用，有现金折

扣时，公司在折扣期内使用商业信用，则不产生资本成本；如果放弃现金折扣，则成本很高。如果公司采用展期信用强行融资，则其所形成的资本成本就比放弃现金折扣还要高出许多。因为这时除了放弃的现金折扣的成本外，还要承担信用等级下降、声誉受损等严重后果。

（2）融资风险的大小。融资风险的大小是指融资过程的风险与融资后融资方对投资者的履约风险。融资过程中的风险取决于融资的方便程度、法律约束、市场反应等。融资方对投资者的履约风险通常取决于公司违约是否会导致投资者的财务约束与法律制约行为、是否有可能导致公司破产。据此可以判断，各种融资方式的融资风险从小到大依次是股票、商业信用、商业票据贴现、发行债券、信托贷款、银行贷款。

（3）融资机动性的大小。融资机动性是指公司在需要流动资本时能否顺利地筹集到，而不需要资本时又能及时归还，并且提前还款时不会遭受损失。据此，机动性从大到小排序依次是商业信用、票据贴现、银行贷款、信托贷款、债券和股票。

（4）融资的方便程度。公司融资是否方便，主要有两方面的含义：一是公司能否通过某种融资方式顺利地获得所需资本的自主权以及这种自主权的大小；二是指投资人（股东或债权人）是否愿意提供资本以及提供资本的条件是否苛刻、手续是否烦琐。依此，各种融资方式的融资方便程度由易到难排序依次是商业信用、商业票据贴现、非上市公司的股权融资、银行贷款、信托贷款、公开发行股票、公开发行债券等。

上述四个方面都在不同程度上制约着公司融资方式的选择。其中，成本、风险和机动性是公司选择融资方式的决定性因素。此外，公司还要考虑不同发展时期适合的融资方式。图 6-3是美国投资银行给处于不同发展阶段的企业的融资方式建议。

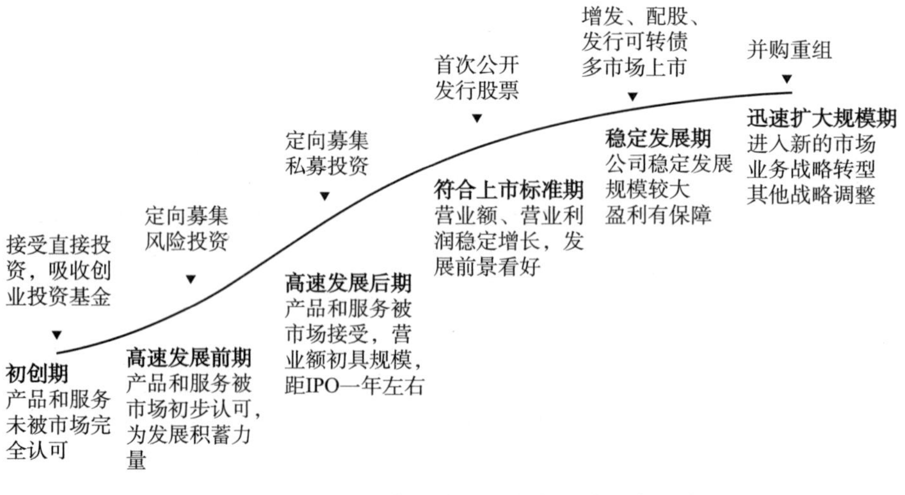

图 6-3　处于不同发展阶段公司常用的融资方式

如图 6-3 所示，投资银行对初创期的公司投入风险资本，然后随着公司的发展壮大，依次推出直接股权融资、公开发行股票、增发股票或债券、发行可转债、并购。

四、资本成本与杠杆效应

（一）资本成本

1. 资本成本的含义及其影响因素

资本成本是指公司为筹集和使用资金而付出的代价，包括融资费和占用费两部分。融资费是指企业在资本筹措过程中发生的手续费、咨询费、佣金等，被视为融资数量的一项扣除，融资费用的比例没有定数。占用费是指公司在资本使用过程中因占用资本而支付给投资者的报酬，是资本成本的主要内容。资本成本是比较融资方式、选择融资方案的依据，是衡量资本结构是否合理的依据，是评价投资项目可行性的主要标准（投资项目最低可接受收益率），还是评价公司整体业绩的重要依据（企业的生产经营活动，实际上就是所筹集资本经过投放后形成的资产营运，公司的总资产报酬率应高于其用相对数表示的平均资本成本，才能带来剩余收益）。

公司运作的资本，不管是股权资本还是债务资本，均来自资本市场的投资者，投资者投资的预期报酬率构成了资本成本率的重要组成部分。我们知道：

投资者要求的必要报酬率=无风险报酬率+风险补偿

风险补偿通常包括流动性风险补偿、通货膨胀风险补偿、期限风险补偿和违约风险补偿等。影响无风险利率的因素和各种风险因素都是资本成本的影响因素，见表6-2。

表6-2 资本成本的影响因素

影响因素	含义	影响表现形式
总体经济环境（影响无风险报酬率和通货膨胀率）	决定公司所处的国民经济发展状况和水平、预期的通货膨胀等	国民经济保持健康、稳定、持续增长，整个社会经济的资金供给和需求相对均衡且通货膨胀水平低，资金所有者投资的风险小，预期报酬率低，融资的资本成本相应就比较低
资本市场条件（影响流动性风险补偿）	资本市场的效率和风险、投资者结构等	如果资本市场缺乏效率，证券的市场流动性低，则投资者投资风险大，要求预期报酬率高
公司经营状况和融资状况（影响违约风险补偿）	经营风险、财务风险和治理风险共同构成企业总体风险	如果企业经营风险高，财务风险大，则企业总体风险水平高，投资者要求预期报酬率高
企业融资规模和时限需求（影响违约风险补偿和期限风险补偿）	①一次性筹集的资金规模大、占用资金时限长，资本成本就高；②融资规模、时限与资本成本的正向相关性并非线性关系，当融资规模突破一定限度时，才会引起资本成本的明显变化	

2. 资本成本的计算

（1）两种计算模式。

资本成本一般以相对数表示。按照是否考虑时间价值，其计算方法可分为两种模式。

第一种是简单模式：不考虑时间价值。计算公式为

$$个别资本成本=\frac{税后的资本占用费}{融资额-融资费}\times100\%=\frac{资本占用费\times(1-所得税税率)}{融资额\times(1-融资费率)}\times100\% \tag{6-1}$$

式中，资本占用费通常指利息、股利，因为利息、股利一般按年度支付，故计算出来

的一般是年化的资本成本率。

第二种是贴现模式：考虑时间价值。计算公式为

$$\sum_{t=1}^{n}\frac{\mathrm{NCF}_t}{(1+i)^t}=P_0 \tag{6-2}$$

式(6-2)的含义与第四章“公司整体价值评估”中的折现法估价模型一致，其中的贴现率 i 就是资本成本。

一般来说，如果各年的资金占用费相同，且计息期与债权人报价利率的计息期一致，就可直接用第一种模式；如果每年的资金占用费不同，或者没有直接说明多少资金占用费，或者计息期与报价利率计息期不一致，或者以等额偿还本息或分次偿还本息的情况，则使用第二种模式计算资本成本。

【例 6-1】 某公司发行三年期债券，面值 100 元，平价发行，票面利率为 10%，融资费率为 2%，所得税税率为 25%，则该债券的资本成本是多少？

采用第一种模式计算，该债券的资本成本为

$$100\times10\%\times(1-25\%)/100(1-2\%)=7.65\%$$

【例 6-2】 某高新技术开发区获得一笔信托贷款 65 000 万元，期限为 17 年。信托机构承诺一次性放款，要求该高新技术开发区每年末偿还 9 000 万元。该高新技术开发区希望估算该笔贷款的成本。

利用第二种模式，税前资本成本率为 11.75%，税后资本成本为 8.81%[11.75%(1-25%)]。计算过程见表 6-3。

表 6-3 信托贷款资本成本估算

指标	1	2	3	4	5	6	7	8	9	10	11	12	13	14	15	16	17	本金
年金(万元)	9 000	9 000	9 000	9 000	9 000	9 000	9 000	9 000	9 000	9 000	9 000	9 000	9 000	9 000	9 000	9 000	9 000	65 000
折现系数	0.894 8	0.801	0.716 5	0.641 2	0.57	0.51	0.46	0.41	0.37	0.33	0.29	0.26	0.24	0.21	0.19	0.17	0.15	
年金现值(万元)	8 053.5	7 207	6 448.8	5 770.6	5 164	4 621	4 135	3 700	3 311	2 963	2 651	2 372	2 123	1 900	1 700	1 521	1 361	65 000.5

折现系数 $=1/(1+0.11\,752)^t$。计算过程由 EXCEL 完成。当然，还可以用内插法计算，具体算法参见第五章内部报酬率的计算。

实践中，还有两种更复杂的融资活动：第一种是融资过程中要支付评估费、融资顾问费，而且支付的时间不一样，债权人要求设立偿债基金，分期偿还本息，且每年不一样。第二种情况是规定年度利息，却按季度或月度付息，这时候真正的利息率(有效利率)高于借贷协议的报价利率，所以需要求出有效利率。这两种情况都可采用第二种资本成本的计算模式，做出现金流量图，采用内插法不断尝试，即可求出结果。

(2) 个别资本成本的计算。

个别资本成本是指单种不同性质的资本来源的资本成本，如债务资本成本(含债券资

本成本、借款资本成本)、股权资本成本(含普通股资本成本、优先股资本成本及留存收益资本成本)。因投资者的收益索取权不一样,每一种性质的资本成本的计算公式也不同,具体见表6-4。

表6-4 个别资本成本的计算公式

资本性质	计算模式	计算公式
长期借款	债务资本成本一般计算模式	$K_b=\dfrac{\text{年利率}\times(1-\text{所得税税率})}{1-\text{手续费率}}\times100\%=\dfrac{i(1-T)}{1-f}\times100\%$ 式中,K_b 为银行借款资本成本率;i 为银行借款报价利率;f 为融资费用率;T 为所得税税率
	贴现模式(通用模式)	$M(1-f)=\sum_{t=1}^{n}\dfrac{I_t(1-T)}{(1+K_b)^t}+\dfrac{M}{(1+K_b)^n}$ 式中,M 为名义借款额(或者合同约定借款额);I_t 为第 t 期利息额;n 为计息期数
发行债券	一般模式(简化模式)	$K_b=\dfrac{\text{年利息}\times(1-\text{所得税税率})}{\text{债券融资总额}\times(1-\text{手续费费率})}\times100\%=\dfrac{I(1-T)}{L(1-f)}\times100\%$ 式中,L 为公司债券融资总额(特别注意,应该是债券发行收入);I 为公司债券年利息(按债券面值和约定票面利息率计算)
	贴现模式(通用模式)	$L(1-f)=\sum_{t=1}^{n}\dfrac{I_t(1-T)}{(1+K_b)^t}+\dfrac{M}{(1+K_b)}^{n}$ 式中,L 为债券发行价格;I_t 为第 t 期利息额(按债券面值和约定票面利息率计算);M 为债券面值
发行普通股	股利增长模型法	假定资本市场有效,股票市场价格与价值相等。假定某股票本期支付的股利为 D_0,未来各期股利按 g 速度增长。目前,股票市场价格为 P_0,则普通股资本成本为 $K_s=\dfrac{D_0(1+g)}{P_0(1-f)}+g=\dfrac{D_1}{P_0(1-f)}+g$
	资本资产定价模型法	假定资本市场有效,股票市场价格与价值相等,无风险报酬率为 R_f,市场平均报酬率为 R_m,某股票贝塔系数为 β,则普通股资本成本为 $K_s=R_s=R_f+\beta\times(R_m-R_f)$

注:融资租赁的资本成本只能采用第二种模式,故计算公式与长期借款的贴现模式相同。留存收益的资本成本同普通股票的资本成本,但没有融资费用。优先股资本成本可用普通股的股利增长模型估算。

【例6-3】某企业取得5年期长期借款200万元,年利率10%,每年付息一次,到期一次还本,借款费用税率为0.2%,企业所得税税率为20%,该项借款的资本成本率为

$$K_b=\frac{10\%(1-25\%)}{1-0.2\%}=7.52\%$$

【例6-4】某公司拟添置一套市场价格为6000万元的设备,需筹集一笔资金。现有三个融资方案可供选择(假定各方案均不考虑融资费用):①发行普通股。该公司普通股的β系数为2,一年期国债利率为4%,市场平均报酬率为10%。②发行债券。债券期限为10年,票面利率为8%,按面值发行,每年计息一次。公司适用的所得税税率为25%。③融资租赁。租期为6年,每年租金为1400万元,期满租赁资产残值为零。

表 6-5　时间价值系数

K	$(P/F, K, 6)$	$(P/A, K, 6)$
10%	0.5645	4.3553
12%	0.5066	4.1114

要求：①利用资本资产定价模型计算普通股资本成本；②利用非折现模式（即一般模式）计算债券资本成本；③利用折现模式计算融资租赁资本成本；④根据以上计算结果，为该公司选择融资方案。

解：①普通股资本成本 $=4\%+2\times(10\%-4\%)=16\%$

②债券资本成本 $=8\%\times(1-25\%)=6\%$

③ $6000=1400\times(P/A, i, 6)$，即 $(P/A, i, 6)=6000/1400=4.2857$

因为　$(P/A, 10\%, 6)=4.3553$，$(P/A, 12\%, 6)=4.1114$

所以　$(12\%-i)/(12\%-10\%)=(4.1114-4.2857)/(4.1114-4.3553)$

解得　$i=10.57\%$

④由于债券融资资本成本最低，所以应该选择的融资方案是发行债券。

（3）加权资本成本。

加权资本成本是以各项个别资本占企业总资本的比重为权数，对各项个别资本成本率进行加权平均而得到的总资本成本率。计算公式为

$$K_W = \sum_{j=1}^{n} K_j W_j \tag{6-3}$$

式中，K_W 为加权平均资本成本。K_j 为第 j 种个别资本成本，用本节中的个别资本成本计算办法确定。W_j 为第 j 种个别资金占全部资本的比重（权数），一般有三种方法来确定：①按资产负债表中各种资本账面价值占总资本账面价值的比重来确定，但当债券、股票等账面价值与市场价值差异较大时，按账面价值计算的权重将直接影响综合资本成本的准确性；②按每种性质的资本市场价值占公司价值的比重来确定权重，但市场价值不稳定，且对非上市证券来说难以取得市场价值；③按目标资本结构中各种资本所占比重来确定。实践中，按信息的可获取性来选择权重的计算方法。

【例 6-5】科达公司 2019 年期末的长期资本账面总额为 1000 万元。其中：银行长期贷款 400 万元，占 40%；长期债券 150 万元，占 15%；普通股 450 万元，占 45%。个别资本成本分别为 5%、6%、9%。普通股市场价值为 1600 万元，债务市场价值等于账面价值，则该公司的平均资本成本是多少？

解：由题意可知，确定权重的方法有按账面价值和按市场价值两种。

按账面价值计算资本成本：

$$K_W=5\%\times40\%+6\%\times15\%+9\%\times45\%=6.95\%$$

按市场价值计算资本成本：

$$K_W=\frac{5\%\times400+6\%\times150+9\%\times1600}{400+150+1600}=\frac{173}{2\ 150}=8.05\%$$

由计算结果可知，权重对加权资本成本有着重要影响。

（二）杠杆效应

杠杆是物理学的概念，金融学领域也有同等概念。在公司金融活动中，因为一些固定性费用的存在，如长期使用的资产的折旧费，债务资本的利息费用等，可能导致这样一种现象，当某一变量如销售收入发生较小幅度的变化时，会导致其他相关变量发生同等比例或更大比例的变化。这种现象叫作杠杆效应。公司金融中这种杠杆效应有三种形式，即经营杠杆、财务杠杆和总杠杆。

1. 经营杠杆

经营杠杆是指由于固定性经营成本的存在而使得企业的资产报酬（息税前利润，即EBIT）变动率大于业务量变动率的现象。经营杠杆效应的大小用经营杠杆系数（Degree of Operation Leverage，DOL）来衡量，即息税前利润变动率相当于产销业务量变动率的倍数。计算公式如下：

$$DOL=\frac{\text{息税前利润变动百分比}}{\text{销售变动百分比}}=\frac{\Delta EBIT/EBIT}{\Delta S/S} \tag{6-4}$$

$$=\frac{(P-AVC)\Delta Q}{(P-AVC)Q-FC}\bigg/\frac{\Delta Q}{Q}=\frac{(P-AVC)Q}{(P-AVC)Q-FC}$$

$$=\frac{S-VC}{S-VC-FC} \tag{6-5}$$

式中，S表示销售额；P表示销售价格；Q表示销售数量；AVC表示单位变动成本；VC表示可变成本；FC表示固定成本。在假定价格不变的情况下，销售额的变化等于$P\times\Delta Q$，而且$\Delta EBIT=(P-AVC)\times\Delta Q$，这样就可以由定义计算式（6-4）推导出简单计算式（6-5）。当然，也可以假定销售量不变而价格发生变化，计算公式相同。

式（6-5）表明，在企业不发生经营性亏损、息税前利润为正的前提下，经营杠杆系数最低为1，不会为负数；只要有固定性经营成本存在，经营杠杆系数总是大于1，而且固定成本越大，经营杠杆系数越大。而其他条件不变时，销售额越大，经营杠杆系数越小；反之，经营杠杆系数越大。在销售额处于盈亏临界点时，经营杠杆系数趋于无穷大。经营杠杆本身并不是资产报酬不确定的根源，只是资产报酬波动的表征。但是，经营杠杆放大了市场和生产等因素变化对利润波动的影响。经营杠杆系数越高，表明同等幅度的销售增减引致的资产报酬等利润波动程度越大，经营风险（因公司外部市场环境的变化、公司内部成本技术等因素的变化而导致经营亏损的风险）也就越大。

2. 财务杠杆

财务杠杆是指由于固定性资本成本（固定利息、固定融资租赁费）的存在，而使企业的普通股收益（或每股收益EPS）变动率大于息税前利润变动率的现象。财务杠杆反映了股权资本报酬的波动性，用以评价企业的财务风险。当有固定利息费用等资本成本存在时，如果其他条件不变，息税前利润的增加虽然不改变固定利息费用总额，但会降低每一元息税前利润分摊的利息费用，从而提高每股盈余，使得普通股盈余的增长率大于息税前利润的增长率，进而产生财务杠杆效应。

财务杠杆效应的大小以财务杠杆系数（Degree of Finance Leverage，DFL）来衡量，是普

通股每股利润的变动率相当于息税前利润变动率的倍数，计算公式为

$$财务杠杆系数(DFL)=\frac{普通股每股净利润变动率}{息税前利润变动率}=\frac{\Delta EPS/EPS}{\Delta EBIT/EBIT} \quad (6-6)$$

如果企业没有融资租赁和优先股，则

$$财务杠杆系数(DFL)=\frac{基期息税前利润}{基期息税前利润-基期利息费用}=\frac{EBIT}{EBIT-I} \quad (6-7)$$

如果企业还有优先股，需支付优先股股利，则

$$DFL=\frac{EBIT}{EBIT-I-[PD/(1-t)]} \quad (6-8)$$

式中，PD 表示优先股股利；t 指所得税税率。

式(6-7)中，EBIT、I 分别表示基期息税前利润、利息。公式的推导过程如下：

$$DFL=\frac{\Delta EPS/EPS}{\Delta BIT/EBIT}$$

$$\begin{aligned}\Delta EPS &=\frac{(EBIT+\Delta EBIT-I)(1-T)}{N}-\frac{(EBIT-I)(1-T)}{N}\\ &=\frac{\Delta EBIT\times(1-T)}{N}\end{aligned}$$

$$\begin{aligned}DFL &=\frac{\Delta EBIT\times(1-T)}{N}\times\frac{N}{(EBIT-I)(1-T)}\times\frac{EBIT}{\Delta EBIT}\\ &=\frac{EBIT}{EBIT-I}\end{aligned}$$

从计算公式可看出，在 EBIT 既定的情况下，固定性的利息费用越高，则财务杠杆系数越大，而且只要有固定性的利息费用，财务杠杆系数就大于 1。财务杠杆系数越大，财务风险(采用债务融资可能导致的违约风险或不能按期还本付息的风险)越大。

3. 总杠杆

经营杠杆和财务杠杆可以单独发挥作用，也可以综合发挥作用，总杠杆是用来反映二者之间共同作用结果的。总杠杆是指由于固定经营成本和固定资本成本的存在，导致普通股每股收益变动率大于产销业务量的变动率的现象。

总杠杆效应的大小以总杠杆系数(Degree of Total Leverage，DTL)来衡量，即普通股盈余变动率与销售额变动率的倍数。其计算公式为

$$DTL=\frac{普通股盈余变动率}{变动率}=\frac{\Delta EPS/EPS}{\Delta S/S} \quad (6-9)$$

$$DTL=DOL\times DFL \quad (6-10)$$

一般来说，固定资产比重较大的资本密集型产业，经营杠杆系数大，经营风险也大。企业融资宜以股权为主，以保持较低的财务杠杆系数，通过降低财务风险来降低总体风险。在变动成本比重较大的劳动密集型企业，固定成本低，经营杠杆系数低，经营风险小，公司融资适宜多采用债务型融资，通过降低综合资本成本来增加公司的价值。而处于初创期的公司产品市场占有率低，销售额小，经营杠杆系数大，此时公司融资主要依靠权益资本，在较低程度上使用财务杠杆；到了成熟期，产品市场占有率高，销售额大，经营

杠杆系数小，此时企业资本结构中可扩大债务资本，在较高程度上使用财务杠杆。

4. 三种杠杆效应的计算与分析

【例 6-6】 假定有两家公司 A 和 B，相关数据见表 6-6。现假设两家公司的销售额在下一年都增长 50%(不需要追加新的生产设备)。你认为哪家公司的销售对 EBIT 的影响更大？两家公司的经营杠杆系数各是多少？哪家的经营风险更大？请解释一下，是哪些原因导致了这些差异。

解： 两家公司销售增长 50%后的 EBIT 变动情况及 DOL 见表 6-7。

表 6-6 A、B 两家公司的初始情况 金额单位：元 币种：人民币

财务指标	A 公司	B 公司
营业收入	1 500 000	1 500 000
营业成本	1 000 000	1 000 000
其中：固定成本	700 000	300 000
可变成本	300 000	700 000
EBIT	500 000	500 000
固定成本/销售收入	46.7%	20%
固定成本/总成本	70%	30%

表 6-7 销售额增加 50%后 A、B 两家公司的 EBIT 和 DOL

金额单位：元 币种：人民币

财务指标	A 公司	B 公司
营业收入	2 250 000	2 250 000
营业成本	1 150 000	1 350 000
其中：固定成本	700 000	300 000
可变成本	450 000	1 050 000
EBIT	1 100 000	900 000
ΔEBIT	600 000	400 000
ΔEBIT/EBIT	120%	80%
DOL	2.4	1.6

计算结果表明，同等幅度的营业收入变化，EBIT 的变化率各不相同，A 公司为 120%，B 公司为 80%，从而导致了其 DOL 的差异。两者的区别就是固定成本占总成本(或营业收入)的比重不同，A 公司的固定成本比重大，同等情况下，DOL 大，因而经营风险也大。这说明，相同条件下，固定成本的比重越高，DOL 越大，经营风险越大。这从理论上证明了公司营销战略和轻资产战略的重要性。

【例 6-7】 现假设 A、B 两家公司的总资本均为 500 万元。其中，A 公司全部为股权资本，共 50 万股；B 公司资产负债率为 50%，债务利息率为 12%，股票总数为 25 万股；所得税税率为 30%(便于计算)。请计算公司销售收入增加 50%后对 EPS 的影响，并计算两家公司的 DFL，分析计算结果。

解： 首先，按目前的股权与债务的结构计算销售收入变化前的EPS，见表6-8。

表6-8 初始情况下A、B两家公司的每股盈余和财务杠杆

金额单位：元 币种：人民币

财务指标	A公司	B公司
EBIT(表6-6初始情况)	500 000	500 000
利息	0	300 000 (50%×500万×12%)
EBT=EBIT-I	500 000	200 000
T=EBT×30%	150 000	60 000
EAT=EBT-T	350 000	140 000
PD(优先股股利)	0	0
EACS=EAT-PD	350 000	140 000
CS(普通股股数)	500 000	250 000
EPS=EACS/CS	0.7	0.56

根据式(6-8)计算初始情况下的A、B两家公司财务杠杆，分别为1和2.5。

其次，接表6-7继续计算收入增长50%以后的每股收益，见表6-9。

表6-9 收入增长50%以后A、B两家公司的每股盈余和财务杠杆

金额单位：元 币种：人民币

财务指标	A公司	B公司
EBIT(续表6-7)	1 100 000	900 000
ΔEBIT/EBIT	120%	80%
利息	0	300 000(i=12%)
EBT=EBIT-I	1 100 000	600 000
T=EBT×30%	330 000	180 000
EAT=EBT-T	770 000	420 000
PD(优先股股利)	0	0
EACS=EAT-PD	770 000	420 000
CS(普通股股数)	500 000	250 000
EPS=EACS/CS	1.54	1.68
ΔEPS	0.84=1.54-0.7	1.12=1.68-0.56
ΔEPS/EPS	120%	200%
DFL	1.00	2.50

计算结果显示了两个重要结论：

(1) 资产报酬率(即EBIT/总资产)与债务利息率决定了财务杠杆利益或损失。

由表 6-8 和表 6-9 可知，债务水平不同，同等的 EBIT 和所得税税率情况下计算出来的 EPS 各不相同，但表 6-8 和表 6-9 显示了两种截然不同的结果。在表 6-8 的初始情况下，总资产报酬率(ROA)为 10%，低于债务利息率 12%，有债务的 B 公司每股盈余 0.56，比无债务的 A 公司的每股盈余 0.7 要低；但在表 6-9 中，ROA 分别为 22%、18%，高于债务利息率 12%，有债务的 B 公司每股盈余 1.68，比无债务的 A 公司的每股盈余 1.54 要高。

这种现象可以总结为以下规律：当总资产报酬率>债务利息率时，同等条件下采用债务融资可提高 EPS，此为财务杠杆收益；当总资产报酬率<债务利息率时，同等条件下采用债务融资可提高 EPS，此为财务杠杆损失；当总资产报酬率=债务利息率时，同等条件下债务融资与股权融资无差别，无财务杠杆效应。

那么，此种结论是不是在任何条件下均成立呢？请比较以下指标：总资产报酬率(EBIT/平均总资产)和债务利息率、优先股股利支付率/(1-所得税税率)。

我们将每股盈余换成异曲同工的净资产收益率(ROE)来证明上述规律。

$$\because \text{ROE}=\frac{(\text{EBIT}-I)(1-t)}{S+B}\times\frac{S+B}{S}$$

$$=\frac{(\text{EBIT}-I)}{S+B}\times\frac{S+B}{B}\times\frac{B}{S}\times(1-t)$$

$$=\left[\frac{\text{EBIT}}{S+B}\times\frac{S+B}{B}\times\frac{B}{S}-\frac{I}{S+B}\times\frac{S+B}{B}\times\frac{B}{S}\right](1-t)$$

$$=\left[\frac{\text{EBIT}}{S+B}+\left(\frac{\text{EBIT}}{S+B}-\frac{I}{B}\right)\frac{B}{S}\right](1-t)$$

$$=\left[\text{ROA}+(\text{ROA}-i)\right]\frac{B}{S}(1-t)$$

$\therefore$ ROE 比 ROA 高还是低取决于(ROA$-i$)的正负。

假设 $t=0$，则当 ROA$>i$ 时，ROE 高于 ROA；当 ROA$=i$ 时，ROE=ROA；当 ROA$<i$ 时，ROE 低于 ROA。

式中，S 表示股权资本；B 表示债务资本(假设综合利息率为 i)；t 为所得税税率。

(2) 销售收入变化通过营业杠杆和财务杠杆引起 EPS 更大的变化。

公司无负债时，公司的财务杠杆为 1，即没有财务风险；公司有债务时，财务风险会放大 EPS 的变化。题目中，销售收入增加 50%，引起 A 公司 EBIT 增加 120%，EPS 也增加 120%(无负债)；引起 B 公司 EBIT 增加 80%，EPS 增加 200%，见表 6-9。这说明固定成本比率越高，经营风险越大，债务水平越高，财务风险越大。在公司经营过程中，营业收入取决于外界的经济条件、市场条件、政治条件等，即营业收入的变动受经济风险、市场风险等系统性风险的影响，而公司的净利润及股东的每股盈余受公司内部固定成本比率及债务在总资本中的比重的影响，即受经营风险和财务风险的共同影响，如图 6-4 所示。

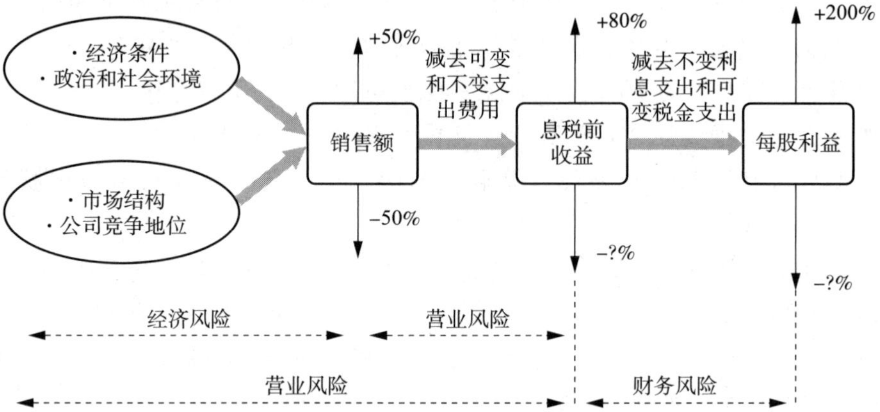

图 6-4 B 公司每股收益的风险因素

注：学生可以自行测算销售收入下降 50%时 EBIF 和 EPS 的变化率。

5. 杠杆效应与融资方式的选择

在有效资本市场中，公司价值最大化与股东财富最大化一致。因此，选择融资方式的标准可简化为每股盈余最大。

【例 6-8】假定【例 6-6】的收入变化前 A 公司总资本 100 万元全部是股权资本，发行在外的普通股股数为 5 万股。现因为扩张需要追加资本 100 万元。有三种可供选择的融资方式：①以 20 元/股发行 5 万股普通股；②全部为利率 10%的负债；③全部为优先股，股利率为 9%。请问：三种不同融资方式下 A 公司的财务杠杆效应和总杠杆分别是怎样的？假如不知道公司的 EBIT，那么该选择哪种方式融资 100 万元呢？假设所得税税率为 30%(便于计算)。

解：三种情况下的计算结果见表 6-10。

表 6-10 三种融资方式下 A 公司的财务风险和总体风险

金额单位：元 币种：人民币

财务指标	普通股融资	债务融资	优先股融资
EBIT	500 000	500 000	500 000
利息	0	100 000	
EBT(税前利润)	500 000	400 000	500 000
所得税	150 000	120 000	150 000
EAT(税后利润)	350 000	280 000	350 000
PD(优先股股利)	0	0	90 000
EACS(税后普通股盈余)	350 000	280 000	260 000
普通股股数	100 000	50 000	50 000
EPS	3.5	5.6	5.2
DFL	1.00	1.25	1.35
DOL	2.4	2.4	2.4
DTL	2.4	3.0	3.24

表 6-10 显示，三种融资方式下，普通股融资 EPS 最小，财务杠杆系数最小，债务融资 EPS 最高，财务杠杆系数高于股权融资但低于优先股融资；优先股融资 EPS 居中，财务杠杆系数最大。这说明优先股融资的财务风险最大，而且总风险也最大，债务融资次之。在案例设定的条件下，宜选择债务融资，因为 EPS 最大。如果无法取得债务，则应选择发行优先股。

如果【例 6-8】中预期的 EBIT 为 15 万元，情况又会怎样呢？学生可以自行计算并比较。

假如不清楚公司未来的 EBIT，则需要计算 EPS 无差别点来确定融资方式，即存在某一个期望的 EBIT 水平，使得无论用哪一种方式融资，EPS 没有差别。如果实际的或预期的 EBIT 高于 EPS 无差别点的 EBIT，则可以选用财务风险较高的债务或优先股融资；反之，则选用财务风险较低的普通股融资。

承【例 6-8】资料，根据 EPS 计算公式，首先求解股权融资和债务融资两种方式下 EPS 相等的 EBIT 水平，即求解下列等式中的 EBIT：

$$\frac{\text{EBIT}\times(1-30\%)}{50\ 000+50\ 000}=\frac{(-1\ 000\ 000\times10\%)\times(1-30\%)}{5\ 000}$$

经计算得出 EBIT=20 万元，即：A 公司的 EBIT 为 20 万元时，公司采用发行普通股或发行债券方式筹集 100 万元，对公司的价值没什么影响；当公司的 EBIT 大概率不足 20 万元时，宜发行普通股融资；当公司的 EBIT 大概率超过 20 万元时，宜发行债券融资。

第二节 股权融资

一、股权融资的主要方式

股权融资方式主要有吸收直接投资、发行普通股股票、发行认股权证和留存收益四种，如图 6-5 所示。

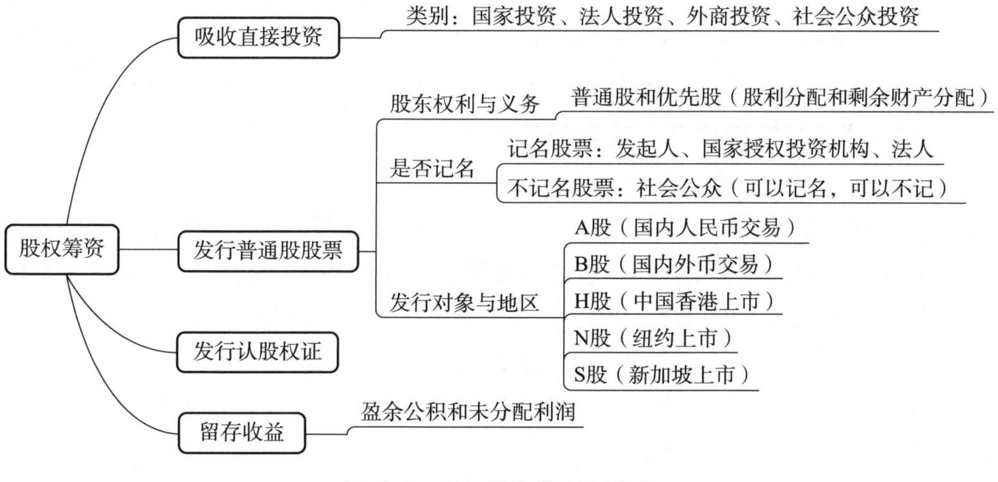

图 6-5 股权融资的主要方式

二、吸收直接投资

吸收直接投资是指企业按照“共同投资，共同经营，共担风险，共享收益”的原则，直接吸收国家、法人、个人和外商投入资金的一种融资方式。吸收直接投资是非股份制企业筹集权益资本的基本方式。吸收直接投资实际出资额，注册资本部分形成实收资本，超过注册资本部分属于资本溢价，形成资本公积。

公司所吸收的直接投资可以来自国家、法人、外商直接投资和社会公众，但出资方式必须符合我国《公司法》第二十七条的规定：股东可以用货币出资，也可以用知识产权、土地使用权等可以用货币估价并可以依法转让的非货币财产价出资……对作为出资的非货币财产应当评估作价，核实财产，不得高估或者低估作价。

表 6–11　吸收直接投资的主要方式及法律规定　　单位：元

方式	规定
以货币资产出资	无
以实物资产出资	实物投资应符合以下条件：①适合企业生产、经营、研发等活动的需要；②技术性能良好；③作价公平合理。 实物出资中实物的作价，可以由出资各方协商确定，也可以聘请专业资产评估机构评估确定。国有及国有控股企业接受其他企业的非货币资产出资，需要委托有资格的资产评估机构进行资产评估
以土地使用权出资	企业吸收土地使用权投资应符合以下条件：①适合企业科研、生产、经营、研发等活动的需要；②地理、交通条件适宜；③作价公平合理
以知识产权出资	投资者以工业产权出资应符合以下条件：①有助于企业研究、开发和生产出新的高科技产品；②有助于企业提高生产效率，改进产品质量；③有助于企业降低生产、能源等各种消耗；④作价公平合理

三、发行普通股

股票是股份有限公司为筹措股权资本而发行的有价证券，是公司签发的证明股东持有公司股份的凭证。股票作为一种所有权凭证，是一种标准化的金融契约，代表着股东对发行公司净资产的所有权。股票只能由股份有限公司发行。

(一)股份有限公司的设立、股票的发行与上市

1. 股份有限公司的设立

按照《公司法》的要求，股份公司的设立涉及发起人人数、发起人的责任、发起方式要求(参见 2018 年修订的《公司法》)。股东认缴股份的出资方式同吸收直接投资。股份有限公司的发起人应当承担以下责任：①公司不能成立时，发起人对设立行为所产生的债务和费用负连带责任；②公司不能成立时，发起人对认股人已缴纳的股款负返还股款并加算银行同期存款利息的连带责任；③在公司设立过程中，由于发起人的过失导致公司利益受到损害的，应当对公司承担赔偿责任。

2. 股份有限公司首次公开发行股票

首次公开发行(Initial Public Offering, IPO)是指公司的股票第一次向不特定对象或超过200人的特定对象发售。IPO的股份按照注册制或核准制要求，依据招股书或登记声明中约定的条款，通过经纪商或做市商销售。一般来说，IPO完成后，公司股票就可以申请到证券交易所或报价系统挂牌交易，有限责任公司在申请IPO之前，应先变更为股份有限公司。股票上市有许多优势，如便于公司筹措新的资金、促进股权流通和转让、促进股权分散化、便于确定公司价值。当然，股票上市也有对公司不利的一面，主要有：上市成本较高，手续复杂严格；公司将负担较高的信息披露成本；信息公开的要求可能会暴露公司的商业机密；股价有时会歪曲公司的实际情况，影响公司声誉；可能会分散公司的控制权，造成管理上的困难。

(1) IPO市场的选择。

金融全球化为公司IPO市场提供了诸多选择。不同国家资本市场有着不同投资者结构、公司结构和交易结构，这些均是影响IPO成功与否、IPO定价及融资额度、后续估值与信息披露成本的重要因素，因此上市前需要比选不同市场上市公司治理结构要求、IPO的成本、IPO的盈利要求、公司所在行业能获得的支持力度、目标市场投资者的偏好、IPO程序的时长等。目前，中国公司常选择的IPO市场，除境内的A股市场外，海外市场首选的是中国香港股票市场和美国股票市场。

相比于美股和中国香港股票市场，我国A股市场结构还不甚合理：

第一，投资者中个人投资者居多，偏向于交易型而非配置型市场。2018年，我国A股市场个人投资者持有的市值占总市值的40.5%，远高于美国的4.14%、中国香港的6.82%，从而导致换手率奇高。据海通证券研究：2017年，创业板指数、中小企业板指数、上证综指换手率(以流通市值计算)分别高达920%、745%、532%，远高于纳斯达克指数(352%)、富时100指数(256%)、标普500指数(214%)、日经指数(200%)、法国CAC40指数(114%)，其中权益类公募基金的年度换手率为297%，也远高于美股权益类基金26%的换手率。而机构投资者持有自由流通市值占比仅为31.5%。

第二，公司结构中A股周期股多，科技股偏少。2010年以来，周期行业上市数量和金额占比较高，分别达到46%、38%，而科技行业IPO数量和金额占比仅为21%、15%。横向对比，A股周期股市值占比较高，科技股市值占比较低。从盈利占比角度对比2018年A股、海外上市中资股、美股的盈利结构，三者中科技股净利润占比分别为4%、29%、20%，A股科技股净利润占比仅为美国科技股的1/5。当今中国正处在产业结构升级期，未来消费和先进制造比例将会提高。科创板的顺利推出和创业板注册制试点将使A股市场结构更加合理。

第三，交易结构上，A股市值分布呈“纺锤形”，成交额集中于大市值股票。截至2018年10月31日，A股市场的3 556只股票中，按市值从大到小排列，市值位于200亿元以上的股票数量占比为11.4%，市值位于20亿~200亿元区间的股票数量占比为75.5%，市值位于20亿元以下的股票数量占比为13.2%，呈现两头小中间大的“纺锤形”。而美股市场的3 921只股票按市值从大到小排列，市值位于100亿美元以上的股票数量占比为 12.5%，市值位于 10 亿~100 亿美元区间的股票数量占比为 34.38%，市值位于 10 亿美元以下的股票数量占比为 53.12，呈上小下大的“金字塔形”。从市场成交结构来看，A 股市场资金集中于头部大市值公司，市值排名前 10%、30%、50%股票的成交额分别占 A 股总成交额的 38%、64%、78%，成交额集中于大市值股票，有利于优质公司提高融资效率、提升流动性，但低成交个股数量将越来越多。

（2）首次公开发行的条件。

A 股市场目前有多个层次：主板、中小板、创业板、科创板，以及全国中小企业股份转让系统。多层次的股票市场为不同行业、不同发展阶段以及不同融资规模的公司提供了方便，但不同层次的股票市场有不同的上市制度和规定。目前，主板、中小板实行的是核准制（主管机关对拟上市公司披露的信息做实质性审查，做出价值判断），科创板实施的是注册制（主管机关仅对拟上市公司披露的信息做形式上的审查，不做价值判断），创业板和中小企业股份转让系统精选层正处于核准制向注册制的过渡期。可以预见，随着投资者结构的改善以及投资者风险承受能力的提高，注册制将是公司股票首次公开发行并上市交易的主要趋势。2020 年 3 月 1 日生效的《证券法》明确规定，“公开发行证券，必须符合法律、行政法规规定的条件，并依法报经国务院证券监督管理机构或者国务院授权的部门注册”，并授权国务院对证券发行注册制的具体范围、实施步骤进行规定，为有关板块和证券品种分步实施注册制留出了必要的法律空间，以适应渐进式注册制改革。

按照《证券法》的规定，首次公开发行证券有三种情况：①向不特定对象发行证券；②向特定对象发行证券累计超过二百人的；③法律、行政法规规定的其他发行行为。首次公开发行新股的条件是：具备健全且运行良好的组织机构；具有持续盈利能力，财务状况良好；最近三年的财务会计文件无虚假记载，无其他重大违法行为；满足经国务院批准的国务院证券监督管理机构规定的其他条件。公开发行的股票可申请上市交易，不同市场的法律依据及上市条件各不相同。

主板和中小板：依据《首次公开发行股票并上市管理办法》，公司股票在主板及中小板上市应当符合下列财务条件：最近 3 个会计年度净利润均为正数且累计超过人民币 3 000 万元，净利润以扣除非经常性损益前后较低者为计算依据；最近 3 个会计年度经营活动产生的现金流量净额累计超过人民币 5 000 万元，或者最近 3 个会计年度营业收入累计超过人民币 3 亿元；发行前股本总额不少于人民币 3 000 万元；最近一期末无形资产（扣除土地使用权、水面养殖权和采矿权等后）占净资产的比例不高于 20%；最近一期末不存在未弥补亏损。发行人依法纳税，各项税收优惠符合相关法律法规的规定。发行人的经营成果对税收优惠不存在严重依赖。

创业板：按照《首次公开发行股票并在创业板上市管理办法》，公司股票在创业板上市的条件是：发行人是依法设立且持续经营三年以上的股份有限公司，有限责任公司按原账面净资产值折股整体变更为股份有限公司的，持续经营时间可以从有限责任公司成立之日起计算；最近两年连续盈利，最近两年净利润累计不少于 1 000 万元，且持续增长；或者最近一年盈利，且净利润不少于 500 万元，最近一年营业收入不少于 5 000 万元，最近两年营业收入增长率均不低于 30%。净利润以扣除非经常性损益前后较低者为计算依据；最近一期末净资产不少于2 000万元，且不存在未弥补亏损；发行后股本总额不少于3 000万元。2020年4月27日，随着《创业板改革并试点注册制总体实施方案》等文件的落地，创业板的注册制改革大幕正式拉开。

科创板、实行注册制后的创业板以及全国中小企业股份转让系统竞选层：依据分别是《科创板首次公开发行股票注册管理办法（试行）》《上海证券交易所科创板股票发行上市审核规则》《创业板改革并试点注册制总体实施方案》《全国中小企业股份转让系统股票向不特定合格投资者公开发行并在精选层挂牌规则（试行）》《全国中小企业股份转让系统分层管理办法》。现在和未来实现注册制之后，非红筹股且表决权无差异的一般性发行人在三个市场IPO条件的对比见表6-12。

表6-12 科创板、实施注册制后的创业板和精选层IPO条件

IPO（调层）条件	科创板	注册制后创业板	精选层
（市值）+净利润	预计市值≥10亿元；最近2年净利润为正；累计净利润≥5000万元	最近2年净利润均为正；累计净利润≥5000万元	市值≥2亿元；最近2年净利润均≥1500万元且加权平均ROE≥8%
（市值）+净利润+收入	预计市值≥10亿元；最近1年净利润为正；营业收入≥1亿元	预计市值≥10亿元；最近1年净利润为正；营业收入≥1亿元	市值≥2亿元；最近2年净利润均≥1500万元且加权平均ROE≥8%
市值+收入+研发投入	预计市值≥15亿元；最近1年营业收入≥2亿元；最近3年累计研发占三年累计营业收入的比率≥15%	无对应条件	市值≥8亿元；最近1年营业收入≥2亿元；最近2年累计研发占2年累计营业收入的比率≥8%
市值+收入+经营活动现金流	预计市值≥15亿元；最近1年营业收入≥3亿元；最近3年累计经营活动现金净流量≥1亿元	无对应条件	市值≥4亿元；最近2年平均营业收入≥1亿元且增长率≥30%；最近1年经营活动现金净流量为正
市值+收入	预计市值≥30亿元；最近1年营业收入≥3亿元；	预计市值≥50亿元；最近1年营业收入≥3亿元；	无对应条件
市值+技术优势（研发投入）	预计市值≥40亿元；主业经国家有关部门批准，市场空间大，目前已取得阶段性成果。医药行业企业需至少1项核心产品获准开展二期临床试验，其他符合科创板定位的企业需具备明显技术优势	无对应条件	预计市值≥15亿元；累计2年研发投入合计≥5000万元

全国中小企业股份转让系统（简称"全国股转系统"）：依据《非上市公众公司监督管理办法》和《全国中小企业股份转让系统分层管理办法》，非上市公众公司是指股票向特定对象发行或者转让导致股东累计超过200人和股票公开转让的公司。全国股转系统分为三

层：基础层、创新层和精英层。公司申请在基础层公开发行股份，应当符合以下条件：具备健全且运行良好的组织机构；具有持续盈利能力，财务状况良好，最近 3 年财务会计文件无虚假记载；依法规范经营，最近 3 年内，公司及其控股股东、实际控制人不存在贪污、贿赂、侵占财产、挪用财产或者破坏社会主义市场经济秩序的刑事犯罪，不存在欺诈发行、重大信息披露违法或者其他涉及国家安全、公共安全、生态安全、生产安全、公众健康安全等领域的重大违法行为，最近 12 个月内未受到中国证监会的行政处罚。进入创新层需满足以下条件：最近两年净利润均不低于 1000 万元，最近两年加权平均净资产收益率平均不低于 8%，股本总额不少于 2000 万元；最近两年营业收入平均不低于 6000 万元，且持续增长，年均复合增长率不低于 50%，股本总额不少于 2000 万元；最近有成交的 60 个做市或者集合竞价交易日的平均市值不低于 6 亿元，股本总额不少于 5000 万元；采取做市交易方式的，做市商家数不少于 6 家；公司挂牌以来完成过定向发行股票（含优先股），且发行融资金额累计不低于 1000 万元；符合全国股转系统基础层投资者适当性条件的合格投资者人数不少于 50 人；最近一年期末净资产不为负值；公司治理健全。

（二）上市公司的股票发行

上市公司首次公开发行股票并上市之后，仍可以视需要发行新股，可以公开发行，也可以非公开发行。公司发行股票的各种方式如图 6-6 所示。

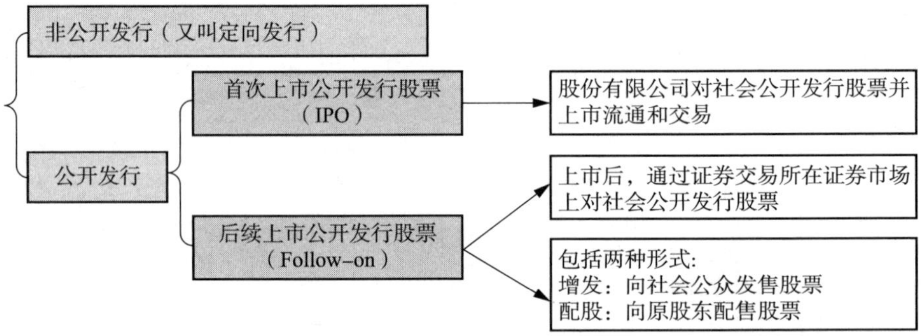

图 6-6　公司发行股票的各种方式

与非上市不公开发行股票相比较，上市公开发行股票方式的发行范围广，发行对象多，易于足额筹集资本，同时还有利于提高公司的知名度，但公开发行方式审批手续复杂严格，发行成本高。

与非上市公司定向增发相比较，上市公司定向增发的优势在于：①有利于引入战略投资者和机构投资者；②有利于利用上市公司的市场化估值溢价；③定向增发是一种主要的并购手段，特别是资产并购型定向增发，有利于集团企业整体上市，同时能减轻并购的现金流压力。

上市公司 IPO 之后再发行股票融资（Follow-on）的法律依据是《上市公司证券发行管理办法》（2020 年修订）或者《创业板上市公司证券发行管理办法》，需要达到相应的财务条件。

（三）发行普通股融资的优缺点

优点：①有利于公司自主管理、自主经营。普通股融资的股东众多，控制权分散，公司的日常经营管理事务主要由公司的董事会和经理层负责。②没有固定的股利负担。公司有盈利并认为适于分配股利时才分派股利；公司盈利较少，或者虽有盈利但现金短缺或有更好的投资机会时，也可以少支付或不支付股利。相对吸收直接投资来说，普通股融资的资本成本较低，但相对于债券融资，资金成本较高。③能增强公司的社会声誉。普通股融资，股东的大众化会为公司带来广泛的社会影响，特别是上市公司，其股票的流通性强，有利于市场确认公司的价值。④促进股权流通和转让。普通股融资以股票为媒介，便于股权的流通和转让，以及吸收新的投资者。

缺点：①融资费用较高，手续复杂。目前，公司发行股票需要审计师、证券公司及律师三种中介机构，执行严格的制度规范及信息披露，这些成本是相当高的。②不易尽快形成生产能力。普通股融资吸收的一般都是货币资金，还需要通过购置和建造形成生产经营能力。③公司控制权分散，公司容易被经理人控制。同时，流通性强的股票交易，也容易被恶意收购。

四、认股权证

认股权证是由公司发行的一种证券，它赋予持有人在有效期内以固定的价格购买公司股票的权利。本章所指认股权证为美式看涨期权或认购权证。事实上，公司还可以发行认沽权证，二者统称为公司权证（company warrants）；与之相对的，是公司之外的第三方（一般为金融机构）发行的以该公司股票为标的的认购或认沽权证，称为备兑权证（covered warrants）。需要注意的是，公司权证的执行会导致公司的股本变化，而备兑权证则不会。因此，对权证持有人而言，即使行权价格相同，两种权证的预期收益率仍然有区别。给定公司股本总额、权证的发行数量、行权价格和行权前股价，学生可自行计算二者收益的差额。近年来，一些公司开始将目光投向普通股以外的股权融资手段。20 世纪 80 年代后期，日本公司比较成功地运用了认股权证。认股权证持有者先为此付费，随后获准以固定的价格购买公司股票。

为什么一些公司会选择认股权证而不是直接发行普通股来筹集股本呢？首先，认股权证的价格取决于其所附属股票的潜在价格波动情况，波动越大，其价值越大。市场对公司股票价格波动程度的高估，使得公司可从采用认股权证和其他类似期权的证券进行融资中获益。其次，由于认股权证本身在发行时并不产生任何财务负担，因此它是高成长性公司融资的好方法，特别是在当前现金流入量很低或根本没有现金流入的时候。最后，对股本发行所导致的业绩稀释效应十分敏感的财务人员而言，认股权证看起来提供了一个很好的契合点——当前既不会增加新的股份，又可得到股权性资金。

股价波动较大的公司比股价波动较小的公司更倾向于使用认股权证，因为认股权证的价格随股票价格波动的增大而上升。

认股权证的内在价值与标的股票市场价值间的关系如图 6-7 所示。

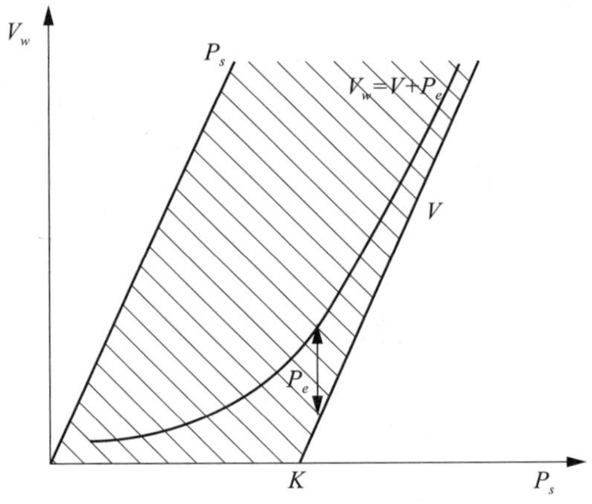

图 6-7　认股权证（美式看涨期权）的价值与到期日前股价的关系

图 6-7 中，V、V_w 为认股权证的理论价值和市场价值；P_s 为权证到期日前标的股票的市场价格；K 为行权价格。当 $P_s \geqslant K$ 时，认股权证处于实值状态，当 $P_s \leqslant K$ 时，认股权证处于虚值状态。N 为认购比率或转换比率，即一份认股权证所能购买的股票数量。P_e 为时间溢价，即因为未来标的股票价格的不确定性而产生的价值，不确定性越强，期权时间溢价越大，时间越长，出现波动的可能性越大，时间溢价越大。它们之间的关系如下：

$$V=\max[N\times(P_s-K),\ 0] \tag{6-11}$$

$$V_W=V+P_e \tag{6-12}$$

理论上，行权价格低至接近于零时（赠予高管层用于股权激励的美式认股权证的行权价格为零），认股权证的价值为标的股票价格，这是其价值上限；当行权价格大于零时，认股权证的价值为标的股票价格与行权价格之差，此为其价值下限。因此，美式看涨认股权证的价值区间就是图 6-7 中阴影部分。投资者可以预期持权人未来行权时发行公司收到的款项不足以支撑按照权证规定必须发行的数量，这种不足在发行权证之日就已经存在，只是没有显露出来，它会稀释到期日前的每股收益；在市盈率不变的情况下，可能影响股价，继而影响认股权证自身价值。由此可见，影响认股权证价值的因素有到期日、行权价格、标的股票价格及其波动程度、投资者预期的稀释效应。

五、风险资本和私募股权资本

风险资本（venture capital）通常是指由一个或几个投资者为初创期的公司提供的股权资本。初创期的公司通常规模较小、风险较大，难以在公开的市场上筹集资金来满足投资和扩张的资金需求，这时风险资本家提供的股权资本是它们最好的选择之一。风险资本家的主要目标就是在投资中实现高回报率。一般来讲，这种风险资本是由专业人士管理的基金所提供的。这些专业人士通过一定额度的股权资本，将他们所拥有的长期管理经验与年轻而成长迅速并且有可能发展成为区域乃至全球市场上的大企业的非上市公司结合起来。风险资本的投资对象主要是处于初创期和成长期的中小型高科技企业或创新企业。

私募(Private Equity，PE)，即通过私募而不是公募的形式从机构投资者和个人手中获得资金(融资)，对投资对象进行权益性投资(股权或所有权投资)，然后通过各种方法使投资对象(投资权益)增值(管理)，再择机出售所持权益，实现收益(退出)。上述四个环节简称“融、投、管、退”。按照投资对象，狭义 PE 是指对拟上市公司进行的直接权益投资；广义 PE 还包括投资与前期的天使投资、风险投资；进一步延伸，PE 还包括民间投资联盟等机构进行的灰色投资行为。在公司未能达到公开发行股票并上市的条件时，私募股权资本是筹集股权资本的重要方式。吸收私募投入资本的最大优势是：私募投资者作为股东，不要求控股，不参与企业的日常管理和经营，而且投资期较长，会关注企业 2~3 年后上市的可能性，同时会注入一些运营方面的资源。吸收私募资本最大的风险在于：私募要求公司有较大的成长性，规定了较高的收入、净利润增长率，可能要求在规定的时间内上市。如果融资公司达不到要求，需要补偿投资者损失，而这种补偿是巨额的。这些要求通常以“对赌协议”的形式固定下来。“对赌协议”是把双刃剑，要么锦上添花，要么雪上加霜，甚至是致命的。

第三节　债务融资

一、债务融资方式及其创新

常见的债务型融资方式有银行借款、信托借款、财务公司借款、发行公司债券、融资租赁及商业信用等。每一种方式下的具体模式也多种多样，如银行借款融资，有长期与短期之分，有固定利率和浮动利率之分，等等。因此，公司在决定借入款项时，不得不做出一系列的选择。具体包括：①这种债务应该是短期的还是长期的。②借款期限内，债务的利息支付应该是固定的还是浮动的。固定为多少？如何浮动？③该债务是使用具体的资产担保还是用公司总的现金流量担保。④债务以何种货币计价。⑤债务本金和利息应怎样偿付。⑥债务是否会加上某些特征，如附认股权证、转股权证。

在过去的 20 年里，债务融资方式不断涌现出一些新的特征，如浮动利率及利率上、下限的出现，金融危机期间美国的次级抵押贷款出现了与浮动利率完全不一样的变动利息率的贷款。2020 年 3 月 1 日至 8 月 31 日，我国住房抵押贷款存量中浮动利率部分可实行定价基准转换，债权人自行与金融机构协商是换成贷款市场报价利率(LPR)还是沿用固定利率。

表 6-13 概括了一些重要的金融创新。这些创新为公司和购买者提供了更多的选择，公司还可以根据实际需要来设计债务融资模式。

创新使债务契约结构越来越复杂、债务定价越来越困难，因而公司债务融资决策应更加谨慎。

相较于股权融资，债务融资的资本成本较低，有财务杠杆效应，正常情况下不会稀释公司的控制权，按期还本付息约定能约束经理人的冒险行为，但财务风险高。

表 6-13　债务融资方式的主要创新

创新	描述	创新的原因
浮动利率贷款	利率随某个市场指数（如 LIBOR、LPR）波动	通货膨胀率及利率的浮动
可返还债券	持有人在特殊情况下可将债券返还给公司，并获得面值	保护债券持有人的利益
可转换/可交换浮动利率票据	浮动利率票据可以转换为股权	为债券的购买者提供更多选择
可展期债	根据发行人的选择，债券的期限可被延长	为发行人提供更多的灵活性
利率上限和下限	限制浮动利率贷款的利率波动	控制发行人和购买者的风险
互换	允许特征不同的债券互换（固定利率换成浮动利率，不同币种的互换）	允许公司改变融资组合
反向浮动利率票据	利率随指数的变化呈反向波动，如指数向上变化，债券利率就向下变化	延长债券持续期，提高债券价格的灵敏度
互换期权	在互换协议上的期权	允许公司取得进行互换的选择权

二、金融机构借款

1. 金融机构借款的种类

金融机构借款是指公司从商业银行、财务公司、小额贷款公司、信托公司等金融机构借入的款项。除贷款机构的区别外，金融机构借款还可以按照不同的标准分为多种类型，常见的分类见表 6-14。

2. 金融机构针对债权的保护性条款

一般而言，提供借款的金融机构，尤其是银行类金融机构，会对贷出的长期款项提出一些保护性条款，常见的有三种：

（1）例行性保护条款。这类条款作为例行常规，在大多数合同中都会出现。具体包括：①要求定期向提供贷款的金融机构提交财务报表，以使债权人随时掌握公司的财务状况和经营成果；②不准在正常情况下出售较多的非产成品存货，以保持企业正常生产经营能力；③如期清偿应缴纳税金和其他到期债务，以防被罚款而造成不必要的现金流失；④不准以资产做其他承诺的担保或抵押；⑤不准贴现应收票据或出售应收账款，以避免或有负债等。

（2）一般性保护条款。这类条款是对企业资产的流动性及偿债能力等方面的要求，应用于大多数借款合同。具体包括：①保持企业资产的流动性；②限制企业非经营性支出；③限制企业资本支出的规模；④限制公司再举债规模；⑤限制公司的长期投资。

（3）特殊性保护条款。这类条款针对特殊情况而出现在部分借款合同中，只在特殊情况下才生效。具体包括：①要求公司的主要领导人购买人身保险；②借款的用途不得改变；③违约惩罚条款，等等。

表 6-14 金融机构借款的种类

分类标准	分类结果	说明
提供贷款机构	政策性银行贷款	政策性银行贷款是指执行国家政策性贷款业务的银行向企业发放的贷款，通常为长期贷款，如国家开发银行贷款、中国进出口信贷银行贷款、中国农业发展银行贷款等
	商业银行贷款	商业性银行贷款是指由各商业银行，如中国工商银行、中国建设银行、中国农业银行、中国银行、外国商业银行、城市商业银行等，向工商企业提供的贷款，用以满足企业生产经营的资金需要，包括短期贷款和长期贷款
	其他金融机构贷款	其他金融机构贷款包括从信托投资公司取得实物或货币形式的信托投资贷款，从财务公司和小额贷款公司取得的各种中长期贷款，从保险公司和小额贷款公司取得的贷款等。其他金融机构的贷款一般较商业银行贷款的期限要长，要求的利率较高，对借款企业的信用要求和担保的选择比较严格
贷款有无担保	信用贷款	信用贷款是指以借款人的信誉或保证人的信誉为依据而获得的贷款
	担保贷款	保证贷款：以借款人或第三方作为保证人，承诺在借款人不能偿还借款时，按约定承担一定保证责任或连带责任而取得的贷款
		抵押贷款：以借款人或第三人的财产作为抵押物而取得的贷款。作为贷款担保的抵押品，可以是不动产、机器设备、交通运输工具等实物资产，可以是依法有权处分的土地使用权，也可以是股票、债券等有价证券等，它们必须是能够变现的资产
		质押贷款：以借款人或第三人的动产或财产权利作为质押物而取得的贷款。作为贷款担保的质押品，可以是汇票、支票、债券、存款单、提单等信用凭证，可以是依法可以转让的股份、股票等有价证券，也可以是依法可以转让的商标专用权、专利权、著作权中的财产权等
贷款的用途	基本建设贷款	基本建设贷款是指企业因从事新建、改建、扩建等基本建设项目需要资金而向金融机构申请借入的款项
	专项贷款	专项贷款是指企业因为专门用途而借入的款项，包括技术改造贷款、大修理贷款、研发和新产品研制贷款、小型技术措施贷款、出口专项贷款、引进技术转让费周转金贷款、进口设备外汇贷款，进口设备人民币贷款及国内配套设备贷款等
	流动资金贷款	流动资金贷款是指企业为满足流动资金的需求而借入的款项，包括流动基金借款、生产周转借款、临时借款、结算借款和卖方信贷等

3. 长期借款融资的基本程序

现以长期银行借款为例。

第一步：提出借款申请。公司申请借款必须符合借款原则和条件。我国金融部门对贷款规定的原则是：按计划发放、择优扶植、有物质保证、按期归还。公司申请贷款应具备的条件主要包括：①贷款公司必须具有法人资格；②公司的生产经营方向和业务范围符合国家政策，且贷款用途属于银行贷款办法规定的范围；③借款公司具有一定的物质和财产保证，或担保单位具有相应的经济实力；④借款公司具有偿债能力；⑤借款公司在银行开立了账户，能办理结算。

第二步：银行审批。银行按照有关政策和贷款条件对借款公司进行审查，依据审批权限，核准公司申请的借款金额和用款计划。审批的内容主要有：①公司的财务状况；②公司的信用情况；③公司的盈利稳定性；④公司的发展前景；⑤借款投资项目的可行性；⑥借款的担保；⑦公司的管理团队。具体审核时，不同商业银行会因其对风险态度的不同而对相同的借款人给出不同的信用等级。

第三步：签订借款合同。经银行审核，借款申请获批准后，银行与借款公司可进一步协商贷款的具体条件，签订正式的借款合同，规定贷款的数额、利率、期限和一些限制性条款。

第四步：公司取得借款。借款合同签订后，公司可在核定的贷款指标范围内，根据用款计划和实际需要，一次或分次将贷款转入公司的存款结算户，以便支用。

第五步：公司归还借款。货款到期时，借款公司应依贷款合同规定按期清偿贷款本金与利息或续签合同。一般而言，公司归还贷款的方式主要有三种：一是到期日一次归还；二是定期偿还相等份额的本息；三是分批偿还，每次金额依公司的偿还能力和银行的要求来确定。贷款到期，经由银行催收，借款公司如不归还，银行可根据合同规定，从借款公司的存款户中扣还贷款本息及罚息。借款公司若确因暂时财务困难需延期归还，应向银行提交延期还贷计划，经审查核实后，续签合同，按新计划归还贷款。逾期期间，银行一般按逾期贷款计收利息。

如果公司长期借款涉及的金额大、期间长，公司借入长期借款后，必须预先筹划，有针对性地做出借款偿还的安排，正确编制较具体的借款偿付计划，这是借款偿还的重要保证措施。该偿付计划具体表现为一个经银行与公司谈判确定的借款偿还时间表。偿付借款时间表规定，每隔一定期间偿付一次。具体偿付方式有完全分期等额偿还法、部分分期偿还法、分期付息到期还本法、分期等额偿还本金余额计息法等。其中，前两种偿付方式更为常用。

4. 金融机构借款融资的优缺点

相较于其他负债融资方式：

金融机构借款融资的优点：①借款融资较快。相比发行各种证券融资，金融机构借款的程序要简单得多，所花时间也短得多，在信用评级通过以后，融资方可以迅速获得资金。②资本成本较低。与债券相比，由于借款是公司与银行直接商定的，因而可显著降低融资费用及其他交易成本。但信托借款成本较高，因为限制条件少，信托公司承受的风险大、要求的回报率高。③借款弹性较大。与发行债券融资不同的是，在借款前，公司可根据当时资本的需要与银行直接商定贷款的时间、数量和条件。在借款期间，若公司财务状况发生某些变化，也可与贷款机构再协商，变更借款数量及条件。因此，借款融资对公司来说具有较大的灵活性。

金融机构借款的缺点：①限制条款较多。这可能会影响公司日后的其他融资和投资活动。②融资数量有限。借款一般不能像债券那样一次筹集到大笔资本，无法满足公司生产经营活动大跨度的方向转变和大规模的并购等。

三、发行债券

1. 债券的主要类型

按照监管方式的差异，我国公司发行的债券有诸多类型，如普通公司债券、可转换债券和可分离公司债券、银行间债券。普通公司债的发行受制于《公司债券发行与交易管理办法》，由证监会核准；上市公司发行可转换为普通股票的债券受制于《上市公司证券发行管理办法》，由证监会核准；银行间债券的发行受制于《银行间债券市场非金融企业债务融资工具管理办法》，在银行间市场注册发行；重点企业债券的发行受制于《企业债券管理条例》，由国家发展和改革委员会核准，主要用于重点企业和重点项目融资。

公司债券的主要类型见表6-15。

表6-15　公司债券的主要类型

分类标准	类型	含义
是否记名	记名债券	在公司债券存根簿上载明债券持有人的姓名等信息（转让以背书或其他形式进行）
	无记名债券	在公司债券存根簿上不记载持有人的姓名（转让时直接交付）
能否转换成公司股权	可转换债券	债券持有者可以在规定的时间内按照规定的价格转换为发债公司的股票
	不可转换债券	不能转换为发债公司股票的债券
有无特定财产担保	担保债券（抵押债券）	以抵押方式担保发行人按期还本付息的债券，主要是抵押债券。 按抵押品不同，分为不动产抵押债券、动产抵押债券和证券信托抵押债券
	信用债券	仅凭公司自身信用发行的、没有抵押品做抵押担保的债券
利率的固定性	固定利率债券	债券持续期间的利息率固定
	浮动利率债券	债券利息率可以根据市场实际利率的变化上下浮动
	零息债券	票面未规定利率，持有期间无利息，因而折价发行的债券

2. 普通公司债券的发行

（1）普通公司债券的发行条件。

根据《证券法》及《公司债券发行与交易管理办法》，我国股份有限公司、国有独资公司和两个以上的国有公司或者两个以上的国有投资主体投资设立的有限责任公司，均具有发行债券的资格。以上公司发行债券的财务条件主要有：①股份有限公司的净资产不低于人民币3000万元，有限责任公司的净资产不低于人民币6000万元；②累计债券余额不超过公司净资产的40%；③最近三年平均可分配利润足以支付公司债券1年的利息；④筹集的资金投向符合国家产业政策；⑤债券的利率不超过国务院限定的利率水平；⑥国务院规定的其他条件。发行公司债券所筹资金必须用于核准的用途，不得用于弥补亏损和非生产性支出。如果债券上市，仍需满足：①公司债券的期限为1年以上；②公司债券实际发行额不少于人民币5000万元；③公司申请债券上市时仍符合法定的公司债券发行条件。

（2）普通公司债券的发行方式。

债券发行的方式通常有公募发行和私募发行两种。

公募发行是指以不特定的多数人为募集对象而公开发售债券。这是世界各国普遍使用的债券发行方式。例如，美国证券交易委员会甚至强制要求某些债券，如电力、制造业等企业的债券，必须采取公募发行。公募发行债券有直接公募与间接公募之分。债券发行人经由中介机构公开募集即为间接公募，反之则为直接公募。我国公司发行债券，按规定应由证券机构承销，即间接公募。

私募发行是指向特定的少数投资者发行债券。这里的“特定的投资者”，一般是指满足监管条件的国内外投资者，包括个人、机构投资者等。

（3）普通公司债券发行价格的确定。

公司债券的发行价格是发行公司（或其承销代理机构，下同）发行债券时所使用的价格，也即投资者向发行公司认购其所发行债券时实际支付的价格。公司在发行债券之前，必须依据有关因素，运用一定方法，确定债券的发行价格。债券定价方法参见本教材第四章第二节相关内容。

3. 债券融资的优缺点

相较于其他债券融资方式：

债券融资的优点：①可以筹集到大量资金；②公开发行债券时，因债权人分散，债务人被少数人操纵的概率降低；③可附其他权证融资。

债券融资的缺点：①财务风险高。债券有固定的到期日，并需要定期支付利息，债券发行公司必须承担按期还本付息的义务。在公司经营不景气时，也需无条件地向债券持有人付息还本，这会给公司带来更大的财务困难，有时甚至导致公司破产。②限制条款较多。发行债券的受限条款一般要比长期借款、租赁融资等严格得多，从而有可能限制公司财务活动应有的灵活性，甚至会影响公司未来的融资能力。③不适用于中小型公司。公司利用债券融资，一般会受到一定额度的限制。许多国家对此都有明确的限定。我国《证券法》和《上市公司证券发行与管理办法》规定，发行公司流通在外的债券累计总额不得超过公司净资产的40%。因此，中小型公司利用债券融资额度不高。

四、融资租赁

1. 经营租赁与融资租赁

租赁是指在约定的期间内，出租人将资产的使用权转让给承租人，以获取租金的协议。在租赁期内，资产的所有权未转移，仅仅转移了资产的使用权和（或）处置权。承租人获得资产使用权和（或）处置权的代价是支付租金。租赁的种类有很多，常见的是经营租赁和融资租赁。经营租赁又称服务性租赁，一般是短期的。融资租赁又称财务租赁或资本租赁。按照我国《会计准则——租赁》的规定，满足下列标准之一的，即应认定为融资租赁；除融资租赁以外的租赁为经营租赁。

（1）在租赁期届满时，资产的所有权转移给承租人，即如果在租赁协议中约定，或者根据其他条件在租赁开始日就可以合理地判断租赁期届满时出租人会将资产的所有权转移给承租人，那么该项租赁应当认定为融资租赁。

（2）承租人有购买租赁资产的选择权，所订立的购价预计远低于行使选择权时租赁资产的公允价值，因而在租赁开始日就可合理地确定承租人将会行使这种选择权。例如，出租人和承租人签订了一项租赁协议，租赁期限为3年，租赁期届满时承租人有权以10 000元的价格购买租赁资产，在签订租赁协议时估计该租赁资产租期满时的公允价值为40 000元，由于购买价格仅为公允价值的25%，如果没有特别的情况，承租人在租赁期届满时将会购买该项资产。此种情况下，在租赁开始日即可判断该项租赁应当认定为融资租赁。

（3）租赁期占租赁资产使用寿命的大部分。这里的“大部分”掌握在租赁期占租赁开始日租赁资产使用寿命的75%以上（含75%，下同）。这条标准强调的是租赁期占租赁资产尚可使用寿命的比例，而非租赁期占该项资产全部可使用年限的比例。如果租赁资产是旧资产，在租赁前已使用年限超过资产自全新时起算可使用年限的75%以上，则这条判断标准不适用，不能使用这条标准确定租赁的分类。例如，某项租赁设备全新时可使用年限为10年，已经使用了3年，从第4年租出，租赁期为6年，由于租赁开始时该设备尚可使用寿命为7年，租赁期占尚可使用年限的85.7%（6年/7年），符合上述标准，因此该项租赁应当归为融资租赁；如果从第4年开始，租赁期为3年，租赁期占使用寿命的42.9%，就不符合上述标准，因而此租赁不应认定为融资租赁（假定也不符合其他判断标准）。假如该项设备已经使用8年，从第9年开始租赁，租赁期为2年，此时，该设备使用寿命为2年，虽然租赁期为寿命的100%（2年/2年），但由于在租赁前该设备的已使用年限超过了可使用年限的75%（8年/10年=80%>75%），因此也不能采用这条标准来判断租赁的分类。

（4）就承租人而言，租赁开始日最低租赁付款额的现值几乎相当于租赁开始日租赁资产的公允价值；就出租人而言，租赁开始日最低租赁收款额的现值几乎相当于租赁开始日租赁资产的公允价值。这里的“几乎相当于”指在90%以上。

（5）租赁资产性质特殊，如果不做较大修整，只有承租人才能使用。这条标准是指租赁资产是由出租人根据承租人对资产型号、规格等方面的特殊要求专门购买或生产的，具有专购、专用性质。这些租赁资产如果不做较大的重新改制，其他企业通常无法使用。这种情况下，该项租赁也应当认定为融资租赁。

2. 融资租赁的类型

（1）直接融资租赁。

直接融资租赁是指由承租人指定设备及生产厂家，委托出租人融通资金购买并提供设备，由承租人使用并支付租金，租赁期满由出租人向承租人转移设备所有权。它以出租人保留租赁物所有权和收取租金为条件，使承租人在租赁期内对租赁物取得占有、使用和收益的权利。这是一很最典型的融资租赁方式，流程如图6-8所示。

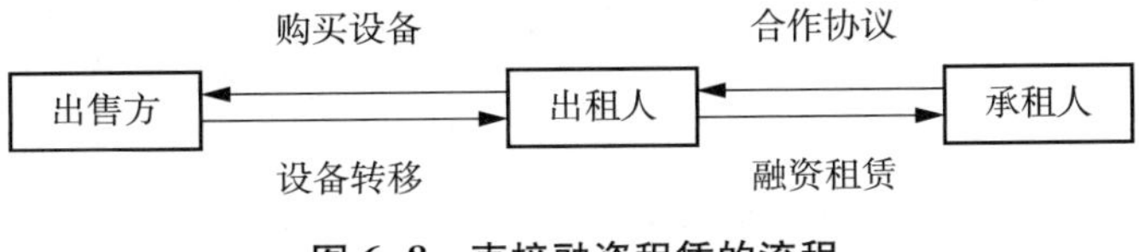

图6-8 直接融资租赁的流程

（2）售后回租。

售后回租又称出售回租、回租赁等，是指物件的所有权人首先与租赁公司签订《买卖合同》，将物件卖给租赁公司，取得现金。然后，物件的原所有权人作为承租人，与该租赁公司签订《回租合同》，将该物件租回。承租人按《回租合同》偿还完全部租金，并付清物件的残值以后，重新取得物件的所有权。出售回租实际上类似于抵押融资行为，是物件所有权人用于盘活资产的融资手段。其基本模式如图6-9所示。

承租人与租赁公司签订出售回租合同，将自有的资产按与租赁公司商定的合理价格出售给租赁公司，然后再租回使用。租赁物的所有权在租期内归出租人所有。

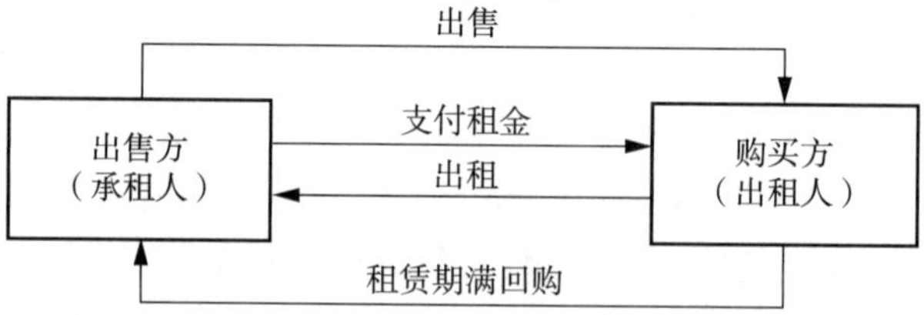

图 6-9　售后回租形成融资租赁的流程

（3）杠杆租赁。

按照维基百科的解释，杠杆租赁(leveraged lease)又称第三者权益租赁(third-party equity lease)，是承租人、出租人及贷款人(lenders)之间的三边协定；是指由出租人(租赁公司)拿出部分资金，加上贷款人提供的资金，购买承租人所欲使用的资产，并交由承租人使用；承租人使用租赁资产后，应定期支付租赁费用。通常出租人仅提供其中 20%~40%的资金，贷款人提供 60%~80%的资金。杠杆租赁中，出资人既是债权人(对承租人)，也是债务人(对贷款人)。租赁期内，资产所有权属于出租人。一旦出租人无法按期偿还借款，贷款人即可获得设备的所有权。在某些情况下，承租人需要交纳一定比例(如 10%~20%)的首付款。杠杆租赁主要用于资本密集型设备的长期租赁业务，如飞机、卫星系统等。通常这样的租赁项目金额大，租期长，以出租方一已之力难以承担，因而出资方将吸收股权合作者，组成特殊目的的载体来运作出租业务，然后依托此载体募集债务资本。如此一来，杠杆租赁就牵扯到五个关系主体，即承租人、出租人、出租人的股权合作(资)者、贷款人(团队)和租赁经理人。他们的职责及利益诉求如图 6-10 所示。

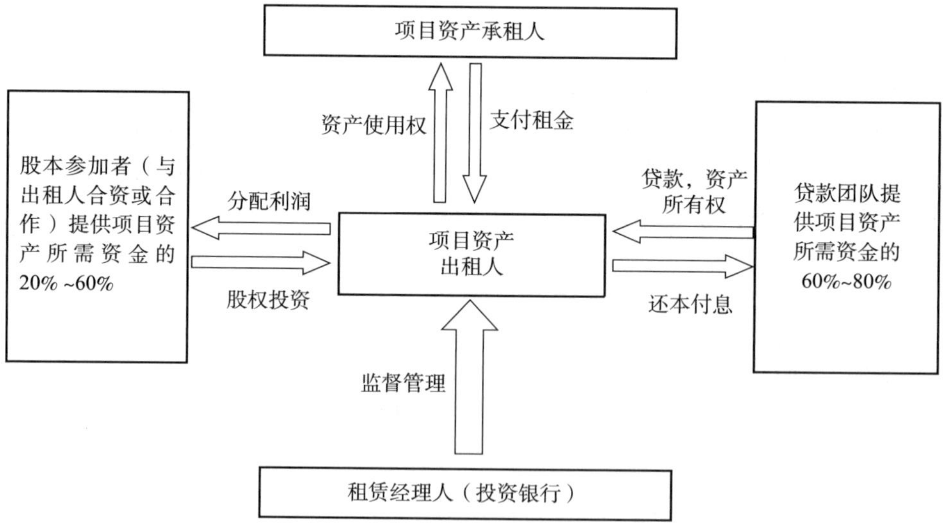

①代表出租人对项目实施监督管理；②设置租赁业务的税务结构、谈判准备、安排等；③监管项目的现金流量，分配租赁收入。

图 6-10　杠杆租赁的基本模式

3. 融资租赁的租金

承租方采用融资租赁的方式取得了资产，在资产的租赁期限内以支付租金的方式分期偿付出租方本金和利息。故融资租赁的租金包括三大块，如图 6-11 所示。

这类租金通常采用分次支付的方式，可以分为年付、半年付、季付和月付等。实务中，承租企业与租赁公司商定的租金支付方式大多为后付等额年金，即普通年金支付方式。

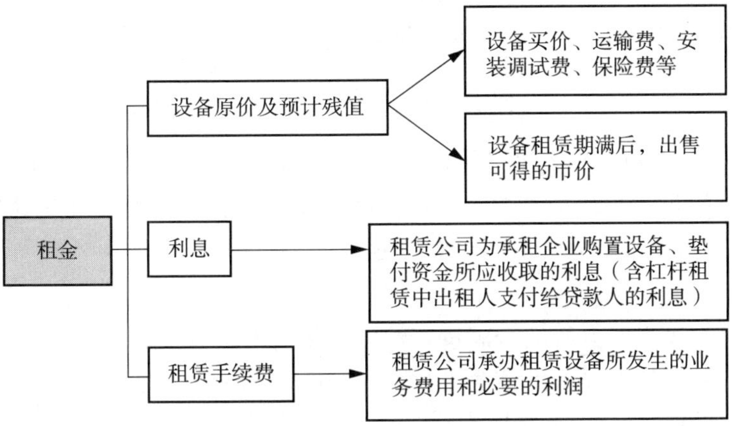

图 6-11 融资租赁租金的构成

4. 融资租赁的优缺点

相较于其他融资方式：

融资租赁的优点：①在资金缺乏的情况下，能迅速获得所需资产；②财务风险小，财务优势明显(借鸡生蛋、卖蛋还钱)；③限制条件较少；④能延长资金融通的期限(相对于贷款)；⑤免遭设备陈旧过时的风险。

融资租赁的缺点：资本成本高。租金通常比银行借款或发行债券所负担的利息高得多，租金总额通常要高于设备价值的 30%。

五、商业信用

利用商业信用融资主要有以下四种形式：

1. 应付账款

应付账款是卖方通过赊销提供给买方的信用，它是买方的一种短期资金来源。卖方在将商品转移给买方时，并不需要买方立即支付现款，而是卖方根据其特殊交易条件或货物条件向买方开出发票或账单，一定时期后再由买方付清货款。于是，买方以应付账款的形式获得了这种卖方提供的信贷。这是一种双向获利的行为，买方获得了短期资金，卖方扩大了自己的商品销售。

按照国际惯例，为了促使买方及早付款，卖方往往会规定一些信用条件，如规定“2/10,n/30”，即：买方若于购货发票日算起 10 天内付款，可享受 2%的购货折扣；若于购货发票日算起 10 天后至 30 天内付款则无这笔折扣，买方必须支付全部货款；买方的付款期限最长为 30 天。这种信用形式，按其是否承担代价，分为免费信用、有代价信用和展期信用。其中，免费信用是指买方公司在规定的折扣期限内享受折扣而获得的信用；有代价信用是指买方公司放弃折扣需求付出代价而取得的信用；展期信用是指买方公司在规定的信用期满后推迟付款而强制取得的信用，又叫“拖欠货款”。当卖方设置了信用条件时，有代价信用及展期信用的资本成本高昂。

例如，S 公司以“2/10，n/30”的信用条件从 M 公司购入价值 100 万元的商品。

若 S 公司在 10 天内付款，则可获得最长为 10 天的免费信用，享受的折扣额为 100 万元×2%=2 万元，其免费信用额为 98 万元(100 万元-2 万元)。

若 S 公司在 30 天内付款，公司不享受折扣，承担的资本机会成本可按下式计算：

$$\text{放弃折扣的成本}=\frac{\text{折扣百分比}}{1-\text{折扣百分比}}\times\frac{360\text{天}}{\text{信用期限(天)}-\text{折扣期限(天)}} \tag{6-13}$$

利用上述例题解释此公式：S 公司为了多利用那 98 元(1-折扣率)20 天(信用期 30 天减去折扣期 10 天)付出的代价是 2 元，折算成年化利率，一年按 360 天计算，S 公司放弃现金折扣多占用应付货款的资本成本率是 36.7%。

2. 商业票据

商业票据是指买卖双方根据合同进行赊购赊销时开具的反映债权债务关系并凭以办理清偿的票据。持票人拥有向票据债务人(通常是买方)请求支付票据金额的权利，包括付款请求权和追索权。

我国能进行短期融资的商业票据主要是商业汇票。商业汇票必须经过承兑，即由有关方在汇票上签章，表示承认到期付款。根据承兑人不同，商业汇票分为商业承兑汇票和银行承兑汇票。商业承兑汇票是指由销货单位或购货单位开出汇票，由购货单位承兑的汇票。银行承兑汇票是指由销货单位或购货单位开出汇票，由购货单位请求其开户银行承兑的汇票。严格地说，银行承兑汇票并不属于短期商业信用，因为银行一旦兑付，就形成了购货公司的短期借款，而且银行要收取承兑手续费。

3. 预收货款

预收货款是指购货方在收到商品之前预先支付给销货方全部或部分货款。这是买方向卖方提供的信用，是卖方的一种短期资金来源。一般来说，预收货款的应用比较有限，通常应用于所销商品市场上比较紧缺而买方又必需或急需、生产周期较长且投入较大的建筑业和重型机器制造业、书刊报纸征订等情况。

4. 应付费用

应付费用也称应计费用或应计负债，是指已经发生但尚未支付的费用，包括应付工资、应付税金、应付利润、应付利息等。在企业支付这些费用之前，这些费用成为企业的一种短期资金来源。

应付费用是企业的一项无融资成本的资金。就应付工资而言，企业职工总是在企业支付工资前就已经提供劳务了，但他们的工资都要等到工资结算期末或过了工资结算期才发放。这样，在支付工资之前，应付工资就成了企业的一种无成本的资金来源，但这并不意味着企业可以随意地延长发放工资的时间，否则这种无成本的资金来源将成为一种代价高昂的资金来源。已经发行的税金，也要等到税务部门规定的缴税日期才支付。这样，应付税金在缴纳之前，也成了企业的一项无成本的资金来源，但应付税金必须在税务部门规定的缴税期限内缴税，否则，税务部门就要根据经济规定给予罚款，企业还要支付滞纳金。

相较于其他债务融资方式，商业信用属于经营性负债，几乎无融资成本，风险较低，但融资额度有限，且取决于产品的市场竞争力。

第四节 混合证券融资

一、混合证券的含义与判断依据

由上文可知，股权代表对公司现金流量和资产的剩余索取权，而且一般与管理控制权相联系；债权则代表对公司现金流量和资产固定的索取权，它通常并不与管理控制权相联系。但是，有许多证券并不能完全归结于其中之一，它们兼有股权和债权的部分特征。这些证券可称为混合证券。一些新的证券初看时难以分清是债务还是股权，为了确定它们属于纯粹债务还是纯粹股权，我们可以试着回答下列问题：

(1) 证券的偿付是合同确定型的还是剩余索取型的?

如果是合同确定型的，则较接近债务；如果是剩余索取型的，则较接近股权。

(2) 偿付是否可减税?

如果是，则较接近债务；如果否，则较接近股权。

(3) 如果公司陷入财务困境，该证券具有较高的优先权还是较低的优先权?

如果具有较高的优先权，则较接近债务；如果具有较低的优先权，则较接近股权。

(4) 证券是否具有固定的期限?

如果是，则比较接近债权；如果否，则比较接近股权。

(5) 证券的所有者是否可得到该公司的部分管理控制权?

如果否，则它较接近债权；如果是，则比较接近股权。

我国公司常用的混合型融资方式有发行可转换债券、可分离债券和优先股等。有些公司已经发行了永续债。

二、可转换债券

可转换债券是一种可根据债务协议中规定的比率(转换率)转换为债券发行人股权的债务——由于在发行可转换债券时，债券投资者一般并不为转换付费，因此在股票价格上升时，“转换”成为一种很有吸引力的选择权。一些公司通常在债券中加入转换的选择权，以降低债券利率。

可转换债券的基本要素包括：①标的股票，即可转换债券转换期权的标的物，一般是发行公司自己的股票或其上市子公司的股票。②票面利率，一般低于普通债券的票面利率，甚至不超过银行同期存款利率水平，证交所上市交易的可转换债券的利息率一般为1.5%~2%，但其收益中除利息外，还附加了股票买入期权的收益。③转换价格，即每一份可转换债券在既定的转换价格下能转换为普通股股票的数量，转换比率就是债券面值与转换价格的比值。④转换期，即可转换债券持有人能够行使转换权的有效期限，通常在发行日后的某日到到期日之间，也有发行日到到期日均是转换期的情况。⑤赎回条款和回售条款。赎回条款是保证公司按事先约定的价格买回未转股公司债券的条款，通常包括不可赎回期与赎回期、赎回价格(一般高于可转换债券的面值)、赎回条件(分为无条件赎回和有条件赎回)等。其最主要的功能是强制债券持有者积极行使转股权，因此又被称为加速条款，能使发债公司避免在市场利率下降后，继续向债券持有人支付较高的债券利率而蒙受损失。通常赎回条款在股票价格连续高于转股价格达到某一幅度时使用。回售条款则正好相反，是保证债券持有人可按事先约定的价格将所持债券回卖给发行公司的约定。对投资者而言，它实际上是一种卖权，有利于降低投资者的持券风险，一般包括回售时间、回售价格和回售条件等。回售条款通常在股价连续低于转股价格一定幅度的时候采用。

转股选择权是有价值的，其市场转换价值是债券所能转换的股票的当前价格。而转换溢价是债券价值超过债券的转换价值的部分。设一张面值为1000美元的可转换债券，其转换率为50，即它可转换为50股公司股票。转换价格等于面值除以转换率，因此该可转换债券的转换价格为20美元。如果当前股票的价格为25美元，则市场转换价值为1250美元(50×25美元)。如果当前该债券以1300美元成交，则转换溢价为50美元。当债券价格高于面值，临近转换期限时，其市场价格将与转换价值趋于一致，即转换溢价趋于0。

可转换债券实际上包含了一个债权和一个股票看涨期权，其价格是普通债权和看涨期权两部分之和。因此，将普通债权部分的价值和可转换债券市场价格结合起来可以评估看涨期权部分的价值：

看涨期权部分的价值=可转换债券的市场价格-普通债权部分的价值

根据证监会颁布的《上市公司证券发行管理办法》，公司公开发行可转债除满足债券发行条件外，还必须满足以下三个条件：①最近三个会计年度加权平均净资产收益率不低于6%；扣除非经常性损益后的净利润与扣除前的净利润相比，以低者作为加权平均净资产收益率的计算依据。②本次发行后累计公司债券余额不超过最近一期末净资产额的40%。③最近三个会计年度实现的年均可分配利润不少于公司债券一年的利息。

三、优先股融资

优先股(preferred stock)属于公司的权益，但是它不同于普通股，因为和普通股相比，它在股利支付和公司破产清偿时的财产索取方面都具有优先权，但优先股股东不参与公司经营管理决策。与债券类似，优先股有固定的股利，如果公司没有现金支付股利，它可以累积到公司有足够的收益时支付。优先股的持有人并不享有对公司的控制权，他们的投票权被限制在一些可能会影响到他们对公司现金流量或资产的索取权的议题上。与股权类似，优先股的偿付不能减税而只能来自税后的现金流量，而且优先股没有到期日。虽然会计师和评级机构仍然将优先股视作股权，但为了便于进行资本结构分析和资本成本估算，优先股被视作债务和股权以外的第三种资本成分——一种混合证券。

由于优先股没有期限限制，相对于债务融资来说，企业发行优先股融资可以避免在未来出现过大的偿债压力。同时，由于优先股股东不参与公司经营管理决策，相对于普通股融资而言，发行优先股的公司股东可以不必担心因为所有权被稀释而削弱对公司的控制权。

2013年11月30日，国务院颁布《关于开展优先股试点的指导意见》(以下简称《指导意见》),决定开展优先股试点。《指导意见》对优先股股东的权利与义务,以及优先股的发行条件、监管及配套措施等做出了规定。根据《指导意见》,证监会规定的上市公司可公开发行或非公开发行优先股,注册地在境内的境外上市公司和非上市公众公司只能非公开发行优先股。公司已发行的优先股不得超过公司普通股股份总数的50%,且融资金额不得超过发行前净资产的50%,已回购、转换的优先股不纳入计算。公司公开发行优先股以及上市公司非公开发行优先股的其他条件适用《证券法》的规定。非上市公司非公开发行优先股的条件由证监会另行规定。公司公开发行优先股的,应当在公司章程中规定以下事项:①采取固定股利率;②在有可分配税后利润的情况下,必须向优先股股东分配股利;③未向优先股股东足额派发股利的差额部分,应当累积到下一会计年度;④优先股股东按照约定的股利率分配股利后,不再同普通股股东一起参加剩余利润分配。商业银行发行优先股补充资本的,可就以上第②项和第③项另行规定。

四、与期权相结合的债券

在国外,近年来,一些公司开始使用一种将期权与单纯的债券结合起来的融资工具,它可以更好地满足公司具体的需要,如商品债券。商品债券是一种利息和(或)本金的偿付与商品的价格相联系的债券。在大多数情况下,这种偿付将随商品价格的上升而增加,随商品价格的下跌而减少。

我们来讨论以下两个例子。

第一个例子:经营某商品的公司将本金和(或)利息的支付与该商品的价格联系起来,这样如果商品的价格上升,利息的支付就会增加;商品的价格下降,利息支付就会减少。当该商品的价格上升时,公司的收入也同时上升,公司将有足够的资金支付债券较高的本息;反之,公司收入下降的同时,债券的本息支付也较低,这就减轻了公司的财务压力,从而降低了违约的可能。这种与商品相联系的债券可视作普通债券和以该商品为标的资产的看涨期权的结合。债券的持有人与发行人(公司)一起承受了商品价格波动的风险,同时也分享商品价格有利变化的收益。

第二个例子:保险公司发行一种债券,规定在发生某种大灾难时债券的本金或利息偿付将减少,而在不发生大灾难时将保持不变。例如,一个保险公司在加利福尼亚房屋所有人的保险中获得了大量的保费收入,它或许会附加一个条款规定在发生大地震时减少本金和(或)利息的偿付。其原理也就是在公司最需要现金时为它提供生存空间——大灾难发生时,会造成公司大量的现金流出。这个例子中的债券实质上也是期权与普通债券的结合,但这个期权的标的不是某个价格,而是未来的事件状态。

五、资产证券化产品

公司将其缺乏流动性但能够产生可预见现金收入的资产(如住房贷款、发电机组、收费公路等)出售给特定发行人,创设一种以该资产产生的现金流支撑投资者回报的金融工具或权利凭证,进而出售该类金融工具或凭证来筹集资金,该过程即资产证券化,那些支撑资产证券化行为的资产称为基础资产。公司可以通过发行资产证券化产品筹集资金。根据基础资产的不同,目前我国的资产证券化产品有四类:抵押贷款资产证券化产品(Mortigage-backed Securities, MBS)、信托型资产支持票据(Asset-backed Notes, ABN)、非金融机构资产支持证券化产品(Asset-backed Securities, ABS), 以及以基础设施支撑的公募REITs。2020年4月30日，中国证监会、国家发展改革委联合发布《关于推进基础设施领域不动产投资信托基金(REITs)试点相关工作的通知》，正式启动基础设施领域的公募REITs试点工作，并优先支持京津冀、长江经济带、雄安新区、粤港澳大湾区、海南、长江三角洲等重点区域，支持国家级新区、有条件的国家级经济技术开发区等开展试点。前三类资产证券化产品通常属于债务型金融工具，第四类偏向于股权性质。故综合而言，资产证券化产品可能兼具股权、债权的某些性质。

资产证券化的一般模式如图6-12所示。

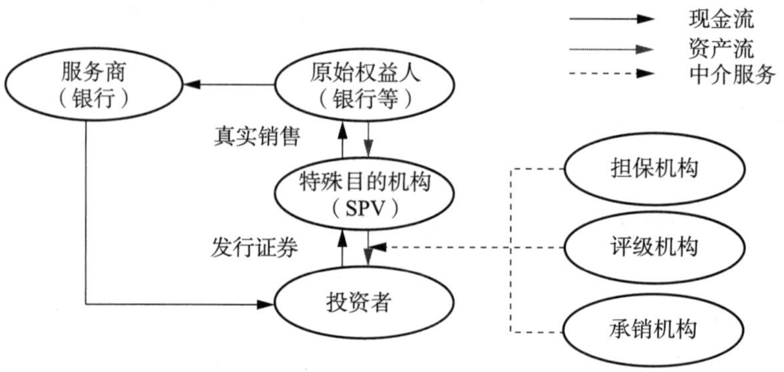

图6-12　ABS的一般模式

图6-12中，原始权益人是指基础资产的原始权益人或者融资方；特殊目的机构是管理基础资产、发售资产证券化产品、管理资金流的机构。

自2005年以来，我国公司资产证券化产品筹集的资金额度增长迅速，如图6-13所示。虽然2020年初受到新冠肺炎疫情的影响，该资金额度增长速度有所下降，但《关于推进基础设施领域不动产投资信托基金(REITs)试点相关工作的通知》仍预计，可将2016年以来的第三轮基建小周期里累计超多十万亿PPP总量基础设施推向资产证券化。

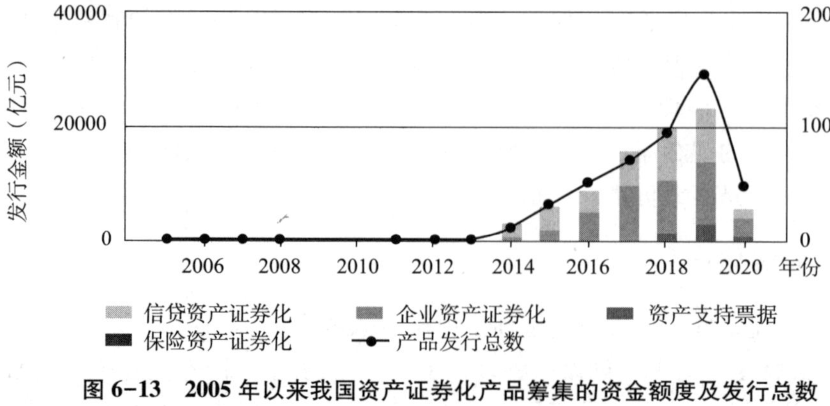

图6-13　2005年以来我国资产证券化产品筹集的资金额度及发行总数

除下述负面清单规定外，公司有稳定现金流入且缺乏流动性的资产均可作为基础资产：①以地方政府为直接或间接债务人的基础资产。地方政府按照事先公开的收益约定规则，在政府与社会资本合作模式(PPP)下应当支付或承担的财政补贴除外。②以地方融资平台公司为债务人的基础资产。本条所指的地方融资平台公司，是指根据国务院相关文件规定，由地方政府及其部门和机构等通过财政拨款或注入土地、股权等资产设立，承担政府投资项目融资功能，并拥有独立法人资格的经济实体。③矿产资源开采收益权、土地出让收益权等产生现金流的能力具有较大不确定性的资产。④有下列情形之一的与不动产相关的基础资产：a. 因空置等原因不能产生稳定现金流的不动产租金债权；b. 待开发或在建占比超过 10%的基础设施、商业物业、居民住宅等或相关不动产收益权。当地政府证明已列入国家保障房计划并已开工建设的项目除外。⑤不能直接产生现金流，仅依托处置资产才能产生现金流的基础资产，如提单、仓单、产权证书等具有物权属性的权利凭证。⑥法律界定及业务形态属于不同类型且缺乏相关性的资产组合，如基础资产中包含公司应收账款、高速公路收费权等两种或两种以上不同类型资产。⑦违反相关法律法规或政策规定的资产和最终投资标的为上述资产的信托计划受益权等资产。

第五节　公司融资决策实践

实践中的公司融资决策很复杂，除了考虑融资额度、融资成本、融资的机动性和方便程度之外，还要考虑融资期限风险(要求资产期限与融资期限匹配，降低流动性风险)、公司治理结构的制约(要得到股东、主要债权人的把关)、公司的财务状况，并且受法律制度的约束。

一、资产期限与融资期限的匹配

公司融资时，可以采用短期融资或长期融资方式，也可以采用股权融资或债权融资方式。公司的管理者在进行融资决策时，必须要考虑这样两个问题：股权资本与债务资本的最佳组合是什么？长期融资与短期融资的比例如何确定？

第一个问题将在第七章中讨论。第二个问题本质上是公司流动性(短期债务的现金偿付能力或短期资产的变现能力)如何保持的问题，这是本节的重点。

在进行选择时，一般会考虑占用资本的期限，即资产的使用寿命，尽量使两者的期限匹配。

以一项使用期限为 5 年的设备为例，购买时，可以采用 5 年期的贷款，也可以用一年期的贷款连续借入 5 年。两者购买时的年利率相等。很明显，采用一年期的贷款因为期限不匹配，将产生两种风险：一是贷款利率变化的风险，这将影响资金成本；二是资金可持续性不保险，甚至可能导致公司不得不卖掉资产以偿还债务。但是，如果预期贷款的市场利率将下降，或者短期资金本来就比长期资金成本低，有些公司可能就会冒险采用短期融资。

一个公司资产寿命期限与资本来源期限的匹配情况可以通过资产负债表来分析。

由于　资产=负债+所有者权益

即　流动资产+非流动资产=流动负债+非流动负债+所有者权益

即　流动资产-流动负债+非流动资产=非流动负债+所有者权益

即　营运资本+非流动资产=长期资本

或　营运资本=长期资本-非流动资产　(6-14)

式(6-14)说明，当公司的营运资本大于零时，说明公司的营运资本有一部分是依靠长期资本筹集而来的，可保证公司短期内的流动性。当营运资本小于零时，说明公司部分购置非流动资产的资金来自流动负债，公司短期内的流动性无法得到保证。

确保公司的流动性是保证公司持续经营的重要措施，而确保流动性的关键是管理好营运资本的循环。如果公司营运资本的增长失控，资金来源得不到保证，流动性就会出现问题。一般来说，有效管理营运资本必须做到：①对于一定的销售额，应尽可能降低应收账款和存货，降低资金占用；②由式(6-14)可知，营运资本本质上属于长期投资(虽然在不断地进出公司，但在持续经营过程中始终要持有一部分营运资本)，需保证长期持久的资金来源，以提高流动性。由式(6-14)的计算过程可知，营运资本的一部分是靠流动负债来解决的，因此营运资本的波动性需求可以通过短期融资来解决。

二、长期与短期融资策略

公司为了维持营运资本和非流动资产的需求，可以选择不同的融资结构。虽然我们主张资本来源与投资的期限应该匹配，但是公司一般会根据管理层的风险偏好采取不同的策略。风险规避型的管理者会采取稳健型融资策略，如图 6-14 所示，即长期融资用来满足非流动资产的占用、永久性营运资本的占用，也用来满足一部分季节性营运资本的需求，短期融资只需要应付部分季节性资金占用即可。这样，在季节更替的时候，可能会有一部分资金盈余，可以用来应付突发的资金需求。风险偏好型的管理者可能采取冒险型策略，如图 6-15 所示，即长期融资只能满足部分非流动资产和永久性营运资本的占用，其余部分的非流动资产资金占用及季节性资金需求靠短期融资来解决。这种策略将面临利率风险和资金短缺造成的流动性风险。风险中庸型的管理者则会采取中庸型融资策略，也叫匹配型策略，如图 6-16 所示。非流动资产占用及永久性营运资本占用由长期资本解决，而季节性资金需求由短期融资来解决。

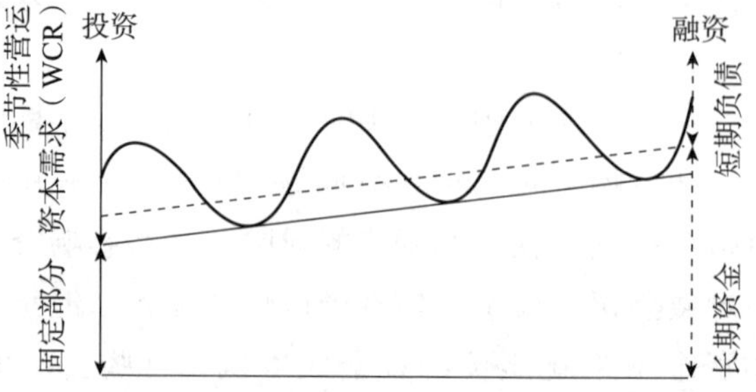

图 6-14　稳健型融资策略

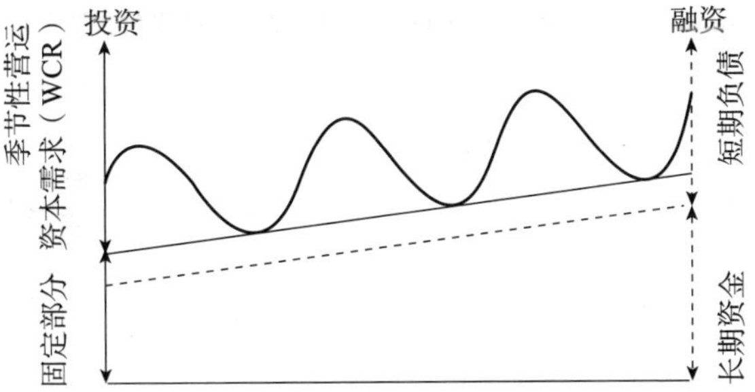

图 6-15 冒险型融资策略

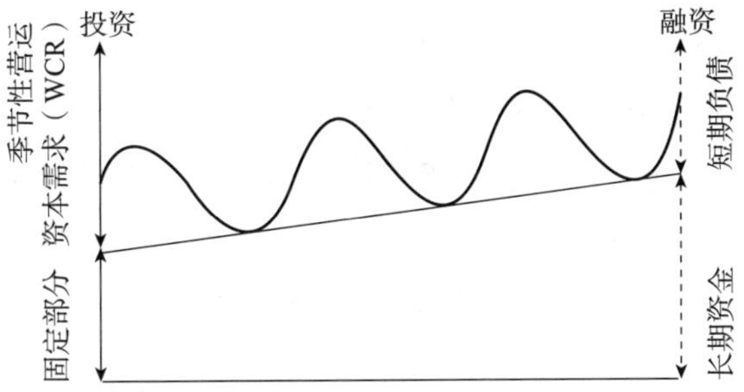

图 6-16 中庸型（匹配型）融资策略

三、上市公司再融资决策

上市公司再融资是指上市公司 IPO 之后通过公开或非公开发行证券筹集资金的行为。为保护投资者利益和规范证券市场资本配置行为，上市公司再融资行为除需要接受股东、债权人监督之外，还受制于诸多法律法规的限制，主要有《公司法》《证券法》《上市公司证券发行管理办法》《公司债券发行与交易管理办法》《银行间非金融企业债务融资工具管理办法》《优先股试点管理办法》，以及交易所优先股业务试点管理办法等，分别规范上市公司配股、非定向增发股票、定向增发股票、发行可转换债券、发行普通公司债券、发行银行间债券和发行优先股等再融资行为。

在法律法规的约束下，上市公司再融资额度取决于资本市场容量、相应证券价格的走势、公司的财务状况和融资基准日的选择。例如，《上市公司证券发行管理办法》规定，上市公司发行可转换债券的要求之一是连续三年盈利且三年加权平均净资产收益的平均值不低于 6%（以扣除非经常性损益前后低者为准），如果公司的财务状况达不到要求，则不能发行可转换债券。此外，累计债券余额不能超过最近 1 年净资产余额的 40%，最近 1 年实现的净利润足以支付债券 1 年的利息，这意味着公司的净资产和净利润共同决定了可转换债券的发行额度。

有了能筹集到目标融资额度的融资方式，即证券类型，是否就可以选择成本最低的方式呢？其实不然，股东、债权人和经理人的偏好往往会导致公司选择高成本的证券：发行可转债之后，可能因债券持有人行使换股权利而稀释控股股东的控制权，遭遇控股股东抵制；不换股则可能导致公司债务水平提高，因而遭遇债权人抵制。

长沙理工大学就上市公司再融资决策开发成了虚拟仿真实验，投放在国家虚拟仿真实验平台(www. ilab_ x. com)，该实验将上市公司再融资决策分成五个阶段，即财务分析(融资公告必要内容之一)、市场容量分析(市场时机的利用，cartering)、法律可行性分析、融资额度计算和投资者意见征询，使得整个分析过程逻辑清晰、结构严谨、操作简便。

教材配套学习资源
获取“‘上市公司再融资虚拟仿真实验项目’说明与实验报告示范”
★ 获取方法见本书目录前的引导页 ★

思考题

1. 从金融契约角度阐述不同投资者对公司要求权的异同，并分析他们对公司融资方式的影响？

2. 债务融资的优势和劣势分别有哪些？

3. 我国很多上市公司长期不分配股利，是不是股权融资成本就为零？

4. 公司金融最大化目标要求公司的融资组合要与资产相匹配，你是如何理解的？请选择一个上市公司数据加以说明。

5.“对赌协议”在私募股权投资中所起的作用与意义。

第七章　资本结构理论

资本结构表面上是股权资本与债务资本的比例关系，本质上是股东、债权人和管理层之间的权益对比关系，牵涉各种复杂的金融契约，因而被 Myers 定义为“资本结构之谜”，其雅致与深奥一直吸引并困扰着公司金融理论研究者与实践中的 CEO 们。资本结构理论的发展大致经历了三个阶段：以经验阐述为主的早期资本结构理论，包括净收入理论、营运收入理论和传统理论；以新古典经济学分析方法为基础的现代资本结构理论，包括 MM 理论及其各种改进；以非对称信息为前提的后现代资本结构理论，主要包括代理成本理论、信号理论、啄食理论、控制权理论等。本章重点梳理第二、第三阶段各种理论的核心观点、研究方法与公司真实资本结构的表现及其影响因素。

第一节　初始假设环境下的 MM 理论

1958 年，Modigliani 和 Miller 首次将新古典经济学的分析方法和分析技术应用到公司金融研究领域，提出了 MM 理论。MM 理论的提出，是现代资本结构理论的发端，它与马可维茨的资产组合理论一起奠定了现代金融经济学的基础。

一、资本结构和公司价值

资本结构是公司股权资本、债权资本在总资本中的比重。

公司的价值可以表示为公司股权价值和债权价值之和，也是公司自由现金流量按照加权资本成本贴现后的现值之和，用公式表示如下：

$$V=\sum_{t=1}^{n}\frac{\mathrm{NCF}_t}{(1+k_w)^t}=\sum_{t=1}^{n}\frac{\mathrm{EBIT}_t}{(1+k_w)^t}=\frac{\mathrm{EBIT}}{k_w}\quad(n\rightarrow\infty,\text{无税})\qquad(7-1)$$

$$V=\sum_{t=1}^{n}\frac{\mathrm{NCF}}{(1+k_w)^t}=\sum_{t=1}^{n}\frac{(\mathrm{EBIT}-I)(1-T)+I}{(1+k_w)^t}$$

$$=\frac{(\mathrm{EBIT}-I)(1-T)+I}{k_w}\quad(n\rightarrow\infty,\text{有所得税})\qquad(7-2)$$

式中，所有字母含义与前述章节一致。式(7-1)和式(7-2)表明，在 EBIT 和 T 不变的情况下，公司的价值与公司加权资本成本负相关，即在公司自由现金流量一定的情况下，加权资本成本越低，公司价值最大，因而加权资本成本最低时，公司价值最大，此时的资本结构就是最优资本结构。公司管理者为了吸引投资者购买公司的股票或债券，会尽量使公司市场价值最大化，以满足投资者的盈利要求，而投资者希望自己资产价值最大化的愿望也迫使公司管理者最大化公司价值以迎合这种需要。公司管理者对各种融资方式进行权衡取合，使得公司的价值最大化，最终形成了公司的资本结构。资本结构理论就是关于债务水平如何影响股权资本成本、债权资本成本，继而影响加权资本成本，最终影响公司价值的各种观点。

在 Modigliani 和 Miller 开创性研究资本结构(1958)之前，Durand(1952)总结了早期资本结构理论的三个观点：净收益理论、净营业收入理论和传统理论。在无公司所得税和个人所得税、无破产成本和交易成本、股利支付率为 100%、公司规模不变的假设条件下，净收益理论认为加权资本成本与债务水平负相关，因而 100%的债务水平能使加权资本成本最低，公司价值最大；净营业收入理论认为加权资本成本与债务水平无关，因而不存在使公司价值最大的资本结构；传统理论则属于折中理论，认为加权资本成本会随着债务水平的提高，呈 U 形变化，故而理论上存在着最小的加权资本成本，相应的债务水平是公司的最优债务水平，相应水平下的公司价值最大。

MM 理论开创了资本结构理论的数学分析方法和套利分析方法，被认为是现代公司资本结构理论的开端，也被认为是传统公司金融理论的基石。

二、MM 理论的初始环境

MM 理论的假定条件包括以下七项：资本市场无交易成本(完备信息)；个人借款利率和公司借款利率相同；均无负债风险(即不考虑债务直接和间接破产成本)；不存在公司所得税、个人所得税；有债务和无债务公司经营风险相同，且收益相同的公司风险等级相同；不同投资者对公司未来风险和收益的预期相同；公司持续经营，增长率为零，即 EBIT 保持不变。这些假定条件构成了一个市场完全有效的初始环境，在 MM 理论之后的所有资本结构理论的发展均是从这个初始环境出发，对其中的某一个或多个假定条件进行修正而展开的。

三、无关性定理

上述初始环境下，MM 理论有两个命题：

命题一： $V_L=\dfrac{EBIT}{K_W}=V_U$

命题二： $K_{SL}=K_{SU}+(K_{SU}-K_D)\dfrac{D}{S_L}$

以上两式中：V_L、V_U分别表示有债务公司价值和无债务公司价值；K_W 为加权资本成本；K_{SL}、K_{SU}分别表示有债务公司的股权资本成本和无债务公司的股权资本成本；K_D表示债务资本成本；D、S_L分别表示有债务公司的债权资本和股权资本。

命题一是无关性定理的核心命题，表明公司的资本结构对公司的市场价值没有影响，即有债务公司的价值等于无债务公司的价值。换句话说，各种资本结构是等价的，资本结构的变化不会影响公司的市场价值。我们不妨这样来理解命题一：由于公司的投资决策是固定的，因而其收益 EBIT 也是相对确定的。公司可以决定如何在股票投资者与债券投资者之间分配这一相对确定的收益。由于市场是充分有效的，因此公司对分配方式的选择不会影响市场对公司价值的评价，即资本结构不影响公司的市场价值。

这里所说的“收益相对确定”是指收益不受其分配方式的影响，支付利息或股利政策不影响公司价值。由于“分配方式”不影响公司收益，而投资者可以在信息充分的情况下自由选择投资于股票还是投资于债券，公司对分配方式的选择就变得无关紧要了。因此，这一理论的成立也就显而易见了。

【例 7-1】现用套利理论证明命题一。假设公司 A、B 处于 MM 理论初始环境下同一风险等级，在 EBIT 相同的情况下，两者的市场价值不同，有债务公司 B 的价值高于无债务公司 A 的价值，见表 7-1。

表 7-1　同一风险等级下 A、B 公司的资本结构和价值

项目	无债务公司(A)	有债务公司(B)
股本面值(万元)	1000	600
股本市价(万元)	1000	680
债券市价(面值)(万元)	/	400
公司总价值(万元)	1000	1080
权益资本成本率(%)	10	10
债务资本成本率(%)	/	8
加权资本成本率(%)	10	9.26 (100/1080)

此种情景下，理性投资者的策略是买低卖高，实现套利。假设投资者甲在 B 公司的持股比例为 30%，其基本的套利策略如下：

(1) 抛售 B 公司股票，收回 680×30%＝204 万元；

(2) 为了不改变资本结构，向银行借入 400×30%＝120 万元；

(3) 用 324 万元中的 300 万元购入 A 公司 30%的股票。

套利者的报酬：

(1) 在 A 公司的投资报酬为 20.4 万元(300×10%−120×8%)，等于原来在 B 公司的投资报酬 20.4 万元(204×10%)。

(2) 套取的利润：(324−300)×8%＝1.92 万元。

由于该套利策略卖空 B 公司股票，买入 A 公司股票，投资者的套利行为会使 B 公司的股价下降，使得 A 公司的股价上升，即 V_L 下降而 V_U 上升，最终二者趋于相等，套利机会消失。在市场充分有效的条件下，套利力量是如此强大，以至套利机会根本不可能存在。故 A 公司和 B 公司的市场价值恒为相等。这就证明 MM 理论成立。

命题二表明，有债务公司的股权资本成本是无债务公司股权资本成本与债务风险补偿之和，资本结构会影响股权资本成本的高低。命题二的推导如下：

$$\because V_U=\frac{EBIT}{K_{SU}}\Rightarrow EBIT=K_{SU}\times V_U$$

$$又\because V_U=V_L=S_L+D$$

$$\therefore \text{EBIT}=K_{SU}\times V_U=K_{SU}\times(S_L+D)$$

$$又\because S_L=\frac{\text{EBIT}-K_D D}{K_{SL}}$$

$$\therefore S_L=\frac{\text{EBIT}-K_D D}{K_{SL}}=\frac{K_{SU}\times(S_L+D)-K_D D}{K_{SL}}$$

$$\therefore K_{SL}=\frac{K_{SU}\times(S_L+D)-K_D D}{S_L}=K_{SU}+(K_{SU}-K_D)\frac{D}{S_L}$$

命题二表明，虽然资本结构影响股权资本成本，但不影响加权资本成本。证明如下：

$$\begin{aligned} K_W &= K_D\frac{D}{V_L}+K_{SL}\frac{S_L}{V_L} \\ &= K_D\frac{D}{V_L}+\left[K_{SU}+(K_{SU}-K_D)\frac{D}{S_L}\right]\frac{S_L}{V_L} \\ &= K_D\frac{D}{V_L}+K_{SU}\frac{S_L}{V_L}+K_{SU}\frac{D}{V_L}-K_D\frac{D}{V_L} \\ &= K_{SU} \end{aligned}$$

四、无关性定理的通俗解说

Modigliani 曾经用一个简单的比喻来解释 MM 理论：把一个圆饼切成两块，分别代表公司的股权价值和债务价值，无论怎么切，圆饼的总面积即公司的总价值是不变的。我们可以用一个更贴近现实的比喻来说明 MM 理论：假设某人购买了一套房产，那么很显然，无论他是完全用自己的资金购买的，还是借了一部分钱、自己出一部分钱来购买，均不影响该房产的价值。这里自己出多少钱相当于“公司股权”，借入的资金相当于“公司债务”，房产价值则相当于“公司价值”。当然，购买房产的行为与公司的运作相去甚远，但是我们可以想象有这样一家公司，现实中也确实有这样的公司，我们称之为房地产信托投资公司(REITs)：这家公司经营的唯一业务就是购买不动产并将其出租获取租金。如果不考虑税收条件，这家公司的总价值即等于其所持有不动产的总价值。很显然，该公司的资本结构不影响公司的总价值。

第二节　新古典环境下 MM 理论的修正

MM 理论的中心命题是在一系列严格的假定条件下推导而来的，这些假定条件构成初始环境。由此初始环境出发，包括 Modigliani 和 Miller 在内的许多经济学家放松了各种假定，从而提出种种改进理论。这些理论主要包括公司所得税下的 MM 理论、引入个人所得税的米勒模型、引入破产成本的权衡理论及新综合理论。这一阶段的研究是在新古典经济理论的框架下进行的，它放松了中心命题中除信息对称(市场充分有效)这一假定之外的所有约束。下文将简要介绍这一阶段的主要理论。

一、公司所得税与资本结构

MM 理论的无关性命题无法解释现实中公司的资产负债率较为稳定的事实。1963 年，Modigliani 和 Miller 将公司所得税的影响引入原来的分析中，对 MM 理论进行了修正，论证了公司所得税对公司价值以及股权资本成本的影响，形成了两大命题：

命题三： $V_L=\dfrac{\text{EBIT}(1-T_C)}{K_{\text{SU}}}+\dfrac{D\,K_{\text{D}}(1-T_C)}{K_{\text{D}}}=V_U+T_CD$

命题四： $K_{\text{SL}}=K_{\text{SU}}+(K_{\text{SU}}-K_{\text{D}})(1-T_C)\dfrac{D}{S_L}$

式中，T_C表示公司所得税税率，其他代号的含义同上。

命题三表明，在有公司所得税的情况下，债务利息的税盾作用将提高公司的价值。即有债务公司的价值等于无债务公司价值与税盾价值之和，债务水平越高，税盾价值越高，故 100%的债务水平能使公司价值达到最大。命题四在命题二的基础上，叠加了公司所得税的影响，因而在有所得税的情况下，K_{SL}小于无所得税情况下的 K_{SL}，从而有所得税时的 K_W低于无所得税时的 K_W，证明如下：

$$\begin{aligned}
K_W&=K_{\text{D}}(1-T_C)\frac{D}{V_L}+K_{\text{SL}}\frac{S_L}{V_L}\\
&=K_{\text{D}}(1-T_C)\frac{D}{V_L}+\left[K_{\text{SU}}+(K_{\text{SU}}-K_{\text{D}})(1-T_C)\frac{D}{S_L}\right]\frac{S_l}{V_L}\\
&=K_{\text{D}}(1-T_C)\frac{D}{V_L}+K_{\text{SU}}\frac{S_l}{V_L}+(K_{\text{SU}}-K_{\text{D}})(1-T_C)\frac{D}{V_L}\\
&=K_{\text{SU}}\left[\frac{S_L}{V_L}+(1-T_C)\frac{D}{V_L}\right]=K_{\text{SU}}\frac{S_L+D-T_CD}{V_L}\\
&=K_{\text{SU}}\frac{V_L-T_CD}{V_L}=K_{\text{SU}}\frac{V_U}{V_L}=K_{\text{SU}}\frac{V_U}{V_U+T_CD}
\end{aligned}$$

由命题三可知，有所得税时的 K_W低于无所得税时的 $K_W(=K_{su})$。

二、米勒模型

1977 年，Miller 在其《债务和税收》一文中，第一次系统地阐述了个人所得税对公司资本结构的影响，称为米勒模型。模型的基本思想用公式表示如下：

命题五：

$$V_U=\frac{\text{EBIT}(1-T_C)(1-T_{\text{PS}})}{K_{\text{SU}}}\qquad (T_{\text{PS}}\text{为股票收入的个人所得税税率})$$

$$V_L=V_U+\left[1-\frac{(1-T_C)(1-T_{\text{PS}})}{1-T_{\text{PD}}}\right]D\qquad (T_{\text{PD}}\text{为利息收入的个人所得税税率})$$

命题五的基本思路概括如下：

（1）无负债公司的税后收益=股东税后收益

$$=\text{EBIT}(1-T_C)(1-T_{PS})$$

（2）有负债公司的税后收益=股东税后收益+债权人税后收益

$$=(\text{EBIT}-K_D\times D)(1-T_C)(1-T_{PS})+K_D\times D(1-T_{PD})$$

$$=\text{EBIT}(1-T_C)(1-T_{PS})+K_D D[(1-T_{PD})-(1-T_C)(1-T_{PS})]$$

对(2)的两项因子分别折现，第一项用 K_{SU} 折现为 Vu，第二项用 K_D 折现为利息税盾的现值，即得出命题五中有债务公司价值的表达式。

由有债务公司价值表达式的第二项可知，税收对公司价值的影响程度取决于三种所得税税率的相对大小：

（1）当无公司所得税和个人所得税，或者三者相等时，或者 $(1-T_C)(1-T_{PS})$ 等于 $(1-T_{PD})$ 时，资本结构对公司价值没有影响，当然也就不存在最优资本结构。

（2）当存在公司所得税但没有个人所得税时，或者 $T_{PS}=T_{PD}$ 时，命题五等价于命题三，100%的负债率情况下公司价值最大。

（3）当 $(1-T_C)(1-T_{PS})>(1-T_{PD})$ 时，有债务公司价值小于无债务公司价值，否则有债务公司价值大于无债务公司价值。

命题五并不认为公司所得税、股权收入个人所得税和债权利息个人所得税不变，考虑的是三种税的综合影响。在税收实践中，个人所得税实施超额累进税率，各个投资者所处的税收等级不一样，其边际税率不一样，因而所产生的综合效应也不一样。从整个经济的角度来看，有些人的 $T_{PS}>T_{PD}$，有些人的 $T_{PS}<T_{PD}$，它们对经济的总资产负债率的影响可以相互抵消。例如，在 $T_{PS}=0$ 和 T_C 不变的情况下，不同 T_{PD} 的投资者对债券有不同的需求，从而形成债券市场的总需求；而公司债券的期望收益率必须大于无风险收益率且足以补偿投资者的个人所得税，因而形成债券市场的总供给。最终，在债券市场上形成一个均衡值，这个均衡值决定了整个社会的资产负债比。而一旦市场达到均衡，单个公司的资本结构与其市场价值是无关的，如三种税相对大小的情况(1)。

三、权衡理论

MM 理论的初始环境假设无破产成本，因而在考虑所得税的情况下，100%的资产负债率是最优资本结构。但在现实中，没有哪个债权人会将款项贷给股权资本为零的公司，因为随着债务水平的提高，债务人的违约概率也会随之提高，即出现破产风险与相应的破产成本。20 世纪 70 年代发展起来的权衡理论正是这方面的研究成果。

（一）债务破产成本

破产成本又称财务危机成本或财务拮据成本，包括破产发生时产生的直接成本和破产发生前由于公司陷入财务困境而产生的间接成本。

1. 直接成本

破产的直接或自身成本是破产时所导致的现金形式的流出。这些成本包括破产的法律成本和管理成本，以及推迟付出现金流量的现值效应。Warner(1997)估算的 11 家铁路公司在破产时的法律成本和管理成本平均约为资产价值的 5.3%。他还估算了这些铁路公司平均要花 13 年时间进行重组并从破产成本中摆脱出来。当然，铁路公司一般比其他公司具有更高的破产成本，这主要是由其资产的专用性(大多是房地产和固定的机器设备)所致。

2. 间接成本

如果破产的成本仅为上述直接成本，那么许多公司保持很低的财务杠杆率就难以解释了。实际上，与承担债务和增加拖欠风险相联系的成本要大得多，它产生于破产之前，主要是公司被察觉陷入财务困境而产生的后果。间接成本表现在四个方面：一是公司的客户察觉到公司陷入财务困境，这时顾客会因害怕公司停业而停止购买公司的产品或服务。二是供应商开始提出严格的供货条件以免遭拖欠的可能，这会导致公司营运资金的增加和现金流量的减少。三是公司为新项目筹集资金时会遇到困难——债权人和股权投资者提高必要报酬率，或者干脆不再投资，导致了资本比例的限制和无法承接好的项目。四是公司管理人员往往会出现短期行为，如推迟机器大修、变卖有用的资产以换取现金，或者降低产品质量来节约成本。

(二)破产成本与资本结构

由于破产成本的存在，公司在融资时就要权衡负债融资得到的避税利益与破产成本的大小，这就产生了资本结构的权衡理论。“权衡理论”由 Myers(1984)、Scott(1976)等提出，其结论就是：公司发生财务危机的可能性制约了其无限度地使用负债融资，因此公司最佳的资本结构应是权衡债权融资的抵税收益和因陷入财务危机而导致的各种成本的结果。

权衡理论思想如图 7-1 所示。

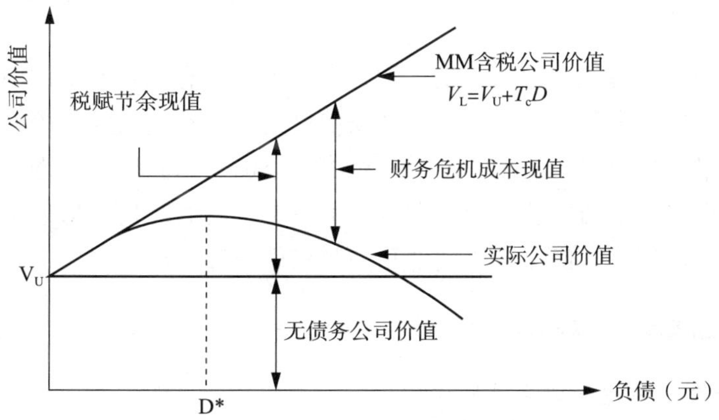

图 7-1　权衡理论下的最优债务水平 D^*

MM 理论的假定条件之一就是公司不存在破产成本，因此也不存在陷入财务危机的可能。这一假定的直接后果就是使得公司负债融资的资本成本不变。而在现实中，由于公司发生财务危机的可能性随公司负债比率的增加而增大，因而公司负债融资的资本成本也随之增加，即随着负债的增多，债务的风险会越来越大，投资者要求的收益率会越来越高。

当公司负债过度时，有可能因资不抵债而破产——支付巨大的破产成本，制约公司无限度地提高负债水平。

权衡理论放松了 MM 理论关于无破产成本的假定，引入了财务危机成本，并从负债节税利益与财务危机成本之间的比较分析中得出公司存在最佳资本结构的结论。

四、所得税、破产成本及不确定性对资本结构的综合影响

权衡理论从公司的角度出发，注重债券的供给研究；而米勒模型则从投资者的角度出发，注重债券的需求研究。此后，有一种观点在米勒模型的一般均衡分析的框架下引入公司破产风险分析，由于它综合了权衡理论和米勒模型，因而被称为综合理论。

综合理论并非权衡理论和米勒模型的简单组合。它在模型中引入了不稳定因素，这时，公司收入不再是稳定的了。当公司有可能收入为零甚至亏损时，负债的抵税效应对公司不再有任何意义。因此，不稳定因素的存在使预期的负债抵税现值（上文中"$T_C D$"预期值）下降。而且随着债务的增加，亏损的概率增加，抵税现值预期下降得越多，公司愿意为其债券提供的收益率也越低。此外，引入不稳定因素后，债券的投资者会要求风险溢价，也即公司发行债券会增加一项风险成本。由于公司发生财务危机的可能性随其债务的增加而增大，风险成本也是随债务的增加而增加的。于是，在米勒模型中平直的债券供给曲线，这里变为向右下方倾斜。

显然，综合理论得出的资产负债比米勒模型中的要小。由于不同公司的破产风险不一样，因而其资产负债比率也不一样，这是米勒模型所不能解释的。

第三节　非对称信息情境下的资本结构理论

从含公司税的 MM 理论到权衡理论，均是在市场充分有效条件下的演绎。市场充分有效的基本前提就是信息充分。上述理论均是以信息充分为前提条件。20 世纪 80 年代以来，博弈论和非对称信息论得到了长足的发展，经济学家也开始应用这一理论工具探索公司资本结构的决定，现代资本结构理论的研究进入了一个全新的时代，形成了资本结构的委托代理理论、信息揭示理论、优序融资理论和控制权理论等理论流派。

一、代理成本与资本结构

1. 公司融资中的委托代理关系

公司委托代理理论认为，公司是一些利益相关人（如外部债权人、客户、公司股东、公司管理者和公司员工等）构成的组织，是这些利益相关主体之间缔结的一组契约的联结。公司各利益主体之间的利益往往是不一致的。因此，公司不是一个单一的经济主体，而是公司各经济主体按其各自目的行动结果的一种均衡。

当公司内某一经济主体的目的依赖另一经济主体的行为才能实现，且两者之间存在为实现这一目的而订立的契约时，两经济主体之间就形成了委托代理关系。其中，行为委托主体称为委托人（principal），代替委托人实施行为的主体称为代理人（agent）。由于委托人

和代理人在行为的目标上存在不一致，所以代理人行动的结果往往与委托人希望的结果不一致，有时甚至发生冲突。

资本结构的委托代理理论认为，从公司融资的角度来看，各经济主体间主要存在两种委托代理关系：①由于股权融资而形成的股东与管理者之间的委托代理关系；②由于负债融资而形成的公司股东与公司债权人之间的委托代理关系。

委托代理关系产生的根源在于信息不对称和契约不完备。由于信息不对称，委托人无法对代理人的行为进行有效监督；由于契约不完备，委托人无法对代理人的道德风险行为实施惩罚。

当公司的管理者只拥有公司的部分股份时，由于不完全拥有公司的股权，管理者可以独享其道德风险行为的收益，而只承担这种行为的一部分成本。因此，公司管理者就有实施各种道德风险行为的激励，从而产生股东与管理者之间的利益冲突。

当公司发行债券或向金融机构借款时，公司股东和公司外部债权人之间就形成了以负债契约为媒介的委托代理关系。在这种委托代理关系中，存在着作为委托人的债权人与作为代理人的股东以及公司管理者之间的利益冲突，因而产生了债权人与公司股东之间的代理成本。这种利益冲突主要表现为负债契约签订之后，股东以及公司管理者存在着实施种种道德风险行为的激励。

股东的道德风险行为主要表现在以下三个方面：

（1）股东有可能将本属于债权人的权益通过一定的方式转移到自己手中。

例如，当公司濒于破产时，公司可能增加股利的发放，这样，本来应当在破产中补偿给债权人的权益就以股利的形式转移到了股东的手中。

（2）股东有可能放弃对债权人有利的投资项目。

例如，在公司可能出现资不抵债的情况下，公司在股东的控制下可能放弃净现值大于零的项目。举例说明如下：

假设有一家公司，其期末预期资产为1000万元，预期需偿付债务1100万元，故预期公司期末的净资产为-100万元，即公司将破产，股东在期末的权益值预期为0。无风险利率为10%。现有一个无风险项目，需投资100万元，在期末回收200万元，项目净现值是大于零的。

$$NPV=200/1.1-100=81.82(\text{万元})$$

若投资该项目，公司在期末的净资产为1000+200-100-1100=0万元。因此，投资该项目能提高公司的债务清偿能力，但即使投资该项目，股东在期末的权益值预期仍然为0，即股东没有任何收益。显然，股东会拒绝投资该项目，尽管该项目具有正的净现值且对债权人有利。

当债权人感知到股东的上述行为，要求提高利息率或干预投资决策时，债权人与股东之间的委托代理关系导致的代理成本会提高公司债务融资的成本，而且这种代理成本最终是由公司股东来承担的。

（3）股东可能枉顾债权人利益投资高风险项目。

公司处于财务困境时，股东和管理者可能产生赌一把的心态。例如，假定正处于财务困境的A公司面临两个投资项目，高风险项目X和低风险项目Y。未来环境两种可能：繁荣和衰退。如果遭遇衰退，X导致A破产，而Y导致A濒临破产。选择X和Y时，公司的现金流见表7-2。

表7-2 财务困境中的A公司投资于X和Y项目的现金流 单位：万元

权益价值	低风险项目Y		高风险项目X	
经济环境	繁荣(50%)	衰退(50%)	繁荣(50%)	衰退(50%)
股票价值	100	0	140	0
债券价值	100	1000	100	50
公司价值	200	100	240	50

如果投资于Y项目：股票的期望价值=100×50%+0×50%=50万元

债券的期望价值=100×50%+100×50%=100万元

如果投资于X项目：股票的期望价值=140×50%+0×50%=70万元

债券的期望价值=100×50%+50×50%=75万元

显然，股东有选择X项目的激励，但导致债券的期望价值低于低风险项目下的价值。现实中，高负债率公司投资于风险大的项目均有此种损害债权人利益的嫌疑，如次贷危机中倒闭的那些投资银行。

2. *考虑了代理成本的资本结构*

股东与经营管理者、股东与债权人之间的这两种代理成本的存在降低了外部投资对公司股票和债券价值的评价，从而提高了公司的融资成本，导致公司无法获得足够的资金，这样最终受到损害的是公司管理者和公司现有股东。公司价值与代理成本的关系如图7-2所示。有债务公司的价值=无债务公司价值+税盾效应-财务危机成本-代理成本。

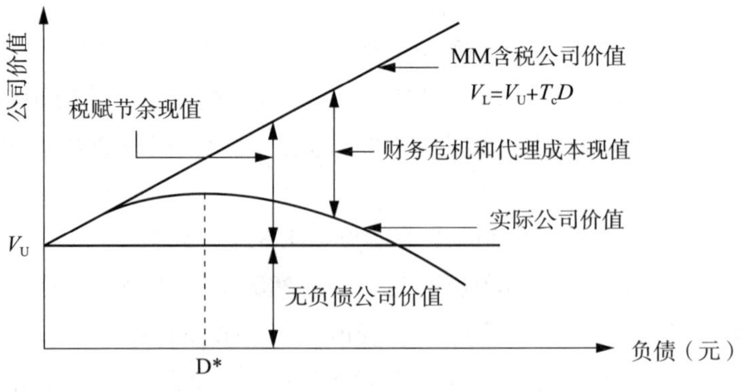

图7-2 代理成本理论下的最优资本结构

为实现公司价值最大化，作为代理人一方的公司管理者和现有股东有激励去降低股权融资和负债融资中的代理成本。从公司融资的角度来讲，降低股权融资比例，提高负债融资的比例通常被认为是降低股权融资代理成本的有效措施。这是因为：①提高负债比例会相应提高股东或管理者所持股份在总股本中的比例，从而抑制其从事道德风险行为的激励；②负债作为一种硬预算约束，其比例的提高有利于减少公司的自由现金流量，从而降低管理者实施道德风险行为的可能性；③高负债比例提高了公司的破产风险，公司管理者对破产风险的厌恶将促使其努力经营，减少道德风险行为。因此，提高公司资产负债比率能降低公司股东与公司管理者之间的代理成本。

公司管理者与现有股东也有激励采取措施降低股东与债权人之间的代理成本。这类措施主要包括：①发行可转换公司债券，或者有债券优先认购权的股票。②发行可赎回公司债券(发行公司有权在债券到期前以一定的价格买回部分或全部债券)。③尽量采用短期负债融资。长期债务所导致的长期偿债压力可能限制投资。债务短期化，并通过短期债务展期融资的方式，实现公司长期资金需求，将有利于克服投资不足的问题。④其他，如在债务契约中增加附加条款，约束公司某些高风险经营活动，以缓解股东与债权人的利益冲突。

二、信号显示模型

信号显示模型是指将信号理论引入资本结构理论，研究如何在非对称信息情境下，将资本结构作为信号向市场传递有关公司价值的信息，以此来影响投资者的投资决策，最终反馈影响传递信号公司的资本结构。

Ross(1977)对融资决策的信息传递效应进行了开创性的研究，认为在投资一定的情况下，资本结构可以传递信号。罗斯认为，公司管理者比投资者掌握更多的有关投资项目的信息。因此，在信息不对称的情况下，投资者须从公司管理者的行为中获取信息。由于管理者对公司破产风险极度厌恶，在公司经营状况恶化时，管理者为降低破产风险，总是试图降低公司负债。在其他情况给定时，经营状况差的公司不可能像高质量的公司那样使用较多的负债融资。因此，投资者可以根据公司负债水平的高低来判断公司的经营状况。因而负债的变动就成为公司向市场传递的关于公司质量变化的信号。投资者接受这一信号，并随之改变对公司价值的评价。因此，公司增加负债会提升投资者对公司的信心，使公司的价值随之增大。

Leland 和 Pyle(1977)认为，内部人持股比例也可以传递信号。公司管理者是风险规避的，且财富有限，他们希望与外部投资者共同分担项目。例如，管理者自身也对项目进行投资，这可以作为一个表示投资项目的质量良好的信息。一般而言，投资者会根据管理者在公司中的持股比例来判断公司的质量，公司负债比越高，经理层持股比例越高，投资者对公司的评价也就越高。因此，公司增加负债和经理层增加所持公司股份比例都会使公司的市场价值上升。Heikel(1982)也有类似观点，认为：高价值公司将发行更多的债券；低价值公司要模仿高价值公司，就要发行更多低定价的债券，替换高定价的股票；高价值的公司要模仿低价值的公司，就要少量发行高定价债券和低定价股票。

三、优序融资理论

优序融资理论主要由 Myers 和 Majluf(1984)创立。Myers 称“优序融资理论是阐明内部资金不足时公司会偏好于发行债券而不是股票的一种理论”，该理论在 Ross 理论的基础上，进一步研究了非对称信息对公司融资行为的影响。

当公司需要为某一项目融资时，如果该项目的盈利前景看好，公司现有股东不愿意发行新股从而稀释这种利益，而是倾向于发行债务，以独占这种利益。由于投资者知道公司的这种行为模式，所以将公司发行新股看作项目盈利前景不佳的信号，从而降低对公司所发行新股的评价。这样，公司使用股票融资的成本就会上升。因此，公司管理者将尽量避免使用股票融资。Myers 将优序融资理论总结为两点：①在内部融资和外部融资中，公司优先采用内部融资；②在外部融资中，公司优先采用债务融资。

在 Myers 之后，有学者认为，由于信息不对称，投资者只能按市场平均质量水平来对公司估价，因而质量较好的公司往往被市场低估其价值。当公司价值被低估时，公司会倾向于进行无风险的债务融资，因为无风险债务是不会被低估的，而这种行为模式会被所有公司仿效，因为公司都不愿意被市场认为它是被高估的。因此，公司融资偏好表现为优先选择风险低的融资方式，如内部融资。这一结论与 Myers 的结论是类似的。

四、控制权的争夺与资本结构

控制权理论的研究目前尚处于起步阶段，该理论的代表人物 Harrs 和 Raviv(1988)研究了公司控制权的争夺对公司资本结构的影响。各种融资方式和资本交易不仅决定了公司剩余权的分配，还会影响公司的控制权。经理层不仅从其持有的股份获得收益，还从其掌握的控制权获得收益。而潜在的股权收购会对他的控制权产生威胁。为了阻止这种收购活动，经理层有两种有效的方法：一是提高自身持有的公司股份比例；二是提高公司的财务杠杆，从而间接地提高自己的持股比例。因此，为了防止公司控制权旁落，经理层一般不愿意进行股权融资，因为债券融资带来的控制权损失较小。

Aghion 和 Bolton 研究了控制权之争与公司最优资本结构的关系。他们认为，债务融资与股票融资代表了不同的控制权分配。当公司破产时，控制权由股东转向债权人，股东的利益因此可能受损。公司的最优负债水平就是使这种情况发生时股东所受损失最小的负债水平。

Grossman 和 Hart(1988)则区分了投资者拥有的契约性控制权和剩余控制权。管理人员、投资者用附着在证券上的权利而非现金流来理解各种融资工具；投资者获得回报是因为他们享有权利，包括罢免董事、要求分红、停止净现值小于零的项目等。因此，资本结构不再是收入分配结构的变化，而是投资者和内部人之间权力结构的调整。

第四节　资本结构理论新趋势

一、新古典条件下影响公司资本结构的因素

从 MM 理论的提出到综合理论，各理论均是在新古典经济学的假设条件下进行演绎。总结这些理论可知，新古典条件下企业资本结构的决定因素如下：①公司所得税。根据 MM 理论的修正理论，公司所得税的存在使得债务具有避税效应，从而增加了公司的市场价值。因此，公司税趋向于提高企业的资产负债率。②破产成本。根据平衡理论，企业的资产负债率越高，破产风险越大，破产成本就越高，从而制约了企业使用较高的资产负债

率。因此，破产成本趋向于降低企业的资产负债率。③个人所得税。根据米勒模型，股票收益的个人所得税与公司所得税一样，使得企业的债务具有避税效应。而债券收益的个人所得税则正好相反，它能抵消这种避税效应。因此，股票收益的个人所得税趋向于提高企业的资产负债率，而债券收益的个人所得税则趋向于降低企业的资产负债率。④风险及融资成本。根据新综合理论，由于企业收益具有不确定性，债券投资者会要求更高的收益率，以补偿这种风险。因此，风险因素的存在提高了企业的债务融资成本，从而趋向于降低企业的资产负债率。

二、非对称信息环境下影响资本结构的因素

信息不对称这一约束的引入导致了代理成本理论、信息提示理论、优序融资理论等资本结构理论的出现。总结非对称信息环境下的诸资本结构理论流派的观点可知，公司资本结构的影响因素主要包括：①代理成本。根据资本结构的委托代理理论，股东与管理者之间的代理成本趋向于提高企业的资产负债率，而债权人与股东之间的代理成本提高了企业的债务融资成本，因而趋向于降低企业的资产负债率。②融资的信号传递作用。根据信息提示理论和优序融资理论，企业使用股权融资的决策会向市场传递“坏消息”，从而导致企业市场价值下降；而使用债权融资的决策则会向市场传递“好消息”，从而使企业市场价值上升。因此，信号传递作用趋向于提高企业的资产负债率。③控制权竞争。根据控制权理论，高资产负债率使企业的经理层更容易掌握企业的控制权，企业经理层倾向于提高企业的资产负债率。因此，一般来说，对控制权的争夺趋向于提高企业的资产负债率。

至此，我们对自 MM 理论以来的各种资本结构理论均进行了概括介绍，几乎每一种理论都提出了一个或几个对公司资本结构产生影响的因素。总结这些理论，我们可以列出公司资本结构的影响因素：①公司所得税；②破产成本；③个人所得税；④风险及融资成本；⑤代理成本；⑥融资的信号传递作用；⑦公司控制权的争夺。

具体而言，上述因素对公司资产负债率的影响见表 7–3。

表 7–3 各因素对企业资产负债率的影响

因素	因素与公司资产负债率的关系	理论依据
公司所得税	与负债率正相关	含公司税的 MM 理论
破产成本	与负债率负相关	权衡理论
个人所得税	债券收益个人所得税与负债率负相关，股票收益个人所得税与负债率正相关	米勒模型
风险及融资成本	风险提高了债券融资成本，债务融资成本与负债率负相关，股票融资成本与负债率正相关	新综合理论
代理成本	股东与管理者之间的代理成本与负债率正相关，债权人与股东之间的代理成本与负债率负相关	委托代理理论
融资的信号传递作用	一般情况下，信号传递作用使公司负债率上升	信号揭示理论和优序融资理论
公司控制权的争夺	一般情况下，控制权竞争使负债率上升	控制权理论

三、资本结构决策实践中的经验规则

资本结构理论是公司金融理论领域最雅致但最深奥的理论之一。然而，理论的实际应用却难以令 CEO、CFO 们满意。理想环境下能找到最优资本结构，但真实世界中，无论权衡理论、信号理论还是优序融资理论，均无法准确评价最优资产负债率。因此，实践中的经验规则具有很高的应用价值。

1. 大多数公司具有较低的资产负债率

从广义资本结构角度计算的资产负债率，美国和加拿大公司的平均水平最低，接近 50%，日本最高，超过 70%。据恒大研究院发布的《中国上市公司质量报告：2019》披露，剔除金融业上市公司和上市时间不足三年的上市公司后，我国 A 股市场共 2937 家上市公司，2019 年上半年 A 股样本上市公司总资产达到 61.31 万亿元，总负债 37.96 万亿元，综合资产负债率为 61.91%，但行业分布极不均匀，2017—2019 年，白酒制造业的资产负债率只有 30.04%、31.75%、32.34%，而同一时点房地产市场的资产负债率均超过 70%。各个国家每年由企业缴纳的所得税还是比较可观的，这说明债务的税盾作用因为某些原因而没有被充分发挥。Ross 认为，财务困境成本是其中很重要的因素。

2. 许多公司不使用付息债务

Agrawal 和 Nagarajan(1990)分析了纽约股票交易所 100 家无长期负债的公司，发现这些公司反对任何种类的财务杠杆，其短期负债也很少。此外，这些公司所拥有的现金和金融资产的程度大大高于与其相对应的杠杆公司，且其管理者较少进行多元化投资。我国白酒行业上市公司如贵州茅台、五粮液等也属于长期没有金融负债的公司，专注于白酒生产与销售，持有大量货币资金。

3. 不同行业的资本结构存在显著差异

统计我国 2018 年非金融行业的不同行业上市公司资产负债率的情况，可以发现不同行业的差异显著：土木工程建设行业 78%左右、房地产行业超过 83%，农业 35%左右，药品行业 30%上下。令人信服的一种解释是：信息非对称情况严重的行业，投资者可能承担的代理成本较高，尤其是债权人的代理成本，因而债权人并不乐意将资本投资于这样的行业。还有一种解释：集中度高的行业，公司负债率低，这样才可能采取掠夺性定价；经营性风险大的行业，公司负债率低。此外，我国还有一条重要理由，即《国务院关于加强固定资产投资项目资本金管理的通知》(2019 年及以前年度的各种版本)规定了诸多基础设施建设行业的最低资本金要求。

当然，也有公司设置了目标资本结构，至于是多少，并不确定，取决于公司的税收敏感性(盈利大的公司对税收敏感)、资产类型(有形资产占比高的公司陷入财务困境的概率低)和营业收入的不确定性(如基础设施行业的营业收入不确定性低、债务高)。

综上所述，在实践中，资本结构是宏观因素和微观因素共同作用的结果，如图 7-3 所示。

公司资本结构是制度适应与市场博弈的结果。首先，公司资本结构必须符合宏观法律、政策规定，与制度相适应或者相互促进。在健全的宏观法律环境、政策与制度环境下，公司

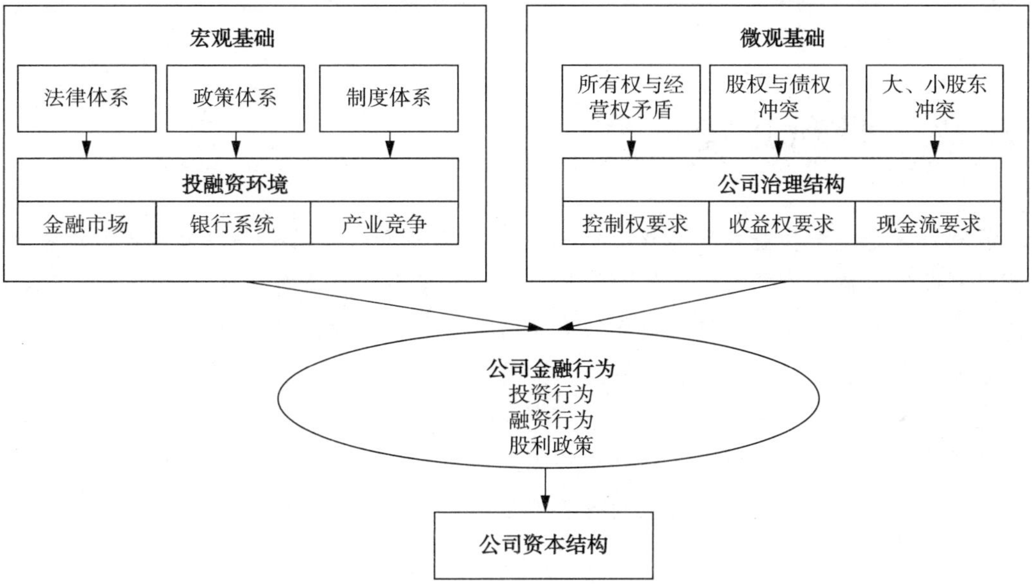

图 7-3 公司资本结构的形成逻辑

的资本结构主要由微观市场机制决定，是公司的利益相关者对公司现金流权、控制权和索取权博弈的结果。资本结构的形成逻辑可以解释其国别差异、产业差异与公司差异。

思考题

1. 选择一个行业的上市公司或某一个具体上市公司为样本，了解该样本最近五年资本结构的变化，分析这些变化的可能原因。

2. 怎样测算一个公司的最佳资本结构？

3. 请尝试运用 www. ilab-x. com 平台上的“上市公司再融资”虚拟仿真项目的“学习模式”，熟悉融资决策的基本框架。

4. 实践中，公司确定资本结构时需要考虑哪些因素？在我国，影响资本结构的法律制度有哪些？

第八章　股利政策

股利政策是公司收益分配的核心内容，决定了公司内部融资——留存收益的多寡，因此股利政策也被认为是融资决策的内容之一。在投资者与公司管理层之间信息不对称的情况下，股利不但是公司经营前景的重要信号，还是一项行之有效的治理手段，它促使管理层与股东利益休戚相关、荣辱与共，是公司融资与投资活动的逻辑延续。当一家公司在经营中获得收益并产生自由现金流量时，它面临这样的选择：是把它进行再投资，还是分配给股东？以何种方式分配给股东？股利分配的频率和金额对公司市场价值的影响有多大？本章我们要探讨股利的多种形式、股利无关论和股利相关论、股利政策的类型及其影响因素。

第一节　股利的多种形式

一、股利的主要形式与发放程序

（一）股利的主要形式

1. 现金股利

以公司当年盈利或积累的保留利润向股东支付的现金就是现金股利。现金股利是最常见的股利派发方式。股东投资的目的在于获得高现金股利，而管理层希望保留足够的现金以强化现金自由裁量权，因而需要权衡现金股利的额度与频率。发放现金股利要求公司必须拥有足够的现金。

2. 股票股利

股票股利是指公司利用增发股票的形式支付给股东的股利。公司通常按现有股东持有股份的比例来分配每个股东应得新股的数量。股票股利的来源可以是未分配利润、任意公积金或盈余公积金等。

与股票股利可能产生相似市场影响的另一种公司行为是股票分割。股票分割是指公司将某一特定数额的新股按一定比例交换一定数额的流通在外的股份的行为。如果一家公司实行 1 分 2 的股票分割，它的股数就会增加 1 倍。股票分割同样不改变股东的价值和公司的价值，但因股份数目增加，每股盈余降低，在市盈率不变的情况下，每股市场价格会降低，从而有利于投资者进行交易。但要注意，股票分割不是股票股利。

3. 财产股利

财产股利是指以公司所有的财产或其他资产作为股利分配给股东，有时又被称为实物股利或证券股利。作为股利的财产，可以是公司以前发行的债券或优先股、公司以合法原则持有的其他公司的有价证券及政府债券和公司的实物财产，如商品等。

4. 负债股利

负债股利是指公司通过建立一项负债来发放股利。根据负债期限长短，可分为票据股利和债券股利。前者是公司以各种应付票据形式代替现金来分派股利，后者是用公司债券来发放股利，又称公司债股利。负债股利的形式在实践中并不多见，一般是公司于无奈中所采用的权宜之计，通常是在公司已经宣布发放股利但又面临现金不足难以支付的窘境时才会选择。公司在实际支付股利时，往往会同时采用两种或两种以上的方式。

（二）股利的发放程序

股利的发放在各国都有固定的程序。一般地，公司在公布年度财务报告的同时，如果向股东分配当年利润，会宣布当年利润分配预案。分配预算公布可能引发股价的上涨，如2020年4月25日晚间（周五）华夏幸福（600340）披露利润分配预案，之后的第一个交易日即4月27日公司股价上涨了8.76%，如图8-1和图8-2所示。

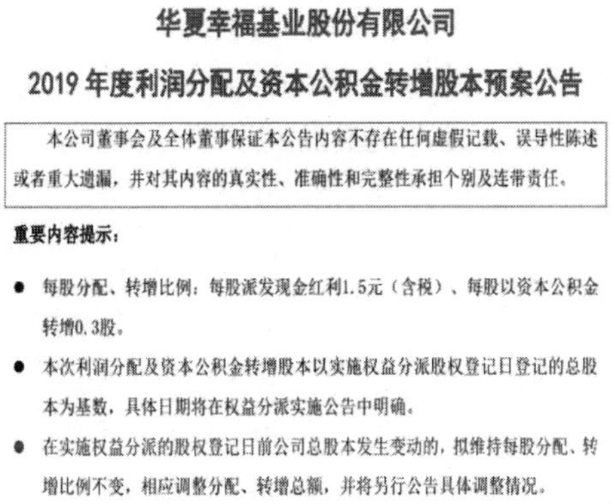
华夏幸福基业股份有限公司

2019年度利润分配及资本公积金转增股本预案公告

本公司董事会及全体董事保证本公告内容不存在任何虚假记载、误导性陈述或者重大遗漏，并对其内容的真实性、准确性和完整性承担个别及连带责任。

重要内容提示：

- 每股分配、转增比例：每股派发现金红利1.5元（含税）、每股以资本公积金转增0.3股。
- 本次利润分配及资本公积金转增股本以实施权益分派股权登记日登记的总股本为基数，具体日期将在权益分派实施公告中明确。
- 在实施权益分派的股权登记日前公司总股本发生变动的，拟维持每股分配、转增比例不变，相应调整分配、转增总额，并将另行公告具体调整情况。

图8-1　华夏幸福利润分配预算

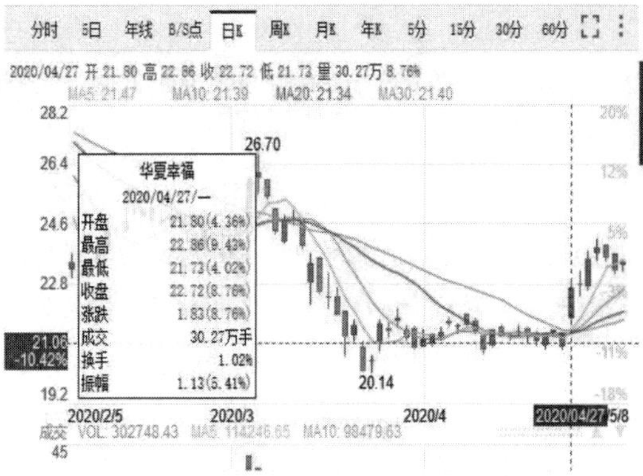

图8-2　预案披露后第一交易日股价

从公司董事会决定发放股利到股东收到股利，要经过以下四个阶段：

（1）股利发放宣布日，即公司董事会做出将来某日发放股利决定的日期，由公司登报公告。股利一旦被宣告，就构成了公司债务，不能轻易取消。

（2）股权登记日。这是发放股利公司登记被认定为获得股利的股东名册的日期。这里登记的股东名单是根据除息日之前的交易资料确定的。

（3）除息日。这是由股票经纪公司和证券交易所确定的股利归属的日期。互联网时代之前，为了避免因邮寄或者其他延误导致交易记录滞后的情况，股权登记日与除息日之间有间隔天数，但现在很多时候股权登记日与除息日是同一天。在除息日以前，股票要随股利一起买卖，即股票带息交易。在除息日当天及以后，股票不随股利一起买卖，即股票不带息交易，上一个股票持有人获得股利。所以，在除息日，如果市场上其他条件不变，股票价格会有下降，下降的数额约等于股利。

（4）股利支付日，即公司实际发放股利的日期，通常在股权登记日后的一周以内。

二、股利的特殊形式

1. 股票回购

股票回购被认为是股利的一种替代形式。为了避免市场操纵，各国对股票回购均有法律限制，因而合法的股票回购具有国别差异。我国新修订的《公司法》第142条规定：“公司不得收购本公司股份，但下列情形除外：减少公司注册资本；与持有本公司股份的其他公司合并；将股份用于员工持股计划或者股权激励；股东因对股东大会做出的公司合并、分立决议持异议，要求公司收购其股份；将股份用于转换上市公司发行的可转换为股票的公司债券；上市公司为维护公司价值及股东权益所必需。”此外，还规定了不同原因下的回购的交易方式以及回购股份的注销、转让等事宜。随后，上海证券交易所和深圳证券交易所修改了《上市公司回购股份实施细则》，对股票回购的资金来源、回购时间、回购定价、信息披露等做出了规定。

随着股权激励制度的日益普遍，股票回购现象也越来越普遍，市场对它的反应也日趋正常。实践证明，股票回购对股价有很强的促进作用。2020年6月8日晚间，好想你(002582)发布股票回购公告：拟使用自有资金以集中竞价交易方式回购公司股份数量不低于11 300万股(含)，不超过22 600万股(含)，占总股本不低于21.91%，不超过43.83%；回购价格不超过人民币13.00元/股。预计所需资金为14.69亿元~29.38亿元。回购目的是减少注册资本，实施期限为自股东大会审议通过本次回购股份方案之日起不超过12个月。好想你这次回购计划被业界认为是A股市场最疯狂的回购。巨额回购案公布的第二天，好想你股价直接一字板涨停，一度超过百万封单。目前，世界上股价最贵的股票是巴菲特经营的伯克希尔-哈撒韦，股价高达30.22万美元/股。究其原因，除股神光环外，更重要的是管理层多年来持之以恒的回购计划。

股票回购与现金股利支付相比，其优势主要有：①以一次性返还现金的形式替代有规则的股利支付形式，降低投资者对持续支付股利的预期，赋予公司股利政策更多的灵活性。②股票回购按资本利得课税，股利按普通个人所得税税率课税，股东可以自由选择是否出售股票来规避税收，在没有开征资本利得税的市场中，股票回购对投资者更加有利。③股东有更多的选择权。这是股票回购自动产生的一个性质和优点：需要现金的股东出售股票给公司，不需要现金的股东则继续持有。④股票回购可以在公司股票价格受到攻击时提供支持。在股价大跌的时候，为了增强市场对公司的信心，公司可以采取股票回购的措施，以防止股价的进一步下跌。

2. 回购股票的远期合同

回购股票的远期合同是股票回购的替代策略。许多宣布了股票回购的公司事实上都没有按期完成计划。股票回购虽然在实施上具有灵活性优势，但其信号传递效应(导致股票价格上涨概率或幅度)却会因此而减弱。远期合同中会约定以固定的价格购买股票，这样既可以保留股票回购的税收优势，又可以提高股票的信号传递效应，因为市场相信远期合同是不可撤销的。

远期合同中约定了股票的购买价格，将来可购买的股票数量是事先知道的。而普通的股票回购，因没有约定股票的价格，所以将来可回购的股票数量是不确定的。因此，通过远期合同可以准确估计回购行为对每股收益的影响，回购股票数量与每股收益之间的数量关系也比较清楚。但是，如果按照远期合同中约定的价格回购股票，公司面临的风险就会增加，因为当股价下跌时，公司仍要按约定的价格回购股票，这将成为一种沉重的负担，特别是当股价下跌是由收益和现金流量减少造成时。

总之，是否通过远期合同的方式回购股票，很大程度上取决于远期合同的信号传递优势是否足以弥补它所带来的风险的增加和灵活性的减弱。股利支付和远期合同之间的选择，取决于对远期合同的税收节减和风险增加的权衡。

第二节 股利理论

公司的净利润有两种用途：发放给投资者或者留在公司进行再投资。股利理论的核心内容就是分析净利润的这两种用途对公司股票价格、公司的价值是否有影响，是否存在最佳的股利支付率。在西方，关于此问题形成了两种截然相反的观点：股利无关论和股利相关论。

一、股利无关论

股利无关论认为股利不会影响公司的股票价格和价值。这种股利无关论和资本结构不相关论一样，缘于 Miller 和 Modigliani 发表的论文(1961)。

股利无关论认为，作为股利的资金在发放之前是公司的资产，每个股东依各自的持股比例对这部分资产拥有所有权；而在股利发放以后，它就依股东各自的持股比例分配给了股东，成为股东个人的资产。对股东来说，发不发放股利的区别仅仅在于以何种形式持有这部分资产。

从市场角度来看，在发放股利之前，这部分价值包含在公司的股价之中，而发放之后，这部分价值从股价中剥离出来(股价因而下跌)，变为股东的个人资产。在这两种情况下，股东均拥有这部分价值。因此，如果没有税收或者股利和资本收益的税率相同，投资者对他们的收益是以股利形式获得还是以股价增值形式获得无所谓。

为了使股利不相关的结论成立，除假定股利没有税收上的利弊外，我们还必须假定：①不存在通过出售股票把股价增值转化成现金的交易成本。如果这个条件不成立，急需现金的投资者会更喜欢股利。②发放过多股利的公司能在不受股价波动影响和无交易成本的条件下发行股票，筹集资金投资于好的项目。其隐含的假设是股票公平定价。③公司的投资决定不受其股利政策的影响。公司的经营现金流量不论采取何种股利政策都是相同的。④股利发放少的公司的管理者不会用资金追逐个人利益(即拥有大量现金流量的管理者不会投资于差项目)。

在这些假定条件下，无论是支付股利的公司，还是接受股利的股东，都不会受到公司发放股利多少的影响。

股利无关论成立的假设条件十分严格，因而许多人轻率地否定了这一理论，但这是错误的，因为股利无关论至少包含一个有价值的信息：持有股票的收益在很大程度上并不取决于公司采取何种股利政策。一个公司绝不可能单纯因为股利政策而获得成功，事实上，投资失败的公司无法通过提供更多的股利来弥补它的形象损失。

二、股利相关论

1.“在手之鸟”理论

该理论认为，追求价值最大化的公司应该发放现金股利。该理论的代表性学者有 Williams(1938)、Lintner(1956)、Walter(1956) 和 Gordon(1963)。

“在手之鸟”理论是最早研究股利政策的理论。该理论基于对投资者心理状态的分析，认为：将留存收益再投资给投资者带来的收益具有较大的不确定性，而且随着时间的推移，投资风险将增大。因此，风险规避型的投资者更偏好现金股利而不愿企业将留存收益再投资以获得资本利得，公司支付的股利越多，其股价就越高，公司价值就越大；反之，当公司降低其股利支付率时，股票价格较低，企业价值较小。

“在手之鸟”理论强调了股利支付的重要性，为股利政策的多元化发展奠定了理论基础，在实践中被广为接受。但该理论也有其局限性：第一，它混淆了投资决策和股利政策对股票价格的影响。实际上，将留存收益再投资所形成的资本利得的风险是由投资政策决定的，与股利政策关系甚微。第二，该理论只是一种定性描述，没有确切分析股利是如何引起股票价格变动的。

2. 狭义税收差异理论

该理论认为，追求价值最大化的公司最好不发放股利。该理论的代表性学者有 Farrar 和 Selwyn (1967)、Brennan (1970)。

该理论假设资本利得的所得税税率低于股利的所得税税率，投资者能够通过延迟实现资本利得而延迟缴纳所得税。在其他条件不变的情况下，投资者往往偏好资本利得而反对现金股利。发放股利的公司必须有更高的税前收益，才能抵消因股利支付所导致的不利影响。因此，公司最好的股利政策就是根本不发放股利。考虑到资本利得的所得税税率较低，狭义税收差异理论在理论上是成立的，但与现实有偏差。如果投资者偏好资本利得反对现金股利，最好的股利政策是不发放股利，那么公司为什么要发放股利呢？股东为什么要重视公司的股利政策呢？显然，该理论在解释实际问题时有其局限性。

3. 追随者效应理论(广义的税差理论)

该理论认为，追求价值最大化的公司应根据边际税率高低所决定的投资者股利偏好特征来决定股利政策。在均衡状态下，股利政策与公司价值无关。该理论的代表性学者有 Elton 和 Gruber(1970)、Allen F. (2000)等。

追随者效应是指投资者根据满足他们偏好的股利政策购买公司股票。追随者效应理论实际上是对税差理论的进一步发展，因而也被称为广义的税差理论。该理论从股东的边际所得税税率出发，认为股东所处的税收等级不同，对待股利的偏好就不同。边际税率高的股东偏好低股利支付率，而边际税率低的股东则偏好高股利支付率。公司的任何股利政策都不可能满足所有股东的要求，而只能吸引特定的投资者。当市场上偏好高股利的投资者的比例高于发放高股利的公司的比例时，则支付高股利的公司的股票价格会上涨，直到二者的比例相等，市场处于动态均衡状态。一旦市场处于均衡状态，就没有公司能够通过改变股利政策来影响股票价格，即在市场均衡时，股利政策与公司价值是无关的。

4. 信号传递理论

该理论认为，追求价值最大化的公司应该提高股利支付率，以传递公司良好前景的信息。

信号传递理论是在MM股利政策理论基础上放松了信息对称的假定形成的。

该理论认为，股利是管理当局向外界传递其占有的内部信息的一种手段。如果管理者预计公司发展前景良好，未来盈利将大幅增长，就会通过增加股利支付这一方式将此利好信息传递给股东和潜在投资者；反之，如果管理者预计公司发展前景不理想，就会维持甚至降低现有股利水平，这一行为会向股东和潜在投资者传递利差信息。因此，股利政策能传递有关公司未来发展前景的信息，股东及潜在投资者对该信息的解读将影响他们对股票投资价值的判断，从而引起股票价格的调整。当公司提高股利支付水平时，股票价格上升，反之下降。

信号传递理论把信息不对称理论引入股利政策研究，突破了以往研究中信息对称假设的束缚，是一大进步。但信号传递理论也有其局限性：第一，信号传递理论无法对不同行业、不同国家股利政策的差异做出合理的解释，如股利支付水平高的行业盈利能力不一定强；第二，信号传递理论无法解释公司为什么不使用其他的方式来传递内部信息，即使存在其他成本更低而效果相当的信号传递方式；第三，有些行业、企业股利支付水平较低，但这不是由于其前景不佳造成的，而是由于其需要留存资金支持其高速发展造成的。

5. 公司治理理论

从公司治理角度研究股利政策的理论主要有代理成本理论和股权结构理论。

代理成本理论认为，股利支付可以降低代理成本，因为股利的支付减少了管理者可支配的自由现金流量，降低了其利用这部分资金进行私人投资或过度投资的程度，从而降低了代理成本。此外，高额股利的发放导致现金流出企业，促使公司通过外部融资满足新的资金需求。新的投资者会对公司管理层形成外在的监管压力，迫使公司管理层全力以赴地经营企业，从而降低了代理成本。

股权结构理论认为，股权集中程度决定了控制权与经营权的分离程度，以及管理者与股东信息不对称的程度，从而决定了投资者对股利支付对降低代理成本作用的不同态度。股权结构分散，主要依靠资本市场融资的美、英、加拿大等国的公司倾向于采取高股利支付政策；股权结构集中，主要依靠银行融资的德、日、韩等国的公司则倾向于低股利支付政策。投资者中，机构投资者的比例提高时，公司倾向于降低股利支付率，因为股利对机构投资者的重要性比个人投资者要低。

第三节　股利政策的类型及影响因素

一、股利政策的类型

一个公司的股利政策是在综合考虑上述诸因素之后进行决策的结果。实际的股利分配政策可分为以下四种类型：

1. 剩余股利政策

剩余股利政策要求公司的盈余首先要按照最优资本结构保证所有可能带来正的净现值的投资项目的股权资本需要，之后若有剩余，则将剩余部分用于股利分配。下面举例说明根据这种政策分配股利的步骤。

一家公司有 1000 万元可供分配的净利润，可用于再投资，也可用于发放股利。该公司的最优资本结构为 40%的负债和 60%的权益。第一步：确定在资本结构不变且不发行新股的情况下，公司可能的全部资本来源。因公司净利润为 1000 万元，即权益资本可增加 1000 万元，于是可发行新债 667 万元，资本来源总量可达 1667 万元。第二步：确定当年可分配利润。首先确定公司当年项目投资数额，如果它等于或超过 1667 万元，就无利润可分。现假设公司资本成本为 15%，工程人员提出的 5 个备选投资方案见表 8-1。

表 8-1　5 个备选投资方案

方案	投资额(万元)	内部报酬率(%)
1	100	22
2	400	19
3	300	17
4	400	14
5	200	12

因为公司资本成本为 15%，故只有方案 1、2、3 可取，总投资额为 800 万元。这 800 万元中来自权益的资本为 800×60%=480 万元，结果当年可分配利润为 1000−480=520 万元，股利支付率为 520/1000=52%。如果完全执行剩余股利政策，将使股利支付率随投资机会和盈利水平的波动而波动。

2. 固定股利支付率政策

这一政策要求公司按一固定股利支付率支付股利。这意味着，当公司的每股收益波动时，每股股利也会随之波动。

3. 稳定增长的股利政策

这一政策的基本特征是，无论经济情况如何，也不论公司经营好坏，绝对不降低年度股利的发放额，而将每股股利支付额固定在某一特定水平上保持不变，在公司管理当局确信盈利已增加时，才提高每股股利支付额。考虑到通货膨胀的影响，有些公司过去采用稳定的股利支付政策，后转而实施稳定的股利成长率的政策，即公司制定一个目标股利成长率，在支付规定金额股利的基础上，提高到目标股利支付率水平。

事实表明，绝大多数公司愿意采用这种股利政策，因为：①在股利信号传递效应下，股利的波动将导致股价的波动，从而可能提高公司股权资本成本；②不少股东需要固定的股利收入来维持生活，若股利不稳定，可能导致这部分股东股票需求的下降；③稳定和成长型的股利政策可以消除投资者内心的不确定感，但可能增加公司的负担，尤其在盈利状况不佳的情况下。

4. 低固定股利加额外股利政策

在该政策下，公司一般只支付较低的股利。在公司经营业绩非常好时，除固定股利外，公司会支付额外的股利。这样既可以消除投资者内心的不确定感，增强投资者的信心，也不会给盈利不佳的公司造成支付压力。

二、公司股利政策的影响因素

公司的股利政策包括要不要发放股利、发放多少以及以何种方式发放股利。股利无关论说，作为股利的资金是由公司持有还是发放给股东由个人持有在一定的条件下没有区别。然而，在现实中，公司股利政策的形成受到多种因素的影响，主要有法律限制、契约限制、公司内部的限制及股东的意愿。

1. 法律限制

（1）投资者汇报原则。上市公司现金分红是资本市场的一项基础性制度，各国都有不同的规定。我国于2006年5月发布《上市公司证券发行管理办法》，规定“最近三年以现金方式累计分配的利润不少于最近三年实现的年均可分配利润的百分之二十”。2008年10月起施行的《关于修改上市公司现金分红若干规定的决定》将20%提高到30%。2019年修订的《证券法》规定：上市公司应当在章程中明确分配现金股利的具体安排和决策程序，依法保障股东的资产收益权；上市公司当年税后利润，在弥补亏损及提取法定公积金后有盈余的，应当按照公司章程的规定分配现金股利。《上市公司章程指引》（2019年修订）中，要求公司章程中载明现金分红政策及调整分红政策的决策程序和机制，细化现金分红政策的具体内容，加强独立董事和中小股东在分红决策中的作用。

近年来，引导上市公司现金分红的监管措施已经取得初步成效。2017—2019年，市场每年都有超过75%的上市公司实施现金分红政策，分红规模也呈现逐年增加趋势，2019年全年现金分红总额首次突破1万亿元，股利支付率首次超过40%，远高于10年前全市场25%左右的股利支付比例；连续三年，全市场股利支付率的中位数均保持在30%出头。

（2）净利原则和资本亏损原则。依据该原则，公司只有在未分配利润大于零时，才能分配股利。我国《公司法》第一百六十六条规定，公司弥补亏损和提取公积金后所余税后利润可以按规定分配，在公司弥补亏损和提取法定公积金之前向股东分配利润的，股东必须将违反规定分配的利润退还公司。公司持有的本公司股份不得分配利润。

2. 契约限制

当公司以长期借款协议、债券契约、优先股协议、租赁契约等形式向企业外部融资时，常常应对方的要求接受一些有关支付股利的限制。例如，将来的股利只能由长期债务签订合同后产生出来的利润支付；流动资本在规定数额以下时，不得支付股利；优先股协议规定，在定额应付优先股票股利支付之前，现金股利不得支付给普通股票，等等。这些契约性限制条款的目的在于促使企业把利润的一部分按有关条款要求的某种形式进行再投资，扩大企业经济实力，保障契约条款的执行，从而维护债权人的利益。

3. 公司内部的限制

公司的资产性质、经营活动直接制约着股利的支付。制约股利支付的因素主要有：①资产的流动性。公司现金股利的发放，需要具有足够的流动性较强的资产，如现金、有价证券。一般来说，公司流动资产越多，变现力越好，可设置较高的股利支付水平；反之，固定资产较多、变现力较差的企业，股利水平应较低。②利润的稳定性。利润稳定性好，则股利支付率可设置高一些；反之，利润稳定性差，股利支付率应设置低一些。③企业的控制权。发行新股票会削弱企业现行股东和管理层的控制能力，因此企业常常不愿发行新股票，这使企业更愿意使用内部资本，从而降低股利支付率。④融资能力。新设的、正在快速发展的公司，由于具有较大的经营和财务风险，在金融市场上筹集股权或债务资本的能力受到限制，因而必须保留较多的盈利来资助其业务，股利支付率一般低于那些有名望的公司。⑤投资机会。投资机会越多，即增长潜力越大的企业，对内部资本依赖越多，因而股利支付率较低。

4. 股东的意愿

股东在税负、投资机会、股权稀释等方面的意愿也会对公司的股利政策产生影响。

首先，股东的纳税地位。股东个人所得税边际税率不同，他们对股利的偏好也不同。例如，由少数高收入纳税人紧密控制的公司可能支付相对低的股利。

其次，股东的投资机会。如果公司将留存盈利用于再投资所得收益低于股东单独将股利收入投资于其他投资机会所得的收益，则该公司不应多留存盈利，而应多支付股利。

最后，股权的稀释。如果公司支付大量现金股利，再发行新股以融通所需资本，现有股东的控制权就有可能被稀释，而且新的普通股的发行会使流通在外的普通股股数增加，最终导致每股收益和股票市价下降，从而不利于现有股东。

5. 市场有效性——股利的信号作用

金融市场对公司采取的对将来现金流量和公司价值产生潜在影响的每一次行动都会做出反应。当公司宣布改变股利政策时，无论股东愿意与否，都会向市场传递一些信息，有些是积极的信号，有些则表现出其负面性。

（1）传递积极信号的股利。

金融市场一般对公司关于未来发展前景的宣传与发布抱有怀疑的态度，因为公司经常夸大其词。同时，有一些拥有好项目的公司会被市场低估。公司怎样才能把信息可靠地传递给市场呢？根据信号传递原理，公司应该采取没有好项目的其他公司难以仿效的行动。增加股利可视为这种行为。通过增加股利，公司为自己增加了成本，因为他们允诺在长期内支付股利。他们愿意进行这种支付的事实，就表明他们相信自己有能力在长期内创造出所需的现金流量。这个积极的信号会导致对现金流量和公司价值的重新评估以及股价的上扬。

股利的削减是一个消极的信号，因为公司一般都不愿意削减股利。因而，当某一公司采取这一行动时，市场就会认为公司陷入了巨大的长期财务危机，其结果是股价下跌。

然而，对公司为何提高股利做出解释时，必须十分谨慎。诚然，拥有好项目的公司可以把增加股利作为向金融市场传递信息的一种方式，但如果它给股东造成的税收负担巨大，它是否是最有效的方式呢？对小公司而言，可得到的信号传递方式较少，答案或许是肯定的。但就大公司来说，它们拥有大量向金融市场传递信息的方式，因而股利就未必是成本最小、最有效的信号。例如，通过公司的分析报告，信息或许能更有效地加以传递。

（2）传递消极信号的股利。

股利增加会向金融市场传递负面信号的观点也是可信的。如果一家公司过去从未支付过股利，但发展迅速，投资项目的收益率也很高，当这家公司开始发放股利时，股东们就会把它作为公司投资项目风光不再的信号。

信号传递效应在现实中是否重要是个相当有争议的问题。毕竟，市场对一个公司的观察并不完全通过其股利政策，或者说市场并不单纯依据公司的股利政策及其变化而对公司做出某种判断。公司可以通过其他行为来传递信息，以纠正市场对其看法的偏差。但是，无论如何，在公司的股利政策选择中，信号传递效应是需要考虑的因素之一。

思考题

1. 股利政策真的与公司价值无关吗？请从理论和实证角度阐述你的观点。
2. 股票回购的目的是什么？对公司有何影响？.
3. 四种常见的股利政策通常在什么情况下使用？
4. 简述股利的信息含量。

第九章　公司并购

公司发展遵循两种途径：一是通过公司自身主营业务的不断积累和内部投资实现，如公司新建厂房、新添机器设备、增大产量及开发新产品等，对应产品市场的投资，即资本预算，我们在第五章已经介绍。二是通过并购其他公司来扩张，即公司控制权市场的投资。通过并购，公司不但能迅速扩张，还能有效地绕过某些壁垒，进入新行业、新的地区市场，同时降低公司经营的风险，获得新的发展机会和新的利润增长点，实现公司的持续发展。公司并购是市场经济发展到一定阶段的产物，其本质是一项存在不确定性的投资活动，因此在并购活动中必须用到投资的基本法则——并购的净现值大于零。

本章的主要内容是：兼并、收购、接管等概念及其分类；公司并购程序；并购的动因、支付方式及恶意并购时的反并购防御策略。

第一节　公司并购概述

一、公司并购的含义

在介绍公司股权变动的形式时，经常会出现合并、兼并、收购、接管、重组、并购等词。这些词在美国还可以派生出更多的词来。从 J. Fred Weston 等合著的《兼并、重组与公司控制》一书来看，涉及企业产权变动的活动一般分为四大类：第一类为扩张型，包括兼并、收购、发盘收购和联营；第二大类为收缩型，包括资产剥离出售、分立(折产分股、子母股互换)；第三大类为公司控制型，包括溢价回购、放弃管理协定、反接管条例、代表权争夺；第四大类为所有权结构变更，其中有交换发盘、股票回购、退市、杠杆收购等。实际上，第三大类和第四大类都是在公司本身不动的前提下股东内部发生变化，是一种内部的产权变动。故产权变动实际上只有三类：扩张型、收缩型和内变型。本章以扩张型产权变动为阐述重点。

公司并购是公司兼并与公司收购的简称，即 Merger 和 Acquisition(M&A)，通常是指在市场机制作用下，公司为了获得其他公司的控制权而进行的产权交易活动，是公司控制权交易中最主要的形式。公司兼并，通常是指两个或两个以上的实体形成一个经济单位的产权交易。公司兼并一般有两种形式：①吸收式兼并，是指目标企业被投标企业吸收，目标企业的股东原来的股票被置换成投标企业的股票，兼并企业保留原来的名称和法律地位，而被兼并企业则不再作为一个独立经营实体而存在，即 A+B=A。②新设式兼并，是指参与兼并的双方解散，重新登记设立一家全新的公司的一种兼并形式，即 A+B=C。收购

(acquisition),是指一家公司通过用现金、股票或其他证券购买另一家公司的股票或资产,以获得该企业控制权的行为。被收购企业可能以独立的经济实体存在,也可能不存在。但由于很少有被收购方纳入收购方体系后不发生重大变化的,所以通常收购也被认为是兼并,故与兼并合称为并购。

与并购相似的概念还有重组和接管。

重组(restructuring),是指公司通过资产买卖、量换、分析、合并、资本缩减、债务重整等方式,对公司组织结构、业务结构、资产结构进行的调整。重组有可能引起股权结构的变动,甚至控制权的转移,但并不是必然的。

接管(takeover),一般是指一家企业的控制权从一个股东集团转移到另一个股东集团。接管的实现主要有三种形式:①收购股份,以前面提到的合并、收购股票、收购资产等方式达到谋取目标公司控制权或者经营权的目的;②代理权争夺(proxy contest),也称委托投票权竞争,就是一个股东集团希望通过股东投票选举新的董事会而在董事会中获得大多数席位,从而达到控制企业的目的;③上市公司转化为非上市公司(going private),是指在股票交易所挂牌交易的公开上市企业的所有股权都被少数投资者买去,该企业的股票就不能在公开市场上交易了,而变成了一家私人所有的公司。

由此可见,接管就是公司控制权的谋取行为,包括公司兼并和收购,但它的范畴大于公司并购。本书主要介绍公司兼并和收购,即并购。

二、公司并购的分类

(一)按并购双方业务范围和所处行业划分

按照并购双方的业务范围和所处行业划分,有以下三种并购类型:

1. 横向兼并(horizontal merger)

横向兼并又称为水平兼并,是指投标公司和目标公司处于同一行业内并生产相同类型的产品,它们在产品市场上相互竞争。横向兼并的目的在于扩大生产规模,使资本在同一生产、销售领域或部门之间集中,实现新技术下的最佳规模经济,同时减少竞争对手,控制或者影响同类产品市场。19世纪末到20世纪初,西方发达国家经历的第一次并购浪潮就是以横向并购为特征的,行业内优势公司实现对劣势公司的并购整合,提高了产业集中度,促使生产向专业化、系列化和规模化发展,形成了成熟的现代工业体系。而到了今天,横向兼并行为并不局限于大公司兼并小公司,越来越多的兼并交易见于大公司与大公司之间,如2016年8月,占有中国网约车市场最大订单份额的滴滴出行与优步中国宣布合并,其市场影响触发了商务部对此合并案的反垄断调查。可见,横向兼并可能带来行业垄断,破坏行业竞争,所以许多国家会密切关注并限制此类兼并的发生。

2. 纵向兼并(vertical merger)

纵向兼并又称垂直兼并,是指生产过程或经营环节相互衔接、密切相关的公司之间,或者具有纵向协作关系的专业化公司之间的兼并。兼并和被兼并公司通常是生产资料的供应者和使用者。按并购方向划分,纵向兼并可分为向前兼并和向后兼并。前者是指兼并原材料供应公司，后者一般是指兼并销售环节的公司。纵向兼并常发生于加工制造业，这类公司可能被其原材料供应公司或者运输、贸易等公司兼并，这样有助于生产过程环节的衔接与配合，实现协作化生产，缩短生产周期，节约各种成本，减少交易费。始于20世纪20年代初的第二次并购浪潮就是以纵向兼并为主要特征的。一些公司通过纵向兼并，形成了生产、销售一体化，在行业中占有垄断地位，获得垄断利润。

3. 混合兼并(conglomerate merger)

混合兼并是指兼并方和被兼并方的业务互不相干，通常处于不同行业并生产不同的产品，公司的产品不具有竞争性。混合兼并有三种形式：①产品扩张式，指一家公司兼并另一家自己不能生产但又与自己生产、销售有关的产品的公司的兼并行为，是一种相关产品市场公司间的兼并。②市场扩张式，指一家公司为了扩张竞争实力，在不重叠的地理区域上兼并同类产品公司的兼并活动。③纯粹混合兼并式，指公司为了减少行业竞争压力和行业风险，扩大利润来源，兼并那些生产和经营与自己毫无关系的公司的行为。混合兼并是指公司为了实现多元化发展战略，减少仅在一个行业经营带来的特有风险，使公司快速进入更具成长性的行业，从而提高公司整体盈利能力的兼并。20世纪50年代兴起的第三次并购浪潮，就是以混合兼并为主，现在混合兼并已经成为跨国公司向外扩张的重要形式。

(二)按并购双方是否友好协商划分

根据收购公司向目标公司提出的收购建议的内容、方式和目标公司董事会对收购方报价的不同反应，收购方式被分为善意收购和敌意收购两类。

1. 善意收购(friendly takeover)

善意收购是指收购方事先征得被收购方的同意，由双方共同协商确定收购价格、支付方式和收购后双方的地位及人员安排等收购条件后实现公司控制权的转移。善意收购通常表现为，收购公司向目标公司的董事会或管理层提出收购建议，以寻求目标公司的董事会或管理层对并购的支持和配合。当目标公司的董事会或管理层同意交易条件的善意报价时，两家公司协商达成并购的协议。采用善意收购能得到目标公司管理层及股东的合作，降低收购成本及风险，一般收购成功概率较高。

2. 敌意收购(hostile takeover)

敌意收购是指收购方在对方完全不知情的情况下或在双方未达成共同协商条件的情况下，不顾被收购方的意愿而强行夺取被收购公司的控制权。在敌意收购方式下，收购公司致函给目标公司的董事会，向他们表达收购的意愿，并要求目标公司对收购报价迅速做出反应。典型的敌意收购更表现为收购公司事先不向目标公司董事会表达收购意愿，而是直接通过投标收购(tender offer)的方式向目标公司的股东提出要求，收购目标公司的股票。这种收购方式能完全掌握收购主动权，收购行为迅速，能有效控制收购成本。但是，由于无法获得目标公司的配合，甚至遭遇反收购行为，会加大收购风险，收购成功的概率低于善意收购。

(三)按并购方式划分

按并购方式划分，可分为协议收购和要约收购。

1. 协议收购(acquisition agreement)

协议收购，又称为非公开收购，是指收购公司与目标公司的董事会或管理层进行磋商、谈判，双方达成协议，并按照协议所规定的收购条件、收购价格、期限以及其他规定事项，收购目标公司股份的收购方式。协议收购多为善意收购，易于取得目标公司的合作，可以降低收购风险和成本。这种收购形式是目前我国上市公司并购的主要形式。

2. 要约收购(tender offer)

要约收购是指收购公司以书面形式向目标公司的所有股东发出收购该公司股份的要约，并按照依法公告的收购要约中所规定的收购条件、收购价格、收购期限以及其他规定事项，收购目标公司股份的收购方式。要约收购不需要事先征得目标公司管理层的同意。这种方式是发达国家资本市场很普遍的收购形式。我国《上市公司收购管理办法》第三章专门规范了要约收购，规定投资者自愿选择以要约方式收购上市公司股份的，可以向被收购公司所有股东发出收购其所持有的全部股份的要约(简称“全面要约”)，也可以向被收购公司所有股东发出收购其所持有的部分股份的要约(简称“部分要约”)。

要约收购与协议收购具有明显的区别。根据《证券法》和《上市公司收购管理办法》的有关规定，两者的区别主要表现在以下五个方面：①要约收购只能通过证券交易所的证券交易进行，协议收购则可以在证券交易所场外通过协议转让股份的方式进行。②要约收购中，当收购人持有上市公司发行在外的股份达到30%时，若继续收购，就须向被收购公司的全体股东发出收购要约，做出股份出售承诺的股东则与收购人产生合同关系。③《证券法》虽然未对要约收购与协议收购所收购的股份类型做出明确规定，但依据现时上市公司收购的实际情况，结合《证券法》的有关规定，要约收购的股份一般是可流通的普通股，而协议收购的股份一般是非流通股(包括国有股和法人股)。④由于协议收购是收购者与目标公司的控股股东或大股东本着友好协商的态度订立合同收购股份以实现公司控制权的转移，所以协议收购通常为善意收购；要约收购的对象是目标公司全体股东持有的股份，自然不需要征得目标公司经营者的同意，因此要约收购多为敌意收购所采用。⑤要约收购主要发生在目标公司股权较为分散的情况下；协议收购则多发生在目标公司股权比较集中，存在控股股东的情况下，收购人可通过协议方式实现控制权的转让。

(四)按并购交易的具体对象划分

根据收购公司对目标公司并购交易的具体对象划分，可分为收购股权和收购资产两类。

1. 收购股权(purchase-of-stock method)

收购股权即购买目标公司的股份。以这种方式完成并购交易的方法被称为股票购买法。通常情况下，收购公司在购买目标公司的全部股票后，目标公司将不复存在，并成为收购公司的一部分，收购公司则承担了目标公司所有的资产和负债。

2. 收购资产(purchase-of-assets method)

收购资产即收购公司购买目标公司的全部资产或特定的部分资产。以这种方式完成并购交易的方法被称为资产购买法。在购买资产的并购交易中，目标公司的全部资产被收购后，将导致目标公司自行解散；而在收购公司只愿意购买某些特定资产的情况下，目标公司在出售部分资产后仍保持独立的法人资格，但企业的规模缩小了。由于收购资产方式是一种资产买卖行为，因此收购公司通常并不承担目标公司的债务。

(五)按支付方式划分

按照支付方式划分，可分为承债式并购、现金并购、换股并购和杠杆并购等。

1. 承债式并购

在目标公司资产与债务等价的情况下，兼并方以承担被兼并方债务为条件接收其资产。被兼并企业所有资产整体归入兼并企业，法人主体资格丧失。兼并企业取得被兼并企业的财产后，不得拒绝承担其债务。

2. 现金并购

现金并购是指收购公司支付一定数量的现金，以取得目标公司的所有权。一旦目标企业的股东收到对其拥有股份的现金支付，就失去了对原企业的任何权益。在实际操作中，并购方的现金来源主要有自有资金、发行债券、银行借款和出售资产等方式；按付款方式不同，又可分为即时支付和递延支付两种。

在现金支付方式下，如果并购引起的价值增值大于其并购成本，即并购后的净现值大于零，这种并购活动就是可行的。假设 A 公司拟并购 B 公司，其市场价值分别为 V_A，V_B，两公司并购后价值为 V_{AB}，C 是并购交易成本，P_B 是并购溢价。

公司并购后的净现值为

$$NPV=V_{AB}-(V_A+V_B)-(C+P_B) \tag{9-1}$$

式中，$V_{AB}-(V_A+V_B)$是并购协同效应，$(C+P_B)$是并购直接成本。

【例 9-1】假设甲公司拟采用现金支付方式并购乙公司。有关资料如下：

(1) 甲公司股票市价为 200 万元，乙公司股票市价为 100 万元。

(2) 甲、乙两公司资本均为股权资本；预计两个公司合并后由于经营效率提高，公司价值将达到 350 万元。

(3) 经并购双方协商，乙公司股东愿意以 130 万元价位出售乙公司。

(4) 为简化计算，假设不考虑并购的交易成本及乙公司股东所得税。

试分析现金并购对并购双方的影响。

解：两公司并购协同效应为 350-(200+100)=50(万元)

乙公司的并购溢价为 130-100=30(万元)

甲公司并购的净现值为 NPV=50-30=20(万元)

甲公司的价值为 350-130=220(万元)

所以，甲公司采用现金支付方式并购乙企业。

现金收购的优势是显而易见的。首先，现金收购操作简单，能迅速完成并购交易。其次，现金的支付是最清楚的支付方式，目标公司可以将其虚拟资本在短时间内转化为确定的现金，股东不必承担因各种因素带来的收益不确定性等风险。最后，现金收购不会影响并购后公司的资本结构，因为普通股股数不变，并购后每股收益、每股净资产不会由于稀释原因有所下降，有利于股价的稳定。现金收购的缺陷在于：对并购方而言，现金并购是一项重大的即时现金负担；对目标公司而言，无法推迟确认资本利得，当期交易的所得税负也大增。在证券市场活跃时，现金支付的吸引力大打折扣。因此，对于巨额收购案，现金支付的比例一般较低。纵观美国收购历史，也可发现“小规模交易更倾向于至少是部分地使用现金支付，而大规模交易更多地至少是部分使用股票支付”。

3. 换股并购

换股并购是指并购公司将本公司股票支付给目标公司股东以按一定比例换取目标公司股票，目标公司从此终止或成为收购公司的子公司。这是一种不需动用大量现金而优化资源配置的方法。换股并购在国际上被大量采用，具体分为增资换股、库存股换股和股票回购换股三种形式。其优点主要表现在以下四个方面：

（1）不受并购方现金支付能力制约。对并购公司而言，换股并购不需要即时支付大量现金，不会挤占公司营运资金，并购后能够保持良好的现金支付能力。因此，股权支付可使并购交易的规模相对较大。近年来，并购交易的目标公司规模越来越大，若使用现金并购方式来完成并购交易，对并购公司的即时获现能力和并购后的现金回收情况都要求很高。而采用股票并购支付方式，并购公司无须另行融资来支付并购交易，轻而易举地就能克服这一瓶颈约束。

（2）具有规避估价风险的效用。由于信息的不对称，在并购交易中，并购公司很难准确地对目标公司进行估价，如果用现金支付，并购后可能会发现目标公司内部有一些问题，那么，由此造成的全部风险都将由并购公司股东承担。若采用股票支付，这些风险同样会转嫁给原目标公司股东，由该股东与并购方股东共同承担。

（3）原股东参与新公司收益分配。采用股权支付方式完成并购交易后，目标公司的原股东不但不会失去其股东权益（只是公司主体名称发生了变化），还可分享并购后联合公司可能产生的价值增值的好处。

（4）延期纳税的好处。对目标公司股东而言，股权支付方式可推迟收益时间，享受延期纳税的好处。例如，美国国内税收准则（Internal Revenue Code，IRC）规定，一项并购如果满足被并企业股东所有权的持续性（即在被并企业股东所收到的补偿中，至少有50%是由主并企业所发行的有表决权的股份）及另外两个条件（一是并购动机是商业性质而非仅为税收；二是并购成立后被并企业必须以某种可辨认的形式持续经营），那么被并企业股东无须为这笔收购交易中形成的资本利得纳税。与现金支付方式相比，股权支付无须过多地考虑税收规则及在价格安排上的制约。股权支付也存在很多不足，主要表现为控制权风险、收益稀释风险、交易风险等。

换股收购的核心是股票互换比率的确定。

下面我们承【例9-1】资料，假设甲公司拟以股票支付方式并购乙公司，分析应以什么交换比率来进行。假设甲公司流通在外的普通股为10万股，每股市价20元，乙公司流通在外的普通股为8万股，每股市价12.5元。那么，如何确定股票互换比率？

分析：收购公司股票当前市价为每股20元，而目标公司当前股价为12.5元，很显然，收购公司不会愿意与目标公司做对等互换（即以一股换一股），因为收购公司股票的当前价格明显高于目标公司。详见表 9-1。

表 9-1 甲、乙公司普通股状况

	普通股股数(万股)	每股市价(元)
甲公司	10	20
乙公司	8	12.5

那么，转换比率为多少才能使乙公司股东得到价值 130 万元的甲公司股票呢?

假设乙公司股东拥有并购后甲公司的股权比例为 α，换股并购后公司价值为 350 万元，则并购后乙公司股东的价值为 $\alpha\times350$ 万，如果乙公司股东愿意以 130 万元的价位出售其公司，则

$$\alpha\times350=130$$

$$\alpha=0.3714$$

乙公司股东得到并购后甲公司 37.14%的股权，其股票价值为 130 万元。

根据股权比例，可计算乙公司股东得到的股票数。

$$\alpha=\frac{\text{增发的股票数量}}{\text{原发行的股票数量}+\text{增发的股票数量}} \tag{9-2}$$

$$0.3714=\frac{\text{增发的股票数量}}{100000+\text{增发的股票数量}} \tag{9-3}$$

解上式得　增发股票数量=5.91 万股

这样，并购后甲公司的股票数量增至 15.91 万股。

甲公司用 5.91 万股交换 B 公司的 8 万股票，交换比率为 0.7388∶1。

假若并购双方为私人持股公司或者目标公司，没有公开发行股票，应该如何处理？此时可以采取修正 EPS 法来计算交换比率。一般来说，并购交易中的两家公司的增长率和风险特征会有所差异，一般会采用固定股利增长率模型来消除两者的差异。

$$V_A=EPS_A(1+g_A)/(k^As-g_A) \tag{9-4}$$

$$V_B=EPS_B(1+g_B)/(k^Bs-g_B) \tag{9-5}$$

$$\text{修正的 EP 交换比率}=\frac{V_A}{V_B} \tag{9-6}$$

式中，EPS_A、EPS_B 分别表示 A、B 公司的每股盈余；g_A、g_B 分别表示 A、B 公司每股盈余的增长率；K_S^A、K_S^B 分别表示 A、B 公司的股权资本成本。详见表 9-2。

表 9-2 A、B 两公司 EPS 及股利情况

	目标 B 公司	收购 A 公司
EPS(元/股)	4.10	5.35
K_S(%)	11	13
g(%)	4	7

根据上述已知条件，两家公司修正的 EPS 为

$$V_A=\frac{5.35\times(1+0.07)}{0.13-0.07}=95.41(\text{元})$$

$$V_B=\frac{4.1\times(1+0.04)}{0.11-0.04}=60.91(\text{元})$$

从上面的结果可以计算出两家公司的当前内在价值，但在并购中，目标公司的要价一般会超过这个数值。例如，双方通过谈判，最终达成按内在价值溢价的22%的额度来支付并购费用，这就意味着，并购公司将以每股74.31[60.91×(1+22%)]元的价格收购目标公司。因此：

$$\text{修正的 EPS 交换比率}=\frac{V_B}{V_A}=\frac{74.31}{95.41}=0.7788$$

这就是说，并购公司0.7788股交换目标公司的1股来完成以股票支付方式的并购交易。这种方法为股票支付方式中股票交换比率的确定提供了新的思路。

4. 杠杆收购

杠杆收购(Leveraged Buyout，LBO)是以收购对象的资产作为抵押，利用债务融资(从金融机构借款或发行债券)进行的公司收购。并购者购得目标公司后，即以赚得利润或出售部分资产等方式偿还债务。如果公司的管理层用杠杆收购的方式取得了公司的所有股票，就是管理层收购(Management Buyout，MBO)。一般来说，收购中的负债主要由收购方的资本或其他资产偿还，而杠杆收购中引起的负债主要依靠被收购公司今后内部产生的经营收益、结合有选择的出售一些原有资产进行偿还。

在杠杆收购中，收购者只需投入较少的资金，一般占收购总价款的10%~30%，大量的收购资金则依靠举债筹措，具有以小博大、“四两拨千斤”(以小额资本完成规模数倍于资本金的金融交易)的杠杆效应，这就使得小公司并购大公司成为可能。杠杆收购会提高负债权益比，这会减少企业税负，增加企业价值。实践中，大部分杠杆收购目标企业都具有收益稳定、负债率低的特点，杠杆收购的结果是提高企业负债率，使之达到最优水平。根据自由现金流假说，高负债率有助于减少股东和管理者因自由现金流发放的利益冲突而产生的代理成本。一方面，债务的还本付息对管理者约束力更强；另一方面，LBO(特别是MBO)将股东权益集中于管理者，这可以为管理者提供最大限度的激励。但是，杠杆收购是高风险与高收益并存的，高风险缘于高杠杆比率，高收益则是承担高风险所要获得的回报。经典的杠杆收购案例有：被誉为“世纪大收购”的美国雷诺兹纳贝斯克(RJR Nabisco)公司收购案，史上最大规模收购德州电力公司(TXU)收购案；两个并购案都是由KKR主导操作，但都出现了“赢者的诅咒”，前者的并购双方于1995年各自独立，回到原点，后者于2013年被证明是史上最失败的并购案。

三、并购动因

在西方历史悠久的公司并购史中，学者们从不同层面对公司并购的动因进行了分析和探讨，形成了不同的见解，也存在诸多争议。下面介绍几种常见的动因。

(一)协同效应(synergy effects)

协同效应是指并购后竞争力增强，导致净现金流量超过两家公司预期现金流之和，或者合并后公司业绩比两家公司独立存在时的预期业绩高。其表达式如式(9-1)中的 $V_{AB}-(V_A+V_B)$。协同效应主要来自经营、管理和财务领域。

1. 经营协同效应(operating synergy effects)

经营协同效应主要是指两家或两家以上的公司并购后改善了公司的经营，经营效率得到提高并导致公司效益的提高。经营协同效应主要体现在并购产生的规模经济、优势互补、纵向一体化等。

(1) 规模经济效应。规模经济效应是指随着生产规模扩大后单位产品所负担的固定费用下降的经济现象。规模经济效应最常体现在横向并购中：两家产销相同(相似)产品的公司合并后，有可能在经营过程的任何一个环节(供、产、销)和任何一个方面(人、财、物)获取规模经济效应，具体表现为：①成本的降低。两家公司合并后，可以有效地通过大规模生产降低单位产品的成本。例如，人员、设备、企业的一般管理费用及经营费用等，当其平摊到较大单位的产出时，单位产品的成本就会降低。同时，生产规模的扩大也会使劳动和管理的专业化水平大幅度提高。专业化既引起了由"学习效果"所产生的劳动生产率的提高，又使专用设备与大型设备的采用成为可能，从而有利于产品标准化、系列化、通用化的实现，有助于降低成本、增强获利能力。②规模经济效应可使公司获取市场力或垄断权。两家产销同一产品的公司合并，有可能导致该行业的自由竞争程度降低；合并后的大公司对价格、生产技术、资金筹集、顾客行为等方面的控制能力提高，以及同政府部门关系的改善，使其可以借机提高产品价格，获取垄断利润。获取市场力或垄断权主要是针对横向并购而言的(某些纵向并购和混合并购也可能增强企业的市场力或垄断权，但不明显)。因此，以获取市场力或垄断权为目的的并购往往对社会公众无益，也可能降低整个社会经济的运行效率。所以，对横向并购的管制历来就是各国反托拉斯法的重点。

(2) 纵向一体化效应。纵向一体化效应主要是针对纵向并购而言的。在纵向并购中，目标公司要么是并购公司的原材料或零部件供应商，要么是并购公司产品的买主或顾客。公司合并后，对整个供应链进行更全面的控制，可以减少商品流转的中间环节，节约交易成本。比如，纵向合并后，减少了寻求供应商时的效率损失。纵向一体化效应还体现在可以加强生产过程各环节的配合，有利于协作化生产。随着公司规模的扩大，纵向协作化经营可以极大地节约营销费用，使单位产品的销售费用大幅度降低。

(3) 资源互补。公司并购可以帮助公司实现资源互补从而优化资源配置，提高经营效率和效果。通过并购，能够把并购公司和目标公司的优势融合在一起，这些优势有时既包括原来各公司在技术、市场、专利、产品管理等方面的特长，也包括它们的企业文化。例如，甲和乙两家公司，甲公司在研究与开发方面有很强的实力，但在市场营销方面十分薄弱，而乙公司在市场营销方面实力很强，但在研究与开发方面能力不足，如果这两家公司进行合并，就会把整个组织机构好的部分结合与协调起来，同时除去那些不需要的部分，使两家公司的能力得到提升。

(4) 实施多元化经营。公司如果把所有的资本投入到一个行业，可能会面临较大的经营风险，为了降低非系统风险，公司应实施多元化经营策略。并购能使公司大幅度降低进入一个新行业的障碍和风险，迅速达到战略目标。公司常采用混合并购的方式实现经营业务的多样化，以减少企业经营的不确定性和避免破产风险，从而为企业管理者和雇员分散风险，也能保护企业的组织资本和声誉资本，而且可以使自己的人力资源、品牌、技术等得到充分利用。

2. 管理协同效应(management synergy effects)

管理协同效应又称差别效率理论，主要是指并购为企业管理活动在效率方面带来的变化及效率的提高所产生的效益。如果两家公司的管理效率不同，在管理效率高的公司兼并另一家公司之后，低效率公司的管理效率就会提高，这就是所谓的管理协同效应。管理协同效应来源于行业和公司专属管理资源的不可分性。如果一家公司有一支高效的管理队伍，其能力在满足日常管理后仍有剩余，该企业可以通过收购一家管理效率较低的企业来使其额外的管理资源得到充分利用，从而实现收益。

3. 财务协同效应(financial synergy effects)

财务协同效应是指公司的资本成本可以通过公司并购的方式得到降低。一些进入成熟期或衰退期的公司，往往拥有大量稳定的现金流入，但是投资机会不足，公司发展前景暗淡，逐渐走向衰落，所以其管理者希望能从其他公司中找到有较高回报的投资机会，从而形成资金供给。与此同时，一些公司尤其是新兴公司增长速度较快，具有良好的投资机会，但是其内部资金缺乏，而外部融资的资金成本较高。在这种情况下，公司并购就在供求之间搭起了通道。两种公司通过并购形式形成一个小型的资本市场，一方面可以提高公司资金的效益，另一方面可以得到充裕的低成本资金，抓住良好的投资机会，使得并购后能够更科学、合理地使用资金。也就是说，公司并购后，通过将并购企业的低成本的内部资金投资于目标公司的高效益项目上，能使并购后的公司资金使用效益大为提高。而且并购成功后，提高了公司的信用等级和融资能力，公司的举债能力可能大于合并前的公司，从而带来税收上的节约，或者举债成本更低，从而带来财务费用的节约。例如，通过并购享受优惠税率，或利用税法中的税收递延条款达到合理避税的目的，或通过并购活动获得较低利率的贷款、免除部分利息以及延迟还贷，或通过并购使股票市场对公司股票的评价发生变化，从而给股东带来较大的收益。如果是非上市公司，通过并购上市公司，可以取得上市公司宝贵的“壳”资源。

财务协同效应在大多数公司并购案中被观察到确实存在，它最终使得并购双方资源得到重组，最大限度发挥未曾充分利用经济资源的使用价值，从而取得增量收益，符合公司股东财富最大化目标。因此，协同效应也驱使更多公司加入并购行列。

(二) 公司控制权市场争夺

按照伯利-米恩斯定理(Berle-Means Theorem)，公司发展的逻辑结果就是财富的所有者没有适当的控制权，而控制财富的人则没有适当的所有权。从伯利-米恩斯命题出发，现代企业理论认为，所有权和控制权的分离使股东和管理者之间形成一种委托代理关系。

在这一委托代理框架中，作为委托人的股东总是希望作为代理人的管理者能够从股东利益最大化出发来管理公司。但是，由于管理者和股东本身的利益不尽一致，股东和管理者之间存在信息不对称的问题，管理者追求自身利益最大化的行为会给股东造成财富损失，这种损失就是代理成本之一。因此，股东必须通过一定的控制机制对管理者进行监督和控制，即公司治理。

代理投票权竞争、要约收购、兼并和收购等，都会造成管理者之间争夺对公司资源的管理权，由此才形成了 Jensen 和 Ruback 所称的“公司控制权市场”，这是重要的公司外部治理机制之一。根据公司资源管理权的争夺方式，可以进一步把公司控制权市场分为公司外部控制权市场和公司内部控制权市场两种。公司外部控制权市场指依托证券市场的控制权争夺，即股权收购的方式。公司内部控制权市场则主要指管理者内部的竞争和激励。从作用机制来看，公司控制权市场主要通过并购机制来实现其促进资源的有效配置和降低代理成本的功能。在有效的资本市场中，如果公司由于管理者的管理能力低下而出现业绩不佳、股价下跌等状况，或者管理层以牺牲股东利益为代价满足自己的私欲，会使该公司的价值低于其潜在价值，从而成为其他公司并购的对象。

一旦并购成功，现有的管理者就会面临失业的风险和声誉的损失。因此，公司控制权市场的存在使现有的管理者始终存在面临接管的威胁激励，这就迫使其改善公司经营，致力于提高公司绩效，从而有效地降低代理成本。如果管理者对这种接管威胁无动于衷，必然会导致并购成功，在新的管理者的管理下，目标公司的效益有所上升，对收购方来说，获得了收益差价，无能力或者违反忠实及谨慎义务的管理层受到替换和惩戒，整个公司的效益由此提升。

（三）其他动因

1. 管理者利益驱动

与并购可以解决代理问题的观点相反，管理者主义认为，并购只是代理问题的一种表现形式，而不是解决代理问题的办法。在两权分离的市场经济中，与股东财富最大化目标相比，管理者更关心自身的权利、收入、职位及社会地位等。管理者可能从自身的利益或效用最大化出发做出并购的决策，通过并购使公司获得多元化发展或规模扩大，使高层管理者获得更高的薪酬和社会地位，拥有更大的权利和职业保障。

2. 价值低估理论

价值低估理论认为，当目标公司股票的市场价格因为某种原因而没能反映其真实价值或潜在价值，或者没有反映出公司在其他管理者手中的价值时，并购活动就会发生。简而言之，就是相信目标公司价值被低估并会实现价值回归驱动并购交易的发生。

四、中外并购发展状况

（一）西方企业的五次并购浪潮

从资本主义经济的发展来看，兼并与收购是一种正常的市场行为。从 19 世纪末至今，西方国家经历了五次并购浪潮。

1. 第一次并购浪潮

第一次企业并购浪潮发生在1897年到1904年之间，被认为是西方并购历史上最重要的一次并购浪潮。它以横向并购为特征，以达尔文的适者生存理论为依据，使资本主义迅速从自由竞争向垄断过渡，形成了一大批垄断企业。1898—1902年，美国被并购企业总数为2653家，并购的资本总额为63亿美元；美国的工业结构发生了重要的变化，100家最大的公司规模增长了400%，并控制了全国工业资本的40%。美国在1903年出现经济衰退，股市低迷，股价在1904年狂跌，使得并购资金来源不足；同时以《谢尔曼法》的制定为标志，美国国内掀起了反垄断运动的高潮，政府开始抑制导致垄断的并购行为，这标志着这次并购浪潮的结束。

这次并购以横向并购为主要形式，普遍为大公司吸收兼并小公司，以追求垄断利润和规模经济效应为并购动机。并购结果是造就了一批特大型企业，形成工业垄断，国民经济集中化程度大大提高，推动了生产专业化、系列化和规模化的发展，完成了传统企业组织结构向现代企业制度的转化。

2. 第二次并购浪潮

这次并购浪潮发生在20世纪20年代，在1929年达到高潮。第一次世界大战结束后，西方发达国家加速经济建设，在科学技术迅猛发展的条件下，诞生了一批新兴工业，如汽车工业、化学工业、电力工业等，这些新兴的产业迅速增长，加大了对大规模资本的需求。企业间的并购是解决资本扩张的有效途径。

第二次并购浪潮的最大特点是相当规模的纵向并购的出现。虽然横向并购仍较普遍，但是纵向并购风行一时，使得一些优势企业对与本企业生产、经营环节相关的企业进行兼并、整合，从而形成纵向产销一体化格局。这次并购中出现了工业资本与银行资本之间的相互渗透，形成了金融寡头，如洛克菲勒控制花旗银行、摩根银行创办美国钢铁公司等是都市产业资本与金融资产形成金融寡头的典型。也是在这个时期，国家出面并购(控制、参股)一些关系国计民生的企业，开始形成国家垄断资本，从而提高了国家对经济的直接干预和调控能力。

第二次并购浪潮加强了第一次并购浪潮的集中，也加强了企业之间的竞争程度。1929年爆发的经济危机导致该次并购浪潮的终结。

3. 第三次并购浪潮

这次并购浪潮发生在“二战”以后的整个20世纪五六十年代，在60年代后期达到高潮。“二战”之后，以美国为代表的西方发达国家经济发展迅猛，大公司实力得到充分扩张，全球性市场为跨国公司扩张奠定了基础。第三次并购浪潮的规模大大超过前两次并购浪潮：1960—1970年，并购数目为25598起；1953—1968年，工业中的并购资产数量占全部工业资本的21%；被并购的资产总额从1960年的15.3亿美元增至1968年的125.5亿美元。

第三次并购流程以混合并购为最大特点。通过跨部门和跨行业的混合并购，各国出现了一批多元化经营的大型企业，而且企业并购多发生在大型企业之间。银行的同业并购增加，使银行资本更加集中，在国民经济中的地位日益提高，如美国1970年资产在10亿美元以上的银行增加到80家，其中7家资产超过100亿美元。

这次并购浪潮终结于20世纪70年代的石油危机。

4. 第四次并购浪潮

这次并购浪潮从20世纪70年代中期持续到80年代末，在1985年达到高潮，1985年并购总数为3000多起。70年代后期，金融市场的发展对企业并购起到了推动作用，同时新兴技术产业化并排挤传统产业，国际竞争加剧，促发了第四次并购浪潮。

第四次并购浪潮的并购形式多样，横向、纵向和混合并购并存。并购发生的次数变化不大，但交易规模大型化。这个时期，由于投资银行等金融机构在企业并购中的作用越来越大，借债融资并购成风，出现了杠杆收购的新型并购方式。杠杆并购使得具有高收益和高风险的垃圾债券这种新型融资工具出现，垃圾债券的大量发行可以帮助杠杆收购公司用杠杆融资方式筹集巨额资金进行并购，因此杠杆并购风行，“小鱼吃大鱼”的并购现象不断发生。这次并购浪潮波及各个行业，金融投机式并购盛极一时，跨国并购得到迅速发展。

美国从1990年起开始陷入经济衰退，轰轰烈烈的第四次并购浪潮也进入暂时的低潮。

5. 第五次并购浪潮

这次并购浪潮从20世纪90年代中期开始持续至今，以2000—2001年高新技术领域的并购为高潮。信息技术革命带来了科学技术的快速发展，光纤等新技术的运用，创造了远程通信方式，降低了信息交流成本，客观上推动了并购浪潮的兴起。同时，西方国家在公共政策方面(如垄断管制政策)发生了改变，如美国克林顿上台后，放松了政府对并购的管制，还鼓励对医疗保健、国防工业等企业的并购等，刺激了并购的发展。

在第五次并购浪潮中，参与的企业规模巨大，以“强强联手”实现技术成果和资金的分享，以控制全球市场为并购的主要动机。在全球化发展趋势下，跨国公司战略布局转移调整，使得跨国并购得到进一步发展。医药、广播、通信、银行、石油等行业成为并购热点，并购融资主要依赖证券市场。不少并购的背后是国家战略在支撑，“看得见的手”重新介入企业并购决策。

(二)我国企业并购发展的历程和现状

我国的企业并购可以追溯至1984年保定市纺织机械厂兼并保定市针织器材厂。之后，政府出台了一系列政策促进企业并购，引发了20世纪80年代末90年代初的第一次政府主导型并购浪潮；市场经济体制的确定、股票市场的设立、加入世贸组织以及21世纪初国有企业批量改制，带来了我国企业并购的一个又一个高潮；最近10年，中国并购市场迎来快速发展，交易数量、规模屡创新高(如图9-1、图9-2所示)，并一举成为全球第二大并购投资地，仅次于美国。在经济下行压力、2018年后半年沪深股市震荡、中美贸易摩擦等诸多因素的影响下，2018年我国并购数量、规模均有下降，尤其中美贸易摩擦影响下的海外并购，下降幅度更加明显。

因为中美贸易摩擦反复，国际贸易形势不明，2019年中企海外并购数量大幅减少。但同时，产业链整合、国企改革、上市公司资产重组仍是中国并购市场发展的强劲动力。2019年，产业链整合是并购市场的主流逻辑，无论是传统产业如生物医药、能源矿产、房地产、化工原料，还是新兴产业IT、互联网、移动互联网等，纷纷通过同业并购获取创新专利、提升市场占有率、减少竞争和提升风险抵御能力。此外，VC/PE机构在市场并购中的参与度提高，将明显提高中国并购的市场化程度。

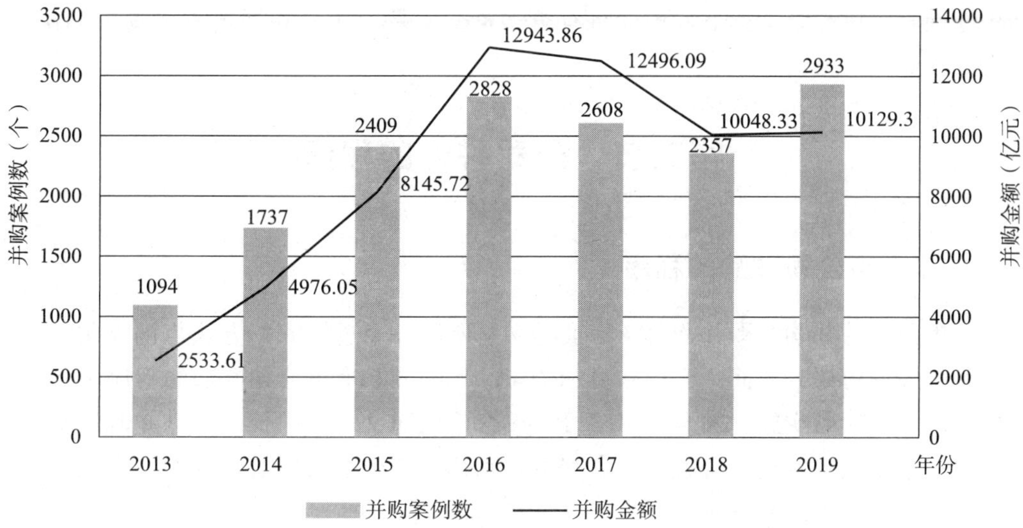

图 9-1　2013—2019 年中国企业国内并购案例数量及并购金额

数据来源：根据清科研究统计数据整理。

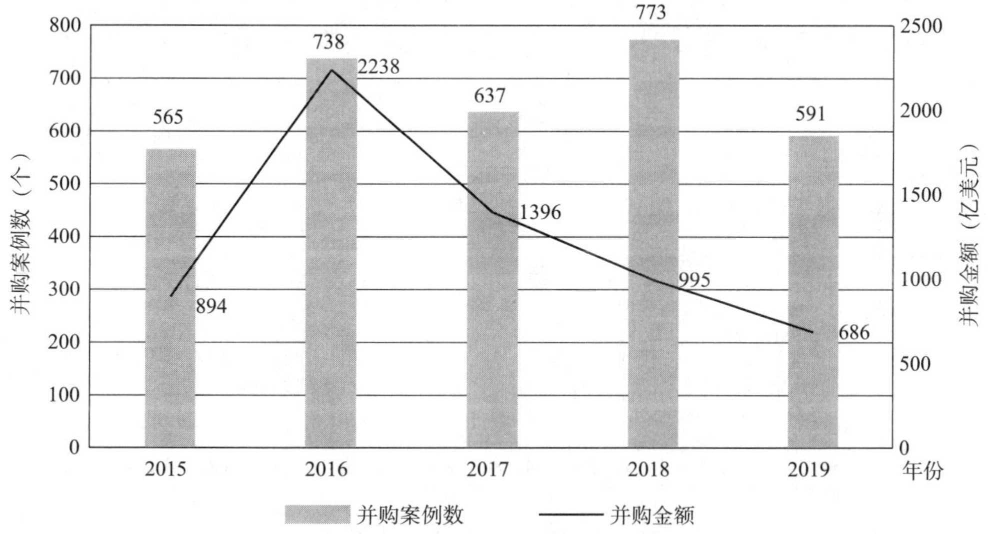

图 9-2　2015—2019 年中国海外并购案例数量及金额

数据来源：Thomson One，Merger market。

2020 年初，受到新冠肺炎疫情影响，并购交易活动进度放缓，企业海外并购预计将受到负面影响。为了进一步加强金融对实体经济的支持力度，央行通过公开市场逆回购、下调 MLF（中期借贷便利）利率、下调 LPR（贷款基础利率）等一系列操作释放流动性，对利好企业进行并购活动。2019 年 10 月，证监会修订《上市公司重大资产重组管理办法》，放宽重组上市认定标准和计算期间，同时有条件恢复创业板重组上市。2020 年 2 月，证监会发布《上市公司证券发行管理办法》《创业板上市公司证券发行管理暂行办法》《上市公司非公开发行股票实施细则》正式修订规则，放宽上市公司再融资规定。A 股存量市场持续面临结构性调整，在政策支持下，预计将有更多资金支持上市公司通过重组剥离淘汰产业，注入新兴产业。

第二节　公司并购的程序

一、非上市公司并购的程序

非上市公司的并购，即并购公司在证券交易所以外通过协商的方式与被收购公司的股东签订收购股份协议，从而达到控制目标公司的目的。非上市公司并购的程序主要分为准备、尽职调查、谈判实施、整合四个阶段。整合阶段通常时间很长，贯穿并购后整个实体运行的每一个时点，直至完全融合。本书主要阐述前三个阶段所要完成的主要工作。非上市公司并购的程序如图 9-3 所示。

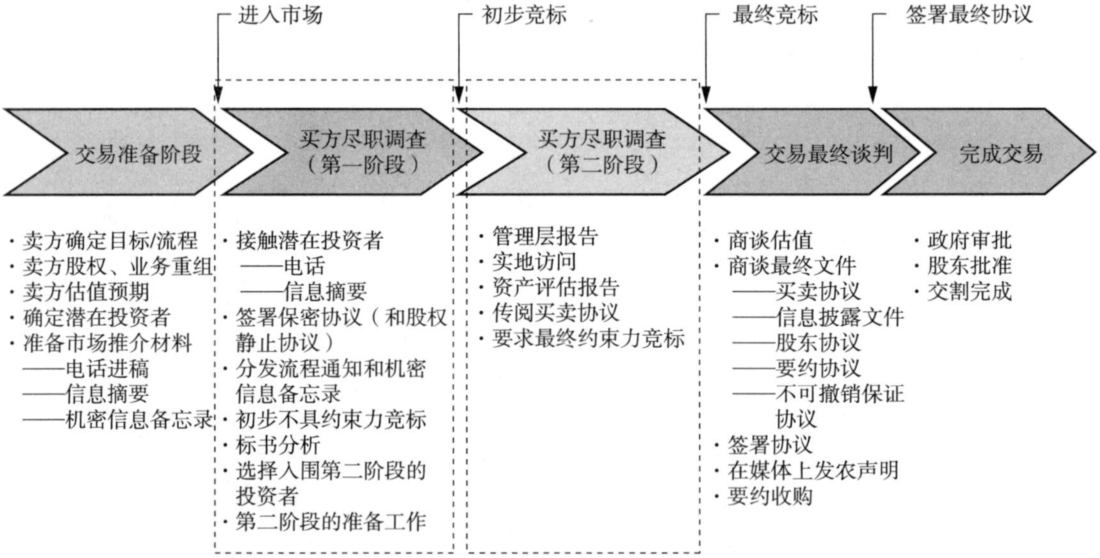

尽职调查是买方认知卖方的过程，虽然第一阶段和第二阶段的尽职调查工作比较繁重，但实际上尽职调查工作贯穿于整个并购交易的始末。

图 9-3　非上市公司并购的程序

（一）交易准备阶段

并购前的准备阶段是整个并购活动的起点，是并购活动顺利完成的基础，可以从以下三个方面进行准备：

（1）买方确定公司的战略定位。并购的影响是长期的、巨大的，因而具有战略意义。分析公司的战略定位，可以确定并购的动机，并以此作为选择目标公司的依据。

（2）制定收购目标并搜寻目标。所谓制定目标，就是勾画出拟并购企业的轮廓，如所属行业、资产规模、生产能力、技术水平、市场占有率等。根据确定的目标进行市场搜寻，捕捉并购对象，并对可供选择的企业进行初步的比较。有了目标公司，可通过公开的信息披露了解其股权结构、资产状况及债务情况、产品市场占有率等，以此为基础初步估算目标公司的价值，并做好推介方案、信息摘要及机密信息记录。

(3)分析市场潜在竞争者。可能是目标公司的投资者，当然还有可能是管理层、职工等。在恶意收购和要约收购中，碰到竞争者的概率比较高。分析潜在的竞争者涉及防御措施，是保证后续并购工作顺利开展的重要环节。

(二)尽职调查阶段

如图 9-3 所示，尽职调查分为两个阶段：第一阶段是目标公司外围调查，通过接触潜在投资者了解目标公司的情况；第二阶段为目标公司实地调查，通过走访公司管理层、查阅相关资料等进一步了解目标公司。尽职调查又称谨慎性调查，一般是指投资人在与目标企业达成初步合作意向后，经协商一致，投资人对目标企业一切与本次投资有关的事项进行现场调查、资料分析的一系列活动。一般尽职调查可以从资产、财务、税务、技术、管理、人员、法律等角度展开，具体内容包括：

(1) 公司基本情况，如公司股东出资协议及任何对该类文件进行修改或补充说明的文件，如股权转让协议、增资扩股协议、相关审批文件、股权质押协议等；股东情况说明、公司章程等。

(2) 公司组织架构，包括部门设置、组织机构图、公司股东会、董事会主要成员背景资料(股东出资、股权占有情况及股东、董事简历/背景介绍)、公司核心经营管理人员的背景资料(简历、经营业绩/评价)。

(3) 产品/服务，主打产品的市场占有率，专利证书、质量证书、制造许可证，近期销售情况(销售合同)，公司主要客户情况(客户名称、地区、合作时间、占销售总额的百分比)，以及对这些重要客户采取的特殊政策，如折扣、套餐服务等。

(4) 公司主要供应商的情况，包括名称、采购数量、金额、占同类原材料采购和总采购金额比例，以及该供应商与公司是否存在股权关系，或者公司任何董事、联系人或占公司股本 5%以上人士对该供应商是否拥有任何权益。

(5) 公司对外合作，包括目标公司与行业内的其他单位的重大合作关系、合作项目、合作内容和模式。

(6) 财务状况调查，包括近几年的审计报告、财务报表、重要资产的相关资料，如权利证书、固定资产清单及抵押情况、大额固定资产的权属证明文件(房产证、车辆行驶证等)、公司土地使用权的取得时间、可使用年限、取得的代价及土地权证，长期股权投资或短期投资的情况，未来 3~5 年公司财务预测及财务预测的编制过程表和相关依据，财务指标异常状况及其说明，应税税种及税款缴纳情况等。

(7) 重大合同，包括近三年是否发生重大担保合同(如果有)、其他重大资产抵押贷款合同、其他重大合同(合同标的占公司总资产 30%以上，或由此带来的收益占公司净利润的 30%以上，如土地出让金合同、商标转让合同、技术购买合同、批量销售合同等)。

(8) 其他，如环保问题、正在履行的重大合同、历史上及正在进行的重大诉讼、主要关联交易及同业竞争情况和或有事项(是否有知识产权、产品质量、劳动安全等)。

鉴于公司并购的复杂性和专业性，并购公司需聘请专门的中介机构参与公司并购。投资银行可以为并购提供高质量的专业服务。此外，这些中介机构还包括专业投资咨询公司、会计师事务所、律师事务所等，它们可以在整个并购过程中提供相关咨询，而且可以协助并购公司选择潜在目标公司，参与拟定并购案、谈判及协助办理股权转让手续等。

尽职调查结束，并购方就可以根据自身的优势和特点，针对目标公司的实际情况，拟定并购方案。并购方案包括并购双方公司的基本情况、并购方式、并购价格及并购支付方式和时间，并购后对目标公司的整合计划，以及公司未来的发展战略和前景等。同时，可聘请资产评估机构对目标企业价值进行科学的评估，以此作为确定并购价格的基础。

（三）谈判实施阶段

在初步制定并购方案之后，并购活动就可以进入实质性的实施阶段了。实施阶段是整个并购活动的核心阶段，是并购能否成功的关键。

1. 并购谈判

在并购公司的准备工作完毕后，并购双方需进行谈判。并购双方在谈判过程中需坦诚，以获得对方信任，而且谈判需要技巧和花费较多的时间。并购双方通过谈判，就交易方式和金额等达成一致意见后，就可签订并购意向协议书，将目标公司“锁定”，防止其寻找其他买家。并购意向书是表明双方合作意向的书面文件，没有法律约束力，但能表达双方合作的诚意，为以后的谈判增添信任。并购意向书签订后，并购公司就可以聘请国家认定的有资质的专业资产评估机构对目标公司现有全部资产进行评估，同时清理债权债务，以审计结果和评估报告作为并购价格的基本依据。在定价策略方面，并购公司会先确定一个自己可以接受的最高价格和目标公司可以接受的最低价格，最后通过谈判讨价还价，在两个价格中达到均衡，决定最终并购价格。

2. 签订协议与交接手续

当并购双方在投资银行等中介机构的协助下，就并购价格、支付方式、生效的条件及时间、双方的权利和义务、风险控制、违约责任等进行充分协商，完全达成一致意见后，就可以由并购双方的法人代表或法人代表授权的人员签订公司并购协议书。在交易所，一般备有两种产权交易合同，即用于股权转让的《股权转让合同》和用于整体产权转让的《产权转让合同》，供交易双方在订立合同时参考。产权交易合同一般包括以下条款：交易双方的名称、地址、法定代表人或委托代理人的姓名、产权交易的标的、交易价格、价款的支付时间和方式、被转让公司在转让前债权债务的处理、产权的交接事宜、被转让公司员工的安排、与产权交易有关的各种税负、合同的变更或解除的条件、违反合同的责任、与合同有关的争议的解决、合同生效的先决条件及其他交易双方认为需要订立的条款。

3. 办理交接手续

并购双方应在规定的时间内到政府授权部门审批并到工商行政管理部门核准登记。存续公司应当进行变更登记，新设公司应进行设立登记，被解散的公司需进行注销登记。只有经过这一步，并购才正式有效。并购双方的资产移交，需在国有资产管理局、银行等有关部门的监督下，按照协议办理移交手续，经过验收、造册，双方签证后，会计据此入账。目标企业未了的债权、债务，按协议进行清理，并据此调整账户，办理更换合同债据等手续。

此阶段的最后一项工作就是发布并购公告，即将兼并与收购的事实公诸社会，可以在公开报刊上刊登，也可由有关机构发布，使社会各方面知道并购事实，并调整与之相关的业务。

二、上市公司并购的程序

上市公司并购是指并购公司依照法律程序，公开收购目标公司已经公开发行的股份，以达到对该公司控股的目的。由于上市公司规定必须披露信息，财务状况相对比较透明，而且其股权比较分散，所以上市公司并购活动非常活跃。

(一)准备阶段

1. 收购目标的选择确定

收集目标公司的有关信息资料，包括公开披露的招股说明书、上市公告书、年度报告、中期报告、重大事件临时公告以及各媒体的报道与评论等；研究分析目标公司的股本结构与主要股东构成情况，确定实施并购的可能性；研究分析目标公司的财务状况，了解其资产质量，估算公司实际价值与并购成本；研究分析目标公司的产业结构、收益构成与经营业绩，估计并购后实施资产整合与重组的可能性与难度；分析目标公司的市场定位与市场表现，结合二级市场的整体趋势，探讨目标公司二级市场维护与运作的可能性，估计维护最低成本、运作资金投入、运作风险规避、市场题材配合与目标收益实现；与并购股权的持有单位接触，了解其出让股权的意向与目的，判断在对目标公司实施并购过程中股权出让方的配合诚意；顾问公司向并购方提供关于目标公司的并购可行性建议报告。

2. 向相关部门汇报，取得政策支持

根据并购的报批程序，了解目标公司的主管部门、当地证券管理部门、国有资产管理部门及当地政府等对审批股权转让事宜的倾向和意见，并寻求有关方面的支持。如果并购规模较大，并购可能涉及反垄断问题，并购方要积极与相关部门沟通并争取其对并购的指导。

3. 设计详细并购方案

聘请并购专家或投资银行参与并购案的策划，并处理可能随之产生的复杂的法律和行政管理事务。同时，并购公司还要制定一份详细的资金筹措计划，以应付并购环节每一步骤和环节，有了资金的保障，并购案的成功指数才会大大提高。

4. 保密和安全

在收购开价宣布之前，应划定参与并购计划相关人员的保密责任，签订保密合同，明确各自的责任和损失。所有参与并购计划的人士都应谨慎，要尽量避免由于泄密造成的损失。

(二)并购实施阶段

1. 并购初期：秘密收购目标公司股票

上市公司在并购某目标公司之前，通常会通过第三者或者选择时机在证券市场上购买目标公司一小部分股票作为下一步整体报价的跳板。收购目标公司股票时，要尽量分散，以免引起目标公司的注意而启动反收购计划。

2. 并购中期：宣布收购意向

在收购到目标公司一定量的股份后，可以根据获得的有关信息确定比较有利的报价时间。确定了报价时间，就可向目标公司其他股东和社会公众宣布收购意向。

3. 并购后期：继续收购，实现控股

宣布收购意向后，并购公司需继续收购，获得目标公司控制权才是其实施并购的最终目的。如果是善意收购，并购方会得到目标公司董事会和管理层的支持和配合，并购活动会较顺利，成功的概率也会大大提高；如果是恶意收购，目标公司就会采取反收购策略，如实施“毒丸计划”等，并购公司需不懈努力和采取适当的策略，这样才可能实现预期收购目标。

(三)公司接管和整合

公司接管的目的是实现对公司的控制力，要在公司管理与决策上体现控股股东的地位和作用。公司接管主要包括入主董事会与委派管理人员两种方式。并购方可以通过提议召开临时股东大会的方式，根据公司股权的变动情况，对公司章程有关条款进行相应修改或完善，明确并巩固并购方作为公司控股股东的地位，使并购方对公司的控制合法化，排除不利于控股股东对公司实施管理与决策的法律限制。

上市公司并购后的整合要围绕并购方的并购目的与重组整合策略来进行。公司整合包括公司机构整合、人事整合、财务整合、资产整合、经营战略整合等各个方面。

第三节　并购交易结构的设计

一、并购交易结构设计的含义及目的

所谓交易结构设计，是指买方或卖方为完成一个并购标的物的最终交割，一般应基于对目标企业及自身资产状况、财务状况、组织管理结构、税收负担等的综合评价，结合本次并购拟达到的经济目的和现实的法律环境来确定所要采取的并购方式，并据此设计出最为合理的交易结构的过程，包括并购主体、目标公司(交易对象)、购买者的资金来源、支付方式、所引起的税务成本、会计处理等具体安排。企业的收购兼并为什么需要结构设计？这是由并购交易的特性决定的。企业并购与商品买卖或资金拆放不同，后者一般具有标准化的属性，即交易活动中，买卖双方只需对一些要点(如规格、数量、价格或金额、利率、期限等)进行谈判即可。而企业不是一个标准化产品，而是一个动态的开放系统。尽管在近百年来大规模的企业并购活动中人们已经积累了许多经验，如在财务评价、资产评估、税务评价等方面已形成了一些经验性方法，但在交易的可量化度和准确性方面仍然留下很大的一块相当模糊的空间，结构设计就是将这块模糊的空间尽可能澄清，使买卖双方比较容易地找到利益的平衡点。

在并购环节，交易结构的设计是最具挑战性的环节，需要设计人员拥有广博的业务知识，涉及法律、税务、会计领域，甚至国防知识，而且既要有知识做支撑、有丰富的操作经验，还要有创新精神去开拓思维。

按照并购程序，并购交易结构的设计紧随着尽职调查。并购中介机构尤其是投资银行根据尽职调查评价结果、限定条件（最高收购成本、支付方式等）及卖方意图，对各种资料进行深入分析、统筹考虑，设计出一种购买结构，包括收购范围（资产、负债、契约、网络等）、价格、支付方式、附加条件等。然后，以此为核心制成收购建议书，作为与对方谈判的基础。若交易结构设计将买卖双方利益拉得很近，则双方可能进入谈判签约阶段；反之，若结构设计不符合对方要求，则会被拒绝，并购活动又会回到起点。所以，如果把公司并购看作一个系统，交易结构设计就是核心环节，是关键程序，投资银行在企业并购中不论代表买方还是卖方，都要为客户进行交易结构设计，以促成交易的成功，并最大限度地维护客户的利益。

交易结构设计的主要目的有：规避法律障碍，锁定交易风险，提高交易的可行性；排除竞争对手；建立融资平台；合理避税，降低并购成本，提高投资回报；为后续管理创造条件，也为股权转让提供方便。

二、并购交易结构设计的原则

1. 综合效益原则

综合效益原则是指设计交易结构时要通过资本结合，实现业务整合，以实现包含规模经济、财务税收、技术、品牌、开发能力、管理经验、营销网络等在内的综合效益最大化。综合效益原则要求交易结构兼顾并购实施及后期整合。纵向并购需要实现垂直整合，即通过并购上下游企业，形成从初级原料到最终产品的生产体系；横向并购需要实现水平整合，即通过收购同类企业迅速扩大生产能力，以取得某种产品的市场主导地位；混合并购需要实施多角化经营策略，避免资产过分集中于某一产业的风险，以取得稳定的利润。此外，还有市场整合、技术整合、网络整合、人才整合等。例如，北京东安集团兼并北京手表二厂，改建为双安商场，实现了零售网点的市场整合；上海巴士股份有限公司收购新新汽车服务公司等 19 家公交公司的车辆和线路则属业务的水平整合；日本松下电器收购美国米高梅娱乐公司（MCA），既有借米高梅之视听软件发展其高清晰度电视（HDTV）的技术整合意图，又包含业务空间整合及多角化经营的战略，因而属于高水平的并购行为。与上述例子相反，法国经营中、低档化妆品的著名公司雅芳（Avon）收购经营高价位化妆品的黛芬妮（Tiffany），企图扩大市场行销网络。但这两家企业的营销网属于不同的消费层次，无法整合，最终以 Tiffany 连续亏损被迫出售而告终。而 TCL 收购汤姆逊则因为人员的整合及市场整合出了问题而以并购失败告终。

2. 系统原则

系统原则要求交易结构设计系统考虑六个方面的协调与配合：①法律，包括并购企业所在国家的法律环境（商法、公司法、会计法、税法、反垄断法等）、不同购并方式的法律条件、企业内部法律（如公司章程等）；②财务，包括企业财务（资产、负债、税项、现金流量等）和购并活动本身的财务（价格、支付方式、融资方式、规模、成本等）；③人员，包括企业的高级管理人员、高级技术人员、熟练员工等；④市场网络，如营销网、信息网、客户群；⑤特殊资源，如专有技术（Know-How），独特的自然资源、政府支持等；⑥利益相关者，即股东、债权人、关联企业、银行、行业工会等。其中，法律和财务通常是结构设计的核心。事实上，在有些收购活动中，人员、市场或专有技术也可能成为结构设计最关键的内容。

3. 创新原则

创新原则要求在复杂的条件约束下，找出买卖双方的契合点，或在现有法律结构的缝隙中找出实现并购的最佳途径或构建反并购的屏障。公司参与并购的目的各不相同，目标企业的状况各异，不同国家、地区、行业的公司所处的法律环境也存在很大差异，加之许多公司对并购具有高度防备，因此，结构设计中的创新就显得尤为重要。事实上，目前存在的多数并购模式或反并购模式都是既往投资银行专业人员在结构设计中创新的结果，如间接收购、杠杆收购、表决权信托以及反收购中的“毒丸”（Poison Pill）计划、死亡换股（Dead Swap）、财产锁定（Assets Lock-up）等。

4. 稳健原则

稳健原则要求并购中介在帮助企业设计并购方案时，一定要把风险控制在最低水平。并购活动通常是企业经营发展中的战略性行为，其成败对交易双方均有重大影响，甚至决定公司的存亡。一般而言，战略性并购活动属于处心积虑的行为，往往处置慎重，考虑周详，务求圆满成功；而机会性并购活动，常常会因为某一方面的利益诱因（财务、技术等某一方面有利可图）而忽视潜在风险。例如，台湾宏碁电脑以2亿元新台币收购美国康点（Counter Point），以取得该公司的群用电脑技术和国际行销网络，但因事前对康点产品本身的竞争力及市场行销能力了解不够，加之业务整合中缺少共识，导致技术开发人员的流失，康点公司在被收购后经营状况一路下滑，终至关闭，宏碁电脑因此遭受重大损失。与此例相反，日本富士通公司欲收购美国安代尔（Amdanl）公司，但对企业的技术开发能力把握不准，因此接受财务顾问的建议，先购买该公司30%的股份，但不参与经营，只学习技术，待摸清情况后才买下了全部股权。在并购活动中，在未完全搞清目标企业真实情况（有些方面很难在短期内了解清楚）或交易双方对未来经营策略可能难以达成共识的情况下，结构设计一般考虑分段购买或购买选择权（Option）的方案，以有效控制交易风险。

三、设计并购交易结构时应注意的问题

1. 购买公司股权与购买公司资产

虽然并购的实质是公司产权交易，但在现实中存在两种不同的情况，一种最终交割的是公司股权，一种最终交割的是公司资产。购买公司股权和购买公司资产不仅在法律上是两个不同的概念，在财务、税务、操作程序上也有很大区别。

从法律角度看，购买公司股权就是将公司作为一个整体来购买。作为法人，企业或公司不仅拥有一定的法人财产，同时也是多种契约的承担者，购买企业不仅是法人财产产权的转让，也是有关契约之权利、责任的转让。购买资产一般只包括企业的固定资产、工业产权、专有技术、经营许可、营销网点等。若收购过程中法律评价认为该企业在某些合同

或契约中处于不利地位，可能会导致法律纠纷或涉及诉讼，买方就应该选择购买资产而不是购买公司股权。购买资产后重新注册一家公司即可有效规避与原公司相关的法律诉讼。

从税务角度看，购买公司股权与购买公司资产的主要差别在印花税、增值税和所得税上。若购买公司股权，原则上可享受原来的累计亏损，并以之冲减利润，减少现期所得税支出。在我国，目标公司若保留法人地位，其累计亏损要用以后多年的经营利润抵补，而不能用并购买方的利润抵补，因此所得税方面的好处不能在现期实现。购买公司股权和购买公司资产的印花税在国外按不同税率执行，前者很低，一般为价格的0.5%，后者则高达5%~6%。在我国，两者的印花税税率均为万分之五。并购之前，需要对交易对象进行估值。我国对公司资产评估的增值部分在产权转让中形成的净收益或净损失计征所得税。此外，折旧计提基数的变化会影响税务，因为购买公司股权是按原公司账面净值核定计提基数，而购买资产则按成交价格重新核定折旧基数。

从债务角度看，购买公司股权，则连同公司的债务(含或有负债)等一并买过来了；而购买公司资产则不需要考虑债务问题。因此，当所购买的公司债务与资产等价时，买方可以承担目标公司债务为条件接受该公司股权或资产，卖方全部资产或全部股权转入买方，这种购买结构就其本质而言是零价并购。

从总体上看，购买公司股权通常要涉及很多复杂的财务、税务及法律问题，需要投入较多的时间和费用，购买公司资产则相对简单。

2. *购买目标企业增发股份与受让原股东股份*

通过购买股份兼并企业是最常用的方式，买方既可以从目标公司股东手中购买股份，也可通过购买目标公司新发行的股份来获得股权，但两种购买方式对买方有不同的影响。购买原股东股份可以购买到控股权，也可以全盘收购。而购买增发股份只能买到控股权，而不能全盘收购。从买方支付的资金情况看，同样是收购控股权，购买新股比购买原股东股份花费要多，且日后公司再发新股或股东增股(right issue)，买方还要相应投入，否则股权将被稀释(Dilution)，可能由此丧失控股权。购买新股对买方的益处在于投入的资金落在目标公司，并购后仍由买方控制和使用；而购买原股份，买方投入的资金则会落在原股东手中。因此，购买原股东手中的股份易被大股东接受，购买新股则比较受小股东和股市的欢迎。在我国，存在以所有者划分的股权类别，即国家股、法人股、社会公众股、内部职工股等。各类股份流通的方式不同，价格差异也很大，这使结构设计更加复杂，也更为重要。购买一家上市公司的控股权至少可选择四种方式：①购买国家股；②购买法人股；③购买社会公众股；④几种股份组合。四种方式中，第三种方式最困难且成本最高，第一种方式受行政因素影响最大，第二种方式谈判余地最大。谈判余地一方面表现在支付价格上，可能高于也可能低于公司的每股净资产；另一方面，支付方式可以比较灵活，如支付对价可以用现金、股票、股权，也可用实物资产、土地等，支付时间可即期，也可分期或延期。

3. *收购控制权与购买部分股份加期权*

企业在实施并购过程中往往对目标企业某些方面不甚满意，或认为存在若干不确定因素可能导致并购后的业务整合难以实现，如管理人员的潜质及合作态度、新产品的市场前景、区域性经济环境对企业的影响等，特别是对初次进入某一领域(行业或地区)的公司而言，它们对行业总体供求、市场周期、竞争者情况等缺少判断把握的能力，若贸然接手，可能面临巨大风险。出于稳健的原则，可以购买部分股权加期权(Option)。具体做法是：在与卖方签订购买部分股份协议的同时，订立买入期权的契约(明确数量、价格、有效期、实施条件等)。

4. 直接购买股权还是购买含权债券

企业通过大量购买一家公司发行的可转换债来实施并购是一种较为保守的做法。若发行公司朝买方期望发展，买方将决定实施转换，否则便不实施转换，这其中一个重要前提是卖方必须具有可靠信誉和较强的偿债能力，当买方决定不实施转换时，能够安全收回资金，否则只能看作一种高风险贷款。借用可转换债的设计思想设计出的股权性债(convertible loan with equity nature)是一种在未转换前不支付利息而与股东一样享受分红权利的债券形式。买者在并购市场上通常看好目标公司近期盈利但对未来前景把握不准时，可采用此购买结构。

5. 融资租赁结构(financial capital leasing structure)

所谓融资租赁结构，是由银行或其他投资人出资购买目标企业的资产，然后出资人作为租赁方把资产出让给真正的投资者，投资人作为承租方负责经营，并以租赁费形式偿还租金。就法律意义而言，在租金及残值全部偿还之前，出租方是资产的所有者；租赁费偿清后，承租方才能成为资产所有者。但事实上，承租方从一开始就是资产的实际拥有者，并拟成为最终所有者，甚至租赁方也清楚地知道这一点。之所以采用租赁结构，一方面可能是因为不具备支付全部资产价格的能力；另一方面，也可能是最重要的，即希望从这种结构安排中得到税务方面的好处，因为租赁费于税前支付可计入成本，这相当于税前归还贷款本金，投资人无疑可从中获得很大利益。当然，在国外，此种安排一般需经税务当局批准。此外，这种结构安排也可用于政府对某些产业发展的鼓励政策中。

在我国，融资租赁结构有一种变种形式，即抵押式兼并。其做法是：先将企业的资产作价抵押给最大债权人，企业法人资格消失，债务挂账停息；然后由债权人与企业主管部门协商，利用原企业的全部资产组建新的企业，调整产品结构，开拓新的市场，利用企业收入偿还债务并赎回所有权，这种方式与濒于破产企业在和解整顿期间取得成功相似，所不同的是企业进入和解(重整)期产权不做任何变化。

6. 债权转股权模式

债权转股权式企业并购，指最大债权人在企业无力归还债务时，将债权转为投资，从而取得企业的控制权。这种方式的长处在于，既解开了债务链，又充实了企业自有资本，增加了管理力量，可能使企业从此走出困境。事实上，债权转股权曾经是我国最常见的一种并购方式，特别是在下游企业或组装企业无力支付上游企业或供货企业的大量货款时，以债权转股权方式收购控制下游企业便成为纵向兼并最便捷的途径，但此方式可能对债权人不利：当企业严重资不抵债时，以1∶1的比例将债权转股权，债权人会损失很大一部分利益，如中国光大国际信托投资公司的债务重组就是在亏损额10倍于权益的情况下进行的。换言之，债权转成股权时，债权人已损失了大部分本金。

【案例 9-1】

某高新科技公司并购的交易结构

这是一个真实的案例，涉及一家高新科技项目的资产兼并。买方公司 Z 是一家中国字号的国有企业 A 和一家民营企业 B 的合资公司，由国有企业控股，拥有雄厚的技术团队和产业核心技术。Z 公司需要通过并购达到以下目的：

(1) 兼并一家拥有政府特许经营许可的公司 C，该公司资产估值约 2500 万元，因经营不善，效益欠佳，濒临停产，占 51% 的大股东有退出意向。

(2) 兼并一家留学生创建的拥有专有技术的科技公司 D，公司资产约 1400 万元，其中包括估值超过 800 万元的无形资产（技术专利）和 600 万元的现金。

(3) 为了完成上述并购，需要融入一笔风险投资。但是，风险投资机构 R 的条件是能够在海外上市，为此需要在免税岛成立一家由 B 公司控股的离岸公司。

(4) 最后，为了顺利在海外上市，民营 B 公司需要赎买国有企业 A 的控股权，并最大限度地压缩其股权比例，同时又能够保留使用中国字号的公司名称。A 公司的条件是，在固有资产不流失的前提下，只要能在项目公司保留 7% 以上的股权，就可以继续使用其中国字号公司名称。

图 9-4、图 9-5 和图 9-6 显示了并购的全过程。

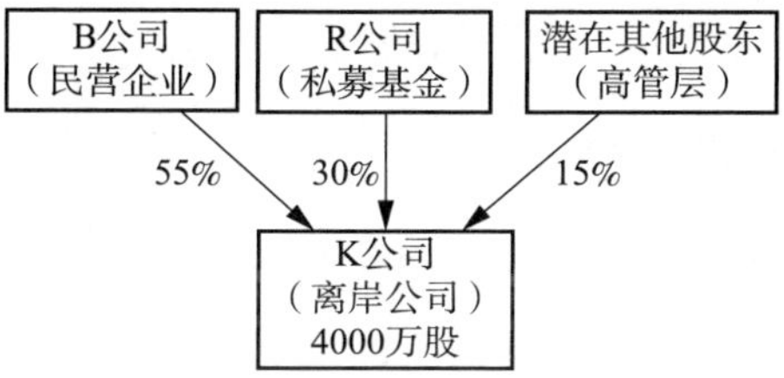

图 9-4 第一步：成立离岸公司 K

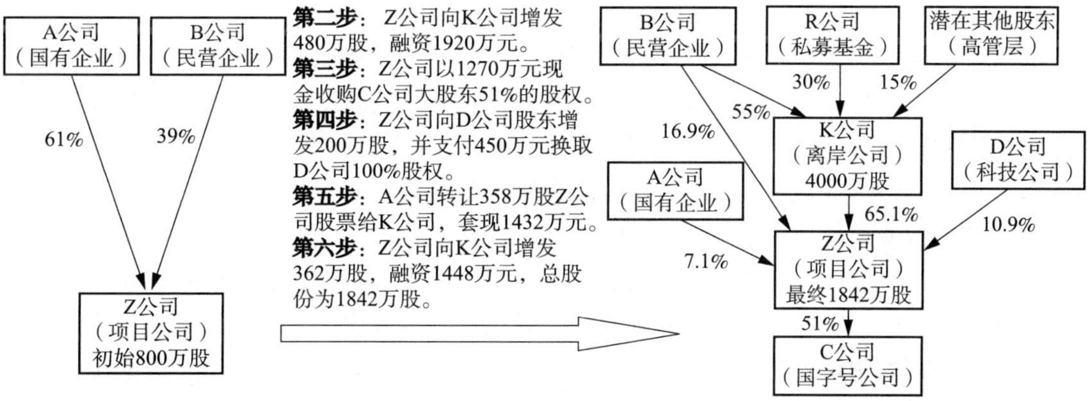

图 9-5 Z 公司的初始股权　　**图 9-6 并购后的股权结构**

上述兼并重组之后，所有参与方均各得其所，基本上达成了一个全赢的结局。

(1) A 公司的国有资产顺利退出了竞争性行业，不但为企业上市铺平了道路，而且实现了国有资产的大幅度增值，当年投入的 488 万元注册资金套现 1432 万元，增长了 3 倍。

(2) B公司是整个资产兼并重组的核心，也是最大的受益者。鉴于B公司在K公司持股55%，再加上在Z公司持有16.9%的股权，实际持股比例达到52.7%，成为Z公司事实上的控股股东。

(3) C公司被Z公司兼并之后，国家特许经营权的优良资产被盘活，从此摆脱困境，搭上了海外上市公司的顺风船。

(4) D公司走出了技术能力强而市场能力弱的困境，为自己的核心技术找到了一个更广阔的发挥平台，也为自己的公司找到了一个通向股市的金光大道。

(5) R公司作为风险投资者，获得了一个增长前途无限的潜力股，如果公司能够在海外上市，即使每股价值升到纳斯达克最低门槛价格5美元(按当年汇率约合42元人民币)，每股增值幅度都在10倍以上。4800万元的投资将有可能变成5亿元。

第四节 反并购防御策略

面对并购行为，目标公司的股东、董事会以及管理层可能有两种反应——同意或者反对。获得目标公司同意的并购就是善意并购；而目标公司反对并购，但并购公司不顾目标公司的意愿，只从实现自身利益出发，强行并购，甚至出现损害目标公司利益的行为，就是恶意并购。在这种情况下，目标公司只能采取反并购策略进行反击，以维护自身利益。因此，反并购是目标公司针对恶意收购采取的反击行动。

一、建立“合理的”股权结构

成功收购公司的关键是收购到“足量”的股权。为了避免被收购，应该重视建立这样的股权结构：公司股权难以“足量”地转让到收购者的手上。很显然，这里所谓“合理股权结构”中的“合理”，是以反收购效果为参照标准的。建立这种股权结构，主要有以下四种做法：

1. 自我控股

自我控股即公司的发起人或其后继大股东为了避免公司被他人收购，先行取得对公司的控股地位。自我控股又分为两种情况：一种情况是在一开始设置公司股权时就让自己控有公司的“足量”股权。我国法律和政策要求某些行业(主要是与国计民生关系重大的行业)的公司，要由国家(政府)控股，就属于这种情况。另一种情况是通过增持股份加大持股比例来达到控股地位。

自我控股又有控股程度的差别。自我控股如果达到51%的比例，那么敌意收购不可能发生，收购与反收购问题不存在。一般来说，在股权分散的情况下，对一家公司持有25%左右的股权就能控制该公司。但从理论上说，只要持股比例低于50%，敌意收购就可能发生，公司就会面临反收购问题。一个股东对自己控制的上市公司持股比例越大，该上市公司被收购的风险就越小，当持股比例大到51%时，被敌意收购的风险为零。那么在51%以下，该持股多少比例才为最佳“点位”呢？这要视控股股东及目标公司的具体情况而定。持股比例太小，难以收到“足够”的反收购效果；持股比例太大，则会过量“套牢”资金。合适的持股比例点位应是这两方面的“平衡点”。

2. 交叉持股

交叉持股，即关联公司或关系友好公司之间相互持有对方股权，在其中一方受到收购威胁时，另一方施以援手。比如，甲公司购买乙公司10%的股份，乙公司又购买甲公司10%的股份，它们之间达成默契，彼此忠诚，相互保护，在甲公司沦为并购目标公司时，乙公司则锁住甲公司的股权，加大收购者吸纳“足量”筹码的难度，同时乙公司在表态和有关投票表决时支持甲公司的反收购；反之，乙公司受到收购威胁时，甲公司也会这样做。在日本，公司之间的相互持股现象相当普遍。这种公司股东之间往往有一致行动人协议。

3. 让信得过的朋友持有一定数量的股权(placing shares in friendly hands)

将英文直译就是：把股份放在朋友的手上。这种做法之于公司反收购的积极效果与上述交叉持股类似：一方面，将公司部分股份锁定在朋友股东手上，增大收购者吸筹难度和成本；另一方面，在有关表态和投票表决中，朋友股东可支持公司的反收购行动。

这种做法与交叉持股的做法比较，还有许多不同之处：①朋友持股的做法更多地建立在朋友股东的“义气”基础上，一旦朋友股东不讲信义，甚至与收购者结盟，这种做法的效果就会走向反面。交叉持股则不同，它不仅依赖双方信义，而且通过互控股份和商业伙伴的关系达到一种互相制衡，使任何一方都不愿选择“背信弃义”。②朋友持股做法的持股关系是单向的，而交叉持股做法的持股关系则是双向的。正因为如此，朋友持股的做法不存在“连环船”的那种副作用，也不影响公司募股的初衷。

4. 员工持股计划(Employee Stock Ownership Plan，ESOP)

员工与公司有着紧密的利益关系，推行员工持股计划，将使员工与公司的利益关系更为密切，感情纽带更为牢固，员工对公司的归属感会也更强。鉴于人类心理因素上天然的“自我本位”和排外倾向，公司员工往往视公司为“我们的”集体，从而排斥外侵、反对收购，尤其是在工会地位突出的西方国家，员工及其利益代表——工会往往是反收购的一支重要力量。员工持股同样也起着锁定部分筹码的作用。在美国，ESOP 可通过大量借款来实现，因为美国于 1981 年通过了《经济复兴税法》，鼓励员工参股，增强参与意识。贷款时，ESOP 可在利率和本金偿付上享有优惠。

二、股票回购(stockshare repurchase)

公司在受到并购威胁时，常常会回购自己的股票，从而使并购公司不能获得足以实施并购的股票份额。公司回购股票通常有两种途径：

1. 排他式自我收购(exclusionary self-tenders)

排他式自我回购是指从非收购方的股东手中回购股票，使收购方无法获得足以实施收购的股票份额，或者通过向非收购方股东支付溢价将财富从收购方转移给其他股东，挫败收购方的收购企图。

2. 绿色邮件(greenmail)

有时候，并购者只是一群风险套利者，他们并不想真正并购目标企业，只是以并购为幌子，真正目的是逼迫目标公司高价回收股票，获取暴利。目标公司从潜在的收购者手中回购股票，称为定向回购，通常要支付溢价，这些溢价可被视为阻止非善意接管企图而付出的代价，被称为“绿色邮件”或“绿色勒索”。目标公司从收购者手中溢价回购本公司股票时，为防止自己再遭袭击，往往与收购者签订“停滞投资协议”(Standstill Agreements)，约定收购方在未来一段时期内不能购买目标公司的股票，这种协议通常能消除对目标公司的收购企图。

三、资产收购和剥离

改变目标公司的资产结构也可以作为反并购策略之一。在并购实践中，资产收购和(或)剥离策略经常会导致两败俱伤的后果，因而也被称为“焦土政策”。

焦土政策是指当面临收购威胁时，目标公司大量出售公司资产，或者破坏公司的特性，以挫败敌意收购人的收购意图的策略。该政策的实施主要有两种形式：一是售卖“冠珠”(crown jewels)。所谓冠珠，是“皇冠上的珠宝”的简称，在西方，人们习惯性地把一个公司里富有吸引力和具有收购价值的“部分”称为冠珠。它可能是某个子公司、分公司或某个部门，也可能是某项资产、某一种营业许可、某项业务，或者可能是一种技术秘密(know-how)、专利权、关键人才，更可能是这些项目的组合。冠珠富于吸引力，诱发收购行动，是并购者发动并购活动的真正用意所在。目标公司为了阻碍收购行为，将冠珠售卖或抵押出去，可以消除收购的诱因，粉碎收购者的初衷。二是“虚胖”战术。“虚胖”战术是指采取措施降低公司价值，以使收购人对公司失去收购兴趣。一家公司，如果财务状况好，资产质量高，业务结构又合理，就具有相当大的吸引力，往往会诱发收购行为。在遭到收购袭击时，公司往往会以“虚胖”战术来应对。“虚胖”做法有很多种，可以购置大量资产，这些资产多半与经营无关，或者盈利能力差，资产质量下降；也可以大量增加公司负债，恶化财务状况；还可以故意做出一些长时间才能见效的投资，使公司在短时间内资产收益率大减。这些做法使公司从精干变得臃肿，如果并购方执意收购，将有可能不堪重负，所以并购公司一般会放弃并购计划。

四、反收购(接管)条款修订

公司章程中一般会对公司被收购的条件做出具体规定。公司可以通过修改章程来增加对方的收购难度。

出于反收购的目的，公司可以在章程中设置一些条款作为并购的障碍，这些条款被称作“驱鲨条款”(shark repellant)或“箭猪条款”，又有人将其称作反接收条款(anti-takeover amendment)。具体来说，这些条款有以下几种：

1. 分期分级董事会制度(staggered board)

分期分级董事会制度又称董事会轮选制，即公司章程规定董事的更换每年只能改选1/4或1/3等。这样，收购者即使收购到了“足量”的股权，也无法对董事会做出实质性改组，即无法很快地入主董事会控制公司。因为董事会的大部分董事还是原来的董事，他们仍掌握着多数表决权，仍然控制着公司，他们可以决定采取增资扩股或其他办法来稀释收购者的股票份额，也可以决定采取其他办法来达到反收购的目的，比如吞下“毒丸”或售卖“冠珠”，使收购者的初衷不能实现或使公司股票贬值，造成收购者损失。例如，甲公司有

12位董事，乙公司收购到甲公司“足量”股权后召开股东大会改选甲公司董事会，但根据甲公司章程，每年只能改选1/4，即只能改选3位董事。这样，在第一年内，乙公司只能派3位董事进入甲公司董事会，原来的董事依然还有9位在董事会中，这意味着乙公司依然不能控制甲公司。这种分期分级董事会制度，使得并购者不得不三思而后行。在国外，分期分级董事会制度常被采用，美国大公司中约有一半采取每年改选部分董事的章程条款。我国《公司法》规定：有限责任公司董事会成员为3~13人，股份公司董事会成员为5~19人；董事任期由公司章程规定，但每届任期不得超过3年；董事任期届满，连选可以连任；在任期届满前，股东大会不得无故解除董事的职务；董事会由1/2董事出席可举行，决议需经全体董事的过半数通过。这些条款表明，我国法律在一定程度上鼓励董事会的稳定。但是，《公司法》第一百条规定，持有公司股份10%以上的股东请求时，必须召开股东大会；第三十七条规定，股东大会行使选举和更换董事、修改公司章程的职权。这样，并购者可以请求召开股东大会，通过股东大会先行修改公司章程中关于分期分级董事会制度的规定，然后再行改选董事。这是并购者针对分期分级董事会制度的一项有效的反制方法。

2. 绝对多数条款(super-majority provisions)

绝对多数条款是指在公司章程中规定涉及重大事项(如公司合并、分立、任命董事长等)的决议需获得绝对多数股东的赞成票，这个比例通常为80%。绝对多数条款常伴随着“占据条款”(lock-in provisions)，即更改公司章程中的反收购条款，也须经过绝对多数股东同意。这就增加了并购者接管、改组目标公司的难度和成本。我国现行法律鼓励绝对多数条款，规定股东大会对公司合并、分立或解散做出决议时，必须经出席股东大会的股东所持表决权的2/3以上通过。

3. 限制大股东表决权条款

为了更好地保护中小股东，也为了限制并购者拥有过多权力，可以在公司章程中加入限制大股东表决权的条款。股东的最高决策权实际上就体现为投票权，其中至关重要的是投票选举董事会的表决权。限制表决权的办法通常有两种：①直接限制大股东的表决权。例如：有的公司章程中规定股东的股数超出一定数量时，就限制其表决权，如合几股为一表决权；也有的规定，每个股东的表决权不得超过全体股东表决权的一定比例(如1/5)。这些都需根据实际情况在章程中加以明确。②采用累计投票法(cumulative voting)。这种方法不同于普通投票法。普通投票法是一股一票，而且每一票只能投在一个候选人身上。而采用累计投票法，投票人可以投等于候选人人数的票，并可能将票全部投给一人，以保证中小股东能选出自己的董事。投票的方式也应于公司章程中规定。一般来说，普通投票法是有利于大股东的，收购者只要控制了多数股权，就可按自己的意愿彻底改组董事会。但是，如果采取累计投票法或在章程中对大股东投票权进行限制，可能会对并购者构成一系列约束，因为他拥有超半数的股权，但不一定拥有超半数的表决权。若再配合以“分期分级董事会制度”，并购者是很难达到控制公司的目的的，其发动的并购活动风险很大。在我国，限制大股东表决权条款是不合法的。

4. 限制董事资格条款

限制董事资格条款，即在公司章程中规定公司董事的任职条件，不具备某些特定条件者不得担任公司董事，具备某些特定情形者也不得进入公司董事会。这样，将给并购方增加选送合适人选出任公司董事的难度。

五、“毒丸”计划(Poison Pill)

“毒丸”计划是美国反并购专家马蒂·利普东于1983年首次提出并采用的，后经美国另一位反并购专家、投资银行家马丁·西格尔完善，现已成为反并购的一项有效措施。

“毒丸”计划是指目标公司在公司章程中预先制定一些对并购袭击者极为不利的规定，这些规定对目标公司本身可能无影响，但一旦并购者拥有公司，其“毒性”会马上爆发出来，这样就会降低目标企业的吸引力。“毒丸”计划主要有三种：

1. 股东权利计划(share-holder rights plans)

股东权利计划，即公司赋予其股东某种权利(往往以权证的形式)，该权利(权证)的内容主要有四类：①权证的价格被定为公司股票市价的2~5倍，当公司被收购且被合并时，权证持有人有权以权证执行价格购买市值两倍于执行价格的新公司(合并后的公司)股票。②当某一方收集了超过预定比例(如20%)的公司股票后，权证持有人可以半价购买公司股票。③当公司遭受收购袭击时，权证持有人可以升水价格(只要董事会看来是“合理”的价格)，向公司出售其手中持股，换取现金、短期优先票据或其他证券。④优先股计划。公司向普通股股东发放可转换优先股，这些优先股必要时可以转换为普通股。当并购公司持有目标公司股权达到一定比例时(称为触发点)，优先股股东可以行使以下权利：除并购方股东外，其他优先股股东可要求公司以过去一年内的公平价格用现金回购优先股。另外，如果并购成功，这些优先股可以转换为普通股，而且市价不得低于回购价格。

2. 可兑换毒债(poison put bonds)

可兑换毒债，即公司在发行债券或借贷时订立“毒药条款”(poison provision)，依据该条款，在公司遭到并购威胁时，债权人有权要求提前赎回债券、清偿借贷或将债券转换成股票。这种毒药条款往往会增加债券的吸引力，令债权人从赎回出价中获得好处。

3. 杠杆资本重组(leveraged recapitalizations)

杠杆资本重组，即人们熟悉的杠杆现金支出(leveraged cash-out)。这一策略最早于1985年由高盛发明，用于反收购案中。其基本做法是：目标公司大量举债用于向外部股东(outside shareholders)派付一次性现金红利，同时向内部股东(inside shareholders)——管理层及雇员股东派发股票红利。这样做的效果是：公司债务加重，财务风险增大，信用能力下降，挤压掉了财务杠杆空间，降低了对并购方的吸引力；增加内部股东的持股比例，使并购难度变大。

在反并购中，毒丸术的威力主要表现在以下两方面：一方面，权证持有人以优惠条件购买目标公司股票或合并后的新公司股票；债权人依毒药条款，将债券换成股票，从而稀释收购者的持股比例，加大收购资金量和收购成本。另一方面，权证持有人以升水价格向公司售卖手中持股，换取现金；债权人依毒药条款，立即要求兑付债券，可耗竭公司现金，恶化公司财务结构，造成财务困难，令并购者在接收后立即面临巨额现金支出，直至拖累收购者自身，虑及此，收购者往往望而生畏。因此，如果并购者执意强行并购目标公司，无异于吞下“毒丸”，将引发不可预知的严重后果。

六、其他反收购策略

1. 金降落伞(golden parachutes)

金降落伞也称金保护伞，是对公司管理层的一种保护措施，是按照公司控制权变动条款对被解雇的高级管理人员进行补偿的雇用合同中的分离规定。如果因公司被并购而导致管理层失去工作，目标企业承诺向管理层提供巨额补偿。这一措施被大公司普遍采用，一方面，它增加了并购成本，阻碍了并购的进行；另一方面，它减少了管理层与股东的利益冲突，会促使管理层在考虑并购投标时更多地关心股东的利益。

2. 寻找“白衣骑士”投标(竞购)(white knight)

“白衣骑士”是相对于“黑衣骑士”(black knight)而言的。目标公司把那些秘密吸收目标公司股票、企图对目标公司形成包围之势，使之不得不接受苛刻条件出售公司的恶意收购者称为“黑衣骑士”。当目标公司遭到“黑衣骑士”的袭击时，可能会选择一家关系良好、实力雄厚的公司——“白衣骑士”，以更优惠的条件达成善意收购，共同抵御。在这种情况下，并购公司要么出更高的价格，要么因无法承受高价格而放弃。通常如果敌意并购方的并购价格不是很高，目标公司被“白衣骑士”拯救的可能性较大；如果敌意并购者出价很高，“白衣骑士”的成本相应会提高，目标公司获得拯救的可能性就会减少。在美国，1978年至1984年的78起成功反并购案中，有36起是被“白衣骑士”拯救的。

3. 帕克门防御(pac-man defense)

“帕克门”这一反并购术的名称源于20世纪80年代初期美国颇为流行的一种电子游戏。在该游戏中，电子动物相互疯狂吞噬，没有吞掉敌手的一方将会自我毁灭。作为反收购策略，帕克门防御是指公司在遭到并购袭击的时候，不是被动地防守，而是以攻为守、以进为退，反过来对并购者提出收购其公司，或者以出让公司的部分利益，包括出让部分股权为条件，策动与自己关系密切的友邦公司出面收购收购方股份，使得并购方被迫转入防御，从而达到围魏救赵的效果。该策略是所有策略中风险最高、争夺最为激烈的一种方式，最后的得胜者往往是那些实力雄厚、融资渠道广泛的公司。如果并购双方实力相当，“帕克门”策略的结果很可能是两败俱伤。

4. 法律诉讼

法律诉讼是目标公司在并购防御中经常使用的策略，通常目标公司的诉讼理由有三个：①反垄断。并购公司通过并购可能获得某一行业的垄断或者接近垄断地位。②信息披露不充分，即目标公司认为并购公司没有按照法律规定向公众及时、充分或者准确地披露信息等。③并购过程中存在欺诈等犯罪行为。目标公司进行法律诉讼一般是为了拖延并购进程，延缓对方的并购进度，这样可使其他并购者有可能进入并购行列，目标公司可借机寻找“白衣骑士”。同时，目标公司也可以聘请有关方面的反收购专家，就并购者提出的并购条件和并购方的资信、经营状况及并购后对目标公司的管理能力、战略方向等，做出具体的分析和考察，进而采取有效的措施与并购方进行抗争。并购方若不想诉诸法律，有可能提高收购价格。

思 考 题

1. 我国法律法规界定的上市公司收购与重大资产重组有何区别？

2. 2020 年 4 月 23 日，爱尔眼科发行股份及支付现金收购资产交易或证监会有条件通过。本次交易中，爱尔眼科计划作价 18. 6988 亿元收购天津中视信 100%股权、奥理得视光 100%股权、宣城眼科医院 80%股权、万州爱瑞 90%股权、开州爱瑞 90%股权，同时拟募集配套资金不超过 7. 102 亿元。请问：①爱尔眼科并购的目的是什么？②结合并购前后爱尔眼科的财务数据，判断并购是否产生了协同效应。

3. 总结【案例 9-1】中的并购买方、卖方、并购范围、支付方式等交易要素。

4. 杭州浙民投天弘投资合伙企业(有限合伙)(简称“浙民投天弘”)收购 ST 生化时，遭遇了目标公司的反抗，因而被认为是中国第一单成功的敌意收购。请了解收购过程，阐述防守方所采取的防御策略，并做出评价。

第十章　行为公司金融

前述第一章至第九章的内容，除公司治理外，均属于传统公司金融的范畴，遵循的是阿罗-德布鲁范式，即完全信息、市场有效，投资者和管理者均为理性人，公司金融行为的目的是价值最大化。信息不对称环境下的公司治理理论，仍旧假设投资者和管理者为理性人，公司金融行为依旧遵循主流经济学的分析范式。近 50 年来，有限理性、心理学为个体的风险决策提供了非常重要的研究视角。本章主要介绍能够影响有限理性的决策者的判断与决策的 10 个心理学现象及其对公司金融行为的影响，并重点讨论投资决策、资本结构、公司并购等领域有限理性的投资者和管理者受心理因素影响而导致的系统性偏差。这些偏差使决策者所持有的信念、所做的选择独立于完全理性所假设的最优信念和最优选择。

第一节　行为公司金融的理论基础

一、行为公司金融的含义与起源

1. 行为公司金融的含义

目前尚无一致的行为公司金融的定义。从字面上理解，行为公司金融就是将人的心理因素影响下的决策行为结合到公司金融理论的研究中来。行为公司金融认为，对经济现象的研究应从经济行为的发生、变化和内在心理机制特点、规律入手，探索一种经济现象与其他经济现象之间的必然联系，从而揭示经济现象的本质。

根据公司金融的简单决策机制，传统公司金融与行为公司金融的重要区别在于投资者和管理者对同一经济现象的认知和偏好有差异，如图 10-1 所示。

以 MM 理论为基石的传统公司金融理论中，假设市场是 Fama 定义的有效市场，管理者、投资者均是完全理性的，他们对同一经济事物或现象的未来判断一致，且无偏，即认为事物的内在价值与未来的真实价值一致，在此基础上，可以制定公司的价值最大化投资决策和融资决策。但行为公司金融理论中投资者和管理者是有限理性的，他们对经济事物的认知是有偏差的，因而做出的投资决策、融资决策可能偏离价值最大化决策。

2. 行为公司金融的起源

Adam Smith 在其《国富论》中写道：大多数人对自己的才能过于自负，这是一切时代的哲学家和道德家所说的老毛病。大多数人对自己要走好运的荒谬臆断很少被人注意到。……对于获得的可能性，每个人都多少估计得高些，对于丧失的可能性，大多数人都估计得很低。

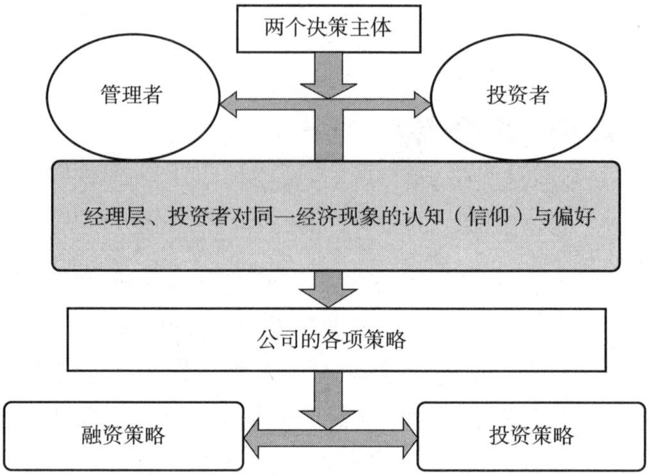

图 10-1　经理层、投资者的认知和偏好对公司金融决策的影响

这应该是经济学领域对人的心理的最早描述。19 世纪后期的两本著作——Gustave Le Bon的《乌合之众》和 Charles Mackay 的《大疯癫：非同寻常的大众幻想和全民疯狂》，研究了资本市场中投资者集体迷失的现象，认为模仿与从众是人性中的疯狂基因，在与理性永恒的冲突中，感情从未失过手。G. C. Selden(1912)认为，股价的波动很大程度上会受交易双方心理因素的影响。之后，心理学在经济学领域受到重视，并影响了 Knight(1921)、Pigou(1926)、Keynes(1936)等学术大家的观点。

然而在很长时间内，公司金融领域仍然在很大程度上与心理学绝缘。Simon(1955，1959)、Margoils(1958)、Cyert 和 March(1963)最早倡议将心理学的研究成果运用到公司金融领域。他们指出，决策从根本上说是由公司内部的个人所做出的，因此他们提倡在公司决策的过程中加入有动机和偏误的"人"的成分。Simon 强调，这些"人"的因素很重要，因为它们影响着人们收集、处理、解释和组织信息的方式。March 和 Simon(1958)进一步指出，管理者特别是顶层管理者和 CEO 的有限理性，很可能影响公司的决策。Katona(1946)则认为，管理者的喜好和特征实际上直接影响着他们如何代表公司和股东做出投资决策。

在 MM 理论的影响下，学者们提倡利用金融市场的力量，结合 Fama 的有效市场假说内生地制定公司的金融决策，这导致没有人关注公司内部的行为因素。随着公司的资本成本由这样一个与具体的投融资活动无关的理论体系推导而出，资本预算等公司投资活动成了客观行为，且这种观点一度成为主流，主导着公司金融领域。直到 Roll(1986)提出"自大假说"(hubris hypothesis)，似乎调和了并购领域的大部分文献，使得在研究并购时，行为角度的方法重新回到了学术界的视野，并逐渐在公司投资理论、融资理论中纳入决策者的行为偏误。

二、投资者、经理层的完全理性与有限理性

1. 完全理性

理性是一种行为方式。在早期的心理学、逻辑学和伦理学中，理性指运用才智进行选

择的过程，而在经济学和社会学界，理性则指选择本身。一项行动是理性的，即对于指定目标及其真实处境来说，该行动被“正确地”设计成一种能谋求最大成功的行动。

古典和新古典决策理论假设决策者(包括单个的生产者、单个家庭或其他组织)是完全理性的，是没有喜怒哀乐等感情的单纯追求自身利益最大化的“经济人”。具有完全理性的行为人是无所不知的超人，可以预测未来，通晓资源、交易伙伴和环境等情况。其隐含内容包括：

(1) 没有不确定性，即使有不确定性，也可以预知不确定性的概率分布。也就是说，对于具有完全理性的决策者来说，一切信息都是确定的，换句话说，完全理性的决策者对影响决策的一切因素掌握完全的信息。

(2) 决策者具有确定的效用函数(消费者的效用函数和厂商的利润函数可以统称为效用函数)，同时具有有序性和单调性的偏好体系，以保证理性人能比较不同行动方案下得到的效用，且能够在不同的效用之间判断出偏好程度的差异，并对其进行排列。

(3) 选择结果具有描述不变性、程序不变性和前后关系独立性。描述不变性要求决策者选择的先后顺序不依赖所描述或显示的选项，即如果决策者经过再三思考，将两种描述视为同一问题的同义表达，那么它们必定导致相同的选择：这种思考不存在异处；程序不变性要求不同方式的等价学说揭露相同的偏好次序；前后关系独立性指一项选择与其他替代方案互为独立的原则，它要求在三个独立的方案中，给定 Z 而不提供有关 X 或 Y 的新的信息的情况下，X 与 Y 的优先权顺序不应该依赖 Z 是否有效。

(4) 决策者具备完备的计算和推理能力，可以像计算机一样在瞬间从事无穷尽的计算步骤，且不受感性因素的干扰，因而可以设计出所有的被选方案，以及各项方案所产生的全部后果，并对各种方案或选择集中进行比较和挑选。

虽然完全理性渗透到了功利主义的政治理论和古典、新古典经济理论的大部分内容当中，但已经遭到了现代心理学和社会学的致命批驳。

2. 有限理性

20 世纪 50 年代之后，人们认识到建立在“经济人”假说之上的完全理性只是一种理想模式，不可能指导实际中的决策。Herbent Simon 认为，人的理性是处于完全理性和完全非理性之间的一种有限理性，他提出了满意标准和有限理性标准(Bounded Rationality Model)，用“社会人”取代“经济人”，用“满意”取代“效用最大化”，产生了新的理论——有限理性决策理论，又称为西蒙模型或西蒙最满意模型(Simmon's Bounded Rationality Model)。其基本观点如下：

(1) 手段-目标链的内涵有一定矛盾，简单的手段-目标链分析会导致不准确的结论。

Simon 认为，每项决策都包括选择目标和选择与目标相关的行为即手段，每个较低层级的目标都是实现上一层级各个目标的途径，但手段-目标链的次序系统很少是一个系统的、全面联系的链，组织活动和基本目标之间的联系常常是模糊不清的，这些基本目标也是个不完全系统，这些基本目标内部和达到这些目标所选择的各种手段内部，也存在着冲突和矛盾。如果“打败敌人”是军队的目标，那在“二战”中就不可避免地会出现两种备选手段之间的矛盾——先打德国 VS 先打日本。这是因为手段-目标链不能明确决策过程中需要进行比较的要素，不能成功地分离决策的事实要素(能实现最终目标)和价值要素(能导向最终目标)，也没有充分认识到有目的的行为中时间变量的作用。

(2) 决策者追求理性，但又不是最大限度地追求理性，他只要求有限理性。

因为知识有限，决策者既不可能掌握全部信息，也无法认识决策的详尽规律。因为人的计算能力有限，即使借助计算机，也没有办法处理数量巨大的变量方程组；人的想象力和设计能力有限，不可能把所有备选方案全部列出；人的价值取向并非一成不变的，目的时常改变；人的目的往往是多元的，而且互相抵触，没有统一的标准。因此，作为决策者的个体，其有限理性限制他做出完全理性的决策，他只能尽力追求在他能力范围内的有限理性。

(3) 决策者在决策中追求“满意”标准，而非最优标准。

在决策过程中，决策者定下一个最基本的要求，然后考察现有的备选方案。如果有一个备选方案能较好地满足事先定下的最基本的要求，决策者就实现了满意标准，他就不愿意再去研究或寻找更好的备选方案了：一是因为人们往往不愿发挥继续研究的积极性，而仅满足于已有的备选方案；二是由于种种条件的约束，决策者本身也缺乏这方面的能力。在现实生活中，人们往往可以得到较满意的方案，而非最优的方案。

综上，有限理性的决策者承认自己感觉到的世界只是纷繁复杂的真实世界的极端简化，他们满意的标准不是最大值，所以不必去确定所有可能的备选方案，由于感到真实世界是无法把握的，他们往往满足于用简单的方法，凭经验、习惯和惯例去办事，因而决策的结果各不相同。

有限理性的前提下，人们会根据已知的信息决策，而不是主动去搜寻未知的但可能影响其决策的信息。这就导致以下事件的发生：17 世纪荷兰一颗郁金香的种子可以购买超级城市二十个 CBD 的联排别墅；英国南海公司股票从 1919 年 1 月的每股 128 英镑上升到 7 月的每股 1 000 英镑以上，6 个月涨幅高达 700%，从 1920 年 7 月到 12 月，则跌回每股 124 英镑，英国政府恐惧到 100 年不敢发行股票；人均工资每月 67 元的 1982 年，长春城里最贵的一株君子兰叫价高达 15 万元。

三、行为公司金融的心理学基础

Hersh Sherin 在其《行为公司金融》(第二版)中总结了能够辨识企业影响人们的判断和决策的 10 个心理学基础，并将其分为三类，即认知偏差、经验推断偏差和框定效应。

(一) 认知偏差

认知偏差是指人们在感知某个事件或事务时，倾向于犯一类特定的错误。认知偏差主要有以下四种：

1. 过度乐观(excessive optimism)

过度乐观也即不现实的乐观，是指人们通常会高估有利结果发生的概率却低估不利结果发生的概率。Hersh Sherin 调查了人们生活中通常会发生的 42 个事件发生的概率，如被解雇、工作受到奖励、车被偷、活到 80 岁等，如果每个人都能客观地做出判断，那么调查对象所做出的概率选择应该是平均水平。调查结果显示，不利事件的整体选择结果是“发生概率低于平均水平”，而有利事件的选择结果刚好相反，这意味着人们相信“好事情”发生在自己身上的概率将大于其他人，而“坏事情”发生在自己身上的概率小于其他人，即过度乐观。

2. 过度自信(overconfidence)

过度自信描述人们对个人知识与能力局限性的认知偏差，有时被称为“优于常人效应”(better than average effect)。对自身知识水平过度自信的人，会被认为他比实际知道得更多；对自身能力过度自信的人，会相信他相比于真实情况会做得更好。在决策时，过度自信通常会高估境况好时的回报而低估境况差时的回报，因而低估所选择方案的风险。

跟你的同学相比，你的驾驶技术打几分：高于平均水平(用中位数衡量)？平均水平？低于平均水平？Sherin 测试一个典型班级，结果显示：45%～55%的人认为自己的驾驶水平超过平均水准；30%～45%的人认为自己的驾驶技术处于平均水平；认为自己的驾驶技术低于平均水平的人不足 10%。

3. 确认性偏差

确认性偏差是指人们往往忽略那些不支持他们观点的信息，而更倾向于采用那些支持他们观点的信息。人们常常会花大量的时间搜寻能够证明他们观点的论据，而几乎不会去搜寻那些可能会反对他们观点的论据，哪怕有时候证伪比证实更容易。

4. 控制幻觉

控制幻觉是指人们往往会夸大自己对于决策结果的掌控力，人们对结果的掌控力越强，则个人能力对结果的影响越大，运气成分越小。例如，购买彩票时，人们往往相信自己填写号码的中奖率高于由他人随机填写的中奖概率，因为他们认为自己选择数字能够控制最终概率，但实际上这是一种幻觉。

(二)经验推断偏差

人们解决问题的策略有两种，算式法和经验推断法(启发法)。算式法是一套解决问题的规则，它精确地指明了解决问题的每一个步骤，只要按照步骤操作，就可以解决问题。本教材前面各章的内容采用的均是算式法。经验推断法是指凭经验、直觉等解决问题。当人们没有时间认真思考某个问题，或者负载的信息过多以至无法充分加工，或者问题不重要，或者缺乏做出决策所需的可靠知识与信息时，人们更容易使用经验推断法。

在使用经验推断法解决问题时，会遭遇认知偏差。

1. 代表性偏差

人们在进行判断或预测的时候，往往会依赖那些基于类比和定型的历史经验。心理学家认为，人们过于依赖事情的代表性或者典型性，会导致系统性的认知偏差，即代表性偏差。当判断一个客观物体或者主观想法在多大程度上符合固定模式时，人们通常会凭直觉评估这一客观物体或者主观想法对其所属分类的代表性、典型性，以致产生关联谬误(conjunction fallacy)。

判断以下两种情境发生的概率大小：①法兰克福机场关闭了，航班被取消了；②法兰克福机场因天气恶劣关闭了，航班被取消了。

很明显，情境①的概率更大，因为情境②必须满足另外一个条件，即恶劣天气，但很多人更愿意相信情境②，因为他们凭经验推断情境②是“可信的故事”。

2001 年 9 月 11 日，恐怖组织对美国世贸中心进行袭击之后，某家聪明的公司利用关联谬误，提供一种专门的“恐怖主义保险”。虽然其他保险公司当时也提供各种意外保障（其中包括恐怖主义袭击），但还是有不少人选择了这个专门的保险，甚至愿意支付比一份普通旅行保险更多的钱来购买这个专门的保险。

Daniel Kahneman 认为存在两种思维：一种是直觉、机械、直接的思维；另一种是有意识、理性、缓慢、有逻辑性的思维。只可惜早在有意识的思维开始之前，直觉思维就得出了结论，且直觉思维偏好“可信的故事”。

2. 可得性偏差

可得性偏差，也被称为易得性偏差或易得性偏见，是指人们在进行风险评估时，往往倾向于以自己的历史经验或记忆，赋予这些更容易获得的信息更高的权重。美国“9·11事件”以后，很多美国人对飞行产生了恐惧感，他们宁愿自己开车以避免坐飞机。根据德国教授 Gerd Gigerenzer 的计算，在“9·11 事件”之后的一年内，为了避免坐飞机而选择坐汽车出行导致 1595 个美国人丧命。而 Michael Rothchild 教授计算出在美国公路上开车死去的概率是 1/7000，远高于飞机被恐怖分子劫持坠毁的死亡概率 1/540000（假设每个月有一次恐怖分子劫机并坠毁，样本一个月飞机出行四次）。

在金融市场，热衷“打新股”、跟着公司公布的业绩进行交易、羊群行为等均可通过“可得性偏差”来解释。

3. 锚定与调整偏差

锚定与调整偏差是指在没有把握的情况下，人们通常利用某个参照点和锚（Anchor）来降低模糊性，然后通过一定的调整得出最后的结论。Slovic 和 Lichtenstein（1971）指出，无论初始值是问题中暗示的还是粗略计算出来的，后面的调整通常都是不足的。对于同一事件，人们选择的初始值或者出发点不同，偏差调整所做出的判断也会不同，总体来说，偏向初始值。Kahneman 和 Tversky（1974）描述的幸运轮实验清晰地证明了这一倾向：人们过多地受到并没有什么意义的初始值的约束与左右。

当投资者对某种股票形成较稳定的看法后，就会在一定程度上被锚定在这种看法上，并以此为基准形成对该股票将来表现的预期判断。因而当该股票基本面信息（如每股盈利）变化时，投资者在进行下一期预测时，受制于锚定的影响而不能做出充分调整，结果发现信息（每股盈利）不是又一次高于就是又一次低于预测值。

4. 情绪启发式偏差

情绪启发式偏差也称情感启发式偏差，是指依赖直觉和本能对不确定性事件进行判断与决策的倾向。人们的情感反应迅速且自动发生，并能形成“情绪池”——一个含有积极的、消极的心理标志物的库，存储了人们有意无意之间想起的记忆中的图像，根据情绪池的内容进行决策时，人们会选择心理上的捷径，而不是权衡各种备选方案的利弊，即依赖情感启发。但情绪的固有缺陷将导致决策者的认识偏差。

(三)框定效应(Framing Effect)

人们在认知和判断事物时往往会依赖背景，因而事物的表面形式会影响人们对事物本质的看法。当事物的形式被用来描述决策问题时，常称为“框定”。当一个人通过不透明的框定来看问题时，他的判断与决定将在很大程度上取决于问题所表现出来的特殊框定，这就是“框架依赖”。框架依赖将导致认知与判断产生偏差，即框定效应或框定偏差，即同一个问题，如果表述不一样，可能会导致不同的决策判断。框定效应有两种主要形式：

1. 损失规避

损失规避(loss aversion)是指人们面对同样数量的收益和损失时，认为损失更加令他们难以忍受。损失规避反映出人们的风险偏好不是一致的：当涉及的是收益时，人们表现为风险厌恶；当涉及的是损失时，人们则表现为风险偏好。

Kahneman 和 Amos Tversky(1979)发表的论文中，通过以下两组对照实验，观察到了损失规避现象。

第 1 组实验：被实验团体先行持有 1000 单位的现金，在此基础上做出选择。

A. 50%的概率将持有的现金增加为 2000

B. 100%的概率将持有的现金增加为 1500

此实验中，被实验团体的 16%选择了 A，84%选择了 B。

第 2 组实验：同实验团体先行持有 2000 单位的现金，在此基础上做出选择。

C. 50%的概率损失 1000 单位现金

D. 100%的概率损失 500 单位现金

此实验中，同实验团体的 69%选择了 C，31%选择了 D。

实验中，A 选项和 C 选项最终手中持有现金是 1000 或 2000 的概率都是 50%，而选项 B 和选项 D 最终手中持有的现金是 1500 的概率是 100%。也就是说，被实验的团体在有可能获得利益时倾向于选择低风险，而在有可能遭受损失时，更倾向于选择高风险。

在证券投资中，还有一种类似的短视损失规避，长期收益可能会周期性地被短视损失所打断，短视的投资者把股票市场视为赌场，过分强调潜在的短期损失。由于短视损失厌恶，人们在其长期的资产配置中，可能过于保守。

2. 四重风险模式

四重风险模式研究的是事物发展的可能性与决策权重的关系模型。

损失与收益是相伴相生的，主流经济学用期望值来评估权衡风险与收益的结果。譬如，打赌的效用就是其结果效用的平均值，每个结果的权重就是其发生的概率。但传统的期望效用理论没有正确描述决策者对风险的态度。Kahneman 和 Tversky 提出的前景理论(Prospect Theory)修正了传统期望效用理论的缺陷，它与传统期望效用理论的区别有二：一是用价值函数替换期望效用函数；二是用决策权重替代概率。决策权重是依照心理感觉赋予的权重，如获得 100 万美元的概率由 5%上升到 10%，概率翻倍了，但心理感觉没有翻倍，因而权重也没有翻倍。这样计算出来的不再是传统的期望值，而是前景理论期望值。两者的区别如图 10-2 所示。

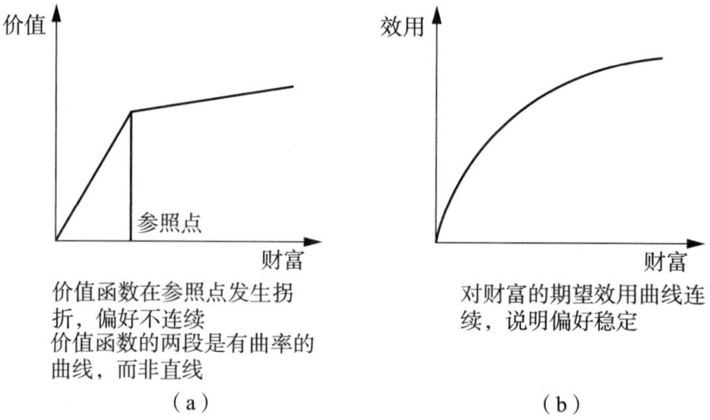

图 10-2　前景理论与预期效用理论的区别

图 10-2(a)：前景理论下的偏好，按权重计算财富的期望价值。

图 10-2(b)：期望效用理论下的偏好，按概率计算财富的期望效用。

图中，参照点是指人在决策时喜欢寻找一个参考点，并将需要决策的事项与这个参考点进行比较。参考点像“锚”一样，影响人们决策，因此其产生的影响又称锚定效应。而理性人进行决策是没有参照点的。

考虑以下四种情况：得到 100 万美元的概率逐次提升 5%，你的感觉是一样的吗？

A. 从 0%提高到 5%　　　　B. 从 5%提高到 10%

C. 从 60%提高到 65%　　　D. 从 95%提高到 100%

依照传统预期效用理论，你得到 100 万美元的效用都提升了 5%，但众所周知，四种情境的感觉显然不一样，A、D 要比 B、C 更具有诱惑力。从 0%到 5%意味着从无到有，产生了赢得奖金的希望，这是一种实质性变化，即可能性效应；从 5%提高到 10%，赢得奖金的可能性翻倍，但心理价值并没有翻倍；从 95%提高到 100%，则是另一种实质性改变，获得 100 万美元变成了确定性事件，即确定性效应。可能性效应能使决策者高估那些小概率事件发生的频率，确定性效应会使人们对几乎可以确定出现的结果的重视程度小于其理应得到的程度，譬如人们往往会选择以 61%的概率获得 52 美元而不愿意选择以 63%的概率获得 50 美元，但他们却愿意以 100%的概率获得 50 美元，而不会选择以 98%的概率获得 52 美元，同样是 2%的差异，导致的结果却不一样。这就是传统的期望效用理论及其所依据的理性选择公理所遭遇的阿莱悖论——理论本身逻辑不一致。

可能性与决策权重的关系的四种组合如图 10-3 所示。

图 10-3 中，每栏的第一行解释的是前景，第二行是前景引起的情绪特征，第三行说明的是大多数人在风险和与期望价值相符合的必然获得(或损失)之间作选择时(如在“有 95%的概率赢得 10000 美元”和“肯定能赢得 9500 美元”之间做出选择)的表现，第四行是在被告和原告讨论民事案件的解决方法时可能出现的态度。

	所得	损失
较大可能性 确定性效应	95%的概率赢得10 000美元 害怕失败 风险规避 接受自己不喜欢的解决方式	95%的概率损失10 000美元 希望能避免损失 冒险 拒绝自己喜欢的解决方式
较小可能性 可能性效应	5%的概率赢得10 000美元 希望能有更多的所得 冒险 拒绝自己喜欢的解决方式	5%的概率损失10 000美元 害怕有更大的损失 风险规避 接受自己不喜欢的解决方式

图 10-3 四重风险模式

资料来源：丹尼尔·卡尼曼．思考，快与慢[M]．中信出版社，2012.

左上角：当人们觉得未来获得一大笔收益的概率很大时，会选择风险规避。譬如，人们在打赌时愿意接受比预期价值少的赌注，以确保肯定能有所得。

左下角：可能性效应的最好例证，解释了为什么人们都愿意买彩票，概率小不小并不重要，重要的是有了赢的可能性，梦想"赢"是人们的权利。

右上角：人类的很多不幸处境都在右上角那栏中得到了体现，即人们在面临的抉择比较糟糕时会孤注一掷，尽管希望渺茫，他们也宁愿选择使事情更糟的较大可能性以换取避免损失的希望，这种做法常会使可控制的失误变成灾难。

右下角：可得性偏差的表现，人们愿意支付比期待价值更高的价格去买保险，保险公司也是这样支付成本、获得利益的。为了消除顾虑，人们更愿意为某些不太可能发生的灾难购买保险。

公司金融课程中的传统知识在理论上为管理者做出使公司价值最大化决策提供了有力工具，但在实践中，上述10种心理因素单个或多个联合，经常会妨碍管理者运用传统工具与技巧，导致决策偏差。心理因素也影响着投资者和其他利益相关者，但公司的高管们如CEO所受的影响相较而言更加明显，有证据表明，CEO们更乐观，对风险的厌恶程度更低。心理因素导致的决策偏差以及公司可能因此付出的代价见表10-1。

表 10-1 心理因素对公司金融决策的影响

心理因素	公司金融决策失误的例子	对公司的影响
1. 认知偏差		
过度乐观	在经济低谷期延迟成本削减计划	利润降低
过度自信	在现金充足时期进行次优收购	低估风险，可能降低公司价值
确认性偏差	忽略与个人当前观点相冲突的信息	对环境变化迟钝所致公司价值下降
控制幻觉	高估自身控制力	无端增加公司成本
2. 经验推断偏差		
代表性偏差	基于偏差的预期选择了错误项目	NPV 非最大导致公司价值下降
可得性偏差	基于偏差的预期选择了错误项目	NPV 非最大导致公司价值下降

续表

心理因素	公司金融决策失误的例子	对公司的影响
锚定与调整偏差	过分关注数字而非应对环境的变化	对增长的预期偏差将降低公司价值
情绪启发式偏差	依据直觉而非常规价值分析法决策	小于零的 NPV 导致公司价值下降
3. 框定效应		
损失规避	偏爱规避同样规模的风险而非努力获得同样规模的收益	由于厌恶债务风险而放弃税盾收益
四重风险模式	给不断亏损的项目注入资金	小于零的 NPV 导致公司价值下降

四、行为公司金融的理论框架

行为公司金融突破了 MM 理论中最后一个未被其他经典公司金融理论放弃的假设——市场是有效的，关注心理属性如何影响管理者的投融资决策，即研究外部市场的非有效性——投资者非理性和内部管理者的非理性如何影响公司金融决策和价值最大化的行为。行为公司金融所处的研究环境可以划分为四种可能情况，见表 10-2。

表 10-2　行为公司金融的四种决策环境与研究方法

	市场或投资者完全理性	市场或投资者有限理性
管理者完全理性	阿罗-德布鲁范式的传统公司金融理论与方法(契约，含参与约束与激励相容共生的委托代理契约)	有限理性的投资者行为扭曲市场价格(市场价格反映市场情绪)，理性的管理者利用迎合理论和市场择时理论获取利益(catering and market timing)
管理者有限理性	管理者的认知偏差如过度自信和过度乐观导致的过度投资、内部融资偏好(the managerial biases approach)	二者相互影响的结果会使公司的金融行为更加偏离理性状态，如投资者的过度乐观诱导管理者的过度自信，从而导致过度投资。目前的研究还比较薄弱

1. 管理者理性与投资者有限理性假设下的相关研究

理性的管理者面对有限理性的投资者，需平衡三个目标，即证券的内在价值、市场错误定价的时机、迎合投资者的策略，以便追求短期利益最大化。相关文献主要围绕着公司股利政策、投资行为和融资行为三个层次展开探讨。

Lintner(1956)最早对美国 28 家上市公司财务主管的红利政策进行访谈，提出了红利行为模型。他认为，由于稳定支付现金红利的公司会受到投资者的欢迎，因此理性的管理者会尽可能稳定现金红利的支付水平，而不轻易提高或降低。Shefrin 和 Statman(1985)从投资者具有减少后悔的心理要求出发，提出了一个解释投资者偏好现金红利的模型，认为管理者支付现金红利正是为了迎合投资者的这种偏好。Baker 和 Wurgler(2003)提出了红利迎合理论，认为投资者对公司红利政策的偏好会时常发生变化，公司管理者通常会迎合投资者偏好制定红利政策。

Stein(1996)针对非股权依赖性公司考察了非理性投资者对理性管理者投资行为的影

响，认为非理性的投资者可能影响股票发行时机，但不会影响公司的投资计划。Polk 和 Saplenza(2001)对公司投资行为的研究发现，当公司的股票价值被投资者盲目乐观的情绪高估时，公司会倾向于比其他公司扩大投资规模。Baker、Stein 和 Wurgler(2001)发现，股权依赖性的公司的投资行为对股票价格的影响比非股权依赖型的公司更为敏感。Stein(1996)的研究结果表明，当公司股价被过分高估后，理性管理者可能利用投资者的热情发行更多的股票。反之则回购公司股票。

2. 管理者有限理性和投资者理性假设下的相关研究

在有效市场中(投资者理性)，管理者的有限理性将导致投资项目的错误定价。Roll(1986)假定市场是强有效的，管理者的非理性促使其在并购业务中支付了过高的价格。虽然受到了很多质疑，但其研究结论还是为并购公司财富损失之谜提供了一种解释。Baker 和 Wurgler(2002)研究发现，股权依赖型公司的投资行为对股票价格的影响比非股权依赖型公司更为敏感。

管理者的非理性可能扭曲公司的融资行为。Heaton(2002)认为，过度乐观和自信的管理者比外部股东更容易高估投资项目的投资收益，低估投资项目的风险，从而更容易认为股票市场低估了公司的内在价值，股权融资的成本太高，从而导致管理者做出非理性的融资行为，如以内源融资、债权融资替代成本合理的股权融资。

3. 管理者和投资者均是有限理性假设下的相关研究

当管理者与投资者都是有限理性者时，二者相互影响的结果会使公司的金融行为更加偏离理性状态。朱武祥(2003)指出，股票市场投资者和分析家的过度乐观导致公司股票价格严重背离公司内在价值，还可能诱导有限理性的管理者进一步加强过度乐观和自信，更加低估投资风险，高估投资价值，更积极地进行高风险的投资扩张活动，包括兼并收购。公司治理问题比较严重时，非理性的管理者可以利用市场投资者及分析家的非理性，谋求自身利益最大化，从事迎合市场短期积极评价，但有损公司长期健康发展的资本配置行为。Sehultz 和 Zirman(2OO1)发现，当投资者高估网络股的价值时，许多网络公司的管理者并不认为自己公司的股票价格被高估。

相比第 1、2 种情况而言，管理者和投资者均为有限理性的情况更加复杂，相关研究还比较薄弱。下文各节内容是对上述第 1、2 种情况的详细展开。

第二节 管理者偏误与融资决策

从第六章的阐述可知，在有效市场上，公司或公司管理者按照公司价值最大化目标融资，要求融资成本不高于投资项目报酬率，且与资产风险匹配，以确保投资项目净现值大于零。在其他条件既定的情况下，公司应选择加权资本成本最小的融资组合。

从第七章 MM 理论的核心思想可知：在有效市场上，融资方式不影响公司价值；在所得税环境下，公司应采用 100%的债务，以获得利息的税盾效应。权衡理论以及非对称信息环境下构建的资本结构理论，都是以公司价值最大化为融资决策目标，换句话说，决策前提是投资者理性、公司或经理人理性。但实证证据表明，管理者信念上的偏误如过度乐观或过度自信将影响公司的融资决策，但影响方式与程度不尽相同，这点在选择股权融资还是债券融资方面尤为明显。后续的分析基于投资者理性、管理者有限理性的假定。

一、管理者过度乐观与融资决策

1. 简单两期投资项目融资模型

Heaton(2002)首次通过模型构建了管理者偏误与融资决策的联系。他模拟了这样一种情况：乐观的管理者相信资本市场低估了公司股价，因此偏好标准的优序融资。

假设有一个不考虑时间价值的两期投资模型，0 期投资额为 K，第 1 期产生不确定的现金流：高收益 V_H的概率为 P；低收益 V_L的概率为 $1-P$。假设代理人是风险中性的，无风险利率为 0(假设为常数，即便大于零也不影响结果)。项目可行的条件是：

$$E[V]=\mathrm{PV}_H+(1-P)V_L>K \tag{10-1}$$

在 0 期，管理者为该项目融资 K。有三种融资选择：一是无风险的内部融资；二是外部有风险的债务融资；三是外部股权融资。三者取其一。

无风险内部融资是指留存收益或折旧摊销等，回报是固定的，收回的概率为 1。外部有风险的债务融资所承诺的固定回报无法偿付的概念严格为正，当项目的收益小于所承诺的回报时，风险债券就将无法偿付。如果公司破产，作为违约的补偿，债权人将获得项目的控制权。外部股权融资可以在第 1 期获得项目所有剩余现金流。在三种备选融资方式中，管理者将会选择自己看来成本最小、收益最大的融资方式。

假设：外部环境不利，项目的回报不足以支付承诺给债权人的固定回报 K，即 $V_L<K$。理性的投资者能够准确预期不同项目收益的概率，并有效地制定价格。而一个乐观的管理者会高估出现良好结果的概率，同时低估不良情况下的概率，即 $P_B>P$，下标 B 表示带有管理者认知偏误的参数(下同)。因而管理者给良好结果偏高的权重，赋予不良结果偏低的权重，则乐观的管理者对项目价值的预期为

$$E[V_B]=P_BV_H+(1-P_B)V_L>E[V] \tag{10-2}$$

假设 x 为投资者的预期回报，则在没有税收和财务困境成本的前提下：

内部融资成本：$C_I=K/K-1=0$ (10-3)

债务融资成本：$C_\mathrm{D}=x/K-1$

股权投资者要求的剩余收益比例：$s=K/E[V]$

因此，在式(10-2)的认知下，管理者愿意支付的比例小于理性投资者的要求，即

$$s_B=K/E[V_B]<s$$

那么，管理者愿意支付的股权融资成本为

$$C_E=s_B\times E[V_B]/K-1 \tag{10-4}$$

理性的债权人也会调整其贷款利率 i，使其达到预期的均衡点，即固定回报 K，即

$$K=PK(1+i)+(1-P)V_L \tag{10-5}$$

在管理者看来，有风险的债务融资的资本成本为

$$C_D=[P_BK(1+i)+(1-P_B)V_L]/K-1 \tag{10-6}$$

2. 过度乐观管理者的融资偏好

比较式(10-3)、式(10-4)和式(10-6)可知：

对乐观的管理者而言，$P_B>P$，故表现出标准的优序融资偏好：①比起外部债务融资，更偏好内部融资；②比起外部股权融资，更偏好外部债务融资。

证明①：如果将式(10-5)中的 P 换成 P_B，因为 $P_B>P$ 且 $V_L<K$，可知式(10-6)中的 $C_D>0=C_i$；管理者选择资本成本为零的内部融资。

证明②：理性的股东会调整其要求的股息 D 以达到均衡点，即其最低要求是：$K=PD+(1-P)V_L$，变换后得 $D=[K-(1-P)V_L]/P$，此时的最低要求与理性的债权人的要求一致，均衡点都是投资额 K，只是股东调整 D，债权人调整 i，表达式因此各不相同。但在管理者眼中，投资者要求的最低回报为 $K=P_BD+(1-P_B)V_L$。

要证明 $C_E>C_D$，只需证明股东享有的剩余收益大于其要求的均衡点的回报即可，即

$$sE(V_B)>K=P_BD+(1-P_B)V_L \tag{10-7}$$

将上述 s 和 D 的计算式带入式(10-7)并整理得

$$K[P_BV_H+(1-P_B)V_L]/[PV_H+(1-P)V_L]>(P_B/P)K+(1-P_B/P)V_L$$

上式两边同时除以 $(P_B/P)K$，再乘以 $P[PV_H+(1-P)V_L]$，得

$$(P-P_B)K>(P-P_B)[PV_H+(1-P)V_L]$$

两边再除以 $(P-P_B)$，得 $K<PV_H+(1-P)V_L$。

正好符合投资项目实施的条件：投资项目回收的现金流量高于初始投资额，说明 $C_E>C_D$。

这说明，在乐观的管理者眼中，内部融资与外部融资的成本有差异，从而表现出对融资顺序的偏好。内部融资对管理者的认知偏误不敏感，风险债务的固定回报会降低偏误敏感度，但或有索取权对偏误的敏感度高；与风险债务相比，股权融资对认知偏误更加敏感，乐观的管理者会低估股权融资。该模型的观点：乐观的管理者会努力降低公司对外部资本市场的依赖程度，因而会留存较多的收益、降低股利支付率从而降低负债率，也会尽量降低财务困境发生的概率。

不同于 Myers 和 Majluf(1984)的信号显示理论，管理者偏误理论提供了解释优序融资行为的另一个视角。两者都认为管理者会最小化自己眼中的融资成本，但管理者偏误理论认为，优序融资偏好的产生是因为实际融资成本与管理者所感知到的融资成本之间存在区别，而信息不对称理论则认为优序偏好是理性的管理者迎合(Cartering)投资者的认知偏误的行为表现。

二、管理者过度自信与融资决策

1. 简单两期投资项目融资模型

过度自信是指对未来价值的预期和理性预期一致，因而偏误不发生在概率估计层面，而是发生在不同情境下对项目价值的估计层面，如图 10-4 所示。

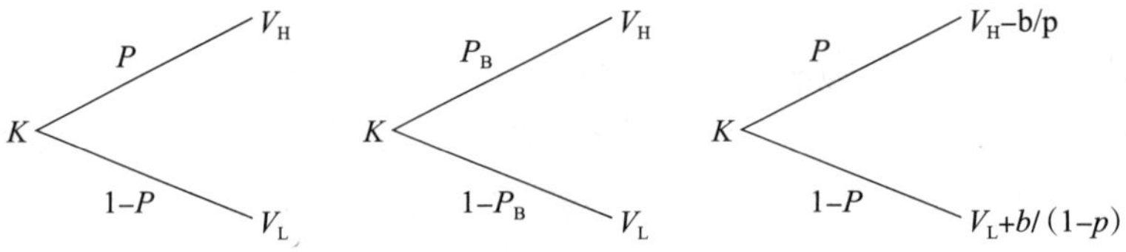

图 10-4 理性的、乐观的和自信的管理者信念

乐观的管理者高估良好结果出现的概率 $P_B(>P)$（中图），自信的管理者低估了良好情境下的现金流，而高估了不良情境下的现金流（右图）。$b>0$，为与概率有关的偏误价值。因此，过度自信的管理者所预期的投资项目价值为

$$E[V]=P(V_H-b/p)+(1-P)[V_L+b/(1-P)]=PV_H+(1-P)V_L$$

与理性管理者的预期一致。

现假设有一项总额为 K 的投资，其融资方式有两种，即债务融资 $F(V_L<F<K)$、股权融资 $K-F$。理性的债权人的预期回报为

$$F=PF(1+i)+(1-P)V_L \tag{10-8}$$

在过度自信的管理者眼中，不良情境下的预期值为 $V_L+b/(1-P)$，而不是 V_L，则支付给债权人的回报不再是 F，而是

$$PF(1+i)+(1-P)(V_L+b/(1-P))=F+b \tag{10-9}$$

自信的管理者预期支付给债权人的报酬为 $F+b>F$，即过度自信的管理者不会对债务融资违约。

理性的股东的预期回报（最坏的情况是公司全部资产用来补偿债权人，股东回报为零）：

$$\begin{aligned} s\cdot\max\{E(V)-F(1+i),\ 0\} &= s\{P[V_H-F(1+i)]+(1-P)\cdot 0\} \\ &= sP[V_H-F(1+i)] \\ &= s[PV_H+(1-P)V_L-(1-P)V_L-PF(1+i)] \\ &= s[E(V)-F] \end{aligned} \tag{10-10}$$

理性的股东要求的索取权份额 $s=(K-F)/[E(V)-F]$；但在过度自信的管理者看来，

$$s_B=(K-F-b)/[E(V)-F]<s \tag{10-11}$$

2. 过度自信管理者的融资偏好

有财务杠杆的公司（项目）中，过度自信管理者的融资偏好与标准优序相反，表现为：①比起债务融资，他们更偏好内部融资；②比起内部融资，他们更偏好股权融资。

证明①：理性的债权人的预期回报由式（10-8）所示，那么依照式（10-6），在过度自信的管理者眼中，债务资本成本为

$$\begin{aligned} C_D &= [PF(1+i)+(1-P)V_L+b]/F-1 \\ &= [F+b]/F-1=b/F>0=C_I \end{aligned}$$

即外部债务融资成本高于内部融资成本，故管理者选择内部融资。

证明②：等价于证明 $C_E<0$。由式（10-10）和式（10-11）可知：

$$C_E=s[E(V)-F-b]/(K-F)-1$$

$$=(K-F)/[E(V)-F]\cdot[E(V)-F-b]/(K-F)-1$$
$$=-b/[E(V)-F]<0=C_I$$

过度自信的管理者低估了债务的效率，因为他们高估了支付给债权人的回报，如式(10-9)所示。同时，他们高估了股权融资的效率，因为他们认为股东低估了支付给债权人的报酬，即股东认为自己的剩余价值是$K-F$，但管理者认为应该是$K-(F+b)$。出现此种结果的原因在于具有看涨期权性质的股权价值的凸性特征，即股权的价值与项目收益的风险正相关。在有杠杆的公司中，相对于内部融资，过度自信的管理者低估了风险，因而严格偏好股权融资，当然，与债务相比，对股权融资的偏好就更加明显。

假设管理者过度乐观或过度自信不免有些片面，现实世界中两种偏误往往同时存在，公司的融资偏好究竟是优序还是反优序的，要取决于实际中两种管理者偏误的组合情况。上述模型还可以用来解释股权的相机投资：管理者感觉到股权被高估时，将会发行股票融资，反之，则可能回购股份。

三、管理者偏误与破产成本、代理成本

1. 管理者偏误与内生破产临界点

公司对债务偿付义务违约时，公司将会贬值。Leland(1994)将违约分为外生违约和内生违约。外生违约是在诸如公司价值跌到远低于其面值水平的时候，由契约及其他外生限制条件如监管要求所引发的违约。内生违约是指公司股权价值低到一定水平时，为最大化股权价值，管理者主动选择的破产。让管理者主动选择破产的这一股权价值水平被称为破产的内生临界点，它会随着公司债务水平的提高而提高，随着公司风险的提高而下降。

Hackbarth(2008)认为，单独进行融资决策时，乐观的管理者选择的违约临界点较低，而过度自信的管理者的违约临界值较高，但同时进行融资和破产的连带决策时(实际运营过程中，两者经常一起决策)，乐观的、自信的或者两者兼具的管理者都会选择较高的违约水平。

2. 管理者偏误与权衡、代理成本模型

Hackbarth(2008)在其分析模型中将乐观主义设定为高估投资项目的收益均值，将过度自信设定为低估收益风险水平。该模型对管理者偏误的实证预测有如下结论：

(1) 有偏误的管理者选择的债务水平比理性的管理者选择的要高，且不一定有标准优序偏好。因为乐观的管理者和过度自信的管理者认为自己不太可能遇到财务困境，并因为高估收益均值而高估税收规避的作用；管理者偏误导致公司的资本结构偏离由第七章权衡理论所阐述的最优值，将付出很高的代价，表现为股东福利受损。

(2) 当有偏误的管理者选择较高的债务水平时，无形中也减少了潜在的可供挪用的资金，从而约束了自己滥用现金自由裁量权的行为(这是债务在委托代理中节省代理成本的杠杆效应)。所以，轻度的偏误有利于股东福利，但极端的偏误导致极端高的债务水平和破产成本，达到杠杆效应无法抵消的程度，将产生不利于股东的影响。

(3) 管理者轻度偏误可以缓解高债务水平杠杆公司投资不足的问题。第七章代理成本理论已经阐述，如果债务水平高，理性的债权人可能设置限制性条款，债务的杠杆效应也

会约束经理人的自由现金裁量权，因而可能导致投资不足。但乐观、自信或两者兼具的管理者要比理性的管理者更早投资(时间效应)，因为他们认为等待的机会成本太高，且因低估不确定性而认为等待新信息的价值不大。只要偏误程度不大，这样的时间效应就可以缓解投资不足。

四、管理者偏误影响融资决策的实证证据

1. 管理者偏误的衡量方法

偏误行为很难直接观测，因此度量困难。目前的研究徘徊在准确把握偏误本质的严谨性和数据可得性之间。常用的调查法和文献数据研究法都有不可避免的缺陷：前者虽然能更精准界定偏误，但难度大、成本高；后者可利用公开的数据，如高管薪酬、公司业绩、研究报告、媒体资讯等，但难免受到噪声干扰。

目前，有代表性的实证研究者有 Malmendier 等(2007)、Ben-David 等(2007)及 Canpell 等(2009)，他们衡量管理者偏误的方法及优缺点见表 10-3。

表 10-3　有代表性的管理者偏误衡量方法

特征	作者	途径	理论	数据	优点	缺点
延期行权	Malmendier 等(2007)	外显信念	管理者并非依从投资组合理论及早行权或转让	管理层持股及股票期权执行数据	可得公开数据	难以区分自信、乐观与内部信息干扰
媒体态度	Malmendier 等(2007)	外界看法	管理者被媒体形容为自信、乐观	媒体资讯	可得公开数据	媒体的偏误与语义模糊、情境差异
收益预测分布	Ben-David 等(2007)	外显信念	预测值与实际值的偏差(均值和方差)	调查数据	可区分自信与乐观，宏观趋势与微观偏误	数据难以获取
投资水平	Canpell 等(2009)	外显信念	相对于行业均值的高投资是偏误的结果	会计数据	可得公开数据	间接指标的噪声干扰大

外显信念这一类偏误表征途径来源于高管薪酬、会计数据或调查结果。Malmendier 和 Tate(2005a，2005b)最先提出测量管理者偏误的代理变量：基于管理者个人的投资组合选择。他们认为，管理者的部分薪酬是以股权形式发放的，管理者对任职公司有专用性投资(花时间和精力掌握与公司运作配套的技能、信息)。这种专用性投资过于单一，可能会损害管理者自身利益。因此，即使最低程度的风险规避也会引导管理者及早行使期权和减持公司股票，以实现多样化投资。如果真实情况与该推理不一致，说明管理者对公司前景乐观。他们以公开数据证明了推迟行权并未获得超额利润，因此没有内部信息导致推迟行权。此外，Malmendier 和 Tate(2005)就通过手工统计样本期间主流媒体发布的有关特定 CEO 的含有自信、乐观、谨慎和不自信四种词汇类型的文章数量，如果某位 CEO 常常被上述主流媒体运用自信、乐观、谨慎或不自信等词汇来描述，则认为该 CEO 为过度自信，

否则为不过度自信——此种方法也称为“他说”。还有一种“自说”，即管理者在不同场合、平台对公司特定行为的评价。

Ben-David 等(2007)提出的是一种利用调查数据来衡量过度自信和过度乐观的方法。在他们的案例中，公司 CFO 被要求预测标准普尔 500 指数的回报率、自己公司的内部回报率、回报率 10%分位数及 90%分位数。一个窄(宽)的置信区间可以反映高(低)程度的过度自信。结果显示，CFO 的过度自信程度与其预测的准确性之间正相关，这也许有预测技巧的成分，但不能否认管理层的过度自信。Lin 等(2005)、沈颂东等(2020)采用企业的盈利预测偏差来衡量管理者过度自信。然而，这一方法也得到了不少学者的批判，认为其与我国实际情况不符(周杰，薛有志，2011；王铁男等，2017)，我国企业的大多数业绩预告日期与实际业绩披露日期十分接近，因而两者披露的业绩基本相近(饶育蕾，王建新，2010)。Canpell 等(2009)基于过度自信与投资的正相关关系，以做了行业调整的投资水平作为衡量过度自信的手段，但因为影响投资水平的因素众多，此衡量指标噪音干扰比较大。Doukas 和 Petmezas(2007)认为，并购频率可以有效反映管理者过度自信的特质，作者将 3 年内实施至少 5 起并购的管理者归为过度自信管理者。

2. 实证检验结果

Malmendier 和 Tate(2005)、Malmendier 等(2007)实证揭示了乐观的管理者偏好充足的现金流，常会进行不成功的兼并和收购活动，以规避外部融资，当不得不进行外部融资时，偏好债务融资而非股权融资。Graham(2000)发现，乐观的管理者没有充分发挥债券融资的税收优惠作用，但他们的分析忽视了管理者过度自信的影响。

Ben-David 等(2007)、Hackbarth(2008，2009)发现，过度自信的管理者有以下特点：投资更多(特别偏好收购活动)、杠杆率更高、支付股息的可能性更小、回购股份的可能性更大(Hackbarth 不同意这一点，他认为过度自信的管理者更倾向于发行股票而非回购股份)。

我国也有不少学者研究管理者过度自信和过度乐观对公司投资、融资的影响，通过知网检索发现，近 5 年来几乎没有有影响力的研究管理者乐观的论文，研究管理者过度自信的文章相对要多很多，但研究过度自信对融资决策影响的不多。沈颂东等(2020)采用公司“预报净利润变动幅度”与净利润同比增长率之差衡量管理者的自信程度，得出结论：我国国有企业管理者的自信程度与企业融资决策不存在显著关系，而民营企业管理者自信程度与企业留存收益存在显著正向关系。孙风娥(2019)认为，管理者过度自信显著加剧了公司的“短贷长投”行为。

Canpell 等(2009)首次研究了管理者偏误对股东福利的影响。他们检验了 Goel 和 Thakor(2008)的模型后，得出了一致实证结果：管理者适中的过度自信能够最大限度地提高公司价值，因为这样可以降低管理者风险厌恶的损失，所以轻度的管理者偏误对股东是有益的，董事会将解雇那些极端过度自信或者完全理性的管理者，中性过度自信的管理者被动离职率最低。由于噪音干扰较小，被动离职率比公司价值更适合充当过度自信的替代性参数，但只有在拥有强势董事会的公司才适合。

第三节 管理者偏误与投资决策

公司的投资决策包括资本预算(固定资产、无形资产等长期性资产的购置决策)、并购(购置其他公司股权或资产包，以取得控制权的决策)、证券投资决策(实体经济中的领域很少)。本节主要阐述管理者偏误对资本预算和并购行为的影响。

一、管理者偏误与资本预算

我们在第五章公司资本预算中阐述了有效市场上公司的投资决策准则，即为了实现公司价值最大化目标，投资项目的净现值应大于零，但因为估计项目的未来现金流和贴现率是一个相对主观的过程，管理者的行为特征不可避免地会影响投资项目的选择。

1. 资本预算中管理者的过度自信

事实上，公司管理者在资本预算的时候常常会表现出过度自信，主要原因如下：

(1) 资本预算决策是复杂的，决策中常常要求预测各种不确定结果现金流，面对这些困难，人们常会过度自信。

(2) 资本预算决策与人的学习机制不匹配。人的学习机制如 Adam Smith(1776)阐述的专业化分工导致的“熟能生巧”，或者 Kahneman 和 Lavallo(1993)所述的“学习发生在‘类似的问题时常出现，特别是决策能很快产生结果并提供明确反馈的情况下’”。资本预算通常是公司重大投资项目，但大多数公司很少面临重大的投资决策，在得到项目结果前通常会有很长的延迟，并且收到的反馈与调研通常都伴随着噪音。此外，管理者往往有这样一种信念：任何事件或事物总会在某些重要方面是全新的。因此，当他们面对新的决策问题时，往往完全不考虑过去决策的反馈。

(3) 成功的管理者由于自我归因(self-attibution)偏误变得过度自信。自我归因偏误是指大多数人会高估他们自己对成功的贡献程度。

(4) 选择性偏误可能导致管理者比一般人更加过度自信。选择性偏误是指那些对自己前景过度自信和乐观的人更可能应聘管理者之类的职务。这种过度自信内生于公司的选拔和晋升制度，因为过度自信的人更可能在过去已经获得了非常好的成绩。

(5) 激励制度对过度自信者更加有效，因而公司偏向于雇佣过度自信者。

2. 加入过度自信因子的资本预算模型

假设一个无债务公司简单两期资本预算决策，0 期投资额为 $C>0$，第 1 期回收现金流为 $V\in \mathrm{R}$，均值为 $\bar{V}$，贴现率为 $r(r>0)$，则该项目的净现值(NPV)为

$$\mathrm{NPV}=i\left(\frac{V}{1+r}-C\right) \tag{10-12}$$

式中，$i\in\{0, 1\}$，$i=1$ 表示项目开始，$i=0$ 表示项目终止。

管理者为公司谋求最大利益，与投资者利益一致。在选择 i 的取值之前，管理者收到一个关于 V 的私人信号 s，他可以利用这个信号为公司做出一个更明智的投资决策。私人信号 s 的作用由以下条件给出：

$$s=\varepsilon V+(1-\varepsilon)\gamma,\ 且\ \varepsilon=\begin{cases}1,\ prob.\ a\\0,\ prob.\ 1-a\end{cases}$$

式中，$a\in\left[0,\ \frac{1}{2}\right]$，可代表理性管理者的能力，$\gamma$ 与 V 独立同分布，因此管理者的信号 s 与 V 具有相同的无条件分布，出现的概率均由 a 决定，不出现（没有信号或者信号为纯噪声，项目终止）的概率为 $1-a$。信号影响下的项目条件期望值为

$$E(V\mid s)=as+(1-a)\bar{V}=\bar{V}+a(s-\bar{V}) \tag{10-13}$$

即大于 $\bar{V}$ 的 s 会导致较高的 V，低于 $\bar{V}$ 的 s 将导致较低的 V。将式（10-13）代入式（10-12），令 $NPV=0$，则可以求出理性管理者决定项目执行与否的信息临界值，即

$$s^{*}\equiv\bar{V}-\frac{\bar{V}-C(1+r)}{a}=\bar{V}-\frac{1+r}{a}\left(\frac{\bar{V}}{1+r}-C\right) \tag{10-14}$$

面对复杂决策时，管理者表现出来的过度自信程度与自认为强于平均水平的能力的想法高度相关，即过度自信可以看成是对个人能力的高估（Larrick 等，2007；Larwood 和 Whittaker，1977），他们倾向于相信项目实施的结果在很大程度上是可控的，并认为在他们的监督之下，项目风险比实际风险要小（March 和 Shapira，1987）。

当管理者过度自信时，意味着管理者对自己的能力评价为 $a+b$，$b\in\left[0,\ \frac{1}{2}\right]$ 且 $b=0$ 时管理者理性并能恰当使用信号 s 中的信息；相反，当 b 接近 1/2 时，管理者过分高估自己已掌握的信息的精确度并过度依赖它。在这样的管理者眼中，项目的条件期望值为

$$E_B(V\mid s)=(a+b)s+(1-a-b)\bar{V}=\bar{V}+(a+b)(s-\bar{V}) \tag{10-15}$$

下标 B 是指存在偏误的参数（下同）。式（10-15）说明，与理性的管理者相比，当 $s>V(s<V)$ 时，过度自信的管理者会额外高估（低估）项目的未来现金流。

为实现公司价值最大化，当且仅当项目的条件净现值大于零时，项目才可能被实施，即

$$\mathrm{NPV}_B=\frac{E_B(V\mid s)}{1+r}-C>0 \tag{10-16}$$

令 $\mathrm{NPV}_B=0$，将式（10-15）代入式（10-16），可求得投资项目实施与否的信号临界值 s_B^{*}：

$$s_B^{*}\equiv\bar{V}-\frac{\bar{V}-C(1+r)}{a+b}=\bar{V}-\frac{1+r}{a+b}\left(\frac{\bar{V}}{1+r}-C\right) \tag{10-17}$$

s 大于临界值，意味着项目可以实施；如果 s_B^{*} 是一个很小的值，那么会有很多的项目可以实施。随着 s_B^{*} 的增大，$s>s_B^{*}$ 的概率将下降，越来越少的项目将被认为可实施。由于式（10-17）最后的括号项（没有信号 s 的情况下的项目净现值）可知，管理者过度自信对投资的影响有两种情况：

（1）当项目的现金流事前期望值 $\bar{V}$ 很小或项目初始投资 C 很大时，式（10-17）括号项

可能小于零，则过度自信($b>0$)将会导致过度投资，因为此时管理者使用的信息临界值s_B^*低于不存在过度自信条件下的临界值s^*(股东们希望管理者去选择的)。

(2)当$\bar{V}$很大或项目初始投资C很小时，过度自信($b>0$)将会导致投资不足，因为式(10-12)括号项大于零，s_B^*高于不存在过度自信条件下的临界值s^*。实践中，可能表现为管理者因负面信息比重较大而否决项目，或者为获得与s有关的信息所耗费的时间与精力很多，使得项目在事前看来并不具有显著的盈利性。

投资需要融资，但过度自信的CEO们不愿意发行他们感觉价值被低估的风险证券来为新的投资融资。所以，充足的现金流及进行(几乎)无风险借贷的能力，为采取这些激进投资策略创造了宽松的财务环境，因而过度自信环境下的投资与现金流的变动显著相关。但融资受限的公司，CEO们的过度自信弱化了投资与现金流之间的相关性。Ben-David等(2008)通过研究CEO们对标准普尔指数的预测能力来衡量其过度自信，结果过度自信的公司的资本性支出比一般公司高8%。

3. 加入过度乐观因子的资本预算模型

不同于过度自信，过度乐观预期好事情发生的概率较高。在资本预算中，预计好的境况发生概率高、不好的境况发生的概率低，就意味着过度乐观的管理者眼中现金流期望值高于理性的现金流期望值$\bar{V}$，假设为$\bar{V}+\beta$。其中，$\beta\geqslant 0$(即便$\beta=0$，含义也不同于理性情况下的$\bar{V}$)。在乐观的管理者看来，项目现金流的条件期望值为

$$E_\beta(V|s)=as+(1-a)(\bar{V}+\beta) \tag{10-18}$$

同样，可以计算出信号s的临界值：

$$s_\beta^*\equiv\bar{V}+\beta-\frac{\bar{V}+\beta-C(1+r)}{a}=\bar{V}-\frac{1+r}{a}\left(\frac{\bar{V}+\beta}{1+r}-C\right) \tag{10-19}$$

由式(10-18)可知，现金流的条件期望值随着β的增加而增加。由式(10-19)可知，当且仅当$s>s_\beta^*$时，乐观的管理者实施项目，因为$a\in\left[0,\ \frac{1}{2}\right]$，$s_\beta^*$会随着$\beta$的增大而减少。因此，和过度自信的管理者一样，过度乐观的管理者执行的项目也会比理性管理者更多。

二、管理者偏误与公司并购

1. 普遍存在的并购悖论

并购是公司管理者做出的最重要的决策。并购牵涉的金额较大，对经济资源的使用有着冲击性影响(大幅提升或贬损公司价值)，甚至会影响管理者对公司的控制。在传统的公司金融并购理论中，并购总是积极的，被理论研究者认为能创造价值、将能力弱的管理者淘汰出局。这种威胁被管理者感知到了以后，并购还能协调管理者与股东之间的利益冲突。遗憾的是，大量的实证研究表明，并购并未给主并公司带来任何收益，甚至可能带来负面的价值影响(Dodd，1980；Asquith，1983；Andrade等，2001；Moeller等，2005)。但实践中并购层出不穷，世界500强公司几乎都是通过并购扩张为500强的。

传统公司金融理论无法解释这些相悖的现象。行为公司金融理论提供了合理解释上述

并购现象的重要视角。在公司并购活动中，有一个不容忽视的现象：在现有的一些调查中，一半以上的管理者承认他们是独自或者几乎是独自做出并购决策的，不可避免地会受个人行为特征的影响(Bertrand 和 Schoar，2009；Graham 等，2015)。管理者的认知偏差对并购溢价、并购频率、主并公司股东超常收益等均有不同影响。

2. 管理者过度自信对并购溢价的影响

有关并购的实证检验中，有一个被普遍观察到的现象是管理者支付给目标公司股东的价格通常高出目标公司股票的市场价值很多(高出部分称为并购溢价)。在 1976—1990 年美国市场的并购中，目标公司的平均并购溢价高达 41%，某些并购案的并购溢价甚至超过 100%，导致财富从买方公司股东转移到目标公司股东。

管理者为何要支付那么高的并购溢价呢？因为管理者过度自信，他们认为将来能从被他们掌控的目标公司的超额收益中将并购溢价赚回来。过度自信使管理者高估了他们创造价值的能力、高估了并购的协同效应价值、低估了不同公司文化融合过程中的负面结果。并购中，买卖双方信息非对称，买方即投标人(主并公司)对目标公司会有一个独立的估价，但目标公司的市场价格是一个参照点，独立的估价不宜低于这个参照价格，因为潜在的买主都知道目标公司的股东是不可能以低于市场价格的价格出售目标公司股票的。因此，并购估价就不可能是随机分布的，明显有了偏差，并购价格极大可能被高估。另外，过度自信的管理者会对目标公司给出较高的报价，往往容易在竞价中获胜，但没理由相信最高报价者能比其他竞价者的估价更准确。相反，并购中的买方经常遭遇“赢者的诅咒”(Thaler，1988)。

Roll(1986)是第一位对上述并购悖论进行合理解释的学者。他的自大假说(hubris hypothesis)认为，管理者的过度自信是并购行为的重要驱动力量。Hayward 和 Hambrick (1997)发现，多种过度自信的指标与并购溢价之间存在显著相关性，首次证实了 Roll 的自大假说：管理者的过度自信程度越强，并购溢价越高，投标人股东的损失越大(Hayward 和 Hambrick，1997；Doukas 和 Petmezas，2007；Malmendier 和 Tate，200；Croci 等，2010；John 等，2012)。

当并购买卖双方都存在着过度自信的管理者时，情况尤其严重。目标公司管理者认为，投资者低估了自己公司的股票价格，于是在并购中可能报出远高于市价的报价，而过度自信的投标方管理者由于坚信在自己的领导下，目标公司能创造出更多的价值，因而很容易就接受了目标公司过度自信的管理者过高的要价。这种现象已经被实证证实了，这种情形下的并购溢价高于仅买方管理者过度自信情况下的并购溢价，两种情形下并购溢价差异为 7%~9%(John 等，2012；Aktas 等，2014)。因而，这种情形下主并公司股东的利益受损程度将更加严重。市场对此的反应是：当并购信息披露的时候，主并公司的股价将下跌，而且当投资者感知到目标公司管理者也过度自信时，价格的下跌幅度超过只有一方管理者偏误时的价格跌幅的 10%~12%(John 等，2012)。当然，市场的这种反应也受市场本身的周期性或熊市氛围的影响。在股价较高的时期，管理者受投资者乐观主义影响可能更加高估并购协同效应价值，但最终的结果因管理者个人心理特征不同而不同。在管理者过度自信的情境中，过度乐观将被转化为低质量交易(过高的并购溢价)；在管理者没有过度自信的情境中，管理者关注的是如何利用市场价格优势完成融资操作。由于这样的管理者没有表现出决策偏误，他们会更加仔细地评估资本运作的价值，更加有效地进行相关商务谈判，对市场投资者的乐观主义倾向并不敏感。在股市低迷的情况下，投资者对过度自信的管理者披露并购信息的反应异乎寻常的负面。投资者将更加谨慎地估计并购的前景，因而过度自信的管理者很难隐瞒并购交易的质量与过高的支付，主并公司股东一旦意识到并购将导致他们手中的股票贬值，他们的对抗性反应将更加激烈。Croci 等(2010)研究了 1990—2005 年英国的 848 个并购案，验证了市场环境与管理者心态的相互作用确实影响着并购中股东的回报。主并公司股东在其管理者过度自信且股票市场低迷时会获得最高回报，在管理者没有过度自信且股市强劲的时候报酬率最低。这也说明了无偏的管理者在并购中创造价值并不依赖于市场环境。

3. 管理者过度自信对并购窗口期股价的影响

并购可以创造价值的理念面临的最大挑战就是并购信息公布时主并公司(投标人)股价的变化。Malmendier 和 Tate(2008)分析了美国 1980—1994 年间的 808 项并购。他们根据经理人期权行权状态和媒体对经理人的描述定义经理人是否过度自信，以标准普尔 500 指数作为基准计算并购公布日起三天窗口期的超常收益。结果见表 10-4。

表 10-4　管理者过度自信时主并公司股东并购公告窗口期超常收益

样本类型	所有主并公司	股份支付	非股份支付
全部样本(%)	-0.29	-0.87	0.45
管理者过度自信(%)	-0.90	-1.35	-0.32
管理者非过度自信(%)	-0.12	-0.75	0.70
观测样本数量(个)	808	454	354

显而易见，并购导致主并公司股东利益平均受损 0.29%，但管理者过度自信情境下的结果更加严重。过度自信的管理者主导的并购窗口期内，主并公司股价的贬值率(-0.90%)几乎是全部样本平均贬值率的 3 倍。并购支付方式也是超常收益的重要影响因素。在管理者非过度自信的情况下，选择现金等非股份支付方式下的并购给主并公司股东带来了 0.70%的超常收益，但在股份支付方式下反而会贬值(-0.75%)。不管以哪种支付方式，管理者的过度自信都会导致主并公司股价贬值。Malmendier 和 Tate(2008)选取的并购样本中，过度自信管理者运作的项目只占 10.8%，造成的贬值额度为 21.5 亿美元，占窗口期全部样本贬值总额 43.9 亿美元的 44%，10.8%的过度自信样本的平均贬值额度比非过度自信样本高 770 万美元。

Croci 等(2010)以英国 1990—2005 年的 848 项并购为样本研究了管理者偏误对股东财富的影响。他们界定管理者偏误的方法与 Malmendier 和 Tate(2008)相同，计算超常收益的窗口期是并购公告发布之日起 5 天，基准是 FTAS(FT All Share Market Index)。他们分别讨论了管理者偏误、股票市场环境(根据市盈率表现，分为牛市、正常与熊市)对股东财富的影响。不考虑管理者偏误时，不同股票市场的验证结果见表 10-5；不考虑市场环境时，不同管理者偏误的验证结果见表 10-6；市场环境与管理者偏误共同影响下的验证结果见表 10-7。

表 10-5　无管理者偏误时不同市场环境下主并公司股东的超常收益

样本类型	所有主并公司	牛市	正常	熊市
所有样本(%)	0.94	1.21	1.07	0.34
观测样本数量(个)	848	248	400	200

可见，不考虑管理者偏误时，并购方股东在窗口期是获益的，平均超常收益为 0.94%，高市盈率样本的超常收益(1.21%)明显高于股价被低估的样本(0.34%)。

表 10-6　有管理者偏误时主并公司股东的超常收益

样本类型	所有主并公司	非过度自信	过度自信
所有样本(%)	0.94	1.26	0.16
观测样本数量(个)	848	601	247

非常明显，管理者的心理偏误显著影响主并公司股东的财富。此结论同时证明了过度自信的管理者有高估并购正向效应的倾向。

表 10-7　共同影响下主并公司股东的超常收益

样本类型	非过度自信	过度自信
牛市(%)	1.36	0.83
观测样本数量(个)	175	73
正常(%)	1.26	0.62
观测样本数量(个)	282	118
熊市(%)	1.13	-1.69
观测样本数量(个)	144	56

结果表明，不管在哪种市场情境下，无偏的管理者主导的并购活动给投资者带来的超常收益都要高于过度自信管理者主导的并购活动，两者的差异在熊市中更加明显。

综合上述两项实证研究数据可知：对主并公司股东而言，并购的积极效应是有争议的；但管理者的过度自信的影响是清楚的，即不管市场环境如何，管理者的决策偏误都会导致较差的结果，尤其是采用股份支付时或者并购发生在熊市时。

此外，还有研究表明，当主并公司是大公司时，窗口期股东的超常收益明显低于小型主并公司股东窗口期的超常收益，因为根据管理者的自我归因，大公司的管理者过度自信的程度要高于小公司。而且，管理者认为过去的成功是因为自我能力强，他们因此会更加过度自信，更愿意实施更多的并购，并购越多，长期的效果可能越差。这种结果从连续发起并购的主并公司股东在并购公告窗口期日益消极的反应可以看出来(Haunschild 等，1994；Doukas 和 Petmezas，2007；Billett 和 Qian，2008)。

4. 管理者过度自信对并购频率的影响

由上文可知，过度自信对过高的并购溢价给出了较为合理的解释。那么，过度自信是否也会使并购活动层出不穷呢？结论还不明确。

过度自信的管理者会高估他们自身创造价值的能力，也会高估他们管理的企业(包括收购来的企业)的盈利水平。在决定是否实施潜在的并购项目时，过度自信的管理者会在两种效应之间进行权衡。一方面，对价值创造能力的高估会诱使管理者倾向于并购其他企业。另一方面，对自己管理的企业盈利能力的高估等同于对该企业价值的高估，这会诱使管理者感觉他们的融资成本偏高：潜在的债权人可能要求更高的利息率，而潜在的股东只愿意为新发行的股份支付较低的价格，因为这些潜在的投资者只会根据自己判断的融资方的盈利能力(低于过度自信者估计的盈利能力)来决定利率和股票买价。如果管理者认为并购的融资成本偏高，他们可能放弃并购其他企业，即使并购隐含着价值增值。鉴于此，只有当管理者过度自信，而且不需要大量的外部融资时，才可能提高并购频率。实证研究表明，在主并公司拥有大量内源资金时，尽管并购的财富效应令人失望，但过度自信的管理者还是会在一定的时间段内连续发起并购活动。Malmendier 和 Tate(2008)计算出如果主并公司管理者过度自信，并购发生的概率要比非过度自信管理者情境下高出 65%。这与上文提及的过度自信管理者倾向于过度投资的结论一致。

5. 管理者过度自信对并购的其他影响

不同的并购类型可能反映出管理者的认知偏误。有证据表明，在管理者过度自信的情境下，混合并购出现的概率较高，因为混合并购意味着主并公司进入一个新的行业，风险程度因此提高，而过度自信的管理者倾向于低估风险。

有学者证实，男性管理者的过度自信程度高于女性管理者，因而董事会中女性成员的出现会对并购倾向和并购溢价产生显著的经济影响和统计影响。董事会中女性成员每增加 10 个百分点，并购数量将下降 7.5 个百分点，并购溢价将下降 13.3 个百分点。

类似地，年轻的男性管理者的过度自信程度更高，他们更倾向于显示其在行动中的主动性和进取性(攻击性)。这种特质解释了他们在并购活动中的战斗精神：年轻的管理者更倾向于并购，也更不屑与竞价者谈判。

虽然已有的研究主要是针对美国市场的并购展开，但验证的结果完全可以外推至其他国家，尤其是那些崇尚个人主义的国家。并购中过度自信的重要性在一些著名的并购案例中也得到了验证，如：1994 年 Viacom 收购 Paramount，过度自信导致并购溢价超过 20 亿美元；1991 年 AT&T 收购 NCR 的案例中，交易双方的过度自信导致还在谈判准备阶段 NCR 的股价就涨到了预报价格的 160%，决策偏误是导致 13 亿美元负向协同效应价值和 AT&T 股东至少损失 39 亿美元的驱动因素之一。

6. 管理者的确认性偏差、锚定偏差与赌徒心态对并购的影响

确认性偏差是除过度自信之外另一个可解释非理性并购(除财富贬损再无其他效应)的行为学理由。本章第一节已经述及，确认性偏差诱使管理者赋予那些支持他们意见的信息很大的重要性，但却低估了与他们意见相左的信息的价值，因而确认性偏差会影响管理者搜寻的信息类型。那些从一开始就偏向于实施并购的管理者会更多搜集支持并购的信息，如正向协同效应，却有意识地规避那些不支持并购的信息，如并购的成本数据。

锚定偏差则是解释并购过程中诸多相关变量的有效工具。锚定偏差意味着管理者可能

赋予某些信息类似于“参照点”(锚)的重要性，并以此为依据做出有效与否的判断和调整。并购中锚定偏差表现为双方管理者都倾向于以最近的最高市价作为并购对价的参照点。依据传统公司金融理论，市场价格是过去信息的完整反映，不应该是并购价格。但实证数据清晰表明并购之前 13 周、26 周和 25 周内的最高市价对并购双方的管理者产生了显著的影响，似乎双方都锚定了那些最高市价。

目标公司管理者锚定近期最高价的理由有三个：①他们必须确定对方发盘收购时的可接受价格，但因为不确定性，因为时间、信息的缺乏和就多种情境估价能力的不足，他们无法得出准确估价，只能采用最近的最高价格作为他们最低可接受的价格；②目标公司管理者需要证据支撑谈判中更高的要价，公众皆知甚至被媒体宣传的最近的最高价格是很好的参照；③目标公司管理者必须保证他们建议的交易价格能取悦他们的股东，如果股东不满意低于最近高价的并购成交价格，他们可能将管理者告上法庭。主并公司管理者锚定近期最高价的原因就是他们也难以估计目标公司的价值。如果有可以预期的正向协同效应，那么他们愿意支付给目标公司的价格就大于等于其近期的最高市价。

我们可以从谈判成功/破裂的并购议价中感知到锚定效应。在成功的并购谈判中，投标报价通常与过去 13 周、26 周、39 周、52 周或者 104 周的最高价格一致。有时候，协议价格会比近期的最高价高出 25%或 50%。

锚定效应还可以解释并购成功或失败的原因。实证研究表明，当并购协议价格高于 52 周内的最高价值时，达成并购协议的概率显著提高。有意思的是，并购协议价格本身与并购协议达成概率之间的关系并不显著，反而是并购协议价格与 52 周最高价格的差与达成协议的概率之间关系显著，这充分说明了锚定偏差的重要性。另外，有实证数据证明，主并公司股东的反应一定程度上与协议价格和 52 周最高价格之差负相关。

管理者的赌徒心态也是其并购决策的重要影响因素(Graham 等，2013)。首先，有赌博倾向的管理者可能实施更多的并购，他们的赌徒特征(如低价格、高波动性)与一个公司被兼并的概率正相关；其次，在管理者不仅考虑并购的协同效应价值，也考虑赌博的收益时，财务估价模型就没有意义了，这意味着有赌徒心态的管理者并非因为增值效应推动并购；最后，股东可能意识到由有赌徒心态的管理者发起的并购可能损害他们的利益，因而他们对并购公告的负面反应更加明显。管理者的赌徒心态受诸多因素的影响，如年龄(年轻人更甚)、公司所在地的社会赌博规则(居民好赌的地方的企业管理者更具赌徒特征)和主并公司的经营状况(主并公司经营情况不佳时，其管理者可能孤注一掷，企图通过高风险行动来扭转局面)。

7. 并购过程中的竞争激励与过度承诺

竞争激励(competitive arousal)发生在有多个竞争性买方的并购竞价阶段；过度承诺(overcommitment)则发生在并购的尽职调查阶段。这两种行为学效应虽然并非源于管理者的认知偏误，但也会影响并购的结果。

众所周知，竞争能提高效率，但有时也会导致低效率，尤其是竞争者中有蓄意破坏者时。并购中的竞争可能不知不觉地引导着投标方仅仅为了“赢”而竞争(理性竞争的动机应该是为获得可以改善生存环境、提高成功率的稀缺资源而战的积极意愿)。为了赢或者仅仅是为了让对手输，管理者可能给出能赢竞争对手的最大化价格或其他指标，甚至不惜付出更大的个人代价。“竞争动机”转化为“赢的动机”的一个重要原因是竞争者之间被公众所知的恩怨，但这种转换也可能内生于谈判过程。两种因素诱发了这种内生性转化：①谈判过程中被竞价者感知到的对抗，一旦感知到对手的对抗心态，原计划要做出明智决策的竞价者就会被激发出“赢的动机”；②时间限制，如果在有多个竞争者的情况下还被限制了达成协议的截止日期，“竞争动机”就被短期的“赢的动机”所取代。“赢的动机”被证明导致了过高的并购溢价，即“赢者的诅咒”。《门口的野蛮人》一书几乎完美地展现了内生于KKR 兼并 RJRN 的过程中的“赢的动机”。

过度承诺将诱使管理者的决策不再基于仔细考虑过的并购交易优势而是基于行为因素。并购过程中，主并公司管理者一旦意识到过度承诺，则可能枉顾并购利益去追求尽快完成并购交易，因而管理者会忽视尽职调查中发现的目标公司的负面信息或者忽视退出并购的机会。显然，这种只为尽快达成并购而忽视不利信息的行为最终将大概率导致令人沮丧的结果。

尽职调查阶段是并购交易双方达成了初步意向之后对目标公司进行的更加详细的调查，是买方最后一个放弃不合理并购的机会。但这个阶段的过度承诺最常见，因为：①并购进入到本阶段，已经投入了大量的人力物力，管理者想成功并购的情感已经比较强烈，他们对沉没成本的错误态度对过度承诺的形成发挥了重要作用；②管理者很难准确判断此阶段发现的不利信息的影响程度，这种困难反而强化了管理者或至少有助于管理者维持过度承诺。现有研究表明：①管理者的过度承诺强度会因为想在竞争环境中赢得目标公司而加剧，因为如果他们退出并购而竞争对手不退出，管理者会认为这意味着目标公司是有并购价值的，因而在面临不利信息时也会选择放弃最后的退出机会。②管理者的过度承诺强度也会因为要规避退出并购可能导致的对声誉的不良影响而加剧。对大多数管理者而言，公众形象是很重要的个人资产，一旦他们选择退出众所周知的并购项目，就可能要被迫去解释当初提出并购建议的原因，从而暴露出其可能存在的错误估计。因此，为了隐瞒有损公众形象的错误，他们干脆选择不退出。

三、创业决策与新市场进入决策中的认知偏误

1. 企业家创业中的过度自信

创业决策者通常是企业家(区别于管理者，可以理解为内部股东或创业者)。过度自信是创业公司的投资决策的重要影响因素。小公司或私人公司里，资本预算过程的参与人更少，关键决策者的偏误不太可能被其他参与人缓解或纠偏，加上小公司参与的项目或市场，往往缺乏甚至没有可得的数据，致使任何统计模型都无力遏制草率的投资决策。尽管在许多创业决策中，极大的风险使多数人闻风丧胆，但过度自信的人更易于接受甚至欢迎这些风险。换句话说，因为理性人往往规避高风险创业活动，从事创业的企业家自然更具有过度自信倾向(De Meza 和 Southey，1996；Van den Steen，2004)。事实上，在大型组织中，过度自信是区分企业家和管理者的关键特征。

企业家倾向于高估自己成功的概率(相较于同行)。在 Cooper 等(1988)的研究中，尽

管样本中一半以上的商业冒险以失败告终，但仍有35%的企业家认为自己新冒险的成功概率为100%。高新技术产业的企业家也认为自己成功的前景是零风险的，在过度自信程度更高的国家，创业活动更多，失败的概率也更高。

2. 进入新市场的公司决策者认知偏误

与并购活动类似，公司决策者在决定是否进入一个新市场时，存在诸多的认知偏误：①公司在新项目的预算上存在系统性超支。80%的新进入公司会高估他们潜在的市场份额，这在高科技产业中尤为严重（Davis，1985）。②企业家或管理者的参照点团队忽视效应（reference group neglect）。在评估进入新市场的成功前景时，企业家或管理者并不能充分考虑同业竞争的影响，或者在不得不面对竞争时高估自己相较于同业的能力，导致忽视了新市场的不利影响（Camerer 和 Lovallo，1999）。Simon 和 Houghton（2003）访问了计算机行业 55 位管理者，并使用内容分析法估计管理者对新产品成功概率的自信程度，结果发现：管理者过度自信程度越高，越有可能引进更具开拓性（高风险）的产品，往往也更容易失败。

3. 资本预算中的计划谬误与过度承诺

有偏误的管理者可能低估项目的经济成本和时间成本。对管理者而言，在预测完成任务所需的时间时，通常表现出系统性偏误：①预测的时间比实际时间短，意味着随时间均衡推进的实际成本高于预期成本；②项目的延期完成意味着项目运营带来的正现金流也被推迟，因而项目的实际贴现值小于最初的预期值。此外，项目实施过程中还可能遭遇上文并购中出现的过度承诺。例如，长岛照明公司决定建设和运营肖勒姆核电厂，最初的成本预算为 7500 万美元，23 年之后，这一项目最终被废止，但废止时的总成本已经高达 5 亿美元。学者们把这种行为归因于决策者一开始的过度自信，以及项目推进过程中因为自我辩护倾向而出现过度承诺。在公司预算管理中，过度乐观的管理者也可能设置乐观的目标和完成期限，本能地对自己和管理团队承诺创造更多的价值，但实际创造的价值往往远低于事先的预期。

四、管理者投资决策偏误的缓解因素

1. 学习效应与自我归因

理论上，“干中学”可使管理者从他们的投资决策结果中学习并恰当调整他们对信息处理能力的认知，从而校准偏误。这是因为：①管理者从投资决策中得到的反馈往往是不精准的，并且要经过长时间的延迟才能收到；②管理者不经常做重要的投资决策，因此很少能收到高质量的反馈；③心理学研究成果表明，管理者对个人能力的学习过程常常遭遇障碍，即归因于高估自身在过去的成功中的重要性而导致高估自身能力的倾向（过去的失败归因于外部力量）。Knight（1921）指出：“对能力的可靠评估只能来源于足够数量的实验……然而在公司管理问题上，不论从客观的视角来看，还是从描述性视角来看，都无法找到两个相似的实例以供评估。”因此，在公司领域，对自身能力的认识很难收敛到正确的标准化水平，并且长期的过度自信通常来自一开始的成功经历。Roll（1986）也曾说，“在经历了一段美好时光之后，人们更可能自大并追求更具挑战性的目标”，不管是资本预算还是公司并购领域，这都不可避免。

2. 最低可接受收益率

过度自信和过度乐观的管理者倾向于高估项目的现金流，从而导致过度投资，但如果公司设置了最低可接受收益率即项目现金流的折现率，则可以缓解决策者偏误导致的现金流膨胀。因为决策者过度自信，因而其设置的可接受收益率将高于实际的资本成本。已有不少研究者发现，过度自信的管理者的公司的最低可接受收益率异常高（Schall 等，1978；Meier 和 Tarhan，2007）。

3. 契约性激励

上文的阐述中假设管理者与股东利益一致，决策的目标函数仍然是公司价值最大化，但诚如第二章所述，公司治理的开创性文献已经论证，管理者与股东、与公司的利益是不一致的。为了激励管理者降低代理成本，激励契约被设计成能激励管理者为委托人谋取最大利益的形式。传统公司金融理论认为，道德风险和信息非对称是激励机制错配的原因；而在行为公司金融理论中，管理者行为特征也是影响契约和激励的主要因素。

风险中性的股东聘请风险厌恶的管理者代表他们进行投资决策，可能导致两种结果：①管理者的风险厌恶使他的投资过于谨慎，从而天然地抵抗了过度自信。而一定程度的过度自信又可降低管理者风险厌恶导致的道德风险，因而也是有益的；②如果契约激励能促使管理者的决策是为了尽可能实现价值最大化，那么过度自信的管理者恰好能自发促成这一点，进一步降低激励与监督成本。已有实证文献表明：当代理人比委托人更乐观时，均衡契约能导致更多的努力、更高的激励效应、更多的投资与产出；随着时间的推移，委托人与代理人各自不断地从投资计划的最终结果中学习，当代理人比委托人更乐观时，投资将会增加，反之，投资会减少。

目前，还没有实证文献解释契约激励、管理者过度自信和投资决策之间的相互作用，但我们得承认，管理者一定程度的过度自信也是有价值的。

第四节　投资者偏误与理性管理者迎合

一、市场错误估价与资本预算

投资者偏误导致的金融市场错误估价会被理性的管理者用来提高自己公司的股价。这种效应在资本预算决策中尤其突出。

公司股权内在价值取决于公司投资的效果。一旦管理者感知公司股价被高估，意味着市场高估了他们所实施的项目的价值，他们可能会进一步增加投资以抬高股价，从而增加股东财富。那些流动性充足或者有较强融资能力的公司管理者会一味增加投资，甚至可能枉顾投资项目所能创造的价值，也无须花精力去尝试那些有风险但能创造价值的投资。相反，如果管理者认为公司股价被低估，意味着低估了他们所实施的项目的价值，他们可能减少投资。直至公司价值因管理者这种迎合市场的行为而受损，市场的错误估价对管理者的影响才可能终止。此外，市场错误估价还可能降低公司的融资成本，进一步激励管理者增加投资，甚至接受净现值小于零的项目。实践中，股票市场非有效时（如存在投机泡沫时），如1987—1989年的日本股市泡沫、20世纪90年代美国的科技股泡沫，确实伴随着投资规模的增长。

当然，投资的增长并非只受投机泡沫影响，也受股市其他非效率行为的影响。上述管理者迎合市场错误估价的行为效应依然有很多尚待研究的细节。

二、市场错误估价与公司并购

1. Shleifer 和 Vishny 模型（SV 模型）

SV 模型是 Shleifer 和 Vishny（2003）设计用来阐述股票市场非有效对公司并购活动影响的原理和框架。模型假设投资者是非理性的，资本市场不少公司被错误定价（市场价格与内在价值的偏离）；但公司的管理者是理性的，他们知道哪些公司被错误估价以及错估的程度，因而可以通过并购行为迎合这种错误估价，并从中获利。

假设：主并公司和目标公司股份总额分别为K_1和K，且均为上市公司；当前市场价格分别为Q_1和Q，并且$Q_1>Q$；如果两家公司合并，合并后的短期内股价为S，合并后公司的市场价值为$S(K_1+K)$，S反映了市场“可感知的协同效应”（perceived synergy），可以是一个故事或者一个概念，可促使投资者相信公司合并是有充分理由的；合并以后，短期内的股价为q。此假设目的在于表明并购并没有带来任何真正的协同效应。

投资者相信市场是有效的，他们的市场信念由Q_1、Q和S决定。当然，有效市场中并购公告与支付方式的选择等不再传递任何其他有关公司股价的信息（不同于第三节所述）。管理者是理性的且有信息优势，他们知道Q_1、Q和S反映了公司资产的短期错误估价，也知道所有资产的长期单价为q。最后，主并公司以单价P购买目标公司的资产。并购的主要结果如下：

并购带来的短期市场盈余$=S(K_1+K)-K_1Q_1-KQ$

并购对目标公司市场价格的短期影响$=(P-Q)K$

并购对主并公司市场价格的短期影响$=(S-P)K+(S-Q_1)K_1$

公司通过并购获得的长期盈余$=0$

现金要约并购对目标公司股价的长期影响$=K(P-q)$

现金要约并购对主并公司股价的长期影响$=K(q-P)$

股票要约并购对目标公司股价的长期影响$=qK(P/S-1)$

股票要约并购对主并公司股价的长期影响$=qK(1-P/S)$

SV 模型的预见性体现在以下五个方面：

（1）在股价被高估时，主并公司利用股票要约并购相对被低估的资产而获益。在股票要约兼并中，主并公司的股价应该被高估，并且应该表现出被高估的迹象，但因为被高估，预计主并公司的长期受益会较低。当然，如果并购交易带来的溢价小于主并公司相对于目标公司的股价优势，即$P<S$，主并公司仍能从并购中获益。

（2）目标公司管理者将理性接受主并公司被高估的股价：一是因为$Q<P<S$，那么短期内目标公司股东会因为股价的上涨而获益，虽然在长期内目标公司的股价溢价无法弥补股

价被低估造成的损失，但短期内或短视(short horizons)的目标公司管理者可以出售其持有的股票而获益；二是因为目标公司管理者可以通过变现其非现金的股票和认购的股权而获益，也能从主并公司获得单边支付(side payment)。

(3) 在现金要约并购中，主并公司可以通过获得被低估的目标公司资产获益，因此，在现金要约收购中，目标公司的股价应是被低估的。因为被低估，所以并购交易带来的溢价低于目标公司的内在价值，即 $P<q$，那么目标公司管理者应拒绝主并公司的出价。

(4) 自身股价被高估激励着公司去收购股价相对被低估的公司，因此，收购更容易发生在整个市场股价或者某一行业股价较高的时候或者各公司间股价分散程度很高的时候。

(5) 当某一行业股价较低时，有可能出现现金收购浪潮，但实证数据表明，股价高估对并购的影响远远大于股价被低估对收购的影响。

SV 模型假设管理者能获得完全信息，与真实世界有悖；忽略了并购的信号传递作用，因而没有一个可经得起检验的明确预测；可感知的协同效应 S 很难事前估计。因此，衍生了不少修正模型，如 Rhodes-kropf 和 Viswanathan(2004)创建的模型放开了管理者完全信息假设，Dong 等 (2006)引入了并购公告的信号传递作用，可以预测并购公告的窗口期主并公司和目标公司的收入。这些模型的共同点是基于市场错误估价分析并购行为。

2. 托宾-Q 假设

托宾-Q 假设奠基于 Brainard 和 Tobin(1968)的 Q 理论，融合了新古典主义理论下并购的协同效应驱动并购的观点和代理理论的观点，用以阐述主并公司、目标公司股价市场表现与并购特征之间的关系。新古典主义理论认为并购过程有效调动了目标公司的资产，代理理论认为并购的目的是消除目标公司的浪费行为，Q 理论假设将两者结合，使相关研究更契合真实世界。

在并购过程中，主并方和目标公司股票价格有各种情况，股票要约、现金要约也会影响并购公告窗口期的股价表现，基于 SV 模型的市场错误估价假设和基于托宾-Q 假设对股价表现的解释相同，但角度有区别，见表 10-8。

上述分析只针对上市公司之间的并购，非上市公司之间的并购或者上市公司兼并非上市公司时，支付方式所传递的信息与上市公司不同，公告期股价的表现不同，收益也不同。相关的研究不少，但关于主并公司能否在并购公告期内获益，并未有一致的研究结论。

三、市场错误定价与公司融资决策

(一) 市场时机理论

资本市场尤其是股票市场对公司的资本结构影响巨大。按照市场时机理论，公司资本结构由公司管理者发行证券时的机会主义行为决定：投资者过度乐观导致公司股价高估时，管理者发行股票融资；反之，管理者采用内部融资或者债务融资。公司资本结构就是管理者这种利用市场错误定价行为的累积结果。Baker 和 Wurgler(2002)做过一项针对管理者的问卷调查，调查市场环境对他们选择最佳融资时机的影响。结果表明：61.37%的管

表 10-8 主并公司和目标公司股价特征的实证解释

股价市场表现	市场错误估价假设的解释	托宾-Q 假设的解释
$P_1>P_2$	SV 模型预见性(1)和(3)	P_1 高预示着较好的增长与管理水平，并购产生协同效应
$P_{1S}-P_{1C}>P_{2S}-P_{2C}$	SV 模型预见性(1)要求 P_{1S} 相对于 P_{2S} 高估和(3)要求目标公司被低估	相比于敌意的现金要约，善意的股票要约中主并公司获利的可能性更高
$P_{1S}>P_{1C}$；$P_{2S}>P_{2C}$	SV 模型预见性(1)和(4)，现金要约辅助股票要约可加速交易的进程	高 Q 比率的目标有高不确定性；高 Q 主并公司发行股票降低杠杆、分担价格风险
P_2 很低时，激进收购与较低达成率并存	SV 模型预见性(3)和(2)	经营不善、Q 比率低的目标公司管理者为防止被解雇而拒绝
P_2 很低时较高并购溢价与公告期收益并存	被低估激励着目标公司争取高并购溢价，因而公告期收益高	低 Q 比率的目标公司有很大提升空间，支撑了高并购溢价
P_1(尤其 P_{1S})高时，高并购溢价与公告期收益并存	主并公司因股价高估感觉融资轻松也能支撑高溢价(目标公司要求以此平衡主并公司的高估)	Q 比率高的主并公司通过并购创造价值，并通过高溢价与目标公司分享
P_1(P_{1S})高时，有更高公告期收益(1990 年以前)	与市场错误估价假设不一致	主并公司利用其较高管理水平提升目标公司效益而获益
P_1(P_{1S})高时，有更低公告期收益(1990 年以后)	市场相信被高估的主并公司可能支付过多，低公告期收益可修复以前的被高估价格	与托比-Q 的假设不一致

注：主并公司股价为 P_1，股票要约和现金要约下的价格分别为 P_{1S}、P_{1C}；目标公司股价为 P_2，股票要约和现金要约下的价格分别为 P_{2S}、P_{2C}。

理者相信在一个交易年度中，市场价格反映公司内在价值的概率不足一半；只有 8.64%的受访者认为，在一个交易年度内，有 80%的情况市场价格与内在价值一致。这意味着大多数管理者认为市场是非有效的。66.94%的管理者相信价格被高估或低估是确定最佳融资时机的重要影响因素，62.6%的受访者认为价格上涨后存在着企业应该抓住的最佳的融资“窗口时机”(windows of opportunities)。管理者们似乎并不关心交易成本和传统融资理论对融资行为的影响。但是，也有 46.35%的调查对象觉得即便股市的市场时机好，但如果感知到债务的市场利率非常低，管理者也会选择债务融资。除此之外，如果感觉到短期债务利率低，也有不少管理者(35.94%)会选择短期债务融资方式，有的(28.70%)则可能等待长期债务利息率的下降。

当然，如果管理者真的能够识别股价被高(低)估的时期，并能利用该时机发行(回购)股票获利，那么，随着时间的推移，投资者也将发现价值被高(低)估，并修正错误估价。因此，可以预计，公司频繁发行股份之后，市场将出现修正错误定价的现象，即回报率下降甚至出现负值。同样地，大量股票回购之后可能会出现该类股票的高回报率。

(二)市场偏误与公司 IPO

IPO 是公司从由少数股东所有转变为由众多股东所有的过程。IPO 是公司股价第一次由市场确定，也是公司组织、股权结构与资本市场之间关系的一次实质性转变。因此，作为公司生命周期中的重大事件之一，IPO 被学者们大量研究，已有的文献关注三个“谜题”：一是 IPO 发行抑价（IPO underpricing），即 IPO 发行价格偏低导致 IPO 之后首日平均收益率通常较高，即 IPO 之后首日股价高涨，不管是成熟的美国市场还是新兴的中国市场，普遍存在 IPO 抑价；二是热点发行市场，即 IPO 年度数值在时间序列中分布很不均匀，有时很少，但偶尔也会爆发性大量发生，如 1960—2008 年，美国市场的 IPO 年度数值剧烈波动，最少的 1974 年只有 9 家，最多的 1986 年有 953 家；三是公司 IPO 之后 3~5 年会出现较低的股票收益率，即股价低迷。基于理性的传统公司金融理论从信息非对称、投资者羊群行为、公司自身发展需要角度解释了前两个“谜题”，但无法完整解释互联网泡沫期间超高的首日收益率，也无法解释 IPO 浪潮与整个经济体或某个行业的增长浪潮不一致的情况。很多学者认为，行为学可以部分解释前两个谜题，但对于 IPO 公司长期回报率不佳的解释很乏力。

1. 投资者心理与 IPO 发行抑价

前景理论解释了原始股东乐意接受发行抑价的原因：上市前，原始股东不会单独将 IPO 的发行抑价视为财富损失，而会根据 IPO 带来的期望财富，综合衡量总体财富的变动。IPO 之前，原始股东将根据询价结果的中位数来判断 IPO 发行抑价和 IPO 带来的期望财富。发行抑价越高，原始股东财富损失越大，首日股价越高，原始股东能从所持有的股份中获得的收益越高。因而只要发行人认为财富增长足以抵消发行抑价的损失，他们就会接受高额发行抑价。承销商也乐意接受发行抑价：一是因为募股时定价较低有助于股票成功发行；二是因为发行抑价越高，其与首日发行价格之差就越大，承销商的佣金收益就越大。

有时，投资者目标函数不再是财富最大化时，也会导致发行抑价。例如，投资者希望通过首日的高收益率博得媒体的关注与正面报道，以提高公司的知名度，从而接受发行抑价。

乐观投资者会影响 IPO 的价格以及 IPO 后的收益。感性的投资者在 IPO 时期愿意为公司股票支付更多，导致较高的 IPO 价格；但感性投资者不久就会退出，导致 IPO 公司股价回归其内在价值水平。因此，理性的发行人和承销商所确定的 IPO 价格就位于公司股票内在价值与感性投资者愿意支付的最高价格之间。所以，他们会通过询价活动掌握投资者关于公司内在价值的认知（私人信号），以及感性投资者愿意支付的价格（公开信号）。相比于机构投资者，个人投资者比较简单，通常被当成感性投资者。Derrien（2005）证明，个人需求与 IPO 价格、首日收益率呈正相关关系，强烈的投资者感情（强烈的个人需求）会导致 IPO 的过高定价。媒体的正面报道是承销商吸引感性投资者的重要工具。互联网泡沫期间，机构投资者持有的互联网公司股票数量显著低于对同时期其他可交易股票的持有量，这意味着同时期感性投资者持有互联网公司股票数量较大。

当然，如果有卖空机制，也可能导致高 IPO 发行价格以及后期收益率的下降。

2. 市场时机与公司 IPO 迎合

根据上文对理性管理者迎合“窗口时机”发行股票行为的分析可以推测出，大多数公司会在其所处行业被高估时决定上市。Graham 和 Harvey（2001）、Brau 和 Fawcett（2006）用调查法论证了这一推测。67%的受访 CEO 承认股票错误定价是他们决定是否 IPO 的重要因素。如果同行业已上市公司的市净率偏高，则同行业中那些具有增长潜力的公司就会选择上市。因此，IPO 热点通常发生在股票估值较高的时期，较高估值可能源自感性投资者的热情，也可能源自管理者的择时能力。

四、投资者偏误与股利政策

本教材第八章解释了有效市场中的股息政策，总结了理性管理者派发股利的经济决定因素，如税收、资本保全、缓解信息非对称、不完全契约影响、交易成本、公司生命周期和吸引收益型机构投资者等。但这些理论能否解释股利，学术界仍然有争议。另外，有学者将股利与投资者行为偏误联系起来，认为公司派发股利的目的是降低非理性投资者和管理者的感知成本或提升他们的感知价值，主要的解释来自股利迎合理论、投资者偏误理论。

1. 投资者情感与股利迎合理论

投资者对股利的需求反映了随时间变化的风险偏好或情感。在投资情况处于低潮(如经济衰退)时，投资者偏好比较安全的派发股利的股票；而在情感状态好(经济繁荣)时，投资者则偏好风险较高的股票(将盈余用于再投资而不是派发股利)。Long(1978)研究了国民公用事业公司的股价时间序列，发现市场将给予股利一定的投资溢价(理性资产定价模型与 MM 理论认为派发股利的股票价格应该较低)；Gemmill(2005)在研究英国分流式共同基金(split-capital mutual funds)的数据时得到了类似的证据，即派发股利的股票与不派发股利的股票的交易价格不同。

因为有投资者偏好现金形式的股利，因此公司可能迎合这种偏好。Baker 和 Wurgler (2004a)提出股利迎合理论来解释公司这种迎合行为：投资者的股利需求高时，原本不派息的公司开始派息；投资者不喜好股利时，原本派息的公司倾向于更加频繁地取消派息行为。他们计算了股利的市场溢价，即派息与不派息股票市净率的差异，发现在时间序列上，与开始派息的公司个数正相关。而且，股利会随着股利市场溢价的下跌而消失(Baker 和 Wurgler，2004a；Fama 和 French，2001；Ferris 等，2006)。

2. 投资者偏误与股利政策

本教材第八章所述的“在手之鸟”理论(Gordon，1959；Lintner，1962)认为，投资者需要赚取财富以供消费，因此偏好股利胜过资本利得。MM 理论不赞成这种观点，认为股利和资本利得可以相互替代，投资者可以通过售卖股票自制股利。

投资者可能将股利当成一种自我控制机制(Thaler&Shefrin，1981；Black，1990)，有了股利，投资者就不会通过大量售卖所持股票来获得过度消费所需财富，从而可以帮助投资者节制消费，避免日后因过度消费而后悔。

前景理论认为，在投资者的心里，从一次大的收益(如大的资本利得)所得到的效用不如从一系列小的收益(如一笔小的股利)中得到的效用高，因而他们偏好股利。

此外，投资者对股票的错误估价也可能影响股利政策。四个世纪前，股息的初衷是为投资者提供有形的回报和计算股票价值的方式，股利收益率就是股利与股票价格的比值。

因此，投资者一般认为股利收益率是估值的标准，不少经验证据也支持这种认知，因而形成了估值标准假说，并由此得出若干推论：当公司价值被低估时，公司开始派发股息，而当公司价值被高估时，公司就会停止派发股息；若投资者采用同一股利收益率来评估行业内的不同公司，一家公司改变股利政策将引发其他公司跟着做相似的决策；为了使戈登模型成为有效的估值工具，公司应平稳地派发股利。市场中确实有这样的事实证据：宣告派发股利 1 年后，派发股利的公司的表现优于市场组合的表现；同行业内公司股利变化之间有相关性；现金牛公司派息更加平稳。

尽管上述行为理论很引人注目，但实证的争辩尚未得出明确的结论。投资者为什么偏好股利以及公司为什么要派发股利，依然没有答案。股利是否会成为公司的社会规范，投资者能否以股利作为价值评估的标准，依然是公司金融领域值得研究的方向。

思考题

1. 萨缪尔森与同事午餐时邀请同事玩抛硬币游戏：如果正面朝上，萨翁支付同事 200 美元，如果反方面朝上，同事支付 100 美元给萨翁，同事拒绝；萨翁提议玩 100 次，同事依然拒绝。该同事为什么会拒绝显然对其有利的赌博呢？

2. 判断正误：过度乐观和过度自信是领导人的重要特征，这些特征是否会促使管理者实施那些原本会被拒绝的令人胆怯的项目？（可以辩论）

3. 假设你是公司收购决策者，为了完成收购，你愿意向目标公司支付的最高金额是多少？如果你是唯一的收购者，你愿意向目标公司支付的最低金额是多少？

4. 实践中，公司的资本结构往往不是 WACC 最低或者能使公司价值最大的资本结构，请问是哪些原因导致了这种偏差？